21世纪经济管理新形态教材·会计学系列

高级财务会计
理论与实务

刘颖斐　余国杰　熊　赓　◎编　著

清华大学出版社
北京

内 容 简 介

本书是作者在遵循《企业会计准则》（2023年版）的基础上，结合在高级财务会计教学中的多年经验而编写的。全书共有12章：第一、二、三、四、五章主要涉及企业合并业务和合并财务报表的编制；第六、七、八章主要涉及金融工具的业务核算；第九、十、十一、十二章主要涉及其他难点会计处理问题。本书的突出特点在于：①理论与实践相结合，在严格按照最新企业会计准则及其解释对会计处理原则进行归纳梳理后，用丰富的实际业务例题展示了这些会计处理原则的使用，有较强的适用性和实用性；②结构清晰，重点突出，内容紧凑，简明实用；③为便于读者理解和掌握，每章之后附有相应的思考题与练习题；④根据财政部截至2023年对企业会计准则的修订及相关解释公告而编写，及时体现了宏观监管层面对会计实务工作的规范要求。

本书专门为高等院校会计学专业与财务管理专业本科生和研究生撰写，同时，可作为成人教育、高等教育自学考试的教材和参考书，以及注册会计师考试、中高级会计师职称考试的参考书。

本书封面贴有清华大学出版社防伪标签，无标签者不得销售。
版权所有，侵权必究。举报：010-62782989，beiqinquan@tup.tsinghua.edu.cn

图书在版编目（CIP）数据

高级财务会计理论与实务/刘颖斐，余国杰，熊赓编著. —北京：清华大学出版社，2024.3
21世纪经济管理新形态教材. 会计学系列
ISBN 978-7-302-65684-5

Ⅰ. ①高… Ⅱ. ①刘… ②余… ③熊… Ⅲ. ①财务会计－高等学校－教材 Ⅳ. ①F234.4

中国国家版本馆CIP数据核字(2024)第045285号

责任编辑：左玉冰
封面设计：汉风唐韵
责任校对：王荣静
责任印制：曹婉颖

出版发行：清华大学出版社
网　　址：https://www.tup.com.cn，https://www.wqxuetang.com
地　　址：北京清华大学学研大厦A座　　邮　编：100084
社 总 机：010-83470000　　邮　购：010-62786544
投稿与读者服务：010-62776969，c-service@tup.tsinghua.edu.cn
质 量 反 馈：010-62772015，zhiliang@tup.tsinghua.edu.cn
课 件 下 载：https://www.tup.com.cn，010-83470332

印 装 者：三河市天利华印刷装订有限公司
经　　销：全国新华书店
开　　本：185mm×260mm　　印　张：24.75　　字　数：599千字
版　　次：2024年3月第1版　　印　次：2024年3月第1次印刷
定　　价：69.80元

产品编号：097637-01

前言

马克思在《资本论》中指出,"过程越是按社会的规模进行,越是失去纯粹个人的性质,作为对过程的控制和观念总结的簿记就越是必要","簿记对资本主义生产比对手工业和农业的分散生产更为必要,对公有生产比对资本主义生产更为必要"。上述论断中的"簿记"主要指的就是财务会计工作,该工作的核心目的是为利益相关者提供具有决策相关性的会计信息。随着社会化大生产规模的日益扩大,高质量会计信息披露成为建立高质量资本市场的基石。

同时,随着信息技术和人工智能技术的发展,企业中大量基层会计工作岗位被智能化处理技术取代,仅仅掌握初级会计知识和中级会计知识的员工已经难以适应财会工作的转型要求。会计教育在向智能化转型的过程中,也在逐步向高端化转型。"高级财务会计理论与实务"作为会计专业的核心课程,在培养高素质会计人员的过程中发挥着分水岭的显著作用。我们不能说理解和掌握了高级财务会计,就能成为一名高层次的财会人员,但是,我们能够说不了解高级财务会计的人一定不是一名合格的高层次财会人员。因此,"高级财务会计理论与实务"是大部分高等院校本科会计专业和财务管理专业的主干课程之一。

"高级财务会计理论与实务"的先行课程是"中级财务会计"。中级财务会计主要解决的是企业在日常经营活动中常见的财务会计问题,即企业一般财务会计问题。而高级财务会计解决的则是企业一般财务会计问题以外的特殊财务会计问题。这些特殊财务会计问题涉及中级财务会计没有涵盖的其他业务,其特点在于:①这些业务往往是会计处理中的难点问题,如金融资产与金融负债、衍生工具(derivative)、套期保值、租赁、所得税会计等;②这些业务往往是规模大、组织结构复杂的大型集团企业才会面临的特殊会计处理,如企业合并业务、合并财务报表的编制业务、分支机构会计业务等;③这些业务往往是社会经济生活中出现的新的交易形式,其会计处理可能尚在理论探讨研究阶段,如人力资源会计、环境会计、可持续发展会计等。因此,高级财务会计涵盖内容的边界可以说是在不断变化和扩展的,某些以前属于高级财务会计范围的业务处理,可能由于业务的普及而变为中级财务会计的教学内容。

本书由武汉大学经济与管理学院会计系教师刘颖斐任主编,负责拟定全书编写提纲,并对全部内容进行总纂,武汉大学经济与管理学院会计系教师余国杰和天职国际会计师事务所高级经理熊赓参与了大量修订工作。在编写工作中,武汉大学经济与管理学院会计系研究生和实务工作者分别对各章节内容作出了贡献，具体分工为：第一章徐梦涵、第二章郑海宁、第三章周绮梦、第四章徐欣、第五章陈佳、第六章熊赓、第七章陈佳、第八章施加宝、第九章罗雨诗、第十章向珊、第十一章罗雨诗、第十二章陈紫琦。特此予以衷心感谢。

由于编者水平所限，书中难免有疏漏之处，恳请广大读者批评指正，以便进一步修改。

编　者

2023年8月于武汉大学

目 录

第一章 企业并购的理论概述与实务流程 ·· 1

 第一节 企业并购的种类 ·· 1

 第二节 企业并购的业务流程 ·· 6

 第三节 企业并购的会计处理 ·· 10

 本章小结 ·· 19

 思考题 ·· 19

 练习题 ·· 20

第二章 长期股权投资 ·· 24

 第一节 长期股权投资的初始计量 ·· 24

 第二节 长期股权投资的后续计量 ·· 32

 第三节 长期股权投资核算方法的转换及处置 ·· 42

 本章小结 ·· 50

 思考题 ·· 50

 练习题 ·· 51

第三章 合并财务报表编制的基本程序和方法 ·· 54

 第一节 合并财务报表编制的基本理论 ·· 54

 第二节 合并财务报表编制的基本步骤 ·· 59

 第三节 并购日合并财务报表的编制 ·· 63

 第四节 并购日后合并财务报表的编制 ·· 74

 本章小结 ·· 96

 思考题 ·· 97

 练习题 ·· 97

第四章 集团内部交易的抵销 ·· 99

 第一节 集团内部交易概述 ·· 99

 第二节 集团内部存货交易的抵销 ·· 100

第三节　集团内部固定资产交易的抵销 ································ 108

　　第四节　集团内部债权与债务的抵销 ································ 118

　　第五节　综合运用举例 ···························· 123

　　本章小结 ·· 127

　　思考题 ·· 127

　　练习题 ·· 128

第五章　复杂情形下合并财务报表编制 ································ 130

　　第一节　股权变动下财务报表合并 ································ 130

　　第二节　间接持股和交叉持股下合并财务报表 ································ 150

　　第三节　期中实现合并和处置的合并财务报表编制 ································ 160

　　第四节　子公司存在优先股情况下合并财务报表的编制 ································ 163

　　本章小结 ·· 168

　　思考题 ·· 169

　　练习题 ·· 169

第六章　基础金融工具 ································ 172

　　第一节　金融工具概述 ···························· 172

　　第二节　金融资产的计量 ···························· 185

　　第三节　三类金融资产的会计处理比较及重分类规定 ································ 195

　　第四节　金融负债的计量 ···························· 198

　　第五节　金融工具的减值 ···························· 202

　　第六节　金融工具列报 ···························· 212

　　本章小结 ·· 219

　　思考题 ·· 220

　　练习题 ·· 220

第七章　衍生工具 ································ 223

　　第一节　衍生工具概述 ···························· 223

　　第二节　远期合约 ································ 227

　　第三节　期货合约的会计处理 ································ 230

　　第四节　期权的会计处理 ···························· 238

　　第五节　互换的会计处理 ···························· 243

本章小结 ·········· 250
思考题 ·········· 250
练习题 ·········· 250

第八章 套期工具 ·········· 252

第一节 套期会计概述 ·········· 252
第二节 套期会计方法 ·········· 255
第三节 公允价值套期的会计处理 ·········· 263
第四节 现金流量套期的会计处理 ·········· 269
第五节 境外经营净投资套期的会计处理 ·········· 272
本章小结 ·········· 274
思考题 ·········· 274
练习题 ·········· 275

第九章 企业所得税会计 ·········· 276

第一节 所得税会计概述 ·········· 276
第二节 资产负债表债务法下的所得税会计处理 ·········· 277
第三节 所得税会计处理方法的演变 ·········· 293
第四节 所得税会计对企业合并的影响 ·········· 301
本章小结 ·········· 307
思考题 ·········· 308
练习题 ·········· 308

第十章 股份支付 ·········· 310

第一节 股份支付概述 ·········· 310
第二节 股份支付的确认和计量 ·········· 313
第三节 股份支付的应用举例 ·········· 323
本章小结 ·········· 329
思考题 ·········· 330
练习题 ·········· 330

第十一章 企业年金基金会计 ·········· 332

第一节 企业年金与企业年金基金概述 ·········· 332

第二节　企业年金基金会计制度设计简述 ·· 337

第三节　企业年金基金的会计处理 ·· 341

本章小结 ··· 352

思考题 ·· 352

练习题 ·· 352

第十二章　租赁 ·· 354

第一节　租赁的相关概念及其分类 ·· 354

第二节　租赁业务的会计处理规定 ·· 358

第三节　租赁相关会计准则的演进 ·· 376

本章小结 ··· 383

思考题 ·· 383

练习题 ·· 384

第一章

企业并购的理论概述与实务流程

现代经济发展证明，企业成功的关键是企业不断地增长，增长的方法除了企业本身内部的增长以外，更重要的是企业间的兼并与收购。企业并购是企业法人在平等自愿、等价有偿基础上，以一定的经济方式取得其他法人产权的行为，是企业进行资本运作和经营的一种主要形式。经济学家乔治·斯蒂格勒（George Stigler）指出：美国著名大企业几乎没有哪一家不是以某种方式、在某种程度上应用了兼并收购而发展起来的。在国内，青岛啤酒通过十几次的并购，整合了各地区分散的啤酒企业，快速扩大了青岛啤酒的资产规模，巩固了青岛啤酒的行业领先地位。联想集团收购 IBM（国际商业机器公司）的个人电脑业务，一方面，增强联想集团的技术实力和国际影响力；另一方面，充分利用 ThinkPad 品牌优势、人员技术优势、渠道优势等，让联想集团迅速成为世界知名的个人电脑生产企业。

本章主要阐述企业并购的种类、基本的业务流程和并购当日的会计处理（并购日之后涉及的合并报表编制业务将在第三、四、五章展开）。

第一节 企业并购的种类

一、企业并购的界定

企业并购，在国外通常被称作 M&A（merger and acquisition），即兼并、收购与合并的统称，是一种通过转移公司所有权或控制权的方式实现企业资本扩张和业务发展的经营手段，是企业资本运作的重要方式。并购的实质是一个企业取得另一个企业的资产、股权、经营权或控制权，使一个企业直接或间接对另一个企业产生支配性的影响。并购是企业利用自身的各种有利条件，如品牌、市场、资金、管理、文化等优势，让存量资产变成增量资产，使呆滞的资本运动起来，实现资本的增值。

兼并、收购和合并是实务中经常用到的词汇。兼并与收购是相对狭义的概念，兼并通常是指一家企业以现金、证券或其他形式取得其他企业的产权，并使其丧失法人资格或改变法人实体的行为。收购是指企业用现金、债券、股权或者股票购买另一家企业的部分或全部资产或股权，以获得对另一家企业资源的控制权，并不强调是否存在法人资格的变动。合并则是较为广义的概念，涵盖兼并和收购两种形式，也是企业会计准则描述此类经济活动的用语。合并是指将两个或者两个以上单独的企业合并形成一个报告主体的交易或事项。企业合并分为同一控制下的企业合并和非同一控制下的企业合并。

二、企业并购的分类

企业并购有许多具体形式，这些形式可以从不同的角度加以分类。

（一）按并购前后法人主体的变化划分

按并购前后法人主体的变化，企业并购可分为吸收合并、新设合并和控股合并三种。

（1）吸收合并，也称兼并，指合并方（或购买方）通过企业合并取得被合并方（或被购买方）的全部净资产，合并后注销被合并方（或被购买方）的法人资格，被合并方（或被购买方）原持有的资产、负债，在合并后成为合并方（或购买方）的资产、负债。假设 A 企业吸收合并了 B 企业，它们之间的关系可表示为：A 企业 + B 企业 = A 企业。

（2）新设合并，也称创立合并，指参与合并的各方在合并后法人资格均被注销，重新注册成立一家新的企业。假设 A 企业和 B 企业合并为一个新企业，称为 C 企业，它们的关系可表示为：A 企业 + B 企业 = C 企业。

（3）控股合并，指合并方（或购买方）在企业合并中取得对被合并方（或被购买方）的控制权，被合并方（或被购买方）在合并后仍保持其独立的法人资格并继续经营，合并方（或购买方）确认企业合并形成的对被合并方（或被购买方）的投资。例如，A 公司取得 B 公司 80% 的股份时，可完全控制 B 公司的生产经营管理大权，于是 A 公司就成了控股公司，也称母公司，B 公司成为 A 公司的附属公司，也称子公司。从理论上说，控股股份应占被控股企业有投票表决权的股份 50% 以上，但有时由于附属公司股份比较分散，往往控制 30% 或更少的股份，就可以达到实质性控股的目的。

（二）按并购双方所处的行业划分

按并购方与被并购方所处的行业相同与否，企业并购可分为横向并购、纵向并购和混合并购三种。

（1）横向并购，也称水平式并购，是指两个或两个以上提供相同或相似产品（服务）的公司之间的并购行为，其并购方与被并购方处于同一行业。横向并购可以消除重复设施，提供系列产品或服务，实现优势互补，扩大市场份额。例如，一家外资的饮料企业，为了快速提高其在中国市场的占有份额，成为中国饮料市场第一品牌，计划收购兼并中国另一大型饮料企业。对于外资的饮料企业来说，这属于一个横向并购的方案。

（2）纵向并购，也称垂直式并购，是指生产过程或经营环节相互衔接、密切联系的企业之间，或者具有纵向协作关系的专业化企业之间的并购。纵向并购的企业之间不是直接的竞争关系，而是供应商和需求商之间的关系。按照供应链的流转方向，纵向并购又可分为前向并购与后向并购。前向并购是指沿着产品实体流动方向所发生的并购，如产品原料生产企业并购加工企业或销售商或最终客户，或加工企业并购销售企业等；后向并购是指沿着产品实体流动的反向所发生的并购，如加工企业并购原料供应商，或销售企业并购原料供应企业或加工企业等。纵向并购可以加强企业经营整体的计划性，协调供产销结构，增强企业竞争能力。例如，一家汽车制造商并购一家出租汽车公司就是一个纵向并购的例子。汽车制造商可安排出租汽车公司将其生产的品牌汽车出租给最终消费者，从而获得更高的利润。

（3）混合并购，也称多元化并购，是指处于不同行业、在经营上无密切联系的企业之间的并购。混合并购的目的在于实现投资多元化、减小行业不景气可能造成的经营风险、扩大企业经营规模。例如，一家生产家用电器的企业兼并一家旅行社，在竞争激烈的家电市场以外的地方寻找新的商机，分散企业的经营风险。这种并购的目的在于通过分散经营风险提高企业的生存和发展能力；或者是一方利用另一方的环境条件，进一步拓展市场。经过多元化并购，一般会形成跨行业的企业集团。

（三）按被并购方的态度划分

按被并购方对并购所持态度不同，企业并购可分为友善并购和敌意并购。

（1）友善并购，通常是指并购方与被并购方通过友好协商确定并购条件，在双方意见基本一致的情况下实现产权转让的一类并购。此种并购一般先由并购方选择被并购方，并主动与对方的管理当局接洽，商讨并购事宜。经过双方充分磋商签订并购协议，履行必要的手续后完成并购。在特殊的情况下，也有被并购方主动请求并购方接管本企业的情形。

（2）敌意并购，又称恶意并购，通常是指当友好协商遭到拒绝后，并购方不顾被并购方的意愿采取强制手段，强行收购对方企业的一类并购。敌意并购可能采取不与被并购方进行任何接触，而在股票市场上收购被并购方股票，从而实现对被并购方控股或兼并的形式。由于种种原因，并购往往不能通过友好协商达成协议，被并购方从自身的利益出发，拒不接受并购方的并购条件，并可能采取一切抵制并购的措施加以反抗。在这种情形下，"敌意并购"就有可能发生。

（四）按并购方的身份划分

按并购方身份的不同，企业并购可分为产业资本并购和金融资本并购。

（1）产业资本并购，一般由非金融企业进行，即非金融企业作为并购方，通过一定程序和渠道取得目标企业全部或部分资产所有权的并购行为。并购的具体过程是从证券市场上取得目标企业的股权证券，或者向目标企业直接投资，以便分享目标企业的产业利润。正因为如此，产业资本并购表现出针锋相对、寸利必争的态势，谈判时间长，条件苛刻。

（2）金融资本并购，一般由投资银行或非银行金融机构（如金融投资企业、私募基金、风险投资基金等）进行。金融资本并购有两种形式：一是金融资本直接与目标资本谈判，以一定的条件购买目标企业的所有权，或当目标企业增资扩股时，以一定的价格购买其股权；二是由金融资本在证券市场上收购目标企业的股票从而达到控股的目的。金融资本与产业资本不同，它是一种寄生性资本，既无须先进技术，也无须直接管理收购目标。金融资本并购一般并不以谋求产业利润为首要目的，而是靠购入然后售出企业的所有权来获得投资利润。因此，金融资本并购具有较大的风险。

（五）按收购资金来源划分

按收购资金来源的不同，企业并购可分为杠杆收购和非杠杆收购。无论以何种形式实现企业收购，收购方总要为取得目标企业的部分或全部所有权而支出大笔的资金。收购方在实施企业收购时，如果其主体资金来源是对外负债，即是在银行贷款或金融市场借贷的支持下完成的，就将其称为杠杆收购。相应地，如果收购方的主体资金来源是自有资金，则称为非杠杆收购。

杠杆收购的一般做法是由收购企业委托专门从事企业收购的经纪企业，派有经验的专家负责分析市场，发现和研究那些经营业绩不佳却很有发展前途的企业。确定收购目标后，再以收购企业的名义向外大举借债，通过股市或以向股东发出要约的方式，收购目标企业的股权，取得目标企业的经营控制权。

杠杆收购的突出特点是收购者不需要投入全部资本即可完成收购。一般而言，在收购所需要的全部资本构成中，收购者自有资本占收购资本总额的10%～15%，银行贷款占收购资本总额的50%～70%，发行债券筹资占20%～40%（一般资本结构稳健的企业，债务资本不会超过总资本的2/3，而举借高利贷收购的企业，其债务资本则远远超过其自有资本，往往占总资本的90%～95%）。由于这种做法只需以较小的资本代价即可完成收购，即利用"财务杠杆"原理进行兼并，故而被称为杠杆收购。很显然，只有企业的全部资产收益大于借贷资本的平均成本，杠杆才能产生正效应。因此，杠杆收购是一种风险很高的企业并购方式。杠杆收购在20世纪60年代出现于美国，其后得到较快发展，80年代曾风行于美国和欧洲。

三、并购融资和支付对价

（一）并购融资

从筹集资金的来源看，企业并购的筹资渠道可分为内部筹资渠道和外部筹资渠道。

内部筹资是指企业从内部开辟的资金来源，包括企业自有资金等。在这一方式下，企业不必对外支付借款成本，风险很小，保密性好。在并购交易中，企业一般尽可能选择此渠道。外部筹资是指企业从外部开辟的资金来源，主要包括专业银行信贷资金、非金融机构资金、其他企业资金、民间资金和外资。从企业外部筹资，具有速度快、弹性大、资金量大的优点，但缺点是资金成本较高、风险较大。

随着我国金融市场的发展，企业有多种筹资方式可以选择，在并购中企业可以根据自身的实际情况选择合理的方式进行组合运用。

1. 权益融资

在权益融资方式下，企业以发行股票作为对价或进行换股来实现并购。发行股票是指企业发行新股或上市公司将再融资（增发或配股）发行的股票作为合并对价进行支付，优点是避免出现现金流出，也不会增加企业的负债；缺点是增发导致并购方稀释股权，发行股票后如果企业经营效率不能得到实质性提升，则会降低每股收益。换股并购是指将并购方本身的股票作为并购的支付手段交给被并购方或被并购方原有的股东，优点是使并购方避免大量现金短期流出的压力，降低并购风险，使并购在一定程度上不受并购规模的限制；缺点是由于没有增发，因此注册资本没有改变，只是股东结构发生改变，但通常并购方不会失去控制权，并且一般会受到证券法规的严格限制，审批手续复杂，耗时较长。

2. 债务融资

在债务融资方式下，收购企业通过举债的方式筹措并购所需的资金，主要包括向银行等金融机构贷款和向社会发行债券。并购贷款的优点是手续简便，融资成本低，融资数额巨大；利息可以发挥税盾作用；避免稀释股权。其缺点是必须向银行公开自己的经营信息，并且经营管理在一定程度上受银行借款协议的限制；要获得贷款，一般要提供抵押或者保证人，降低了企业的再融资能力。发行债券的优点是债券利息在企业缴纳所得税前扣除，减轻了企业的税负；可以避免稀释股权。然而债券发行过多，会影响企业的资产负债结构，提高再融资的成本；发行成本较高，环节较为复杂。

3. 混合型融资

混合型融资同时具有债务融资和权益融资的特点，最常用的混合型融资工具是可转换公司债券和认股权证。

可转换公司债券是指可以转换为发行公司股票的债券，通常具有较低的票面利率。从本质上讲，可转换公司债券是在发行公司债券的基础上，附加了一份期权（options），并允许购买人在规定的时间范围内将其购买的债券转换成指定公司的股票。其优点是：利率一般比不具备转换权的债券的利率低，可降低企业的筹资成本；具有高度的灵活性，企业可以根据具体情况设计不同报酬率和不同转换价格的可转换公司债券；转换为普通股后，债券本金不需偿还，免除了企业还本的负担。其缺点是：债券到期时，如果企业股票价格高涨，债券持有人自然要求将债券转换为股票，这就变相使企业蒙受财务损失；如果企业股票价格下跌，债券持有人会要求退还本金，这不但会增加企业的现金支付压力，也会影响企业的再融资能力；转换为股票后，企业股权会被稀释。

认股权证是由上市公司发行的、能够按照特定的价格在特定的时间内购买一定数量发行方普通股股票的选择权凭证，其实质是一种普通股股票的看涨期权（call option），通常随企业的长期债券一起发行。其优点是：避免并购完成后被并购企业的股东立即成为普通股股东，从而延长股权被稀释的时间；同时可以延期支付股利，从而为公司提供额外的股本基础。然而认股权证持有人行使权利时股票价格高于认股权证约定的价格，会使企业遭受财务损失。

（二）支付对价

在企业并购中，支付对价是十分关键的一环。支付方式是否合理，不仅关系到并购能否成功，而且关系到并购双方的收益、企业权益结构的变化及财务安排。不同的支付方式各有特点与利弊，企业应以获得最佳并购效益为宗旨，综合考虑企业自身经济实力、筹资渠道、筹资成本和被并购企业的实际情况等因素，合理选择支付方式。企业并购涉及的支付方式主要有以下几种。

1. 现金支付

现金支付是指收购方支付一定数量的现金，以取得目标企业的所有权的支付方式。现金支付是一种最简单、迅速的支付方式。对目标企业而言，现金支付不必承担证券风险，交割简单、明了。其缺点是目标企业股东无法推迟资本利得的确认，从而不能享受税收上的优惠，而且不能拥有新公司的股东权益。对于收购方而言，现金支付是一项沉重的即时现金负担，要求其有足够的现金头寸和筹资能力，交易规模常常受筹资能力的制约。

2. 股权支付

股权支付也称换股并购，指收购方按一定比例将目标企业的股权换成本公司的股权，目标企业从此终止经营或成为收购方的子公司。对于目标企业股东而言，股权支付可以推迟收益的计税时点，取得一定的税收利益，同时可以分享收购方价值增值的好处。对收购方而言，股权支付不会挤占其日常营运资金，比现金支付成本低许多。但换股并购也存在着不少缺点，如稀释原有股东的权益、每股收益可能发生不利变化、改变公司的资本结构、稀释原有股东对公司的控制权等。

3. 混合并购支付

并购企业支付的对价除现金、股权外，还可能包括可转换公司债券、一般公司债券、认股权证、资产支持受益凭证、承担的债务、划转的资产，或者表现为多种方式的组合。并购实务中，常见的支付对价组合包括现金与股权的组合、现金与承担的债务的组合、现金与认股权证的组合、现金与资产支持受益凭证的组合等。将多种支付工具组合在一起，如搭配得当，选择好融资工具的种类结构、期限结构以及价格结构，可以避免上述两种方式的缺点，既可以使收购方避免支出更多的现金，造成企业财务结构恶化，也可以防止收购方原有股东的股权稀释或发生控制权转移。

第二节 企业并购的业务流程

企业并购是一个极其复杂的运作过程，涉及很多经济、法律、政策等方面的问题，并且不同性质企业的并购操作流程不尽相同。为此，我国有关法律法规对企业并购流程作出了相关规定，以规范并购行为。

一、企业并购的一般流程

（一）制订并购战略规划

企业开展并购活动首先要明确并购动机与目的，并结合企业发展战略和自身实际情况，制订并购战略规划。企业有关部门应当根据并购战略规划，通过详细的信息收集和调研，为决策层提供可并购对象。

（二）选择并购对象

制定了并购战略，下一步就要实施战略或者实施并购行为。这时，首先遇到的问题就是并购谁。企业应当对可并购对象进行全面、详细的调查分析，根据并购动机与目的，筛选合适的并购对象。

有的时候企业是因为出现了一个目标才产生并购的愿望（如碰到一家企业因亏损而低价出售），很多时候并没有具体目标，为了能以较高的效率找到合适的并购目标，就需要给予一定的标准。

搜寻目标的标准应尽量采用相对较少的指标，而不应过分严格，除非确实有很多目标企业可供选择。可选择的基本指标有行业、规模和必要的财务指标，此外可以包括地理位置的限制等。

筛选目标的办法是：首先将其与并购企业的并购战略做比较，看是否符合企业的战略；其次对一些细节项目进行比较，挑选出最符合并购企业战略的目标企业。一般来说，可以重点从以下方面来考虑：目标企业在某一行业中的市场地位；目标企业的盈利能力；目标企业的杠杆水平；目标企业的市场份额；目标企业的技术状况及其竞争者取得或模仿其技术的难度；目标企业服务的竞争优势；目标企业在位的管理层、技术人员和其他关键管理人员的状况。

在此阶段出现的风险主要有备选并购目标搜寻失误、参考的外部信息虚假、参考标准选择失误等，这将直接影响目标企业的确定以及并购的成功实施。这些风险属于信息风险，即信息的不对称和不充分，并购扩张时并购方对目标企业了解不全面导致并购失败的风险。

（三）制订并购方案并开展前期尽职调查工作

为充分了解并购对象各方面情况，尽量减小和避免并购风险，并购方应当开展前期尽职调查工作。尽职调查的内容包括并购对象的资质和本次并购的批准或授权情况、股权结构和股东出资情况、各项财产权利、各种债务文件、涉及诉讼仲裁及行政处罚的情况、目标企业现有人员状况等。在尽职调查的基础上，企业应当着手制订并购方案，针对并购模式、交易方式、融资手段和支付方式等事宜作出安排。

尽职调查可以聘请顾问公司或者由并购企业对目标企业的情况进行全面的摸底，以便并购企业确定该项并购业务是否恰当，从而减小并购可能带来的风险，并为协商交易条件和确定价格提供参考。

并购中的尽职调查既可以由企业内部的有关人员来执行，也可以在外部顾问人员（如会计师、投资银行、律师、行业顾问、评估师等）的帮助下完成。但是，一般来说，并购方的经理人员参与尽职调查是非常重要的，因为经理人员对出售方及目标企业的"感觉"和一些定性考虑，对作出并购决策来说是非常必要的，如果经理人员不参与尽职调查或在尽职调查中不发挥主导作用的话，就会失去这些"感觉"。

尽职调查的目的在于使买方尽可能地了解有关他们要购买的股份或资产的全部情况，发现风险并判断风险的性质、程度以及对并购活动的影响。因而，并购方在调查中需要慎防卖方欺诈，关注可能存在的风险，如报表风险、资产风险、或有债务风险、环境责任风险、劳动责任风险、诉讼风险等。

（四）提交并购报告

确定并购对象后，并购双方应当各自拟定并购报告上报主管部门履行相应的审批手续。国有企业的重大并购活动由各级国有资产监督管理部门负责审核批准；集体企业的并购由职工代表大会审议通过；股份制企业的并购由股东会或董事会审核通过。并购报告获得批准后，应当在当地主要媒体上发布并购消息，并告知被并购企业的债权人、债务人、合同关系人等利益相关方。

（五）开展资产评估

资产评估是企业并购实施过程中的核心环节，通过资产评估，可以分析确定资产的账面价值与实际价值之间的差异，以及资产名义价值与实际效能之间的差异，准确反映资产价值量的变动情况。

在资产评估的同时,还要全面清查被并购企业的债权、债务和各种合同关系,以确定债务合同的处理办法。在对被并购企业资产评估的基础上,最终形成并购交易的参考价。

(六)谈判签约

并购双方参考资产评估确定的价值,协商确定最终成交价,并由双方法人代表签订正式并购协议书(或并购合同),明确双方在并购活动中享有的权利和履行的义务。

谈判签约阶段属于协议的确定及正式签署阶段,因此合并交易结构的确定非常重要。交易结构主要是指支付对价的方式、工具和时间,通常涉及法律形式、会计处理方法、支付方式、融资方式、税收等诸多方面。

法律形式是指合并的法律方式;会计处理方法是指是采用购买法还是采用权益结合法;支付方式包含选择股票支付、承担负债、现金支付或者多种方式组合;融资方式是指并购方资金来源;交易结构还涉及税收筹划安排等其他具体事宜。相应地,交易结构设计往往涉及定价风险、会计政策选择风险、支付方式风险、融资风险、融资结构风险、流动性风险等。

(七)办理股(产)权转让

并购协议签订后,并购双方应当履行各自的审批手续,并报有关机构备案。涉及国有资产的,应当报请国有资产监督管理部门审批。审批后应当及时申请法律公证,确保并购协议具有法律约束力。并购协议生效后,并购双方应当及时办理股权转让和资产移交,并向市场监督管理等部门办理过户、注销、变更等手续。

(八)支付对价

并购协议生效后,并购方应按照协议约定的支付方式,将现金或股票、债券等形式的出价文件交付给被并购企业。

(九)并购整合

并购活动能否取得真正的成功,在很大程度上取决于并购后企业整合运营状况。并购整合的主要内容包括公司发展战略的整合、经营业务的整合、管理制度的整合、组织架构的整合、人力资源的整合、企业文化的整合等。

整合往往是决定并购最终成败的关键环节,整个过程具有很大风险。整合风险是指并购后的公司整合不成功导致并购失败的可能性。在此阶段可能出现的风险具体包括战略、财务、组织、人力资源、资产、文化等协同风险以及法律风险等。

二、上市公司并购流程的特殊考虑

为了规范上市公司并购及相关股份权益变动活动,保护上市公司和投资者的合法权益,我国对上市公司并购流程做了相关规定。

(一)权益披露制度

《上市公司收购管理办法》(2020 年修订)规定,通过协议转让方式,投资者及其一致行动人在一个上市公司中拥有权益的股份拟达到或者超过一个上市公司已发行股份的 5%时，应当在该事实发生之日起 3 日内编制权益变动报告书，向中国证券监督管理委员会（以下简称"中国证监会"）、证券交易所提交书面报告，通知该上市公司，并予公告。

前述投资者及其一致行动人拥有权益的股份达到一个上市公司已发行股份的 5%后，其拥有权益的股份占该上市公司已发行股份的比例每增加或者减少达到或者超过 5%的，应当依照前款规定履行报告、公告义务。

前两款规定的投资者及其一致行动人在作出报告、公告前，不得再行买卖该上市公司的股票。此外《上市公司收购管理办法》（2020 年修订）第十三条规定：

通过证券交易所的证券交易，投资者及其一致行动人拥有权益的股份达到一个上市公司已发行股份的 5%时，应当在该事实发生之日起 3 日内编制权益变动报告书，向中国证监会、证券交易所提交书面报告，通知该上市公司，并予公告；在上述期限内，不得再行买卖该上市公司的股票，但中国证监会规定的情形除外。

前述投资者及其一致行动人拥有权益的股份达到一个上市公司已发行股份的 5%后，通过证券交易所的证券交易，其拥有权益的股份占该上市公司已发行股份的比例每增加或者减少 5%，应当依照前款规定进行报告和公告。在该事实发生之日起至公告后 3 日内，不得再行买卖该上市公司的股票，但中国证监会规定的情形除外。

前述投资者及其一致行动人拥有权益的股份达到一个上市公司已发行股份的 5%后，其拥有权益的股份占该上市公司已发行股份的比例每增加或者减少 1%，应当在该事实发生的次日通知该上市公司，并予公告。

违反本条第一款、第二款的规定买入在上市公司中拥有权益的股份的，在买入后的 36 个月内，对该超过规定比例部分的股份不得行使表决权。

（二）并购重组公司信息披露制度

《上市公司重大资产重组管理办法》对上市公司并购重组业务全流程中的信息披露进行补充完善，使得上市公司并购重组中信息披露更加详细严格。其中第六条规定："为重大资产重组提供服务的证券服务机构和人员，应当遵守法律、行政法规和中国证监会的有关规定，以及证券交易所的相关规则，遵循本行业公认的业务标准和道德规范，诚实守信，勤勉尽责，严格履行职责，对其所制作、出具文件的真实性、准确性和完整性承担责任。"第十二条规定："购买、出售资产未达到前款规定标准，但中国证监会发现涉嫌违反国家产业政策、违反法律和行政法规、违反中国证监会的规定、可能损害上市公司或者投资者合法权益等重大问题的，可以根据审慎监管原则，责令上市公司暂停交易、按照本办法的规定补充披露相关信息、聘请符合《证券法》规定的独立财务顾问或者其他证券服务机构补充核查并披露专业意见。"第十七条规定："上市公司应当聘请符合《证券法》规定的独立财务顾问、律师事务所以及会计师事务所等证券服务机构就重大资产重组出具意见。"同时规定："资产交易定价以资产评估结果为依据的，上市公司应当聘请符合《证券法》规定的资产评估机构出具资产评估报告。"第二十二条第二款规定："本次重组的重大资产重组报告书、独立财务顾问报告、法律意见书以及重组涉及的审计报告、资产评估报告或者估值报告至迟应当与召开股东大会的通知同时公告。

上市公司自愿披露盈利预测报告的,该报告应当经符合《证券法》规定的会计师事务所审核,与重大资产重组报告书同时公告。"第五十一条规定:"上市公司或者其他信息披露义务人未按照本办法规定报送重大资产重组有关报告或者履行信息披露义务的,由中国证监会责令改正,依照《证券法》第一百九十七条予以处罚;情节严重的,可以责令暂停或者终止重组活动,并可以对有关责任人员采取证券市场禁入的措施;涉嫌犯罪的,依法移送司法机关追究刑事责任。"

(三)国有股东转让上市公司股份

2018年5月16日,国务院国有资产监督管理委员会(以下简称"国务院国资委")、财政部、中国证监会联合发布《上市公司国有股权监督管理办法》(国务院国资委 财政部 证监会令第36号),对上市公司国有股权变动相关监管规则进行整合集中及补充完善,形成了较为统一的规范。《上市公司国有股权监督管理办法》于2018年7月1日起正式实施,与国务院国资委和财政部于2016年6月24日颁布的《企业国有资产交易监督管理办法》(国务院国资委 财政部令第32号)共同构成覆盖上市公司国有股权和非上市公司国有资产交易的较为完整的国资监管体系。国有控股股东通过证券交易系统转让上市公司股份,需要同时遵守上述法规。

第三节 企业并购的会计处理

一、企业合并的含义及其分类

(一)企业合并的含义

企业合并,是指将两个或者两个以上单独的企业合并形成一个报告主体的交易或事项。

企业合并的结果通常是一个企业取得了对一个或多个企业(或业务)的控制权。企业合并至少包括两层含义:一是取得对另一个或多个企业(或业务)的控制权;二是所合并的企业必须构成业务。

业务是指企业内部某些生产经营活动或资产、负债的组合,该组合具有投入、加工处理和产出能力,能够独立计算其成本费用或所产生的收入。合并方在合并中取得的生产经营活动或资产的组合(以下简称"组合")构成业务,通常具有下列三个要素。

(1)投入。其指原材料、人工、必要的生产技术等无形资产以及构成产出能力的机器设备等其他长期资产的投入。

(2)加工处理过程。其指具有一定的管理能力、运营过程,能够组织投入形成产出能力的系统、标准、协议、惯例或规则。

(3)产出。其包括为客户提供的产品或服务、为投资者或债权人提供的股利或利息等投资收益,以及企业日常活动产生的其他收益。

判断非同一控制下企业合并中取得的组合是否构成业务,集中度测试是可以选择的一种简化判断方式。集中度测试仅适用于非同一控制下取得的组合,不适用于同一控制下的同类交易。该测试是以所取得组合公允价值,以及支付对价公允价值为基础的。而在同一控制下同类交易中，一方面，可能交易过程并不需要对被收购组合公允价值进行评估；另一方面，其交易对价可能并非相对公允，以该对价为基础计算的集中度测试结果，并不能反映所取得组合是否构成业务的本质。

集中度测试的目的是测试购买方取得的总资产公允价值是否几乎相当于其中某一单独可辨认资产或一组类似可辨认资产的公允价值。集中度测试具体过程可以分为三个步骤。

步骤1：计算所取得总资产的公允价值。

（1）总资产的公允价值 = 合并中取得的非现金资产的公允价值 +（购买方支付的对价 + 购买日被购买方少数股东权益的公允价值 + 购买日前持有被购买方权益的公允价值 – 合并中所取得的被购买方可辨认净资产公允价值）– 递延所得税资产 – 由递延所得税负债影响形成的商誉。

（2）总资产的公允价值 = 购买方支付的对价 + 购买日被购买方少数股东权益的公允价值 + 购买日前持有被购买方权益的公允价值 + 取得负债的公允价值（不包括递延所得税负债）– 取得的现金及现金等价物 – 递延所得税资产 – 由递延所得税负债影响形成的商誉。

上述公式（1）是一种直接计算的方法，它直接计算非现金资产公允价值 + 不可辨认资产公允价值（减去递延所得税影响资产）；公式（2）是一种间接计算的方法，它通过支付对价 + 负债公允价值（减去递延所得税影响资产）间接计算出总资产公允价值。

此外，所取得总资产不包括现金及现金等价物、递延所得税资产以及由递延所得税负债影响形成的商誉。

步骤2：确定单独可辨认资产或类似资产。

单独可辨认资产是企业合并中作为一项单独可辨认资产予以确认和计量的一项资产或资产组。如果资产（包括租赁资产）及其附着物分拆成本重大，应当将其一并作为一项单独可辨认资产，例如土地和建筑物。企业在评估一组类似资产时，应当考虑其中每项单独可辨认资产的性质及其与管理产出相关的风险等。下列情形通常不能作为一组类似资产：

（1）有形资产和无形资产；
（2）不同类别的有形资产，例如存货和机器设备；
（3）不同类别的可辨认无形资产，例如商标权和特许权；
（4）金融资产和非金融资产；
（5）不同类别的金融资产，例如应收款项和权益工具投资；
（6）同一类别但风险特征存在重大差别的可辨认资产等。

步骤3：比较总资产公允价值是否几乎相当于某一单独可辨认资产或类似资产的公允价值。

步骤1所确定的总资产公允价值，是否几乎相当于步骤2所确定的某一单独可辨认资产或一组类似资产的公允价值？如果是，则表明所取得的组合不构成业务。如果否，则需要进一步判断是否存在满足条件的投入和实质性过程。

如果一个企业取得了对另一个或多个企业的控制权，而被购买方（或被合并方）并不构成业务，则该交易或事项不形成企业合并。企业取得了不形成业务的一组资产或净资产时,应将购买成本按购买日所取得的各项可辨认资产、负债的相对公允价值基础进行分配,不按照企业合并准则进行处理。

从企业合并的定义看,是否构成企业合并,除了要看取得的企业是否构成业务之外,关键要看有关交易或事项发生前后报告主体是否发生变化。

(二)企业合并的分类

根据企业会计准则的规定,按照企业合并中参与合并的各方在合并前及合并后是否受同一方或相同的多方最终控制,在进行会计处理时,企业合并应分为同一控制下的企业合并及非同一控制下的企业合并分别予以考虑。本章主要以吸收合并为例讲述相关的账务处理,控股合并这类较复杂情况将在后续章节逐步展开。

2014年财政部修订的《企业会计准则第33号——合并财务报表》规定,"控制"是指投资方拥有对被投资方的权力,通过参与被投资方的相关活动而享有可变回报,并且有能力运用对被投资方的权力影响其回报金额。控制的定义包含三项基本要素:一是投资方拥有对被投资方的权力,二是因参与被投资方的相关活动而享有可变回报,三是有能力运用对被投资方的权力影响其回报金额。在判断投资方是否能够控制被投资方时,当且仅当投资方具备上述三要素,才能表明投资方能够控制被投资方。

1. 投资方拥有对被投资方的权力

投资方需要识别被投资方并评估其设立目的和设计、识别被投资方的相关活动以及对相关活动进行决策、确定投资方及涉入被投资方的其他方拥有的与被投资方相关的权利等,以确定投资方当前是否有能力主导被投资方的相关活动。

2. 因参与被投资方的相关活动而享有可变回报

可变回报是不固定并可能随被投资方业绩变动而变动的回报,可能是正数,也可能是负数,或者有正有负。投资方在判断其享有被投资方的回报是否变动以及如何变动时,应当根据合同安排的实质,而不是法律形式。例如,投资方持有固定利率的交易性债券投资时,虽然利率是固定的,但该利率取决于债券违约风险及债券发行方的信用风险,因此,固定利率也可能属于可变回报。再如,管理被投资方资产获得的固定管理费也属于可变回报,因为管理者是否能获得此回报依赖被投资方是否能够产生足够的收益用于支付该固定管理费。

3. 有能力运用对被投资方的权力影响其回报金额

只有当投资方不仅拥有对被投资方的权力、通过参与被投资方的相关活动而享有可变回报,并且有能力运用对被投资方的权力来影响其回报的金额时,投资方才控制被投资方。因此,《企业会计准则第33号——合并财务报表》第十八条规定,拥有决策权的投资方在判断是否控制被投资方时,需要考虑其决策行为是以主要责任人(即实际决策人)的身份进行还是以代理人的身份进行。此外,在其他方拥有决策权时,投资方需要考虑其他方是否以代理人的身份代表该投资方行使决策权。

在同一控制下的企业合并中,参与合并的企业在合并前后均受同一方或相同的多方最终控制且该控制并非暂时性的。在非同一控制下的企业合并中,参与合并的各方在合并前后不受同一方或相同的多方最终控制。

二、同一控制下的企业合并的会计处理

（一）同一控制下的企业合并的含义

同一控制下的企业合并，是指参与合并的企业在合并前后均受同一方或相同的多方最终控制且该控制并非暂时性的。"同一方"，是指对参与合并的企业在合并前后均实施最终控制的投资者；"相同的多方"，是指根据投资者之间的协议约定，在对被投资单位的生产经营决策行使表决权时发表一致意见的两个或两个以上的投资者；"控制并非暂时性"，是指参与合并的各方在合并前后较长的时间内受同一方或相同的多方最终控制，"较长的时间"通常指 1 年以上（含 1 年）。总之，同一控制下的企业合并的主要特征是参与合并的各方在合并前后均受同一方或相同的多方控制，并且该控制不是暂时性的。

（二）同一控制下的企业合并的处理原则

同一控制下的企业合并会计，主要指合并方在合并日对于企业合并事项应进行的会计处理，其计量原则是采用账面价值进行相关账务处理。合并方，是指取得对其他参与合并企业控制权的一方；合并日，是指合并方实际取得对被合并方控制权的日期。

同一控制下的企业合并，在合并中不涉及自集团外少数股东手中购买股权的情况下，合并方应遵循以下原则。

（1）合并方在合并中确认取得的被合并方的资产、负债仅限于被合并方账面上原已确认的资产和负债，合并中不产生新的资产和负债。同一控制下的企业合并，从最终控制方的角度来看，其在企业合并前后能够控制的净资产价值量并没有发生变化，因此合并中不产生新的资产，但被合并方在企业合并前账面上原已确认的商誉应作为合并中取得的资产确认。

（2）合并方在合并中取得的被合并方各项资产、负债应维持其在被合并方的原账面价值不变。合并方在同一控制下的企业合并中取得的有关资产和负债不应因该项合并而变更其账面价值，从最终控制方的角度来看，其在企业合并前控制的资产、负债，在合并后仍在其控制之下，因此该合并原则上不应引起相关资产、负债的计价基础发生变化。在确定合并中取得各项资产、负债的入账价值时，应当注意的是，被合并方在企业合并前采用的会计政策与合并方不一致的，应基于重要性原则，首先统一会计政策，即合并方应当按照本企业会计政策对被合并方资产、负债的账面价值进行调整，并将调整后的账面价值作为有关资产、负债的入账价值。

（3）合并方为进行企业合并发生的各项直接相关费用，包括为进行企业合并而支付的审计费用、评估费用、法律服务费用等，应当于发生时计入当期损益（管理费用）。为企业合并发行的债券或承担其他债务支付的手续费、佣金等，应当计入所发行债券及其他债务的初始计量金额。企业合并中发行权益性证券发生的手续费、佣金等费用，应当抵减权益性证券溢价收入，溢价收入不足冲减的，冲减留存收益。

（4）合并方在合并中取得的净资产的入账价值相对于为进行企业合并支付的对价账面价值的差额，不作为资产的处置损益，不影响合并当期利润表，有关差额应调整所有者权益相关项目。合并方在企业合并中取得的价值量与所放弃价值量之间存在差额的，应当调整所有者权益。在根据合并差额调整合并方的所有者权益时，应首先调整资

本公积（资本溢价或股本溢价），资本公积（资本溢价或股本溢价）的余额不足冲减的，应冲减留存收益。

（5）对于同一控制下的控股合并，合并方在编制合并财务报表时，应视同合并后形成的报告主体自最终控制方开始实施控制时一直是一体化存续下来的，参与合并各方在合并以前期间实现的留存收益应体现为合并财务报表中的留存收益。合并财务报表中，应以合并方的资本公积（或经调整后的资本公积中的资本溢价部分）为限，在所有者权益内部进行调整，将被合并方在合并日以前实现的留存收益中按照持股比例计算的归属于合并方的部分自资本公积转入留存收益。

（三）同一控制下吸收合并的会计处理

同一控制下吸收合并的会计处理，合并方主要涉及合并日取得被合并方资产、负债入账价值的确定，以及合并中取得有关净资产的入账价值与支付的合并对价账面价值之间差额的处理。

合并方对同一控制下吸收合并中取得的资产、负债应当按照相关资产、负债在被合并方的原账面价值入账。

合并方在确认合并中取得的被合并方的资产和负债后，以发行权益性证券方式进行的该类合并，所确认的净资产入账价值与发行股份面值总额的差额，应计入资本公积（资本溢价或股本溢价），资本公积（资本溢价或股本溢价）的余额不足冲减的，相应冲减盈余公积和未分配利润；以支付现金、非现金资产方式进行的该类合并，所确认的净资产入账价值与支付的现金、非现金资产账面价值的差额，相应调整资本公积（资本溢价或股本溢价），资本公积（资本溢价或股本溢价）的余额不足冲减的，应冲减盈余公积和未分配利润。

例1-1 2022年6月30日，P公司向S公司的股东定向增发1 000万股普通股（每股面值为1元，市价为5元）对S公司进行吸收合并，并于当日取得S公司净资产。

P公司与S公司合并前资产负债表如表1-1所示。

表1-1 P公司与S公司合并前资产负债表　　　　单位：元

项　目	P公司账面价值	S公司账面价值	S公司公允价值
货币资金（银行存款）	17 250 000	1 800 000	1 800 000
应收账款	12 000 000	8 000 000	8 000 000
存货（库存商品）	24 800 000	1 020 000	1 800 000
长期股权投资	20 000 000	8 600 000	15 200 000
固定资产	28 000 000	12 000 000	22 000 000
无形资产	18 000 000	2 000 000	6 000 000
资产总计	120 050 000	33 420 000	54 800 000
短期借款	10 000 000	9 000 000	9 000 000
应付账款	15 000 000	1 200 000	1 200 000
其他负债	1 500 000	1 200 000	1 200 000
负债合计	26 500 000	11 400 000	11 400 000
实收资本	30 000 000	10 000 000	

续表

项　目	P公司账面价值	S公司账面价值	S公司公允价值
资本公积	20 000 000	6 000 000	
盈余公积	20 000 000	2 000 000	
未分配利润	23 550 000	4 020 000	
所有者权益合计	93 550 000	22 020 000	
负债和所有者权益合计	120 050 000	33 420 000	

本例中假定P公司和S公司为同一集团内两家全资子公司，合并前其共同的母公司为A公司。该项合并中P公司和S公司在合并前及合并后均由A公司最终控制，为同一控制下的企业合并。自2022年6月30日开始，P公司能够对S公司的净资产实施控制，该日即为合并日。

因合并后S公司失去其法人资格，P公司应确认合并中取得的S公司的各项资产和负债。假定P公司和S公司在合并前采用的会计政策相同。P公司对该项合并应进行的账务处理为

借：货币资金　　　　　　　　　　　　　　　　　　　　　　　1 800 000
　　存货（库存商品）　　　　　　　　　　　　　　　　　　　 1 020 000
　　应收账款　　　　　　　　　　　　　　　　　　　　　　　 8 000 000
　　长期股权投资　　　　　　　　　　　　　　　　　　　　　 8 600 000
　　固定资产　　　　　　　　　　　　　　　　　　　　　　　12 000 000
　　无形资产　　　　　　　　　　　　　　　　　　　　　　　 2 000 000
　　贷：短期借款　　　　　　　　　　　　　　　　　　　　　 9 000 000
　　　　应付账款　　　　　　　　　　　　　　　　　　　　　 1 200 000
　　　　其他负债　　　　　　　　　　　　　　　　　　　　　 1 200 000
　　　　股本　　　　　　　　　　　　　　　　　　　　　　　10 000 000
　　　　资本公积　　　　　　　　　　　　　　　　　　　　　12 020 000

同一控制下的吸收合并中，合并方在合并当期期末比较报表的编制应区别不同的情况，如果合并方在合并当期期末，仅需要编制个别财务报表、不需要编制合并财务报表的，合并方在编制前期比较报表时，无须对以前期间编制的比较报表进行调整；如果合并方在合并当期期末需要编制合并财务报表的，在编制前期比较合并财务报表时，应将吸收合并取得的被合并方前期有关财务状况、经营成果及现金流量等并入合并方前期合并财务报表。前期比较报表的具体编制原则比照同一控制下控股合并比较报表的编制。

三、非同一控制下的企业合并的会计处理

（一）非同一控制下的企业合并的含义

非同一控制下的企业合并，是指参与合并各方在合并前后不受同一方或相同的多方最终控制的合并交易，即除判断属于同一控制下的企业合并情况以外的其他合并。

非同一控制下的企业合并，主要涉及购买方及购买日的确定，企业合并成本的确定，合并中取得的各项可辨认资产、负债的确认和计量以及合并差额的处理等。

（二）非同一控制下的企业合并的处理原则

非同一控制下的企业合并是参与合并的一方购买另一方或多方的交易，其计量原则是采用公允价值进行相关账务处理。

1. 确定购买方

非同一控制下的企业合并首要前提是确定购买方。购买方是指在企业合并中取得对另一方或多方控制权的一方。合并中一方取得了另一方半数以上有表决权股份的，除非有明确的证据表明该股份不能形成控制，一般认为取得控股权的一方为购买方。某些情况下，虽然一方没有取得另一方半数以上有表决权股份，但存在以下情况时，一般也可认为其获得了对另一方的控制权。

（1）通过与其他投资者签订协议，实质上拥有被投资单位半数以上表决权。

（2）按照法律或协议等的规定，具有主导被投资单位财务和经营决策的权力。

（3）有权任免被投资单位董事会或类似权力机构绝大多数成员。这种情况是指虽然投资企业拥有被投资单位50%或以下表决权资本，但根据章程、协议等有权任免被投资单位董事会或类似权力机构的绝大多数成员，以达到实质上控制的目的。

（4）在被投资单位董事会或类似权力机构具有绝大多数投票权。这种情况是指虽然投资企业拥有被投资单位50%或以下表决权资本，但能够控制被投资单位董事会或类似权力机构的会议，从而能够控制其财务和经营政策，达到对被投资单位的控制。

2. 确定购买日

购买日是购买方获得对被购买方控制权的日期，即企业合并交易进行过程中，发生控制权转移的日期。同时满足以下条件，一般可认为实现了控制权的转移，形成购买日。

（1）企业合并合同或协议已获股东大会等内部权力机构通过。对于股份有限公司，其内部权力机构一般指股东大会。

（2）按照规定，合并事项需要经过国家有关主管部门审批的，已获得相关部门的批准。

（3）参与合并各方已办理了必要的财产权交接手续。作为购买方，其通过企业合并无论是取得被购买方的股权还是被购买方的全部净资产，能够形成与取得股权或净资产相关的风险和报酬的转移，一般须办理相关的财产权交接手续，从而从法律上保障有关风险和报酬的转移。

（4）购买方已支付了购买价款的大部分（一般应超过50%），并且有能力支付剩余款项。

（5）购买方实际上已经控制了被购买方的财务和经营政策，并享有相应的收益和风险。

企业合并涉及一次以上交换交易的，如通过逐次取得股份分阶段实现合并，企业应于每一交易日确认对被投资企业的各单项投资。"交易日"是指合并方或购买方在自身的账簿和报表中确认对被投资单位投资的日期。分步实现的企业合并中，"购买日"是指按照有关标准判断购买方最终取得对被购买企业控制权的日期。

3. 确定企业合并成本

企业合并成本包括购买方为进行企业合并支付的现金或非现金资产、发行或承担的债务、发行的权益性证券等在购买日的公允价值。

或有对价的公允价值：某些情况下，企业合并合同或协议中会规定视未来或有事项的发生，购买方通过发行额外证券、支付额外现金或其他资产等方式追加合并对价，或者要求返还之前已经支付的对价。购买方应当将合并协议约定的或有对价作为企业合并转移对价的一部分，按照其在购买日的公允价值计入企业合并成本。根据《企业会计准则第 22 号——金融工具确认和计量》《企业会计准则第 37 号——金融工具列报》以及其他相关准则的规定，或有对价符合金融负债或权益工具定义的，购买方应当将拟支付的或有对价确认为一项负债或权益；符合资产定义并满足资产确认条件的，购买方应当将符合合并协议约定条件的已支付的合并对价中可收回部分的权利确认为一项资产。

非同一控制下的企业合并中发生的与企业合并直接相关的费用，包括为进行合并而发生的会计审计费用、法律服务费用、咨询费用等，与同一控制下的企业合并过程中发生的有关费用处理原则相同，均作为当期费用处理。这里所称合并中发生的各项直接相关费用，不包括与为进行企业合并发行的权益性证券或发行的债务相关的手续费、佣金等，该部分费用应比照本章关于同一控制下的企业合并中类似费用的原则处理，即应抵减权益性证券的溢价发行收入或是计入所发行债务的初始确认金额。

通过多次交换交易，分步取得股权最终形成企业合并的，在购买方的个别财务报表中，应当将购买日之前所持被购买方的股权投资的账面价值与购买日新增投资成本之和，作为该项投资的初始投资成本；在合并财务报表中，将购买日之前所持被购买方股权于购买日的公允价值与购买日支付对价的公允价值之和，作为合并成本。

4. 企业合并成本在取得的可辨认资产和负债之间的分配

非同一控制下的企业合并中，通过企业合并交易，购买方无论是取得对被购买方生产经营决策的控制权还是取得被购买方的全部净资产，从本质上看，取得的均是对被购买方净资产的控制权。视合并方式的不同，在控股合并的情况下，购买方在其个别财务报表中应确认所形成的对被购买方的长期股权投资，该长期股权投资所代表的是购买方对合并中取得的对被购买方各项资产、负债应享有的份额，具体体现为合并财务报表中应列示的有关资产、负债；在吸收合并的情况下，合并中取得的被购买方各项可辨认资产、负债等直接体现为购买方账簿及个别财务报表中的资产、负债项目。

（1）购买方在企业合并中取得的被购买方各项可辨认资产和负债，要作为本企业的资产、负债（或合并财务报表中的资产、负债）进行确认，在购买日，应当满足资产、负债的确认条件。

（2）企业合并中取得的无形资产在其公允价值能够可靠计量的情况下应单独予以确认。

（3）企业合并中产生或有负债的确认。对于购买方在企业合并时可能需要代被购买方承担的或有负债，在其公允价值能够可靠计量的情况下，应作为合并中取得的负债单独确认。

（4）企业合并中取得的资产、负债在满足确认条件后，应以其公允价值计量。对于被购买方在企业合并之前已经确认的商誉和递延所得税项目,购买方在对企业合并成本进行分配、确认合并中取得可辨认资产和负债时不应予以考虑。

5. 企业合并成本与合并中取得的被购买方可辨认净资产公允价值份额差额的处理

(1) 企业合并成本大于合并中取得的被购买方可辨认净资产公允价值份额的差额应确认为商誉。

(2) 企业合并成本小于合并中取得的被购买方可辨认净资产公允价值份额的部分,应计入合并当期损益(营业外收入)。

6. 企业合并成本或有关可辨认资产、负债公允价值暂时确定的情况

对于非同一控制下的企业合并,如果在购买日或合并当期期末,因各种因素影响无法合理确定企业合并成本或合并中取得的有关可辨认资产、负债公允价值的,购买方应以暂时确定的价值为基础对企业合并交易或事项进行处理。继后取得进一步信息表明有关资产、负债公允价值与暂时确定的价值不同的,应分别根据以下情况进行处理。

(1) 购买日后 12 个月内对有关价值量的调整。在合并当期期末以暂时确定的价值对企业合并进行处理的情况下,自购买日算起 12 个月内取得进一步的信息表明需对原暂时确定的企业合并成本或所取得的资产、负债的暂时性价值进行调整的,应视同在购买日发生,即应进行追溯调整,同时对以暂时性价值为基础提供的比较报表信息,应进行相关的调整。

(2) 超过规定期限后的价值量调整。自购买日算起 12 个月以后对企业合并成本或合并中取得的可辨认资产、负债价值的调整,应当按照《企业会计准则第 28 号——会计政策、会计估计变更和差错更正》的原则进行处理,即应视为会计差错更正,在调整相关资产、负债账面价值的同时,调整所确认的商誉或者计入合并当期利润表中的金额,以及相关资产的折旧、摊销等。

(三) 非同一控制下吸收合并的会计处理

非同一控制下吸收合并的会计处理,购买方在购买日应当将合并中取得的符合确认条件的各项可辨认资产、负债,按其公允价值确认为本企业的资产和负债;作为合并对价的有关非货币性资产在购买日的公允价值与其账面价值的差额,应作为资产处置损益计入合并当期的利润表;确定的企业合并成本与所取得的被购买方可辨认净资产公允价值之间的差额,视情况分别确认为商誉或是计入企业合并当期的损益。

例 1-2 延续例 1-1 的资料,假设 P 公司和 S 公司为非同一控制下的两家公司,那么 P 公司吸收合并 S 公司的账务处理如下。

借:货币资金　　　　　　　　　　　　　　　　　　　　　　1 800 000
　　存货(库存商品)　　　　　　　　　　　　　　　　　　1 800 000
　　应收账款　　　　　　　　　　　　　　　　　　　　　　8 000 000
　　长期股权投资　　　　　　　　　　　　　　　　　　　 15 200 000
　　固定资产　　　　　　　　　　　　　　　　　　　　　 22 000 000
　　无形资产　　　　　　　　　　　　　　　　　　　　　　6 000 000

商誉	6 600 000
贷：短期借款	9 000 000
应付账款	1 200 000
其他负债	1 200 000
股本	10 000 000
资本公积	40 000 000

本章小结

《企业会计准则第 20 号——企业合并》所称企业合并是指将两个或者两个以上单独的企业合并形成一个报告主体的交易或事项。企业合并可以分为同一控制下的企业合并和非同一控制下的企业合并。同一控制下的企业合并，是指参与合并的企业在合并前后均受同一方或相同多方最终控制且该控制并非暂时性的。非同一控制下的企业合并，则是指参与合并各方在合并前后不受同一方或相同多方最终控制的合并交易。

同一控制下企业合并遵循以下会计处理原则：①合并方在合并中确认取得的被合并方的资产、负债仅限于被合并方账面上原已确认的资产和负债，合并中不产生新的资产和负债。②合并方在合并中取得的被合并方各项资产、负债应维持其在被合并方的原账面价值不变。③合并方在合并中取得的净资产的入账价值相对于为进行企业合并支付的对价账面价值的差额，不作为资产的处置损益，不影响合并当期利润表，有关差额应调整所有者权益相关项目。

非同一控制下企业合并遵循以下会计处理原则：①购买方在购买日应当将合并中取得的符合确认条件的各项资产、负债，按其公允价值确认为本企业的资产和负债。② 购买方作为合并对价支付的非货币性资产在购买日的公允价值与其账面价值的差额，应作为资产的处置损益计入合并当期的利润表。③合并成本与所取得的被购买方可辨认净资产公允价值的差额，视情况分别确认为商誉或者作为企业合并当期的损益计入利润表。

思考题

1. 什么是企业并购？试说明企业并购的原因。
2. 企业并购的类型有哪些？试说明它们的区别。
3. 什么是并购融资？企业可以选择哪些方式来实现并购？
4. 企业并购涉及的支付方式有哪些？
5. 简述企业并购的一般流程。
6. 什么是同一控制下的企业合并？什么是非同一控制下的企业合并？
7. 同一控制下企业合并会计处理的要点有哪些？
8. 非同一控制下企业合并会计处理的要点有哪些？
9. 试比较同一控制下企业合并和非同一控制下企业合并中与合并有关的费用的处理方法。
10. 商誉是怎样产生的？确认商誉对企业以后年度的经营成果有什么影响？

练习题

1. P公司为一家制造业公司，2023年公司与企业并购有关的事项如下。

（1）为了引入先进的技术，2023年3月30日，P公司以1.2亿元取得X公司25%有表决权股份；2023年11月8日，又以价值2.4亿元的土地作价购入X公司35%有表决权股份。X公司与P公司都属于A集团控制下的企业。

（2）P公司为了走出国门，2023年4月1日以发行股票的方式支付6 000万元对价购买Y公司85%有表决权股份。根据市场预期，Y公司将会为P公司提供更为广阔的市场空间。为了更好地利用Y公司的渠道优势，同年8月2日，P公司又以2 000万元现金购入Y公司剩余15%的股权。Y公司2023年4月1日的资产负债表显示净资产为600万美元，其中经评估固定资产项目公允价值较账面价值高出200万美元；8月2日的Y公司资产负债表账面价值增加了50万美元；4月1日的美元兑人民币比率为1∶7；8月2日美元兑人民币比率为1∶6.9。

（3）P公司2023年7月9日以零转让价格获得了Z公司100%的股权，P公司获得了Z公司的控制权。已知Z公司资产项目公允价值：现金500万元；应收账款300万元；存货500万元；固定资产1 000万元。负债项目公允价值：短期借款200万元；应付账款2 000万元；长期借款2 000万元。

（4）P公司为了进入东北市场，2023年9月30日以现金5 000万元、发行股票价值6 000万元购买了东北地区W公司80%有表决权股份。W公司为2023年2月新成立的公司，截至2023年9月30日，该公司持有货币资金9 500万元，实收资本8 000万元，资本公积600万元。

假定本题中有关公司的所有者均按所持有的有表决权股份的比例参与被投资单位的财务和经营决策，不考虑其他情况。

要求：根据《企业会计准则》的规定，逐项分析、判断P公司2023年上述并购是否形成企业合并。请回答具体的合并支付方式与合并日期、合并类型是哪一类。在能够计算商誉的情况下请给出并购商誉的金额。如不形成企业合并的，请简要说明理由。

2. 2022年12月31日，P公司吸收合并了S公司。该日，S公司各项资产、负债的账面价值和公允价值如表1-2所示；P公司资本公积足够大。假定该企业合并为非同一控制下的企业合并，企业所得税税率为25%。

表1-2　S公司各项资产、负债的账面价值和公允价值　　　单位：元

项目	账面价值	公允价值
应收票据	100 000	100 000
库存商品	100 000	120 000
固定资产	100 000	130 000
资产总计	300 000	350 000
短期借款	100 000	100 000
实收资本	200 000	
负债和所有者权益总计	300 000	

要求：

（1）如果 P 公司支付的代价为 300 000 元现金，请编制该合并业务的有关会计分录。

（2）如果 P 公司支付的代价为 150 000 元现金，请编制该合并业务的有关会计分录。

（3）如果 P 公司支付的代价为 100 000 股面值 1 元、市价 3 元的普通股，请编制该合并业务的有关会计分录。

（4）如果 P 公司支付的代价为 50 000 股面值 1 元、市价 3 元的普通股，请编制该合并业务的有关会计分录。

3. 甲股份有限公司（本题下称"甲公司"）为上市公司，2020 年至 2022 年企业合并/长期股权投资有关资料如下。

（1）2020 年 1 月 20 日，甲公司与乙公司签订购买乙公司持有的丙公司（非上市公司）60%的股权的合同。合同规定：以丙公司 2020 年 5 月 30 日评估的可辨认金融资产价值为基础，协商确定对丙公司 60%股权的购买价格；合同经双方股东大会批准后生效。

购买丙公司 60%股权时，甲公司与乙公司不存在关联方关系。

（2）购买丙公司 60%股权的合同执行情况如下：2020 年 3 月 15 日，甲公司和丙公司分别召开股东大会，批准通过了该购买股权的合同。以丙公司 2020 年 5 月 30 日净资产评估值为基础，经调整后丙公司 2020 年 6 月 30 日的资产负债表各项目的数据如表 1-3 所示。

表 1-3 丙公司资产负债表

2020 年 6 月 30 日　　　　　　　　　　　　单位：万元

项　目	账面价值	公允价值
资产：		
货币资金	1 400	1 400
存货	2 000	2 000
应收账款	3 800	3 800
固定资产	2 400	4 800
无形资产	1 600	2 400
资产合计	11 200	14 400
负债和股东权益：		
短期借款	800	800
应付账款	1 600	1 600
长期借款	2 000	2 000
负债合计	4 400	4 400
股本	2 000	
资本公积	3 000	
盈余公积	400	
未分配利润	1 400	
股东权益合计	6 800	10 000

表 1-3 中固定资产为一栋办公楼，预计该办公楼自 2020 年 6 月 30 日起剩余使用年限为 20 年，净残值为零，采用年限平均法计提折旧；表 1-3 中无形资产为一项土地使

用权，预计该土地使用权自 2020 年 6 月 30 日起剩余使用年限为 10 年，净残值为零，采用直线法摊销。

假定该办公楼和土地使用权均为管理使用。

经协商，双方确定丙公司 60%股权的价格为 7 000 万元，甲公司以一项固定资产和一项土地使用权为对价。甲公司作为对价的固定资产 2020 年 6 月 30 日的账面原价为 2 800 万元，累计折旧为 600 万元，计提的固定资产减值准备为 200 万元，公允价值为 4 000 万元；作为对价的土地使用权 2020 年 6 月 30 日的账面原价为 2 600 万元，累计摊销为 400 万元，计提的无形资产减值准备为 200 万元，公允价值为 3 000 万元。

2020 年 6 月 30 日，甲公司以银行存款支付购买股权过程中发生的评估费用 120 万元、咨询费用 80 万元。丙公司和乙公司均于 2020 年 6 月 30 日办理完毕上述相关资产的产权转让手续。

甲公司于 2020 年 6 月 30 日对两公司董事会进行改组，并取得控制权。

（3）甲公司 2020 年 6 月 30 日将购入丙公司 60%股权入账后编制的资产负债表如表 1-4 所示。

表 1-4 甲公司资产负债表

2020 年 6 月 30 日　　　　　　　　　　　　　　　　　单位：万元

资产金额		负债和股东权益金额	
货币资金	5 000	短期借款	4 000
存货	8 000	应付账款	10 000
应收账款	7 600	长期借款	6 000
长期股权投资	16 200	负债合计	20 000
固定资产	9 200		
无形资产	3 000	股本	10 000
		资本公积	9 000
		盈余公积	2 000
		未分配利润	8 000
		股东权益合计	29 000
资产合计	49 000	负债和股东权益合计	49 000

（4）两公司 2020 年至 2022 年实现损益等有关情况如下。

2020 年度丙公司实现净利润 1 000 万元（假定有关收入、费用在年度中间均匀发生），当年提取盈余公积 100 万元，未对外分配现金股利。

2021 年度丙公司实现净利润 1 500 万元，当年提取盈余公积 150 万元，未对外分配现金股利。

2020 年 7 月 1 日至 2021 年 12 月 31 日，丙公司除实现净利润外，未发生引起股东权益变动的其他交易和事项。

（5）2022 年 1 月 2 日甲公司以 2 950 万元的价格出售丙公司 20%的股权。当日，收到购买方通过银行转账支付的价款，并办理完毕股权转让手续。

甲公司在出售该部分股权后，持有丙公司的股权比例降至 40%，仍能够对丙公司实施重大影响，但不再拥有对丙公司的控制权。

2022年度丙公司实现净利润600万元，当年提取盈余公积60万元，未对外分配现金股利。丙公司因当年购入的可供出售金融资产公允价值上升确认资本公积200万元。

（6）其他有关资料。

①不考虑所得税及其他税费因素的影响。

②甲公司按照净利润的10%提取盈余公积。

要求：

（1）根据资料（1）和资料（2），判断甲公司购买丙公司60%股权导致的企业合并的类型，并说明理由。

（2）根据资料（1）和资料（2），计算甲公司企业合并的成本、甲公司转让作为对价的固定资产和无形资产对2020年度损益的影响金额。

（3）根据资料（1）和资料（2），计算甲公司对丙公司长期股权投资的入账价值并编制相关会计分录。

（4）编制甲公司购买日（或合并日）合并财务报表的抵销分录，并填列合并财务报表各项目的金额。

（5）计算2021年12月31日甲公司对丙公司长期股权投资的账面价值。

练习题参考答案

第二章

长期股权投资

本章全面论述了长期股权投资的计量、转换及处置等的会计处理。在学习和理解本章内容时，应当关注：①长期股权投资的初始计量。绝大部分情况下，长期股权投资应按照取得时投入的成本进行初始计量。②长期股权投资的后续计量。长期股权投资在持有期间，根据投资企业对被投资单位的影响程度，可采用成本法或权益法核算。③长期股权投资核算方法的转换及处置。本章的内容主要依据《企业会计准则第 2 号——长期股权投资》(财会〔2014〕14 号)及相关指南编写，同时参考《企业会计准则第 20 号——企业合并》《企业会计准则第 33 号——合并财务报表》等准则的规定。

第一节 长期股权投资的初始计量

长期股权投资，是指投资方对被投资单位实施控制、重大影响的权益性投资，以及对其合营企业的权益性投资。

一、长期股权投资的分类

根据《企业会计准则第 2 号——长期股权投资》(财会〔2014〕14 号)的规定，长期股权投资依据对被投资单位的影响分为以下三种类型。

(1)控制。其是指投资方拥有对被投资单位的权力，通过参与被投资单位的相关活动而享有可变回报，并且有能力运用对被投资单位的权力影响其回报金额。在确定能否对被投资单位实施控制时，投资方应当按照《企业会计准则第 33 号——合并财务报表》的有关规定进行判断。投资方能够对被投资单位实施控制的，被投资单位为其子公司。投资方属于《企业会计准则第 33 号——合并财务报表》规定的投资性主体且子公司不纳入合并财务报表的情况除外。

(2)共同控制。其是指按照相关约定对某项安排所共有的控制，并且该安排的相关活动必须经过分享控制权的参与方一致同意后才能决策。投资企业与其他合营方对被投资单位实施共同控制且对被投资单位净资产享有权利的，被投资单位为其合营企业。共同控制的合营企业执行《企业会计准则第 2 号——长期股权投资》，而共同控制的共同经营执行《企业会计准则第 40 号——合营安排》。在确定被投资单位是否为合营企业时，应当按照《企业会计准则第 40 号——合营安排》的有关规定进行判断。

(3)重大影响。其是指投资方对被投资单位的财务和经营政策有参与决策的权力，但并不能够控制或者与其他方共同控制这些政策的制定。在确定能否对被投资单位施加重大影响时，应当考虑投资方和其他方持有的被投资单位当期可转换公司债券、当期可执行认股权证等潜在表决权因素。投资方能够对被投资单位施加重大影响的，被投资单位为其联营企业。

二、对子公司长期股权投资的初始计量

对子公司的长期股权投资往往是在控股合并事项下形成的，其初始投资成本应根据控股合并的类型来确定。控股合并分为同一控制下控股合并与非同一控制下控股合并两种情况，其判断标准见《企业会计准则第20号——企业合并》。

对子公司投资应当在企业合并的合并日（购买日）确认。其中，合并日（购买日）是指合并方实际取得对被合并方控制权的日期。对于合并日（购买日）的判断，满足以下有关条件的，通常可认为实现了控制权的转移：①企业合并合同或协议已获股东大会通过；②企业合并事项需要经过国家有关主管部门审批的，已获得批准；③参与合并各方已办理了必要的财产权转移手续；④合并方实际上已经控制了被合并方的财务和经营政策，并享有相应的利益、承担相应的风险。

（一）同一控制下因控股合并形成的长期股权投资

对于同一控制下的企业合并，从能够对参与合并各方在合并前及合并后均实施最终控制的一方来看，最终控制方在企业合并前及合并后能够控制的资产并没有发生变化。合并方取得长期股权投资的初始投资成本，应当在合并日按照取得被合并方所有者权益在最终控制方合并财务报表中的账面价值的份额确定。如果被合并方在被合并以前，是最终控制方通过非同一控制下的企业合并所控制的，则合并方长期股权投资的初始投资成本还应包含相关的商誉金额。

1. 以支付现金、转让非现金资产或承担债务方式作为合并对价

合并方以支付现金、转让非现金资产或承担债务方式作为合并对价的，应当在合并日按照取得被合并方所有者权益在最终控制方合并财务报表中的账面价值的份额作为长期股权投资的初始投资成本。长期股权投资的初始投资成本与支付的现金、转让的非现金资产及所承担债务账面价值之间的差额，应当调整资本公积（资本溢价或股本溢价）；资本公积（资本溢价或股本溢价）的余额不足冲减的，调整留存收益。合并方发生的审计、法律服务、评估咨询等中介费用以及其他相关管理费用，应当于发生时计入当期损益（管理费用）。

具体进行会计处理时，合并方在合并日应按取得被合并方所有者权益在最终控制方合并财务报表中的账面价值的份额，借记"长期股权投资"科目，按应享有被投资单位已宣告但尚未发放的现金股利或利润，借记"应收股利"科目；按支付的合并对价的账面价值，贷记有关资产或借记有关负债科目，按其差额，贷记或借记"资本公积——资本溢价或股本溢价"科目，资本公积（资本溢价或股本溢价）不足冲减的，借记"盈余公积""利润分配——未分配利润"科目。

例2-1 甲公司和乙公司同为A公司的子公司。

（1）20×4年4月1日甲公司与A公司签订合同，甲公司以7 000万元购买A公司持有乙公司80%的表决权资本。

（2）20×4年5月1日甲公司与A公司股东大会批准该协议。

（3）20×4年6月1日，甲公司以银行存款7 000万元支付给A公司，同日办理完

毕相关法律手续。当日乙公司财务报表中所有者权益的账面价值为9 800万元，A公司合并财务报表中的乙公司所有者权益的账面价值为10 000万元，乙公司所有者权益的公允价值为15 000万元。

（4）另发生审计、法律服务、评估咨询等中介费用100万元。

甲公司有关会计处理如下。

同一控制下企业合并形成的长期股权投资，应在合并日按取得被合并方所有者权益在最终控制方合并财务报表中的账面价值的份额作为长期股权投资初始成本，即10 000×80%=8 000（万元）。

借：长期股权投资——乙公司	8 000
贷：银行存款	7 000
资本公积	1 000
借：管理费用	100
贷：银行存款	100

2. 以发行权益性证券作为合并对价

合并方以发行权益性证券作为合并对价的，应按在合并日取得被合并方所有者权益在最终控制方合并财务报表中的账面价值的份额作为长期股权投资的初始投资成本。按照发行权益性证券的面值总额作为股本，长期股权投资初始投资成本与所发行权益性证券面值总额之间的差额，应当调整资本公积（资本溢价或股本溢价）；资本公积（资本溢价或股本溢价）不足冲减的，调整留存收益。

具体进行会计处理时，合并方在合并日应按取得被合并方所有者权益在最终控制方合并财务报表中的账面价值的份额，借记"长期股权投资"科目，按应享有被投资单位已宣告但尚未发放的现金股利或利润，借记"应收股利"科目，按发行权益性证券的面值，贷记"股本"科目，如为贷方差额，贷记"资本公积——资本溢价或股本溢价"科目；如为借方差额，应借记"资本公积——资本溢价或股本溢价"科目，资本公积（资本溢价或股本溢价）不足冲减的，借记"盈余公积""利润分配——未分配利润"科目。

与发行权益性证券相关的费用，不管其是否与企业合并直接相关，均应自所发行权益性证券的发行收入中扣减，在权益性工具发行有溢价的情况下，自溢价收入中扣除，在权益性证券发行无溢价或溢价金额不足以扣减的情况下，应当冲减盈余公积和未分配利润。

例2-2　甲公司以定向增发股票的方式购买同一集团内另一企业持有的A公司60%股权。为取得该股权，甲公司增发4 000万股普通股，每股面值为1元，每股公允价值为5元；支付承销商佣金50万元，发生与企业合并相关的审计、评估费用10万元。取得该股权时，A公司在最终控制方合并财务报表中净资产账面价值为10 000万元，公允价值为12 000万元。假定甲公司和A公司采用的会计政策相同。

甲公司有关会计处理如下。

借：长期股权投资——A公司	6 000
贷：股本	4 000
资本公积	2 000

借：管理费用　　　　　　　　　　　　　　　　　　　　　　　　　　　10
　　资本公积　　　　　　　　　　　　　　　　　　　　　　　　　　　50
　　贷：银行存款　　　　　　　　　　　　　　　　　　　　　　　　　　60

其中，长期股权投资初始成本＝10 000×60％＝6 000（万元），确认的资本公积金额＝10 000×60％－4 000－50＝1 950（万元）。

3. 通过多次交换交易分步取得股权

通过多次交换交易分步取得股权最终形成同一控制下控股合并的，应当按合并财务报表准则的有关规定判断多次交易是否属于"一揽子交易"。属于"一揽子交易"的，合并方应当将各项交易作为一项取得控制权的交易进行会计处理。不属于"一揽子交易"的，在个别财务报表中，应当以持股比例计算的合并日应享有被合并方所有者权益在最终控制方合并财务报表中的账面价值份额，作为该项投资的初始投资成本。初始投资成本与其原长期股权投资账面价值加上合并日为取得新的股份所支付对价的现金、转让的非现金资产及所承担债务账面价值的差额，调整资本公积（资本溢价或股本溢价），资本公积不足冲减的，冲减留存收益。

4. 对于"被合并方所有者权益在最终控制方合并财务报表中的账面价值"的理解

上述在按照合并日应享有被合并方所有者权益在最终控制方合并财务报表中的账面价值的份额确定长期股权投资的初始投资成本时，对于被合并方所有者权益，应当在考虑以下几个因素的基础上计算确定形成长期股权投资的初始投资成本。

（1）被合并方与合并方的会计政策、会计期间是否一致。如果合并前合并方与被合并方的会计政策、会计期间不同的，应首先按照最终控制方的会计政策、会计期间对被合并方资产、负债的账面价值进行调整，在此基础上计算确定被合并方的所有者权益，并计算确定长期股权投资的初始投资成本。

（2）被合并方所有者权益在最终控制方合并财务报表中的账面价值是指被合并方的所有者权益相对于最终控制方而言的账面价值。

例 2-3　甲公司为某一集团母公司，分别控制乙公司和丙公司。

（1）20×2年1月1日，甲公司以银行存款4 000万元从本集团外部购入丁公司80％股权（属于非同一控制下企业合并）并能够控制丁公司的财务和经营政策，购买日，丁公司可辨认净资产的公允价值为5 000万元，账面价值为3 500万元。这一次的合并属于非同一控制下的企业合并，甲公司按公允价值进行相关会计处理，如图2-1所示。

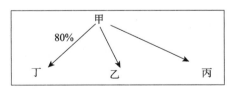

图 2-1　甲公司的会计处理

借：长期股权投资——丁公司　　　　　　　　　　　　　　　　　　4 000
　　贷：银行存款　　　　　　　　　　　　　　　　　　　　　　　　4 000

（2）20×4年1月1日，乙公司以银行存款4 500万元购入甲公司所持丁公司的80%股权，形成同一控制下的企业合并。20×2年1月至20×3年12月31日，丁公司按照购买日净资产公允价值计算实现的净利润为1 200万元；按照购买日净资产账面价值计算实现的净利润为1 500万元；无其他所有者权益变动。

乙公司的会计处理如图2-2所示。

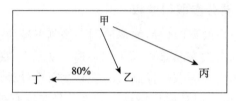

图2-2　乙公司的会计处理

20×4年1月1日合并日，丁公司的所有者权益相对于甲公司而言的账面价值为：自20×2年1月1日丁公司净资产公允价值5 000万元持续计算至20×3年12月31日的账面价值6 200（5 000＋1 200）万元。乙公司购入丁公司的所有者权益在甲公司（最终控制方）的账面价值为4 960万元[（5 000＋1 200）×80%]，因此完成第二步同一控制下的企业合并时，乙公司的账务处理如下。

借：长期股权投资——丁公司　　　　　　　　　　　　　　　　4 960
　　贷：银行存款　　　　　　　　　　　　　　　　　　　　　　4 500
　　　　资本公积　　　　　　　　　　　　　　　　　　　　　　　460

（3）形成同一控制下控股合并的长期股权投资，如果子公司按照改制时确定的资产、负债经评估确认的价值调整资产、负债账面价值的，合并方应当按照取得子公司经评估确认的净资产的份额作为长期股权投资的初始投资成本。

（4）如果被合并方本身编制合并财务报表的，合并方确认的被合并方的所有者权益应当以其在最终控制方合并财务报表中的账面价值为基础确定。

（二）非同一控制下因控股合并形成的长期股权投资

（1）非同一控制下的控股合并中，购买方应当按照以公允价值确定的企业合并成本作为长期股权投资的初始投资成本。企业合并成本包括购买方付出的资产、发生或承担的负债、发行的权益性证券的公允价值之和，即合并成本＝支付价款或付出资产的公允价值＋发生或承担的负债的公允价值＋发行的权益性证券的公允价值。在非同一控制下的企业合并中，购买方为企业合并发生的审计、法律服务、评估咨询等中介费用，应当于发生时计入当期损益。以发行债券方式进行的企业合并，与发行债券相关的佣金、手续费等应计入债务性证券的初始计量金额。以发行权益性证券作为合并对价的，与所发行权益性证券相关的佣金、手续费等应自权益性证券的溢价发行收入中扣除，溢价收入不足冲减的，应依次冲减盈余公积和未分配利润。

具体进行会计处理时，对于非同一控制下控股合并形成的长期股权投资，应在购买日按企业合并成本（不含应自被投资单位收取的现金股利或利润），借记"长期股权投资"科目，按享有被投资单位已宣告但尚未发放的现金股利或利润，借记"应收股利"科目，按支付合并对价的账面价值，贷记有关资产或借记有关负债科目，按其差额，贷记或借记"资产处置损益"或"投资收益"等科目。购买方以发行权益性证券作为合并对价的,应在购买日按照发行的权益性证券的公允价值,借记"长期股权投资"科目,按照发行的权益性证券的面值总额,贷记"股本"科目,按其差额,贷记"资本公积——资本溢价或股本溢价"科目。企业发生的直接相关费用,应借记"管理费用"科目,贷记"银行存款"等科目。

非同一控制下的企业控股合并时,合并方支付对价的公允价值与账面价值的差额,就不同情况分别处理:合并对价为固定资产、无形资产的,公允价值与账面价值的差额,计入资产处置损益;合并对价为长期股权投资或金融资产的,公允价值与账面价值的差额,计入投资损益;合并对价为存货的,应当视同销售处理,以其公允价值确认收入,同时按账面价值结转相应的成本;合并对价为投资性房地产的,以其公允价值确认其他业务收入,同时按账面价值结转其他业务成本。

例 2-4 20×3 年 5 月 1 日,甲公司以一项以公允价值计量且其变动计入其他综合收益的债权性金融资产向丙公司投资(甲公司和丙公司不属于同一控制下的两家公司),取得丙公司 70%有表决权股份,能够控制其生产经营决策。购买日,该金融资产的账面价值为 3 000 万元(其中,成本为 3 200 万元,公允价值变动为-200 万元),公允价值为 3 100 万元。不考虑其他相关税费等因素。要求:编制甲公司相关会计分录。

甲公司会计处理如下。

借:长期股权投资	3 100
其他债权投资——公允价值变动	200
贷:其他债权投资——成本	3 200
投资收益	100
借:投资收益	200
贷:其他综合收益	200

(2)通过多次交易,分步取得股权最终形成企业合并的,应当按合并财务报表准则的有关规定判断多次交易是否属于"一揽子交易"。属于"一揽子交易"的,合并方应当将各项交易作为一项取得控制权的交易进行会计处理。不属于"一揽子交易"的,购买方在个别财务报表中,应当将购买日之前所持被购买方的股权投资的账面价值与购买日新增投资成本之和,作为该项投资的初始投资成本。形成控股合并前对长期股权投资采用权益法核算的,长期股权投资在购买日的初始投资成本为原权益法下的账面价值与购买日为取得新的股份所支付对价的公允价值之和,购买日之前因权益法形成的其他综合收益或其他资本公积暂时不做处理,待处置该项投资时将与其相关的其他综合收益或其他资本公积采用与被购买方直接处置相关资产或负债相同的基础进行会计处理;形成控股合并前对长期股权投资采用金融工具准则以公允价值计量的[例如,原分类为"以公允价值计量且其变动计入其他综合收益的金融资产"(FVTOCI)的非交易性权益工具投资],长期股权投资在购买日的初始投资成本为原公允价值计量的账面价值与购买日为取得新的股份所支付对价的公允价值之和,购买日之前持有的被购买方的股权涉及其他综合收益的,计入留存收益,不得转入当期损益。

例 2-5 A 公司于 20×3 年 3 月以 2 000 万元取得 B 上市公司 5%的股权,对 B 公司不具有重大影响,A 公司将其分类为"以公允价值计量且其变动计入其他综合收益的金融资产",按公允价值计量。20×4年4月1日,A公司又斥资25 000万元自C公司取得B公司另外50%股权。假定A公司在取得对B公司股权后,B公司未宣告发放现金股利。A公司原持有B公司5%的股权于20×4年3月31日的公允价值为2 500万元(与20×4年4月1日的公允价值相等),累计计入其他综合收益的金额为500万元。A公司与C公司不存在任何关联方关系。A公司按净利润的10%计提法定盈余公积,不计提任意盈余公积。

本例中,A公司通过分步购买最终达到对B公司实施控制,因A公司与C公司不存在任何关联方关系,故形成非同一控制下控股合并。在购买日,A公司应进行如下账务处理。

借:长期股权投资　　　　　　　　　　　　　　　　　　　　27 500
　　贷:其他权益工具投资　　　　　　　　　　　　　　　　　2 500
　　　　银行存款　　　　　　　　　　　　　　　　　　　　25 000
借:其他综合收益　　　　　　　　　　　　　　　　　　　　　500
　　贷:盈余公积　　　　　　　　　　　　　　　　　　　　　　50
　　　　利润分配——未分配利润　　　　　　　　　　　　　　450

假定A公司于20×3年3月以12 000万元取得B公司20%的股权,并能对B公司施加重大影响,采用权益法核算该项股权投资,当年度确认对B公司的投资收益为450万元。20×4年4月,A公司又斥资15 000万元自C公司取得B公司另外30%的股权,自取得该股权起控制B公司。A公司按净利润的10%提取盈余公积。A公司对该项长期股权投资未计提任何减值准备。其他资料同上。购买日,A公司应进行以下账务处理。

借:长期股权投资　　　　　　　　　　　　　　　　　　　　15 000
　　贷:银行存款　　　　　　　　　　　　　　　　　　　　　15 000

购买日对B公司长期股权投资的账面价值=(12 000+450)+15 000=27 450(万元)

(三)投资成本中包含的已宣告但尚未发放的现金股利或利润的处理

企业无论以何种方式取得长期股权投资,取得投资时,对于投资成本中包含的被投资单位已宣告但尚未发放的现金股利或利润,应作为应收项目单独核算,不构成取得长期股权投资的初始投资成本,即企业在支付对价取得长期股权投资时,对于实际支付的价款中包含的对方已宣告但尚未发放的现金股利或利润,应作为应收股利,构成企业的一项债权,其与取得的对被投资单位的长期股权投资应作为两项金融资产。

(四)一项交易中同时涉及自最终控制方购买股权形成控制及自其他外部独立第三方购买股权的会计处理

某些股权交易中,合并方除自最终控制方取得集团内企业的股权外,还涉及自外部独立第三方购买被合并方进一步的股权。该类交易中,一般认为自集团内取得的股权能够形成控制的,相关股权投资成本的确定按照同一控制下企业合并的有关规定处理,而自外部独立第三方取得的股权则视为在取得对被投资单位的控制权,形成同一控制下企业合并后少数股权的购买,该部分少数股权的购买不管与形成同一控制下企业合并的交易是否同时进行,在与同一控制下企业合并不构成一揽子交易的情况下,有关股权投资成本即应按照实际支付的购买价款确定。该种情况下,在合并方最终持有对同一被投资单位的股权中,不同部分的计量基础会存在差异。

（五）或有对价

1. 同一控制下企业合并形成的长期股权投资的或有对价

同一控制下企业合并形成的长期股权投资，初始投资时，应按照《企业会计准则第13号——或有事项》（以下简称"或有事项准则"）的规定，判断是否应就或有对价确认预计负债或者资产，以及应确认的金额；确认预计负债或资产的，该预计负债或资产金额与后续或有对价结算金额的差额不影响当期损益，而应当调整资本公积（资本溢价或股本溢价），资本公积（资本溢价或股本溢价）不足冲减的，调整留存收益。

2. 非同一控制下企业合并形成的长期股权投资的或有对价

非同一控制下企业合并形成的长期股权投资，涉及或有对价的，应当将合并协议约定的或有对价作为取得长期股权投资对价的一部分，按照其在购买日的公允价值计入企业合并成本。根据《企业会计准则第37号——金融工具列报》《企业会计准则第22号——金融工具确认和计量》以及其他相关准则的规定，或有对价符合权益工具和金融负债定义的，购买方应当将支付或有对价的义务确认为一项权益或负债；符合资产定义并满足资产确认条件的，购买方应当将符合合并协议约定条件的、可收回的部分已支付合并对价的权利确认为一项资产，并参照企业合并准则的有关规定进行会计处理。

三、对联营企业、合营企业长期股权投资的初始计量

除企业合并形成的长期股权投资以外，其他方式取得的长期股权投资，应当按照其支付对价的公允价值确定其初始投资成本，具体如下。

（1）以支付现金取得的长期股权投资，应当按照实际支付的购买价款作为长期股权投资的初始投资成本，但所支付价款中包含的被投资单位已宣告但尚未发放的现金股利或利润应作为应收项目核算，初始投资成本包括与取得长期股权投资直接相关的费用、税金及其他必要支出。

例2-6 甲公司于20×3年12月10日，买入乙公司20%的股份，实际支付价款1 000万元。会计处理如下。

借：长期股权投资——乙公司　　　　　　　　　　　　　　　　1 000
　　贷：银行存款　　　　　　　　　　　　　　　　　　　　　1 000

（2）以发行权益性证券方式取得的长期股权投资，应当按照发行权益性证券的公允价值作为初始投资成本。

为发行权益性证券支付给有关证券承销机构等的手续费、佣金等与权益性证券发行直接相关的费用，不构成取得长期股权投资的成本。该部分费用按照《企业会计准则第37号——金融工具列报》的规定，应自权益性证券的溢价收入中扣除，权益性证券的溢价收入不足冲减的，应冲减盈余公积和未分配利润。

例2-7 20×3年8月，A公司通过增发10 000万股（每股面值1元）自身的股份取得对B公司20%的股权，公允价值为60 000万元。为增发该部分股份，A公司支付了600万元的佣金和手续费。

本例中A公司应当以所发行股份的公允价值为取得长期股权投资的成本。

借：长期股权投资　　　　　　　　　　　　　　　　　　　　60 000

    贷：股本   10 000
      资本公积——股本溢价   50 000
  借：资本公积——股本溢价   600
    贷：银行存款   600

（3）通过非货币性资产交换取得的长期股权投资，其初始投资成本应当按照《企业会计准则第7号——非货币性资产交换》的有关规定确定。

（4）通过债务重组取得的长期股权投资，其初始投资成本应当按照《企业会计准则第12号——债务重组》的有关规定确定。

第二节　长期股权投资的后续计量

长期股权投资在持有期间，根据投资企业对被投资单位的影响程度分别采用成本法及权益法进行核算。

一、长期股权投资的成本法

（一）成本法的定义及其适用范围

成本法，是指对长期股权投资按投资成本进行后续计量的会计处理方法。投资方能够对被投资单位实施控制的长期股权投资应当采用成本法核算。

（二）成本法的核算要点

成本法的核算要点如下。

（1）初始投资或追加投资时，按照初始投资或追加投资时的成本增加长期股权投资的账面价值。

（2）除取得投资时实际支付的对价中包含的已宣告但尚未发放的现金股利或利润外，投资企业应当按照享有被投资单位宣告发放的现金股利或利润确认投资收益，不管其分配的利润是属于取得投资前被投资单位实现的净利润，还是属于取得投资后被投资单位实现的净利润。

投资企业在确认自被投资单位应分得的现金股利或利润后，应当考虑有关长期股权投资是否发生减值。在判断该类长期股权投资是否存在减值迹象时，应当关注长期股权投资的账面价值是否大于享有被投资单位净资产（包括相关商誉）账面价值的份额等情况。出现类似情况时，企业应当按照《企业会计准则第8号——资产减值》的规定对长期股权投资进行减值测试，可收回金额低于长期股权投资账面价值的，应当计提减值准备。

（3）子公司将未分配利润或盈余公积转增股本（实收资本），且未向投资方提供等值现金股利或利润的选择权时，投资方并没有获得收取现金或者利润的权力，该项交易通常属于子公司自身权益结构的重分类，会计准则规定投资方不应确认相关的投资收益。

例2-8　甲公司和乙公司均为我国境内居民企业，甲、乙公司之间不存在关联方关系。税法规定，我国境内居民企业之间取得的股息、红利免税。有关业务如下。

（1）20×2年1月2日，甲公司以银行存款1 000万元（含相关税费5万元）投资乙公司，占乙公司表决权的 60%，乙公司属于未上市的民营企业，其股权不存在明确的市场价格。甲公司采用成本法核算。

（2）20×2 年 4 月 20 日，乙公司宣告发放上年度的现金股利 100 万元。20×2 年末，乙公司实现净利润 6 000 万元。

（3）20×3 年 4 月 20 日，乙公司宣告发放上年度的现金股利 200 万元。

甲公司应进行如下账务处理。

20×2 年取得 60% 的股权投资：

借：长期股权投资——乙公司　　　　　　　　　　　　1 000
　　贷：银行存款　　　　　　　　　　　　　　　　　　　　1 000
借：应收股利　　　　　　　　　　　　　　　　　　　　60（100×60%）
　　贷：投资收益　　　　　　　　　　　　　　　　　　　　　60

20×3 年 4 月 20 日宣告上年度的现金股利：

借：应收股利　　　　　　　　　　　　　　　　　　　　120（200×60%）
　　贷：投资收益　　　　　　　　　　　　　　　　　　　　　120

二、长期股权投资的权益法

（一）权益法的定义及其适用情形

权益法，是指长期股权投资以初始投资成本计量后，在投资持有期间，根据被投资单位所有者权益的变动，投资企业按应享有被投资企业所有者权益的份额对长期股权投资账面价值进行调整的账务处理方法。

权益法的核算适用下列情形：一是投资企业对被投资单位具有重大影响的权益性投资，即对联营企业投资；二是投资企业与其他合营方对被投资单位实施共同控制的权益性投资，即对合营企业投资。

投资方对联营企业的权益性投资，其中一部分通过风险投资机构、共同基金、信托公司或包括投资连结保险产品在内的类似主体间接持有的，无论以上主体是否对这部分投资具有重大影响，投资方都可以按照《企业会计准则第 22 号——金融工具确认和计量》的有关规定，对间接持有的该部分投资选择以公允价值计量且其变动计入损益，并对其余部分采用权益法核算。

（二）权益法的核算要点

1. 权益法下对初始投资成本的调整

投资企业取得对联营企业或合营企业的投资以后，对于取得投资时投资成本与应享有被投资单位可辨认净资产公允价值份额之间的差额，应区别情况分别处理。

（1）初始投资成本大于取得投资时应享有被投资单位可辨认净资产公允价值份额的，该部分差额从本质上是投资企业在取得投资过程中通过购买作价体现出的与所取得股权份额相对应的商誉及被投资单位不符合确认条件的资产价值。初始投资成本大于投资时应享有被投资单位可辨认净资产公允价值的份额时，不要求对长期股权投资的成本进行调整。

（2）初始投资成本小于取得投资时应享有被投资单位可辨认净资产公允价值份额

的,两者之间的差额体现为双方在交易作价过程中转让方的让步,该部分经济利益流入应作为收益处理,计入取得投资当期的营业外收入,同时调整增加长期股权投资的账面价值。

例 2-9 20×4 年 1 月 2 日,甲公司以银行存款 2 000 万元取得乙公司 30%的股权,投资时乙公司各项可辨认资产、负债的公允价值与其账面价值相同,可辨认净资产公允价值及账面价值的总额均为 7 000 万元。

借:长期股权投资——投资成本　　　　　　　　　　2 000
　　贷:银行存款　　　　　　　　　　　　　　　　　　2 000
借:长期股权投资——投资成本　　　　　　　　　　100（7 000×30% - 2 000）
　　贷:营业外收入　　　　　　　　　　　　　　　　　100

其中,初始投资成本为 2 000 万元,调整后的长期股权投资的入账价值为 2 100 万元,营业外收入 100 万元不计入应纳税所得额。

2. 权益法下对投资损益的确认

投资企业取得长期股权投资后,应当按照应享有或应分担被投资单位实现净利润或发生净亏损的份额(法规或章程规定不属于投资企业的净损益除外),调整长期股权投资的账面价值,并确认为当期投资损益。

在确认应享有或应分担被投资单位的净利润或净亏损时,在被投资单位账面净利润的基础上,应考虑以下因素的影响进行适当调整。

一是被投资单位采用的会计政策及会计期间与投资企业不一致的,应按投资企业的会计政策及会计期间对被投资单位的财务报表进行调整。权益法下,将投资方与被投资单位作为一个整体对待,作为一个整体其所产生的损益,应当在一致的会计政策基础上确定,被投资单位采用的会计政策与投资方不同的,投资方应当根据重要性原则,按照本企业的会计政策对被投资单位的损益进行调整。

二是以取得投资时被投资单位固定资产、无形资产的公允价值为基础计提的折旧额或摊销额,以及以投资企业取得投资时的公允价值为基础计算确定的资产减值准备金额等对被投资单位净利润的影响。

被投资单位个别利润表中的净利润是以其持有的资产、负债账面价值为基础持续计算的,而投资企业在取得投资时,是以被投资单位有关资产、负债的公允价值为基础确定投资成本,长期股权投资的投资收益所代表的是于投资日被投资单位资产、负债在公允价值计量的情况下在未来期间通过经营产生的损益中归属于投资企业的部分。取得投资时有关资产、负债的公允价值与其账面价值不同的,未来期间,在计算归属于投资企业应享有的净利润或应承担的净亏损时,应以投资时被投资单位有关资产对投资企业的成本即取得投资时的公允价值为基础计算确定,从而需要对被投资单位账面净利润进行调整。

在较少数情况下,符合下列条件之一的,投资企业可以以被投资单位的账面净利润为基础,计算确认投资损益,同时应在财务报表附注中说明不能按照准则规定进行核算的原因:①投资企业无法合理确定取得投资时被投资单位各项可辨认资产等的公允价值;②投资时被投资单位可辨认净资产的公允价值与其账面价值相比,两者之间的差额不具重要性的;③其他原因导致无法取得被投资单位的有关资料,不能按照准则中规定的原则对被投资单位的净损益进行调整的。

三是在评估投资方对被投资单位是否具有重大影响时,应当考虑潜在表决权的影响,但在确定应享有的被投资单位实现的净损益、其他综合收益和其他所有者权益变动的份额时,潜在表决权所对应的权益份额不应予以考虑。该处理方式与控制等的判断相一致,即在确定投资方与被投资单位之间的关系时,所有实际持有股权与其他影响对被投资单位投资的因素均应予以考虑,但在具体确定对被投资单位净资产的享有及收益、损失归属份额时,仍然以现行实际法律关系为基础。

四是在确认应享有或应分担的被投资单位净利润(或亏损)额时,法规或章程规定不属于投资企业的净损益应当予以剔除。例如,被投资单位发行了分类为权益的可累积优先股等类似的权益工具,无论被投资单位是否宣告分配优先股股利,投资方计算应享有被投资单位净利润时,均应将归属于其他投资方的累积优先股股利予以扣除。

例 2-10 甲公司于 20×3 年 1 月 10 日购入乙公司 30% 的股份,购买价款为 3 300 万元,并自取得投资之日起派人参与乙公司的财务和生产经营决策。取得投资当日,乙公司可辨认净资产公允价值为 9 000 万元,除表 2-1 所列项目外,乙公司其他资产、负债的公允价值与账面价值相同。

表 2-1 甲、乙公司相关会计项目 单位:万元

项目	账面原价	已提折旧或摊销	公允价值	乙公司预计使用年限	甲公司取得投资后剩余使用年限
存货	750		1 050		
固定资产	1 800	360	2 400	20	16
无形资产	1 050	210	1 200	10	8
合计	3 600	570	4 650		

假定乙公司于 20×3 年实现净利润 900 万元,其中,在甲公司取得投资时的账面存货有 80% 对外出售。甲公司与乙公司的会计年度及采用的会计政策相同。固定资产、无形资产均按直线法提取折旧或摊销,预计净残值均为 0。假定甲、乙公司间未发生任何内部交易。

甲公司在确定其应享有的投资收益时,应在乙公司实现净利润的基础上,根据取得投资时乙公司有关资产的账面价值与其公允价值差额的影响进行调整(假定不考虑所得税影响)。

存货账面价值与公允价值的差额应调减的利润 = (1 050 - 750) × 80% = 240(万元)

固定资产公允价值与账面价值差额应调整增加的折旧额 = 2 400÷16 - 1 800÷20
= 60(万元)

无形资产公允价值与账面价值差额应调整增加的摊销额 = 1 200÷8 - 1 050÷10
= 45(万元)

调整后的净利润 = 900 - 240 - 60 - 45 = 555(万元)

甲公司应享有份额 = 555 × 30% = 166.5(万元)

确认投资收益的账务处理如下(单位:万元)。

借：长期股权投资——损益调整　　　　　　　　　　　　　166.5
　　贷：投资收益　　　　　　　　　　　　　　　　　　　　　　166.5

五是在确认投资收益时，除考虑公允价值的调整外，对于投资企业与其联营企业及合营企业之间发生的未实现内部交易损益应予抵销，即投资企业与联营企业及合营企业之间发生的未实现内部交易损益按照持股比例计算归属于投资企业的部分应当予以抵销，在此基础上确认投资损益。投资企业与被投资单位发生的内部交易损失，按照《企业会计准则第 8 号——资产减值》等规定属于资产减值损失的，应当全额确认。投资企业对于纳入其合并范围的子公司与其联营企业及合营企业之间发生的内部交易损益，也应当按照上述原则进行抵销，在此基础上确认投资损益。

投资企业与其联营企业及合营企业之间的未实现内部交易损益抵销与投资企业与子公司之间的未实现内部交易损益抵销有所不同，母、子公司之间的未实现内部交易损益在合并财务报表中是全额抵销的，而投资企业与其联营企业及合营企业之间的未实现内部交易损益抵销仅仅是投资企业或是纳入投资企业合并财务报表范围的子公司享有联营企业或合营企业的权益份额。

应当注意的是，该未实现内部交易损益的抵销既包括顺流交易也包括逆流交易，其中，顺流交易是指投资企业向其联营企业或合营企业投资或出售资产，逆流交易是指联营企业或合营企业向投资企业出售资产。当该未实现内部交易损益体现在投资企业或其联营企业、合营企业持有的资产账面价值中时，在计算确认投资损益时应予抵销。

（1）逆流交易的处理。对于联营企业或合营企业向投资企业出售资产的逆流交易，在该交易存在未实现内部交易损益的情况下（即有关资产未对外部独立第三方出售），投资企业在采用权益法计算确认应享有联营企业或合营企业的投资损益时，应抵销该未实现内部交易损益的影响。当投资企业向其联营企业或合营企业购买资产时，在将该资产出售给外部独立的第三方之前，不应确认联营企业或合营企业因该交易产生的损益中本企业应享有的部分。

（2）顺流交易的处理。对于投资企业向联营企业或合营企业投出或出售资产的顺流交易，在该交易存在未实现内部交易损益的情况下（即有关资产未向外部独立第三方出售或未被消耗），投资企业在采用权益法计算确认应享有联营企业或合营企业的投资损益时，应抵销该未实现内部交易损益的影响，同时调整对联营企业或合营企业长期股权投资的账面价值。当投资方向联营企业或合营企业投出或出售资产，同时有关资产由联营企业或合营企业持有时，在顺流交易中，投资方投出资产或出售资产给其联营企业或合营企业产生的损益中，投资方仅确认对联营企业或合营企业中其他投资者实现的损益，对按照持股比例计算确定归属于本企业的部分不予确认，应按持股比例进行抵销。

例 2-11　甲公司于 20×2 年 1 月取得乙公司 20%有表决权股份，能够对乙公司施加重大影响。假定甲公司取得该项投资时，乙公司各项可辨认资产、负债的公允价值与其账面价值相同。20×2 年 8 月内部交易资料如下。

假定一（仅存在逆流交易），乙公司将其成本为 600 万元的某商品以 1 000 万元的价格出售给甲公司，甲公司将取得的商品作为存货。至 20×2 年资产负债表日，甲公司仍未对外出售该存货。

假定二（仅存在顺流交易），甲公司将其成本为600万元的某商品以1 000万元的价格出售给乙公司，乙公司将取得的商品作为存货。至20×2年资产负债表日，乙公司仍未对外出售该存货。

假定在20×3年，上述商品才出售给外部独立的第三方。

乙公司20×2年实现净利润为3 200万元。乙公司20×3年实现净利润为3 000万元。那么，20×2年的会计处理如表2-2所示。

表2-2　20×2年甲、乙公司的会计处理　　　　　　　　单位：万元

假定一：仅存在逆流交易	假定二：仅存在顺流交易
个别报表： 调整后的净利润=3 200-（1 000-600）=2 800 借：长期股权投资——损益调整　560（2 800×20%） 　贷：投资收益　　　　　　　　　　　560	个别报表： 调整后的净利润=3 200-（1 000-600）=2 800 借：长期股权投资——损益调整　　　　560 　贷：投资收益　　　　　　　　　　　560
合并财务报表： 甲公司如果有子公司，需要编制合并财务报表的，在合并财务报表中，因该未实现内部交易损益体现在投资企业持有存货的账面价值当中，应在合并财务报表中进行以下调整： 借：长期股权投资——损益调整 　　　　　　　80[（1 000-600）×20%] 　贷：存货　　　　　　　80	合并财务报表： 甲公司如需编制合并财务报表，在合并财务报表中对该未实现内部交易损益应在个别报表已确认投资损益的基础上进行以下调整： 借：营业收入　　　　　　200（1 000×20%） 　贷：营业成本　　　　　　120（600×20%） 　　投资收益　　　　　　　80

20×3年的会计处理如表2-3所示。

表2-3　20×3年甲、乙公司的会计处理　　　　　　　　单位：万元

逆流交易：乙公司出售给甲公司	顺流交易：甲公司出售给乙公司
个别报表： 借：长期股权投资——损益调整 　　　　　　680[（3 000+400）×20%] 　贷：投资收益　　　　　　680	个别报表： 借：长期股权投资——损益调整 　　　　　　680[（3 000+400）×20%] 　贷：投资收益　　　　　　680
合并财务报表：无处理	合并财务报表：无处理

（3）合营方向合营企业投出非货币性资产产生损益的处理。合营方向合营企业投出非货币性资产，符合下列情况之一的，合营方不应确认该类交易的损益：与投出非货币性资产所有权有关的重大风险和报酬没有转移给合营企业；投出非货币性资产的损益无法可靠计量；投出非货币性资产交易不具有商业实质。

合营方转移了与投出非货币性资产所有权有关的重大风险和报酬并且投出资产留给合营企业使用的，应在该项交易中确认属于合营企业其他合营方的利得和损失。交易表明投出非货币性资产发生减值损失的，合营方应当全额确认该部分损失。

例2-12　甲公司、乙公司和丙公司共同出资设立丁公司，注册资本为5 000万元，甲公司持有丁公司注册资本的38%，乙公司和丙公司各持有丁公司注册资本的31%，丁公司为甲、乙、丙公司的合营企业。甲公司以其固定资产（机器）出资，该机器的原价为1 600万元，累计折旧为400万元，公允价值为1 900万元，未计提减值；乙公司

和丙公司以现金出资,各投资1 550万元。假定甲公司需要编制合并财务报表,投出资产交易具有商业实质且与投出资产所有权相关的重大风险和报酬发生了转移。不考虑所得税影响。甲公司的账务处理如下。

甲公司在个别财务报表中,对丁公司的长期股权投资成本为1 900万元,投出机器的账面价值与其公允价值之间的差额为700万元(1 900 - 1 200),确认损益(利得)(单位:万元)。

借:长期股权投资——丁公司(投资成本) 1 900
　　贷:固定资产清理 1 900
借:固定资产清理 1 200
　　累计折旧 400
　　贷:固定资产 1 600
借:固定资产清理 700
　　贷:资产处置损益 700

甲公司在合并财务报表中,对于上述投资所产生的利得,仅能够确认归属于对乙、丙公司实现的利得部分,需要抵销归属于甲公司的利得部分266(700×38%)万元。在合并财务报表中做如下抵销分录(单位:万元)。

借:资产处置损益 266
　　贷:投资收益 266

3. 权益法下取得现金股利或利润的处理

按照权益法核算的长期股权投资,投资企业自被投资单位取得的现金股利或利润,应抵减长期股权投资的账面价值。在被投资单位宣告分派现金股利或利润时,借记"应收股利"科目,贷记"长期股权投资——损益调整"科目。

4. 权益法下超额亏损的确认

按照权益法核算的长期股权投资,投资企业确认应分担被投资单位发生的损失,原则上应以长期股权投资及其他实质上构成对被投资单位净投资的长期权益减记至零为限,投资企业负有承担额外损失义务的除外。这里所讲的"其他实质上构成对被投资单位净投资的长期权益"通常是指长期应收项目,比如,企业对被投资单位的长期债权,该债权没有明确的清收计划且在可预见的未来期间不准备收回的,实质上构成对被投资单位的净投资,但不包括投资企业与被投资单位之间因销售商品、提供劳务等日常活动所产生的长期债权。

投资企业在确认应分担被投资单位发生的亏损时,具体按照以下顺序处理。

首先,减记长期股权投资的账面价值。

其次,在长期股权投资的账面价值减记至零的情况下,对于未确认的投资损失,考虑除长期股权投资以外,投资方账面上是否有其他实质上构成对被投资单位净投资的长期权益项目,如果有,则以其他长期权益的账面价值为限,继续确认投资损失,冲减长期应收项目等的账面价值。

最后,按照投资合同或协议约定,投资企业仍需要履行额外损失弥补等义务的,应按预计承担的义务金额确认预计负债,计入当期投资损失。

企业在实务操作过程中，在发生投资损失时，应借记"投资收益"科目，贷记"长期股权投资——损益调整"科目。在长期股权投资的账面价值减记至零以后，考虑其他实质上构成对被投资单位净投资的长期权益，继续确认的投资损失，应借记"投资收益"科目，贷记"长期应收款"等科目；投资合同或协议约定导致投资企业需要履行额外义务的，按照或有事项准则的规定，对于符合确认条件的义务，应确认为当期损失，同时确认预计负债，借记"投资收益"科目，贷记"预计负债"科目。除上述情况仍未确认的应分担被投资单位的损失，在账外备查登记。

在确认有关的投资损失以后，被投资单位于以后期间实现盈利的，应按以上相反顺序分别减记账外备查登记的金额、已确认的预计负债、恢复其他长期权益及长期股权投资的账面价值，同时确认投资收益，即应当按顺序分别借记"预计负债""长期应收款""长期股权投资"等科目，贷记"投资收益"科目。

5. 其他综合收益的处理

在权益法核算下，被投资单位确认的其他综合收益及其变动，也会影响被投资单位所有者权益总额，进而影响投资企业应享有被投资单位所有者权益的份额。因此，当被投资单位其他综合收益发生变动时，投资企业应当按照归属于本企业的部分，相应调整长期股权投资的账面价值，同时增加或减少其他综合收益。

6. 被投资单位所有者权益其他变动的处理

采用权益法核算时，投资企业对于被投资单位除净损益、其他综合收益以及利润分配以外所有者权益的其他变动，应按照持股比例与被投资单位所有者权益的其他变动计算归属于本企业的部分，相应调整长期股权投资的账面价值，同时增加或减少其他综合收益（或资本公积）。

7. 权益法下股票股利的处理

被投资单位分派的股票股利，投资企业不做账务处理，但应于除权日注明所增加的股数，以反映股份的变化情况。

例 2-13 A 公司于 2×09 年至 2×13 年有关投资业务如下。

（1）A 公司于 2×09 年 1 月 1 日以银行存款 1 000 万元和一项公允价值为 4 000 万元的"以公允价值计量且其变动计入其他综合收益的金融资产"为对价支付给 B 公司的原股东，取得 B 公司 30%的股权。A 公司"以公允价值计量且其变动计入其他综合收益的金融资产"的账面价值为 3 800 万元，其中，成本为 3 000 万元，公允价值变动为增加 800 万元。

当日对 B 公司董事会进行改组，改组后 B 公司董事会由 9 人组成，A 公司委派 4 名，B 公司章程规定，公司财务及生产经营的重大决策应由董事会 1/2 以上的董事同意方可实施。

2×09 年 1 月 1 日，B 公司可辨认净资产的公允价值为 17 000 万元，取得投资时被投资单位仅有一项固定资产的公允价值与账面价值不相等，除此以外，其他可辨认资产、负债的账面价值与公允价值相等。

A、B 公司的相关会计项目如表 2-4 所示。

表 2-4　A、B 公司的相关会计项目　　　　　　　　　　　　单位：万元

项目	账面原价	已提折旧	B公司预计使用年限	B公司已使用年限	公允价值	A公司取得投资后剩余使用年限
固定资产	2 000	400	10	2	4 000	8

按照直线法计提折旧。双方采用的会计政策、会计期间相同，不考虑所得税因素。

借：长期股权投资——投资成本　　　　　　5 000（1 000＋4 000）
　　其他综合收益　　　　　　　　　　　　800
　　贷：银行存款　　　　　　　　　　　　1 000
　　　　其他权益工具投资——成本　　　　3 000
　　　　　　　　　　　　——公允价值变动　800
　　　　投资收益　　　　　　　　　　　　1 000（4 000－3 000）
借：长期股权投资——投资成本　　　　　　100（17 000×30%－5 000）
　　贷：营业外收入　　　　　　　　　　　100

（2）2×09 年，B 公司向 A 公司销售商品 200 件，每件成本 2 万元，每件价款为 3 万元，A 公司作为存货已经对外销售 100 件。2×09 年度 B 公司实现净利润为 1 000 万元。

调整后的净利润＝1 000－（4 000÷8－2 000÷10）－100×（3－2）＝600（万元）或
调整后的净利润＝1 000－（4 000－1 600）/8－100×（3－2）＝600（万元）
借：长期股权投资——损益调整　　　　　　180（600×30%）
　　贷：投资收益　　　　　　　　　　　　180

（3）2×10 年 2 月 5 日，B 公司董事会提出 2×09 年分配方案，按照 2×09 年实现净利润的 10%提取盈余公积，发放现金股利 400 万元。

不编制会计分录。

（4）2×10 年 3 月 5 日，B 公司股东大会批准董事会提出的 2×09 年分配方案，按照 2×09 年实现净利润的 10%提取盈余公积，发放现金股利改为 500 万元。

借：应收股利　　　　　　　　　　　　　　150（500×30%）
　　贷：长期股权投资——损益调整　　　　150

（5）2×10 年，B 公司因其他权益变动增加资本公积 100 万元。

借：长期股权投资——其他权益变动　　　　30（100×30%）
　　贷：资本公积——其他资本公积　　　　30

（6）2×10 年 5 月 10 日，上年 B 公司向 A 公司销售的剩余 100 件商品，A 公司已全部对外销售。2×10 年 6 月 30 日，A 公司向 B 公司销售商品 1 件，成本 700 万元，价款 900 万元，B 公司取得后作为管理用固定资产，采用直线法并按 10 年计提折旧。2×10 年度，B 公司发生净亏损为 600 万元。

调整后的净利润＝－600－（4 000－1 600）/8＋100－（200－200/10×6/12）＝
　　　　　　　　－990（万元）

借：投资收益　　　　　　　　　　　　　　297
　　贷：长期股权投资——损益调整　　　　297（990×30%）

（7）2×11 年度未发生过内部交易。2×11 年度 B 公司发生净亏损为 17 000 万元。假定 A 公司应收 B 公司的长期款项为 200 万元且实质构成对被投资单位的净投资额，

此外投资合同约定 B 公司发生亏损 A 公司需要按照持股比例承担额外损失的最高限额为 50 万元。

调整后的净利润 = –17 000 – (4 000 – 1 600)/8 + 20 = –17 280（万元），应承担的亏损额 = 17 280×30% = 5 184（万元），长期股权投资账面价值 = 5 100 + 180 – 150 + 30 – 297 = 4 863（万元），实际承担的亏损额 = 4 863 + 200 + 50 = 5 113（万元），未承担的亏损额 = 5 184 – 5 113 = 71（万元）。

借：投资收益　　　　　　　　　　　　　　　　5 113
　　贷：长期股权投资——损益调整　　　　　　　4 863
　　　　长期应收款　　　　　　　　　　　　　　200
　　　　预计负债　　　　　　　　　　　　　　　50

（8）2×12 年度 B 公司实现净利润为 3 000 万元。

调整后的净利润 = 3 000 – (4 000 – 1 600)/8 + 20 = 2 720（万元）

借：预计负债　　　　　　　　　　　　　　　　50
　　长期应收款　　　　　　　　　　　　　　　200
　　长期股权投资——损益调整　　　　　　　　495
　　贷：投资收益　　　　　　　　　　　　　　745（2 720×30% – 71）

（9）2×13 年 1 月 10 日，A 公司出售对 B 公司投资，出售价款为 4 000 万元。

借：银行存款　　　　　　　　　　　　　　　　4 000
　　长期股权投资——损益调整　　　　　　　　4 635（–5 130 + 495 = –4 635）
　　贷：长期股权投资——投资成本　　　　　　5 100
　　　　长期股权投资——其他权益变动　　　　30
　　　　投资收益　　　　　　　　　　　　　　3 505
借：资本公积——其他资本公积　　　　　　　　30
　　贷：投资收益　　　　　　　　　　　　　　30

（三）风险投资机构对联营企业或合营企业投资的分类

风险投资机构、共同基金以及类似主体可以根据长期股权投资准则，将其持有的对联营企业或合营企业投资在初始确认时，确认为以公允价值计量且其变动计入当期损益的金融资产，以向财务报表使用者提供比权益法更有用的信息。风险投资机构、共同基金以及类似主体可将其持有的联营企业或合营企业投资在初始确认时，选择以公允价值计量且其变动计入当期损益的金融资产的处理，仅是长期股权投资准则对于这种特定机构持有的联营企业或合营企业投资的特殊规定，不能指定为以公允价值计量且其变动计入其他综合收益的金融资产。

（四）被动稀释导致持股比例下降时，"内含商誉"的结转

权益法下，其他投资方对被投资单位增资而导致投资方的持股被稀释，且稀释后投资方仍对被投资单位采用权益法核算的情况下，投资方在调整相关长期股权投资的账面价值时，面临是否应当按比例结转初始投资时形成的"内含商誉"问题。其中，"内含商誉"指长期股权投资的初始投资成本大于投资时享有的被投资单位可辨认净资产公允价值份额的差额。投资方因股权被动稀释而"间接"处置长期股权投资的情况下，相关

"内含商誉"的结转应当比照投资方直接处置长期股权投资处理，即应当按比例结转初始投资时形成的"内含商誉"，并将相关股权稀释影响计入资本公积（其他资本公积）。

采用权益法核算的长期股权投资，若股权被动稀释而使得投资方产生损失，投资方首先应将产生股权稀释损失作为股权投资发生减值的迹象之一，对该笔股权投资进行减值测试。投资方对该笔股权投资进行减值测试后，若发生减值，应先对该笔股权投资确认减值损失并调减长期股权投资账面价值，再计算股权稀释产生的影响并进行相应会计处理。

投资方进行减值测试并确认减值损失（如有）后，应当将相关股权稀释损失计入资本公积（其他资本公积）借方，当资本公积贷方余额不够冲减时，仍应继续计入资本公积（其他资本公积）借方。

三、长期股权投资的减值

长期股权投资在按照规定进行核算确定其账面价值的基础上，如果存在减值迹象的，应当按照相关准则的规定计提减值准备。其中，对子公司、联营企业及合营企业的投资，应当按照《企业会计准则第8号——资产减值》的规定确定其可收回金额及应予计提的减值准备，上述有关长期股权投资的减值准备在提取以后，均不允许转回。

第三节　长期股权投资核算方法的转换及处置

一、长期股权投资核算方法的转换

（一）增加投资

1. 原归属于金融工具核算的股权投资因增加投资变为联营或合营情况下持有的长期股权投资

投资方由于追加投资等原因能够对被投资单位施加重大影响或实施共同控制但不构成控制的，应在转换日按照原持有股份的公允价值与新增投资支付对价的公允价值之和，作为改按权益法核算的初始投资成本。原持有的股权投资分类为以公允价值计量且其变动计入其他综合收益的非交易性权益工具投资的，与其相关的原计入其他综合收益的累计公允价值变动应当转入改按权益法核算的当期留存收益。

在此基础上，比较初始投资成本与获得被投资单位共同控制或重大影响时应享有被投资单位可辨认净资产公允价值份额之间的差额，前者大于后者的，不调整长期股权投资的账面价值；前者小于后者的，调整长期股权投资的账面价值，并计入当期营业外收入。

例 2-14　A 公司按照净利润的 10% 提取盈余公积。A 公司有关投资业务资料如下。

（1）20×3 年 1 月 2 日，A 公司以银行存款 500 万元从 B 公司其他股东处受让取得该公司 10% 的有表决权股份，A 公司将其分类为以公允价值计量且其变动计入其他综合收益的非交易性权益工具投资，按公允价值计量。取得投资时 B 公司可辨认净资产公允价值总额为 5 000 万元（假定公允价值与账面价值相同）。

　　借：其他权益工具投资——成本　　　　　　　　　　　　　　500
　　　　贷：银行存款　　　　　　　　　　　　　　　　　　　　　　500

（2）20×3年B公司实现的净利润为600万元，未派发现金股利或利润。20×3年12月31日，该10%股权的公允价值为550万元。

借：其他权益工具投资——公允价值变动　　　　　　　　　　　50
　　贷：其他综合收益——其他权益工具投资公允价值变动　　　　　50

（3）20×4年前3个月B公司实现的净利润为200万元。

不编制会计分录。

（4）20×4年4月1日，A公司以1 800万元从B公司取得30%的股权，至此持股比例达到40%，取得该部分股权后，按照B公司章程的规定，A公司能够派人参与B公司的生产经营决策，对该项长期股权投资转为采用权益法核算。20×4年4月1日，原持有的按金融工具准则计量的10%股权的公允价值为600万元，20×4年4月1日，B公司可辨认净资产公允价值总额为5 000万元。不考虑所得税影响。

①20×4年4月1日，A公司增持30%股份后对B公司能产生重大影响，应按长期股权投资核算对B公司的投资。原10%股份4月1日的公允价值为600万元，原计入其他综合收益的累计公允价值变动为100万元。长期股权投资初始投资成本为原持有股份的公允价值与新增投资支付对价的公允价值之和，长期股权投资初始投资成本＝600＋1 800＝2 400（万元），账务处理如下。

借：长期股权投资——投资成本　　　　　　　　　　　　　　2 400
　　贷：银行存款　　　　　　　　　　　　　　　　　　　　1 800
　　　　其他权益工具投资　　　　　　　　　　　　　　　　　600

②原持有的以公允价值计量且其变动计入其他综合收益的非交易性权益工具投资计入其他综合收益的累计公允价值变动应当转入改按权益法核算的当期留存收益。

借：其他综合收益　　　　　　　　　　　　　　　　　　　　100
　　贷：盈余公积　　　　　　　　　　　　　　　　　　　　　10
　　　　利润分配——未分配利润　　　　　　　　　　　　　　90

（5）由于该笔长期股权投资的后续计量采用权益法，因此需要比较其初始入账价值2 400万元与取得该项投资时按照持股比例计算确定的应享有被投资单位可辨认净资产公允价值份额2 000（5 000×40%）万元的大小，因为初始入账价值大于取得的其占可辨认净资产公允价值份额，故无须调整长期股权投资入账价值；反之，则需按差额调增长期股权投资，并确认营业外收入。

若A公司在最初取得10%股权时将其划分为"以公允价值计量且其变动计入当期损益的金融资产"，则无须上述分录（4）中②的处理，其他处理类似。

2. 原归属于金融工具核算的股权投资因增加投资变为能够对被投资单位实施控制的长期股权投资

投资方由于追加投资等原因能够对被投资单位实施控制的，应当按照本章关于对子公司投资初始计量的相关规定处理。如果是对同一控制下的被投资单位实施控制的，在合并日按照取得被合并方所有者权益在最终控制方合并财务报表中的账面价值的份额确认长期股权投资初始投资成本。如果是对非同一控制下的被投资单位实施控制的，在编制个别财务报表时，应当按照原持有的股权投资转换日公允价值与新增支付对价的公允价值之和，作为改按成本法核算的初始投资成本。

购买日之前持有的股权投资按照《企业会计准则第22号——金融工具确认和计量》的有关规定进行会计处理的,原计入其他综合收益的累计公允价值变动应当在改按成本法核算时转入留存收益。在编制合并财务报表时,应当按照《企业会计准则第33号——合并财务报表》的有关规定进行会计处理。

例2-15 A公司有关投资业务资料如下。

20×3年9月1日,A公司以银行存款200万元从B公司其他股东处受让取得该公司5%的有表决权股份,对B公司不具有重大影响。20×3年12月31日,该5%股权的公允价值为250万元。20×4年3月1日,A公司又以4 000万元的价格从B公司其他股东处受让取得该公司55%的股权,至此持股比例达到60%,取得该部分股权后,按照B公司章程的规定,A公司能够派人参与B公司的生产经营决策,对该项长期股权投资转为采用成本法核算。20×4年3月1日,该5%股权的公允价值仍为250万元。20×4年4月1日,B公司可辨认净资产公允价值总额为6 000万元。不考虑所得税影响。

假定A公司将20×3年9月1日取得的B公司5%的股权分类为以公允价值计量且其变动计入其他综合收益的非交易性权益工具投资,按公允价值计量,则A公司的会计处理如下。

(1) 20×3年9月1日取得B公司5%的股权。

借:其他权益工具投资——成本　　　　　　　　　　　　　　　200
　　贷:银行存款　　　　　　　　　　　　　　　　　　　　　　200

(2) 20×3年12月31日,该5%股权的公允价值为250万元,需调整账面价值50万元(250万元-200万元)。

借:其他权益工具投资——公允价值变动　　　　　　　　　　　50
　　贷:其他综合收益——其他权益工具投资公允价值变动　　　50

(3) 20×4年3月1日,A公司增持55%股份后对B公司能实施控制,应按长期股权投资核算对B公司的投资。原5%股份的公允价值为250万元,长期股权投资在购买日的初始投资成本为原持有的股权投资转换日公允价值与新增支付对价的公允价值之和,长期股权投资=250+4 000=4 250(万元),账务处理如下。

借:长期股权投资　　　　　　　　　　　　　　　　　　　　4 250
　　贷:银行存款　　　　　　　　　　　　　　　　　　　　　4 000
　　　　其他权益工具投资　　　　　　　　　　　　　　　　　　250

(4) 20×4年3月1日,原持有的以公允价值计量且其变动计入其他综合收益的非交易性权益工具投资计入其他综合收益的累计公允价值变动应当转入改按成本法核算的当期留存收益。

借:其他综合收益　　　　　　　　　　　　　　　　　　　　　50
　　贷:盈余公积　　　　　　　　　　　　　　　　　　　　　　 5
　　　　利润分配——未分配利润　　　　　　　　　　　　　　　45

3. 原归属于联营或合营情况下的长期股权投资因增加投资能够对被投资单位实施控制

投资方由于追加投资等原因能够对被投资单位实施控制的,应当按照本章关于对子公司投资初始计量的相关规定处理。如果是对同一控制下的被投资单位实施控制的,在合并日按照取得被合并方所有者权益在最终控制方合并财务报表中的账面价值的份额确认长期股权投资初始投资成本。如果是对非同一控制下的被投资单位实施控制的，在编制个别财务报表时，应当按照原持有的股权投资账面价值与新增投资支付对价的公允价值之和，作为改按成本法核算的初始投资成本。购买日之前持有的股权投资因采用权益法核算而确认的其他综合收益，应当在处置该项投资时采用与被投资单位直接处置相关资产或负债相同的基础进行会计处理，即不在增持日对累计的其他综合收益进行处理，待处置该投资时再进行处理。因被投资单位除净损益、其他综合收益和利润分配以外的其他所有者权益变动而确认的所有者权益，应当在处置该项投资时相应转入处置期间的当期损益。在编制合并财务报表时，应当按照《企业会计准则第 33 号——合并财务报表》的有关规定进行会计处理。

例 2-16 甲公司有关投资业务资料如下。

20×3 年 10 月 1 日，甲公司以银行存款 4 000 万元从乙公司其他股东处受让取得该公司 25%的有表决权股份，对乙公司具有重大影响，甲公司将按权益法对该笔长期股权投资进行后续计量。取得投资时乙公司可辨认净资产公允价值总额为 10 000 万元（假定公允价值与账面价值相同）。20×3 年 12 月 31 日，乙公司实现账面净利润 1 000 万元，拨款转入导致资本公积增加 200 万元。20×4 年 4 月 1 日，甲公司又以 8 000 万元的价格从乙公司其他股东处受让取得该公司 55%的股权，至此持股比例达到 80%，取得该部分股权后，按照乙公司章程的规定，甲公司能够派人参与乙公司的生产经营决策，对该项长期股权投资转为采用成本法核算。20×4 年 4 月 1 日，乙公司可辨认净资产公允价值总额为 12 000 万元。不考虑所得税影响。甲公司的会计处理如下。

（1）20×3 年 10 月 1 日：

借：长期股权投资 4 000
　　贷：银行存款 4 000

（2）20×3 年 12 月 31 日，按权益法要求确认投资收益及相关资本公积的增加。

借：长期股权投资——损益调整 250
　　贷：投资收益 250
借：长期股权投资——其他权益变动 50
　　贷：资本公积——其他资本公积 50

（3）20×4 年 4 月 1 日：

投资方由于追加投资等原因能够对非同一控制下的被投资单位实施控制的，应当按照成本法对其进行后续计量，初始投资成本为原持有的股权投资账面价值与新增投资成本之和，因此长期股权投资 = 4 000 + 250 + 50 + 8 000 = 12 300（万元）。

借：长期股权投资 12 300
　　贷：银行存款 8 000
　　　　长期股权投资——成本 4 000
　　　　长期股权投资——损益调整 250
　　　　长期股权投资——其他权益变动 50

原确认的资本公积——其他资本公积，待处置该投资时再进行处理。

(二)减少投资

1. 原归属于联营或合营情况下的长期股权投资因减少投资变为以金融工具核算方式核算的股权投资

投资方由于处置部分股权等原因丧失了对被投资单位的共同控制或重大影响的,处置后的剩余股权应当改按《企业会计准则第 22 号——金融工具确认和计量》核算,其在丧失共同控制或重大影响之日的公允价值与账面价值之间的差额计入当期损益。原股权投资因采用权益法核算而确认的其他综合收益,应当在终止采用权益法核算时采用与被投资单位直接处置相关资产或负债相同的基础进行会计处理。因被投资单位除净损益、其他综合收益和利润分配以外的其他所有者权益变动而确认的所有者权益,应当在终止采用权益法时全部转入当期损益。

新《企业会计准则》的规定将这类减持视同全部处置后再按公允价值购入剩余比例股权,因此剩余股权最终按照公允价值确认,其后续计量按《企业会计准则第 22 号——金融工具确认和计量》的规定进行。

例 2-17 甲公司持有乙公司 30%的有表决权股份,能够对乙公司施加重大影响,对该股权投资采用权益法核算。20×8 年 10 月,甲公司将该项投资中的 50%对外出售,取得价款 1 800 万元。相关股权划转手续于当日完成。甲公司持有乙公司剩余 15%股权,无法再对乙公司施加重大影响,转为以公允价值计量且其变动计入其他综合收益的非交易性权益工具投资的金融资产核算。股权出售日,剩余股权的公允价值为 1 800 万元。

出售该股权时,长期股权投资的账面价值为 3 200 万元,其中,投资成本为 2 600 万元,损益调整为 300 万元,因被投资单位的非交易性权益工具投资的累计公允价值变动而享有的部分为 200 万元,因被投资单位除净损益、其他综合收益和利润分配外的其他所有者权益变动而确认的所有者权益为 100 万元。甲公司按净利润的 10%计提法定盈余公积,不考虑相关税费等其他因素影响。甲公司的会计处理如下。

(1)确认有关股权投资的处置损益。

借:银行存款　　　　　　　　　　　　　　　　　　　　　1 800
　　贷:长期股权投资——成本　　　　　　　　　　　　　　1 300
　　　　长期股权投资——损益调整　　　　　　　　　　　　　150
　　　　长期股权投资——其他综合收益　　　　　　　　　　　100
　　　　长期股权投资——其他权益变动　　　　　　　　　　　 50
　　　　投资收益　　　　　　　　　　　　　　　　　　　　　200

(2)因与对乙公司投资相关的其他综合收益为被投资公司持有的非交易性权益工具投资的公允价值变动,由于终止采用权益法核算,将原确认的相关其他综合收益全部转入留存收益。

借:其他综合收益　　　　　　　　　　　　　　　　　　　　 200
　　贷:盈余公积　　　　　　　　　　　　　　　　　　　　　 20
　　　　利润分配——未分配利润　　　　　　　　　　　　　　180

(3)由于终止采用权益法核算,将原计入资本公积的其他所有者权益变动全部转入当期损益。

借：资本公积——其他资本公积	100	
贷：投资收益		100

（4）剩余股权投资转为以公允价值计量且其变动计入其他综合收益的金融资产，当日公允价值为1 800万元，账面价值为1 600万元，两者差异计入当期投资收益。

借：其他权益工具投资	1 800	
贷：长期股权投资——成本		1 300
长期股权投资——损益调整		150
长期股权投资——其他综合收益		100
长期股权投资——其他权益变动		50
投资收益		200

2. 原能够对被投资单位实施控制的长期股权投资因减少投资变为以金融工具核算方式核算的股权投资

投资方由于处置部分权益性投资等原因丧失了对被投资单位的控制权，处置后的剩余股权不能对被投资单位实施共同控制或施加重大影响，在编制个别财务报表时，应将剩余股权改按《企业会计准则第22号——金融工具确认和计量》的有关规定进行会计处理，于丧失控制权日将剩余股权按公允价值重新计量，公允价值与账面价值间的差额计入当期损益。在编制合并财务报表时，应当按照《企业会计准则第33号——合并财务报表》的有关规定进行会计处理。

例2-18 甲公司20×3年6月以6 000万元购入乙公司60%的有表决权股份，能够对乙公司的生产经营决策施加控制，取得投资时乙公司可辨认净资产公允价值总额为10 000万元（假定公允价值与账面价值相同）。20×4年4月，甲公司将乙公司50%的股份全部对外出售，取得价款6 000万元。出售以后，甲公司无法再对乙公司施加重大影响。假定甲公司于20×4年4月将该项投资中剩余的10%的股权划分为以公允价值计量且其变动计入其他综合收益的非交易性权益工具投资，出售当天剩余10%股权的公允价值为1 200万元，则甲公司的会计处理如下。

（1）20×3年6月购入乙公司60%股份取得控制权，在甲公司报表上以成本法对该长期股权投资进行后续计量。

借：长期股权投资	6 000	
贷：银行存款		6 000

（2）20×4年4月出售乙公司50%的股权。

借：银行存款	6 000	
贷：长期股权投资		5 000
投资收益		1 000

（3）20×4年4月，将剩余10%的乙公司股权重分类为以公允价值计量且其变动计入其他综合收益的非交易性权益工具投资，其账面价值为1 000万元，公允价值为1 200万元，差额计入当期的投资收益。

借：其他权益工具投资	1 200	
贷：长期股权投资		1 000
投资收益		200

3. 原持有的能够对被投资单位实施控制的股权投资因减少投资变为联营或合营

减少投资导致对被投资单位的影响能力由控制转为具有重大影响或是与其他投资方实施共同控制的情况下，在投资企业的个别财务报表中，首先应按处置或收回投资的比例结转应终止确认的长期股权投资成本。在此基础上，应当比较剩余的长期股权投资成本与按照剩余持股比例计算原投资时应享有被投资单位可辨认净资产公允价值的份额，属于投资作价中体现的商誉部分，不调整长期股权投资的账面价值；属于投资成本小于应享有被投资单位可辨认净资产公允价值份额的，在调整长期股权投资成本的同时，应调整留存收益。对于原取得投资后至转变为权益法核算之间被投资单位实现的净损益中应享有的份额，一方面应调整长期股权投资的账面价值；另一方面对于原取得投资时至处置投资当期期初被投资单位实现的净损益（扣除已发放及已宣告发放的现金股利及利润）中应享有的份额，调整留存收益，对于处置投资当期期初至处置投资之日被投资单位实现的净损益中享有的份额，调整当期损益。其他原因导致被投资单位所有者权益变动中应享有的份额，在调整长期股权投资账面价值的同时，应当计入"其他综合收益"或"资本公积——其他资本公积"。

在合并报表中，对于剩余股权，应当按照其在丧失控制权日的公允价值进行重新计量。处置股权取得的对价与剩余股权公允价值之和，减去按原持股比例应享有原子公司按购买日公允价值持续计算的净资产份额，计入丧失控制权当期的投资收益。与原有子公司股权投资相关的其他综合收益，应当采用与被投资单位直接处置相关资产或负债相同的基础进行会计处理。企业应当在附注中披露处置后的剩余股权在丧失控制权日的公允价值权，按照公允价值重新计量产生的相关利得或损失的金额。

例 2-19 20×7年1月1日，甲公司支付600万元取得乙公司100%的股权，投资当时乙公司可辨认净资产的公允价值为500万元，商誉为100万元。20×7年1月1日至20×8年12月31日，乙公司的净资产增加了75万元，其中，按购买日公允价值持续计算实现的净利润为50万元，持有的非交易性权益工具投资累计公允价值变动计入其他综合收益25万元。

20×9年1月8日，甲公司转让乙公司60%的股权，收取现金480万元存入银行，转让后甲公司对乙公司的持股比例为40%，能对其施加重大影响。20×9年1月8日，即甲公司丧失对乙公司的控制权日，乙公司剩余40%股权的公允价值为320万元。假定甲、乙公司提取盈余公积的比例均为10%。假定乙公司未分配现金股利，并不考虑其他因素。甲公司在其个别财务报表和合并财务报表中的处理如下。

（1）甲公司个别财务报表的处理。

①确认部分股权处置收益。

借：银行存款　　　　　　　　　　　　　　480
　　贷：长期股权投资　　　　　　　　　　　　360（600×60%）
　　　　投资收益　　　　　　　　　　　　　　120

②对剩余股权改按权益法核算。

借：长期股权投资——损益调整　　　　　　20
　　长期股权投资——其他综合收益　　　　10

贷：盈余公积	2（50×40%×10%）
利润分配——未分配利润	18（50×40%×90%）
其他综合收益	10（25×40%）

经上述调整，在个别财务报表中，剩余股权的账面价值为270（600×40%+30）万元。

（2）甲公司合并财务报表的处理。合并财务报表中应确认的投资收益为125[（480+320）-675]万元。由于个别财务报表中已经确认了120万元的投资收益，在合并财务报表中做如下调整。

①对剩余股权按丧失控制权日的公允价值重新计量的调整。

借：长期股权投资	320
贷：长期股权投资	270（675×40%）
投资收益	50

②对个别财务报表中的部分处置收益的归属期间进行调整。

借：投资收益	45（75×60%）
贷：盈余公积	3（50×60%×10%）
利润分配——未分配利润	27（50×60%×90%）
其他综合收益	15（25×60%）

③由于与子公司股权投资相关的其他综合收益为其持有的非交易性权益工具投资的累计公允价值变动，在子公司终止确认时该其他综合收益应转入留存收益。

借：其他综合收益	25
贷：盈余公积	2.5
利润分配——未分配利润	22.5

二、长期股权投资的处置

企业处置长期股权投资时，应相应结转与所售股权相对应的长期股权投资的账面价值，出售所得价款与处置长期股权投资账面价值之间的差额，应确认为处置损益。

采用权益法核算的长期股权投资，原计入其他综合收益（不能结转损益的除外）或资本公积（其他资本公积）中的金额，如处置后因具有重大影响或共同控制仍然采用权益法核算的，在处置时亦应进行结转，将与所出售股权相对应的部分在处置时自其他综合收益或资本公积转入当期损益。如处置后对有关投资终止采用权益法的，则原计入其他综合收益（不能结转损益的除外）或资本公积（其他资本公积）中的金额应全部结转。

例 2-20　A 企业原持有 B 企业 40% 的股权，对 B 企业具有重大影响。20×3 年 12 月 20 日，A 企业决定出售 10% 的 B 企业股权，出售时 A 企业账面上对 B 企业长期股权投资的构成为：投资成本 1 800 万元，损益调整 480 万元，可转入损益的其他综合收益 100 万元，其他权益变动 200 万元。出售取得价款 705 万元。出售后 A 企业持有 B 企业 30% 的股权，对 B 企业仍具有重大影响。

（1）A 企业确认处置损益的账务处理为

借：银行存款	705
贷：长期股权投资——成本	450
长期股权投资——损益调整	120

　　　　长期股权投资——其他综合收益　　　　　　　　　25
　　　　长期股权投资——其他权益变动　　　　　　　　　50
　　　　投资收益　　　　　　　　　　　　　　　　　　　60
（2）除应将实际取得价款与出售长期股权投资的账面价值进行结转，确认出售损益以外，还应将原计入其他综合收益或资本公积的部分按比例转入当期损益。
　　借：资本公积——其他资本公积　　　　　　　　　　50
　　　　其他综合收益　　　　　　　　　　　　　　　　25
　　　贷：投资收益　　　　　　　　　　　　　　　　　　75

本章小结

《企业会计准则第2号——长期股权投资》所称长期股权投资，是指投资方对被投资单位实施控制、重大影响的权益性投资，以及对其合营企业的权益性投资。

对子公司的长期股权投资是同一控制或非同一控制下的控股合并事项所形成的。同一控制下的控股合并中，合并方取得长期股权投资的初始投资成本，应当在合并日按照取得被合并方所有者权益在最终控制方合并财务报表中的账面价值的份额确定。非同一控制下的控股合并中，购买方应当按照以公允价值确定的企业合并成本作为长期股权投资的初始投资成本。除企业合并事项以外，以其他方式取得的长期股权投资，应当按照其支付对价的公允价值确定其初始投资成本。

在持有期间，应根据对被投资单位的影响程度分别采用成本法及权益法对所持有的长期股权投资进行核算。成本法，是指对长期股权投资按投资成本进行后续计量的会计处理方法。投资方能够对被投资单位实施控制的长期股权投资应当采用成本法核算。权益法，是指长期股权投资以初始投资成本计量后，在投资持有期间，根据被投资单位所有者权益的变动，投资企业按应享有被投资企业所有者权益的份额对长期股权投资账面价值进行调整的账务处理方法。权益法的核算适用于下列情形：一是投资企业对被投资单位具有重大影响的权益性投资，即对联营企业投资；二是投资企业与其他合营方对被投资单位实施共同控制的权益性投资，即对合营企业投资。

长期股权投资如果存在减值迹象的，应当按照相关准则的规定计提减值准备。长期股权投资的减值准备在提取以后，均不允许转回。

企业处置长期股权投资时，应相应结转与所售股权相对应的长期股权投资的账面价值，出售所得价款与处置长期股权投资账面价值之间的差额，应确认为处置损益。

思考题

1. 什么是长期股权投资？
2. 依据对被投资企业单位的影响，长期股权投资分为哪几种类型？
3. 如何确定长期股权投资的初始投资成本？
4. 简述长期股权投资成本法的适用情形及核算特点。
5. 简述长期股权投资权益法的适用情形及核算特点。
6. 长期股权投资的减值如何进行会计处理？

练习题

1. 甲公司和乙公司同为 A 公司的子公司，20×4 年 5 月 1 日，甲公司以无形资产和固定资产作为合并对价支付给乙公司的原股东，取得乙公司 80%的表决权资本。无形资产原值为 1 000 万元，已计提摊销额为 200 万元，公允价值为 2 000 万元；固定资产原值为 300 万元，已计提折旧额为 100 万元，公允价值为 200 万元（不考虑增值税）。合并日乙公司所有者权益在最终控制方合并财务报表中的账面价值为 2 000 万元，合并日乙公司可辨认净资产的公允价值为 3 000 万元。为企业合并而发生的审计、法律服务、评估咨询等中介费用为 10 万元。请问：

（1）长期股权投资的初始投资成本是多少？
（2）甲公司应确认的资本公积是多少？

2. A 公司于 20×3 年 3 月 31 日取得 B 公司 70%的股权。为核实 B 公司的资产价值，A 公司聘请专业资产评估机构对 B 公司的资产进行评估，支付评估费用 300 万元。合并中，A 公司支付的有关资产在购买日的账面价值与公允价值如表 2-5 所示。

表 2-5　A 公司支付的有关资产在购买日的账面价值与公允价值
20×3 年 3 月 31 日　　　　　　　　　　　　　　　　　　　　单位：万元

项目	账面价值	公允价值
土地使用权（自用）	6 000	9 600
专利技术	2 400	3 000
银行存款	2 400	2 400
合计	10 800	15 000

假定合并前 A 公司与 B 公司不存在任何关联方关系，且 B 公司所持有资产、负债构成业务，A 公司用作合并对价的土地使用权和专利技术原价为 9 600 万元，至企业合并发生时已累计摊销 1 200 万元。请编制 A 公司的会计分录。

3. 20×3 年 7 月 1 日，甲公司以银行存款 1 000 万元支付给乙公司的原股东，占其表决权资本的 80%，当日乙公司所有者权益的账面价值为 1 500 万元，可辨认净资产公允价值为 2 000 万元。

（1）采用同一控制下企业合并，形成的长期股权投资初始成本是多少？请编制乙公司的会计分录。
（2）采用非同一控制下企业合并，形成的长期股权投资初始成本是多少？请编制乙公司的会计分录。
（3）假定为非企业合并，占其表决权资本的 40%，长期股权投资的成本是多少？请编制乙公司的会计分录。

4. 甲公司于 20×2 年 1 月 10 日购入乙公司 30%的股份，购买价款为 2 000 万元，并自取得投资之日起派人参与乙公司的财务和生产经营决策。取得投资日，乙公司净资产公允价值为 6 000 万元，除表 2-6 所列项目外，其账面其他资产、负债的公允价值与账面价值相同。（单位：万元）

表 2-6 甲、乙公司相关会计项目

项目	账面原价	已提折旧（或已摊销）	公允价值	乙公司预计使用年限	乙公司已使用年限	甲公司取得投资后剩余使用年限
存货	500		700			
固定资产	1 000	200	1 200	20	4	16
无形资产	600	120	800	10	2	8

上述固定资产和无形资产为乙公司管理用，甲公司和乙公司均采用直线法计提折旧。至 20×2 年末，在甲公司取得投资时乙公司账面存货有 80% 对外出售，剩下的 20% 于 20×3 年对外出售。

假定乙公司于 20×2 年、20×3 年每年实现净利润 600 万元，甲公司与乙公司的会计年度及采用的会计政策相同。假定甲、乙公司间未发生任何内部交易。

甲公司在确定其应享有的投资收益时，应在乙公司实现净利润的基础上，根据取得投资时有关资产账面价值与其公允价值差额的影响进行调整（不考虑所得税影响）。请确认 20×2 年、20×3 年的投资收益，并编制相关会计分录。

5. 甲公司于 20×2 年 7 月取得乙公司 20% 有表决权股份，能够对乙公司施加重大影响。假定甲公司取得该项投资时，乙公司各项可辨认资产、负债的公允价值与其账面价值相同。

（1）假定一（逆流交易）：20×2 年 11 月，乙公司将其成本为 100 万元的某商品以 400 万元的价格出售给甲公司，甲公司将取得的商品作为固定资产，预计使用寿命为 10 年，采用直线法计提折旧，净残值为 0。至 20×2 年资产负债表日，甲公司未对外出售该固定资产。

（2）假定二（顺流交易）：20×2 年 11 月，甲公司将其成本为 100 万元的某商品以 400 万元的价格出售给乙公司，乙公司将取得的商品作为固定资产，预计使用寿命为 10 年，采用直线法计提折旧，净残值为 0。至 20×2 年资产负债表日，乙公司未对外出售该固定资产。

（3）乙公司 20×2 年实现净利润为 500 万元（其中 1—6 月发生净亏损 500 万元）。假定在 20×3 年，未将该固定资产对外部独立的第三方出售，乙公司 20×3 年实现净利润为 1 000 万元。

假定不考虑所得税因素影响。

请根据上述业务编制 20×2 年、20×3 年的个别报表、合并报表的会计分录。

6. 甲公司于 20×1 年 1 月 1 日取得乙公司 10% 的有表决权股份，能够对乙公司施加重大影响，假定甲公司取得该投资时，乙公司仅有一项 A 商品的公允价值与账面价值不相等，除此以外，其他可辨认资产、负债的账面价值与公允价值相等。该 100 件 A 商品存货单位成本为 0.8 万元，公允价值为 1 万元。20×1 年 9 月，甲公司将其单位成本为 6 万元的 200 件 B 商品以 7 万元的价格出售给乙公司，乙公司取得商品作为存货核算。乙公司各年实现的净利润均为 900 万元。不考虑所得税影响。

（1）至 20×1 年末，乙公司对外出售该 A 商品 40 件，出售 B 商品 130 件。20×1

年调整后的净利润为多少?

（2）至 20×2 年末，乙公司对外出售该 A 商品 20 件，出售 B 商品 30 件。20×2 年调整后的净利润为多少?

（3）至 20×3 年末，乙公司对外出售该 A 商品 40 件，即全部出售；出售 B 商品 40 件，即全部出售。20×3 年调整后的净利润为多少?

7. 甲公司于 20×3 年 8 月取得乙公司 10%的股权，成本为 1 350 万元，取得时乙公司可辨认净资产公允价值总额为 12 600 万元（假定公允价值与账面价值相同）。甲公司将该项投资分类为以公允价值计量且其变动计入其他综合收益非交易性权益工具投资，按公允价值计量。20×3 年 12 月 31 日，该 10%股权的公允价值为 1 500 万元。20×4 年 4 月 1 日，甲公司又以 2 700 万元取得乙公司 12%的股权，当日乙公司可辨认净资产公允价值总额为 18 000 万元，该 10%股权的公允价值为 2 250 万元。取得该部分股权后，按照乙公司章程的规定，甲公司能够派人参与乙公司的财务和生产经营决策，对该项长期股权投资转为采用权益法核算。甲公司按照净利润的 10%提取盈余公积。请编制甲公司的会计分录。

8. 20×0 年 1 月 1 日，甲公司以 30 000 000 元现金取得乙公司 60%的股权，能够对乙公司实施控制；当日，乙公司可辨认净资产公允价值为 45 000 000 元（假定公允价值与账面价值相同）。20×2 年 10 月 1 日，乙公司向非关联方丙公司定向增发新股，增资 27 000 000 元，相关手续于当日完成，甲公司对乙公司持股比例下降为 40%，对乙公司丧失控制权但仍具有重大影响。20×0 年 1 月 1 日至 20×2 年 10 月 1 日，乙公司实现净利润 25 000 000 元；其中，20×0 年 1 月 1 日至 20×1 年 12 月 31 日，乙公司实现净利润 20 000 000 元。假定乙公司一直未进行利润分配，也未发生其他计入资本公积和其他综合收益的交易或事项。甲公司按净利润的 10%提取法定盈余公积。不考虑相关税费等其他因素影响。请编制 20×2 年 10 月 1 日甲公司账务处理的会计分录。

练习题参考答案

第三章

合并财务报表编制的基本程序和方法

本章在对合并财务报表编制的基本理论进行简单的阐述后,主要介绍合并财务报表编制的基本步骤,重点论述并购日及并购日后的合并财务报表的编制,包括同一控制下合并日及合并日后的合并财务报表编制和非同一控制下购买日及购买日后的合并财务报表编制。本章和第四章、第五章的内容主要依据《企业会计准则第 33 号——合并财务报表》及相关应用指南展开。

第一节 合并财务报表编制的基本理论

合并财务报表是指以母公司及其全部子公司组成的企业集团为一个报告主体,以母公司和子公司单独编制的个别财务报表为基础,由母公司根据其他相关资料编制的综合反映企业集团整体财务状况、经营成果和现金流量的财务报表。

母公司,是指控制一个或一个以上主体(含企业、被投资单位中可分割的部分,以及企业所控制的结构化主体等,下同)的主体。子公司,是指被母公司控制的主体。合并财务报表至少包括下列组成部分:①合并资产负债表;②合并利润表;③合并现金流量表;④合并所有者权益(或股东权益,下同)变动表;⑤附注。企业集团中期期末编制合并财务报表的,至少包括合并资产负债表、合并利润表、合并现金流量表和附注。

一、合并财务报表编制的基本理论概述

合并财务报表的编制都是依据一定的合并理论进行的,不同的合并理论具有不同的编制目的,会使所编制的合并报表产生一定的差异。首先,我们简要介绍几种基本的合并理论以及在不同合并理论下编制的合并财务报表的特点。

(一)所有权理论

所有权理论是业主理论在合并财务报表中的具体应用,业主理论认为会计主体与其终极所有者是一个完整不可分割的整体,会计主体没有必要特别强调资本保全,应当允许其终极所有者按照自己的意愿决定是否抽回资本。所有权理论不强调企业集团中存在法定控制关系,认为母、子公司之间的关系是拥有与被拥有的关系,主张采用比例合并法编制合并财务报表,只要母公司在其他公司拥有其一定比例的所有权,不论母公司是否能够控制其投资的这家公司,都需编制合并财务报表。

所有权理论下编制合并财务报表的目的,是满足母公司股东的信息需求,而不是满足子公司少数股东的信息需求,后者的信息需求应当通过子公司的个别报表予以满足。当母公司合并非全资子公司时,在合并资产负债表中应当按母公司实际拥有的股权比

例，合并子公司的资产、负债和所有者权益。同样地，在合并利润表上应当将非全资子公司的收入、成本费用及净收益按母公司的持股比例予以合并。

当存在控制关系时，从经济实质上来讲，母、子公司形成一个共同利益集团，同属于一个会计主体，而比例合并法人为地把子公司分为"合并部分"和"非合并部分"，忽视了子公司作为一个独立经营实体的完整性和"控制"的经济实质。因此，所有权理论削弱了合并财务报表信息的相关性，有悖于"控制"的经济实质。

所有权理论主张采用比例合并法，解决了由于全部合并不能解决的隶属于两个或两个以上集团的企业或只是部分地隶属于一个集团的企业的合并财务报表编制问题。事实上，所有权理论一般只适用于共同控制实体的合并（合营企业）。而在我国，合营企业已经取消了比例合并的做法，直接按权益法对合营企业的长期股权投资进行核算。

所有权理论下编制的合并财务报表有如下特点。

（1）对子公司按比例合并法合并，不存在少数股权。尽管在控股合并下，投资企业持股比例可能低于100%，但由于持有多数表决权，投资企业能够完全按照自己的意愿来管理和利用被投资企业的全部资产。

（2）公司间交易中未实现利润按母公司的持股比例抵销。

（3）不会出现少数股权，所以不存在"少数股东损益"。

（二）实体理论

实体理论是一种从由母公司及其子公司组成的统一实体的角度来看待母、子公司间的控股合并关系的合并理论，强调母、子公司所构成的企业集团是一个独立的经济主体。合并中的实体理论源自权益理论中的主体观念。主体观念认为，会计主体与其终极所有者是相互独立的个体。一个会计主体的资产、负债、所有者权益、收入、费用以及形成这些报表要素的交易、事项或情况是会计主体所固有的，它们都独立于终极所有者。可以说，实体理论是现代财务会计中主体假设的理论基础。实体理论将债权人与所有者视为同等重要的利益当事人，十分强调"资本保全"，不允许所有者在会计主体存续期间抽回资本，以免侵害债权人的正当权益。实体理论在合并范围的确定上体现"控制"理念，即无论企业是否拥有另一企业超过50%的绝对控股比例，只要存在控制与被控制的经济实质就应当作为合并对象。在股权分散化的现代股份制公司条件下，企业集团内部多层控股和交叉持股的现象将普遍出现，实体理论的控制论立场更加符合现代企业制度的要求。

实体理论将合并主体中的少数股东和多数股东等同看待，强调母、子公司之间的关系是控制与被控制的关系，而不是拥有与被拥有的关系。编制合并财务报表的目的，是为合并主体的全体股东服务，而不仅仅是为母公司的股东提供信息。具体地说，编制合并财务报表是为了反映合并主体所控制的资源。实体理论采用完全合并法编制合并财务报表，当母公司合并非全资子公司的会计报表时，在合并资产负债表中，将该子公司的全部资产、负债、所有者权益予以合并，反映合并主体的财务状况。同样地，在合并利润表中，也将子公司的全部收入、费用及净收益予以合并，解释合并主体的经营成果。

实体理论下编制的合并财务报表有如下特点。

（1）子公司"少数股东权益"（又称"少数股权"）包括在合并资产负债表的股东权

益内，在合并资产负债表合并股东权益中单独列示。

（2）将"少数股东损益"视同利润分配（企业集团对其股东的分配），少数股东在各子公司净收益中享有的份额是合并净利润的一个组成部分。

（3）对子公司同一资产项目采用单一计价，无论是母公司拥有的股权部分，还是子公司少数股东拥有的股权部分，都按合并日收购价格计价（按公允价值计价）。商誉按全部商誉列示。

（4）公司间交易中未实现利润从合并利润中100%进行抵销。

（三）母公司理论

母公司理论是一种从母公司股东的角度来看待母公司与其子公司之间的控股合并关系的合并理论。母公司理论将合并报表看成母公司本身报表的延伸，将母公司个别会计报表上总括反映的对子公司投资加以具体化，合并报表主要为母公司的股东服务。在确定合并范围时，母公司理论强调以法定控制为基础，即以是否持有多数股权或表决权来判断是否纳入合并范围，另外，法定控制也可以通过签订协议使一家企业处于另一家企业的法定支配下而实现。

在合并财务报表目的方面，母公司理论采纳了所有权理论的看法，否定了实体理论关于合并财务报表是为合并主体所有资源提供者编制的理论，认为编制合并财务报表的目的是满足母公司股东的信息需求。在报表要素合并方法方面，母公司理论摒弃了所有权理论的"拥有观"，认为应采取实体理论所主张的控制观点。母公司理论同样采用全面合并法来合并子公司的会计报表。但是母公司理论采用更稳健的方式来处理少数股东权益和少数股东损益，在合并财务报表中分别做负债和费用处理。

母公司理论下的合并财务报表能够满足母公司的股东和债权人对合并财务报表信息的需求，但它混淆了合并整体中的股东权益和债权人权益，没有从合并整体的角度去揭示整个企业集团的财务信息，具有明显的倾向性。

母公司理论下编制的合并财务报表有如下特点。

（1）将各子公司的"少数股东权益"视同负债，不包括在合并资产负债表的股东权益内，而是单独列示在合并资产负债表的负债与合并股东权益两大类目之间。

（2）将"少数股东损益"视同费用，各子公司的少数股东应享收益份额作为费用项目从合并净利润中扣除。

（3）对子公司的同一资产采用双重计价，母公司拥有的股权部分按购买价格计价（按公允价值计价），而少数股东拥有的部分仍按子公司的账面价值计价。商誉仅列示属于母公司控股的部分。

（4）公司间交易中未实现的利润，顺销时从合并净利润中100%消除，逆销时按母公司拥有的权益比例进行消除。

二、我国合并财务报表编制概述

（一）企业合并理论在我国的应用

《企业会计准则第33号——合并财务报表》没有明确编制合并财务报表所依据的理论，但从其规定中可以看出现行会计准则关于合并理论的定位是侧重实体观念，即以实体理论为主，以母公司理论为辅。

1. 实体理论在现行会计准则中的体现

现行会计准则规定：合并财务报表的合并范围应当以控制为基础予以确定，即能够决定被投资企业的财务和经营政策，并能据以从其活动中获取利益，母公司控制的特殊目的主体也应纳入合并财务报表的合并范围；子公司所有者权益中不属于母公司的份额，应作为"少数股东权益"，在合并资产负债表的"所有者权益"项目下单独列示；公司当期净损益中属于少数股东权益的份额，应当在合并利润表中"净利润"项目下以"少数股东损益"项目列示；集团中母公司向子公司出售资产所发生的未实现内部交易损益，应当全额抵销"归属于母公司所有者的净利润"；子公司向母公司出售资产所发生的未实现内部交易损益，应当按照母公司对该子公司的分配比例在"归属于母公司所有者的净利润"和"少数股东损益"之间分配抵销；子公司之间出售资产所发生的未实现内部交易损益，应当按照母公司对出售方子公司的分配比例在"归属于母公司所有者的净利润"和"少数股东损益"之间分配抵销。

2. 母公司理论在现行会计准则中的体现

现行会计准则规定对非同一控制下的企业合并采取购买法，在购买日将购买方的合并成本大于取得的可辨认净资产公允价值份额的差额确认为商誉。计算合并商誉时不考虑子公司少数股东权益对应可能产生的商誉，仅仅确认与母公司权益相关的商誉。

（二）合并财务报表的合并范围的确定

合并财务报表的合并范围应当以控制为基础予以确定。母公司应当将其全部子公司（包括母公司所控制的单独主体）纳入合并财务报表的合并范围。控制，是指投资方拥有对被投资方的权力，通过参与被投资方的相关活动而享有可变回报，并且有能力运用对被投资方的权力影响其回报金额。这里的被投资方的相关活动是指对被投资方的回报产生重大影响的活动，需根据企业的行业特征、业务特点、发展阶段、市场环境等具体情况进行判断，通常包括商品或劳务的销售和购买、金融资产的管理、资产的购买和处置、研究与开发活动以及确定资本结构和获取融资等。

一般认为，符合下列情况之一的，视为投资方对被投资方拥有权力，除非有确凿证据表明其不能主导被投资方相关活动：①投资方持有被投资方半数以上的表决权的。②投资方持有被投资方半数或以下的表决权，但通过与其他表决权持有人之间的协议能够控制半数以上表决权的。

在判断投资方是否对被投资方拥有权力时，应注意以下几点：①权力只表明投资方主导被投资方相关活动的现时能力，并不要求投资方实际行使其权力。也就是说，如果投资方拥有主导被投资方相关活动的现时能力，即使这种能力尚未被实际行使，也视为该投资方拥有对被投资方的权力。②权力是一种实质性权利，而不是保护性权利。③权力是为自己行使的，而不是代其他方行使。④权力通常表现为表决权，但有时也可能表现为其他合同安排。

以控制为基础确定合并财务报表的合并范围，应当强调实质重于形式原则，综合考虑所有相关事实和情况后进行判断。在进行控制分析时，投资方不仅需要考虑直接表决权，还需要考虑其持有的潜在表决权以及其他方持有的潜在表决权的影响，进行综合考量，以确定其是否对被投资方拥有权力。投资方持有被投资方半数或以下的表决权，但综合考虑下列事实和情况后，判断投资方持有的表决权足以使其目前有能力主导被投资方相关活动的，视为投资方对被投资方拥有权力：①投资方持有的表决权相对于其他投资方持有的表决权份额的大小，以及其他投资方持有表决权的分散程度。②投资方和其他投资方持有的被投资方的潜在表决权，如可转换公司债券、可执行认股权证等。③其他合同安排产生的权利。④被投资方以往的表决权行使情况等其他相关事实和情况。对于被投资方的相关活动通过表决权进行决策，而投资方持有的表决权比例不超过半数的情况，如果投资方在综合考虑所有相关情况和事实后仍不能确定其是否对被投资方拥有权力，则投资方不控制被投资方。

在投资方难以判断其享有的权利是否足以使其拥有对被投资方的权力的情况下，应当考虑其能否任命或批准被投资方的关键管理人员；能否出于其自身利益决定或否决被投资方的重大交易；能否控制被投资方董事会等类似权力机构成员的任命程序，或者从其他表决权持有人手中获得代理投票权；依据与被投资方的关键管理人员或董事会等类似权力机构中的多数成员是否存在关联方关系等因素判断其单方面主导被投资方相关活动的实际能力。

极个别情况下，有确凿证据表明同时满足下列条件并且符合相关法律法规规定的，投资方应当将被投资方的一部分（以下简称"该部分"）视为被投资方可分割的部分（单独主体），进而判断是否控制该部分（单独主体）。这些条件包括：①该部分的资产是偿付该部分负债或该部分其他权益的唯一来源，不能用于偿还该部分以外的被投资方的其他负债；②除与该部分相关的各方外，其他方不享有与该部分资产相关的权利，也不享有与该部分资产剩余现金流量相关的权利。

需注意的特殊情况是：如果母公司是投资性主体，则母公司应当仅将为其投资活动提供相关服务的子公司（如有）纳入合并范围并编制合并财务报表；其他子公司不应当予以合并，母公司对其他子公司的投资应当按照公允价值计量且其变动计入当期损益。

当母公司同时满足以下三个条件时，该母公司属于投资性主体：①该公司以向投资者提供投资管理服务为目的，从一个或多个投资者处获取资金。②该公司的唯一经营目的是通过资本增值、投资收益或两者兼有而让投资者获得回报。③该公司按照公允价值对几乎所有投资的业绩进行考量和评价。

母公司属于投资性主体通常拥有下列特征：①拥有一个以上投资；②拥有一个以上投资者；③投资者不是该主体的关联方；④其所有者权益以股权或类似权益方式存在。

投资性主体的母公司本身不是投资性主体，则应当将其控制的全部主体，包括那些通过投资性主体被间接控制的主体，纳入合并财务报表范围。当母公司由非投资性主体转变为投资性主体时，除仅将为其投资活动提供相关服务的子公司纳入合并财务报表范围编制合并财务报表外，企业自转变日起对其他子公司不再予以合并，其会计处理参照部分处置子公司股权但不丧失控制权的处理原则。终止确认其他子公司相关资产（包括商誉）及负债的账面价值，以及其他子公司相关少数股东权益（包括属于少数股东的其他综合收益）的账面价值；并按照对该子公司的投资在转变日的公允价值确认一项以公允价值计量且其变动计入当期损益的金融资产；同时，将对该子公司的投资在转变日的公允价值作为处置价款,与当日合并财务报表中该子公司净资产(资产、负债及相关商誉之和,扣除少数股东权益)的账面价值之间的差额,调整资本公积(资本溢价或股本溢价),资本公积不足冲减的,调整留存收益。当母公司由投资性主体转变为非投资性主体时,应将原未纳入合并财务报表范围的子公司于转变日纳入合并财务报表范围,将转变日视为购买日,原未纳入合并财务报表范围的子公司于转变日的公允价值视为购买的交易对价,按照非同一控制下企业合并的会计处理方法进行会计处理。

母公司不能控制的被投资单位,不纳入合并财务报表的合并范围。下列被投资单位不是母公司的子公司,不纳入母公司的合并财务报表的合并范围:①已宣告被清理整顿的原子公司;②已宣告破产的原子公司;③母公司不能控制的其他被投资单位。

投资企业对于与其他投资方实施共同控制的合营安排,应根据企业在合营安排中享有的权利和履行的义务分别确定为共同经营或合营企业。对于共同经营,投资企业应当将合营安排中业务涉及的资产、负债、收入和费用当作自身的业务来进行确认(单独或按份额),并按照《企业会计准则》的相关规定进行会计处理;对于合营企业,投资企业应在合并财务报表中采用权益法核算其在合营企业中的权益。

第二节 合并财务报表编制的基本步骤

一、合并财务报表编制的事前准备事项

(一)统一母、子公司的会计政策

会计政策是指企业进行会计核算和编制财务报表时所采用的会计原则、会计程序和会计处理方法,是编制财务报表的基础,统一母公司与子公司的会计政策是保证母、子公司财务报表各项目反映内容一致的基础。只有在财务报表各项目反映的内容一致的情况下,才能对其进行加总,编制合并财务报表。因此,母公司应当统一子公司所采用的会计政策,使子公司采用的会计政策与母公司保持一致。子公司所采用的会计政策与母公司不一致的,应当按照母公司的会计政策对子公司财务报表进行必要的调整;对一些境外子公司,由于所在国或地区法律、会计准则等方面的原因,确实无法使其采用的会计政策与母公司所采用的会计政策保持一致,则应当要求其按照母公司所采用的会计政策重新编制财务报表,也可以由母公司根据自身所采用的会计政策对境外子公司报送的财务报表进行调整,以重编或调整境外子公司财务报表,作为编制合并财务报表的基础。

(二)统一母、子公司的资产负债表日及会计期间

财务报表总是反映一定日期的财务状况和一定会计期间的经营成果,母公司和子公司的个别财务报表只有在反映财务状况的日期和反映经营成果的会计期间一致的情况下,才能进行合并。母公司应当统一子公司的会计期间,使子公司的会计期间与母公司保持一致。子公司的会计期间与母公司不一致的,应当按照母公司的会计期间对子公司财务报表进行调整;对于境外子公司,由于当地法律限制确实不能与母公司财务报表决算日和会计期间一致的,母公司应当按照自身的资产负债表日和会计期间对子公司的财

务报表进行调整，以调整后的子公司财务报表为基础编制合并财务报表，也可以要求子公司按照母公司的资产负债表日和会计期间另行编制报送其个别财务报表。

（三）对子公司以外币表示的财务报表进行折算

对母公司和子公司的财务报表进行合并，其前提是母、子公司个别财务报表所采用的货币计量单位一致。外币业务比较多的企业应该遵循外币折算准则有关选择记账本位币的规定，在符合准则规定的基础上，确定是否采用某一种外币作为记账本位币。在将境外经营纳入合并范围时，应该按照外币折算准则的相关规定进行处理。

（四）收集编制合并财务报表的相关资料

合并财务报表以母公司和其子公司的财务报表以及其他有关资料为依据，由母公司合并有关项目的数额编制。在编制合并财务报表时，子公司除了向母公司提供财务报表外，还向母公司提供下列有关资料：①采用的与母公司不一致的会计政策及其影响金额；②与母公司及与其他子公司之间发生的内部购销交易、债权债务、投资及其产生的现金流量和未实现内部销售损益的期初、期末余额及变动情况等资料；③所有者权益变动和利润分配的有关资料；④编制合并财务报表所需要的其他资料，如非同一控制下企业合并购买日的公允价值资料。

二、合并财务报表的编制程序

合并财务报表由母公司以母公司和其子公司的财务报表为基础，根据其他有关资料，对母公司和纳入合并范围的子公司的个别财务报表各项目的数据进行汇总、调整和抵销处理，最终编制得到。其编制程序如下。

（1）编制合并工作底稿。

（2）将母公司、纳入合并范围的子公司个别财务报表的数据过入合并工作底稿。

（3）编制调整分录和抵销分录。

调整分录和抵销分录是有区别的，调整分录是对母公司和子公司个别财务报表的调整。根据《企业会计准则第 20 号——企业合并》第十五条的规定，对于非同一控制下的企业合并，编制合并财务报表时，应当以购买日确定的各项可辨认资产、负债及或有负债的公允价值为基础对子公司的财务报表进行调整。2006 年颁布的《企业会计准则第 33 号——合并财务报表》第十一条规定，合并财务报表应当以母公司和其子公司的财务报表为基础，根据其他有关资料，按照权益法调整对子公司的长期股权投资后，由母公司编制。2014 年修订的《企业会计准则第 33 号——合并财务报表》删除了上述对合并财务报表编制程序的规定，不再对企业编制合并财务报表的程序做强制性规定，企业可以自行选择编制程序。本书后面章节依旧采取先将长期股权投资由成本法调整为权益法的处理方式，因为这种处理方式的逻辑含义最为清楚，便于初学者理解合并财务报表编制过程中的经济含义。

抵销分录是指在调整后的个别报表的基础上对个别财务报表各项目的加总数据中内部交易引起的重复因素等予以抵销，如母公司对子公司长期股权投资与子公司所有者权益项目的抵销。

工作底稿中所出现的调整分录与抵销分录并不是母公司或子公司账上的正式分录，它仅仅是为了编制合并财务报表所作的一部分草稿，调整分录和抵销分录中借记或贷记的均为报表项目，而非会计账户。对于编制合并财务报表，分清两者的区别，意义不大。因此，在本章中对抵销分录与调整分录我们不做严格区分。

（4）计算合并财务报表各项目的合并金额。

（5）填列合并财务报表。

（一）合并资产负债表

合并资产负债表以母公司和子公司的资产负债表为基础，在抵销母公司与子公司、子公司相互之间发生的内部交易对合并资产负债表的影响后，由母公司编制。

（1）母公司对子公司的长期股权投资与母公司在子公司所有者权益中所享有的份额应当相互抵销，同时抵销相应的长期股权投资减值准备。在购买日，母公司取得子公司的成本大于合并中取得的被购买方可辨认净资产公允价值的份额，应当在商誉项目列示(非同一控制下的企业合并)。商誉发生减值的，应当按照经减值测试后的金额列示。各子公司之间的长期股权投资以及子公司对母公司的长期股权投资，应当比照上述规定，将长期股权投资和与其对应的子公司或母公司所有者权益中所享有的份额相互抵销。

（2）母公司与子公司、子公司相互之间发生的内部债权债务项目应当相互抵销，同时抵销应收款项的坏账准备和债券投资的减值准备。母公司与子公司、子公司相互之间的债券投资与应付债券相互抵销后，产生的差额计入投资收益项目。

（3）母公司与子公司、子公司相互之间销售商品（或提供劳务，下同）或其他方式形成的存货、固定资产、工程物资、在建工程、无形资产等所包含的未实现内部销售损益应当抵销。对存货、固定资产、工程物资、在建工程和无形资产等计提的跌价准备或减值准备与未实现内部销售损益相关的部分应当抵销。

（4）母公司与子公司、子公司相互之间发生的其他内部交易对合并资产负债表的影响应当抵销。

子公司所有者权益中不属于母公司的份额，应当作为少数股东权益，在合并资产负债表中所有者权益项目下以"少数股东权益"项目列示。

母公司在报告期内因同一控制下企业合并增加的子公司，编制合并资产负债表时，应当调整合并资产负债表的期初数。因非同一控制下企业合并增加的子公司，编制合并资产负债表时，不应当调整合并资产负债表的期初数。

母公司在报告期内处置子公司，编制合并资产负债表时，不应当调整合并资产负债表的期初数。

（二）合并利润表

合并利润表以母公司和子公司的利润表为基础，在抵销母公司与子公司、子公司相互之间发生的内部交易对合并利润表的影响后，由母公司编制。

（1）母公司与子公司、子公司相互之间销售商品所产生的营业收入和营业成本应当抵销。母公司与子公司、子公司相互之间销售商品，期末全部实现对外销售的，应当将购买方的营业成本与销售方的营业收入相互抵销。母公司与子公司、子公司相互之间销售商品，期末未实现对外销售而形成存货、固定资产、工程物资、在建工程、无形资产等资产的，在抵销销售商品的营业成本和营业收入的同时，应当将各项资产所包含的未实现内部销售损益予以抵销。

（2）在对母公司与子公司、子公司相互之间销售商品形成的固定资产或无形资产所包含的未实现内部销售损益进行抵销的同时，应当对固定资产的折旧额或无形资产的摊销额与未实现内部销售损益相关的部分进行抵销。

（3）母公司与子公司、子公司相互之间持有对方债券所产生的投资收益，应当和与其相对应的发行方利息费用相互抵销。

（4）母公司与子公司、子公司相互之间持有对方长期股权投资的投资收益应当抵销。

（5）母公司与子公司、子公司相互之间发生的其他内部交易对合并利润表的影响应当抵销。

子公司当期净损益中属于少数股东权益的份额，应当在合并利润表中净利润项目下以"少数股东损益"项目列示。

子公司少数股东分担的当期亏损超过少数股东在该子公司期初所有者权益中所享有的份额的，其余额仍应当冲减少数股东权益。

母公司在报告期内因同一控制下企业合并增加的子公司，应当将该子公司合并当期期初至报告期末的收入、费用、利润纳入合并利润表。因非同一控制下企业合并增加的子公司，应当将该子公司购买日至报告期末的收入、费用、利润纳入合并利润表。

母公司在报告期内处置子公司，应当将该子公司期初至处置日的收入、费用、利润纳入合并利润表。

（三）合并现金流量表

合并现金流量表以母公司和子公司的现金流量表为基础，在抵销母公司与子公司、子公司相互之间发生的内部交易对合并现金流量表的影响后，由母公司编制。这里及以下提及"现金"时，除非同时提及现金等价物，均包括现金和现金等价物。

编制合并现金流量表应当符合下列要求。

（1）母公司与子公司、子公司相互之间当期以现金投资或收购股权增加的投资所产生的现金流量应当抵销。

（2）母公司与子公司、子公司相互之间当期取得投资收益收到的现金，应当与分配股利、利润或偿付利息支付的现金相互抵销。

（3）母公司与子公司、子公司相互之间以现金结算债权与债务所产生的现金流量应当抵销。

（4）母公司与子公司、子公司相互之间当期销售商品所产生的现金流量应当抵销。

（5）母公司与子公司、子公司相互之间处置固定资产、无形资产和其他长期资产收回的现金净额，应当与购建固定资产、无形资产和其他长期资产支付的现金相互抵销。

（6）母公司与子公司、子公司相互之间当期发生的其他内部交易所产生的现金流量应当抵销。

合并现金流量表补充资料可以根据合并资产负债表和合并利润表进行编制。

母公司在报告期内因同一控制下企业合并增加的子公司，应当将该子公司合并当期期初至报告期末的现金流量纳入合并现金流量表。因非同一控制下企业合并增加的子公司，应当将该子公司购买日至报告期末的现金流量纳入合并现金流量表。

母公司在报告期内处置子公司，应当将该子公司期初至处置日的现金流量纳入合并现金流量表。

（四）合并所有者权益变动表

合并所有者权益变动表以母公司和子公司的所有者权益变动表为基础，在抵销母公司与子公司、子公司相互之间发生的内部交易对合并所有者权益变动表的影响后，由母公司编制。

（1）母公司对子公司的长期股权投资应当与母公司在子公司所有者权益中所享有的份额相互抵销。各子公司之间的长期股权投资以及子公司对母公司的长期股权投资，应当比照上述规定，将长期股权投资和与其对应的子公司或母公司所有者权益中所享有的份额相互抵销。

（2）母公司与子公司、子公司相互之间持有对方长期股权投资的投资收益应当抵销。

（3）母公司与子公司、子公司相互之间发生的其他内部交易对所有者权益变动的影响应当抵销。合并所有者权益变动表可以根据合并资产负债表和合并利润表进行编制。

有少数股东的，应当在合并所有者权益变动表中增加"少数股东权益"栏目，反映少数股东权益变动的情况。

第三节　并购日合并财务报表的编制

一、同一控制下合并日合并财务报表的编制

（一）同一控制下合并日合并财务报表的编制要求

根据现行《企业会计准则》，同一控制下的企业合并形成母子公司关系的，母公司在并购当日应当编制合并日的合并资产负债表、合并利润表和合并现金流量表。同一控制下合并日的合并财务报表编制要求如下。

（1）合并资产负债表中被合并方的各项资产、负债，应当按其账面价值计量。对于被合并方采用的会计政策与合并方不一致而进行过调整的情况，应当以调整后的账面价值计量。

（2）将合并方对被合并方的长期股权投资与被合并方的股东权益相互抵销并确认"少数股东权益"。从母、子公司形成的企业集团角度，母公司向子公司投资，与子公司接受母公司的投资纯属于企业集团的内部交易事项，即集团内部资金的调拨，既不增加企业集团的长期股权投资，也不增加企业集团的所有者权益。因此，在编制合并日合并资产负债表时，需将合并方对被合并方的长期股权投资与被合并方的股东权益相互抵销，同时确认少数股东权益（在全资控股的情况下为0）。

在合并工作底稿中的抵销分录如下。

借：股本（合并日子公司账面价值）
　　资本公积（合并日子公司账面价值）
　　盈余公积（合并日子公司账面价值）
　　未分配利润（合并日子公司账面价值）

贷：长期股权投资（母公司对子公司的长期股权投资）

少数股东权益（子公司可辨认净资产的账面价值×少数股东股权比例）

（3）被合并方在合并前形成的留存收益自合并方资本公积转入留存收益。同一控制下企业合并按一体化存续原则，视同合并报告主体从合并日及以前期间就一直存在，子公司原由企业集团其他企业控制时的留存收益在合并财务报表中是存在的，因此在编制合并资产负债表时，对于被合并方在企业合并前实现的留存收益（盈余公积和未分配利润）中归属于合并方的部分，应按以下规定，自合并方的资本公积转入留存收益：第一，确认企业合并形成的长期股权投资后，合并方账面资本公积（资本溢价或股本溢价）贷方余额大于被合并方在合并前实现的留存收益中归属于合并方的部分的，在合并资产负债表中，应将被合并方在合并前实现的留存收益中归属于合并方的部分自"资本公积"转入"盈余公积"和"未分配利润"。在合并工作底稿中，借记"资本公积"项目，贷记"盈余公积"和"未分配利润"项目。第二，确认企业合并形成的长期股权投资后，合并方账面资本公积（资本溢价或股本溢价）贷方余额小于被合并方在合并前实现的留存收益中归属于合并方的部分的，在合并资产负债表中，应以合并方资本公积（资本溢价或股本溢价）的贷方余额为限，将被合并方在合并前实现的留存收益中归属于合并方的部分自"资本公积"按比例转入"盈余公积"和"未分配利润"。在合并工作底稿中，借记"资本公积"项目，贷记"盈余公积"和"未分配利润"项目。因合并方的资本公积（资本溢价或股本溢价）余额不足，被合并方在合并前实现的留存收益中归属于合并方的部分在合并资产负债表中未全额恢复的，合并方应当在会计报表附注中对这一情况进行说明，包括被合并方在合并前实现的留存收益金额、归属于本企业的金额及因资本公积余额不足在合并资产负债表中未转入留存收益的金额等。

被合并方在企业合并前实现的其他综合收益中归属于合并方的部分，自资本公积转入其他综合收益。

（4）合并利润表应当包括参与合并各方自合并当期期初至合并日的利润。被合并方在合并前实现的净利润，应当在合并利润表中单列项目反映，即在"净利润"项目下单列"其中：被合并方在合并前实现的净利润"项目，以反映该项由于该企业合并在合并当期自被合并方带入的损益。例如，同一控制下的企业合并发生于20×3年3月31日，合并方当日编制合并利润表时，应包括合并方及被合并方自20×3年1月1日至20×3年3月31日实现的净利润。双方在当期发生的交易，应当按照合并财务报表的有关原则进行抵销。

（5）合并现金流量表应当包括参与合并各方自合并当期期初至合并日的现金流量。涉及双方当期发生内部交易产生的现金流量，应按照合并财务报表准则规定的有关原则进行抵销。

（二）同一控制下合并日的合并资产负债表的编制

例 3-1 A、B 公司分别为 S 公司控制下的两家子公司。20×2 年 1 月 1 日，A 公司发行了 2 000 万股普通股（每股面值 1 元，市价 2.5 元）自其母公司 S 处取得了 B 公司 80% 的股权，合并后 B 公司仍维持独立法人资格经营。假定 A、B 公司采用的会计政策和会计期间一致。A 公司与 B 公司合并前的资产负债表如表 3-1 所示。

表 3-1 A 公司与 B 公司合并前的资产负债表   单位：万元

项　目	A 公司	B 公司
货币资金	4 000	500
应收账款	3 000	200
存货	6 000	200
长期股权投资	5 000	2 000
固定资产	10 000	3 000
无形资产	4 500	600
资产总计	32 500	6 500
短期借款	2 500	1 000
应付账款	3 500	300
其他负债	500	700
股本	15 000	2 000
资本公积	3 000	1 000
盈余公积	5 000	500
未分配利润	3 000	1 000
负债和股东权益总计	32 500	6 500

20×2 年 1 月 1 日，A 公司取得 B 公司 80%股份应编制的会计分录如下。

借：长期股权投资　　　　　　　　　　　　　　　　　　　　　　3 600
　　贷：股本　　　　　　　　　　　　　　　　　　　　　　　　　2 000
　　　　资本公积　　　　　　　　　　　　　　　　　　　　　　　1 600

在编制合并日的合并资产负债表时，应编制如下两笔调整与抵销分录。

（1）将 A 公司对 B 公司的长期股权投资与 B 公司的股东权益相互抵销，同时确认少数股东权益。

借：股本　　　　　　　　　　　　　　　　　　　　　　　　　　2 000
　　资本公积　　　　　　　　　　　　　　　　　　　　　　　　1 000
　　盈余公积　　　　　　　　　　　　　　　　　　　　　　　　　500
　　未分配利润　　　　　　　　　　　　　　　　　　　　　　　1 000
　　贷：长期股权投资　　　　　　　　　　　　　　　　　　　　　3 600
　　　　少数股东权益　　　　　　　　　　　　　　　　　　　　　　900

（2）将 B 公司在企业合并前实现的留存收益（盈余公积 500 万元和未分配利润 1 000 万元）中归属于 A 公司的部分，自 A 公司的资本公积转入留存收益（盈余公积 400 万元和未分配利润 800 万元）。

借：资本公积　　　　　　　　　　　　　　　　　　　　　　　　1 200
　　贷：盈余公积　　　　　　　　　　　　　　　　　　　　　　　　400
　　　　未分配利润　　　　　　　　　　　　　　　　　　　　　　　800

本例中 A 公司在确认对 B 公司的长期股权投资后，其资本公积的账面余额为 4 600 万元（3 000 万元＋1 600 万元），假定其中资本溢价或股本溢价的金额为 3 500 万元。如果 B 公司中的留存收益（盈余公积和未分配利润）为 5 000 万元（假定 A 公司合并 B

公司过程中形成的资本公积还是1 600万元),则第2个调整分录中,应当以A公司的资本公积(资本溢价或股本溢价)的贷方余额3 500万元为限,将B公司在合并前实现的留存收益中归属于A公司的部分自"资本公积"按比例转入"盈余公积"和"未分配利润"。

20×2年1月1日,A公司与B公司的合并资产负债表工作底稿如表3-2所示。

表3-2 合并日的合并资产负债表工作底稿　　　　单位:万元

项目	A公司	B公司(80%)	调整与抵销分录 借	调整与抵销分录 贷	合并资产负债表
货币资金	4 000	500			4 500
应收账款	3 000	200			3 200
存货	6 000	200			6 200
长期股权投资	8 600	2 000		(1)3 600	7 000
固定资产	10 000	3 000			13 000
无形资产	4 500	600			5 100
资产总计	36 100	6 500			39 000
短期借款	2 500	1 000			3 500
应付账款	3 500	300			3 800
其他负债	500	700			1 200
股本	17 000	2 000	(1)2 000		17 000
资本公积	4 600	1 000	(1)1 000 (2)1 200		3 400
盈余公积	5 000	500	(1)500	(2)400	5 400
未分配利润	3 000	1 000	(1)1 000	(2)800	3 800
少数股东权益				(1)900	900
负债和股东权益总计	36 100	6 500			39 000

(三)同一控制下合并日的合并利润表的编制

本例中的合并日为20×2年1月1日,只需要将合并双方利润表的对应项目金额直接相加即可;如果并购发生在年中,则需在合并利润表中单列项目反映被合并方在合并前实现的净利润;当合并双方在当期发生内部交易时,则应按照合并财务报表准则规定的有关原则进行抵销。

(四)同一控制下合并日的合并现金流量表的编制

在编制同一控制下合并日的合并现金流量表时,如果不涉及合并双方当期发生内部交易产生的现金流量,只需要将合并双方的对应项目金额直接相加即可;如果涉及合并双方当期发生内部交易产生的现金流量,应按照合并财务报表准则规定的有关原则进行抵销。

值得注意的是,子公司发行累积优先股等其他权益工具的,无论当期是否宣告发放其股利,在计算列报母公司合并利润表中的"归属于母公司股东的净利润"时,应扣除当期归属于除母公司之外其他权益工具持有者的可累积分配股利,扣除金额应在"少数股东损益"项目中列示;子公司发行不可累积优先股等其他权益工具的,在计算列报母公司合并利润表中的"归属于母公司股东的净利润"时,应扣除当期宣告发放的归属于除母公司之外其他权益工具持有者的不可累积分配股利,扣除金额应在"少数股东损益"项目中列示。子公司发行累积优先股或不可累积优先股等其他权益工具的,在资产负债表和股东权益变动表中的列报原则与利润表相同。

二、非同一控制下购买日合并财务报表的编制

(一)非同一控制下购买日的合并财务报表编制要求

非同一控制下的企业合并形成母子公司关系的,母公司应当编制购买日的合并资产负债表。非同一控制下购买日的合并财务报表编制要求如下。

1. 将子公司可辨认净资产从账面价值调整为公允价值

非同一控制下的企业合并,母公司在购买日编制合并资产负债表时,取得的被购买方各项可辨认资产、负债及或有负债应当以公允价值列示。在合并工作底稿中,借记子公司的"存货""固定资产"等公允价值与账面价值有差额的项目,贷记"资本公积"项目。

2. 将母公司对子公司长期股权投资与子公司的所有者权益相互抵销,同时确认"少数股东权益",并确定合并商誉

在编制合并资产负债表时,将母公司对子公司长期股权投资与子公司的所有者权益相互抵销,同时确认"少数股东权益"(全资控股的情况下为0)。企业合并成本大于合并中取得的被购买方可辨认净资产公允价值份额的差额,确认为合并资产负债表中的商誉。企业合并成本小于合并中取得的被购买方可辨认净资产公允价值份额的差额,企业合并准则中规定应计入合并当期损益,因购买日不需要编制合并利润表,该差额体现在合并资产负债表中,应调整合并资产负债表的盈余公积和未分配利润。

在合并工作底稿中的调整与抵销分录为
借:股本(购买日子公司的股本)
　　资本公积(子公司调整后的资本公积)
　　盈余公积(购买日子公司的盈余公积)
　　未分配利润(购买日子公司的未分配利润)
　　商誉(借方差额)
　贷:长期股权投资(调整后金额)
　　　少数股东权益(子公司可辨认净资产的公允价值×少数股东持股比例)
　　　盈余公积(贷方差额×10%)
　　　未分配利润(贷方差额×90%)

3. 对各项可辨认资产、负债及或有负债公允价值与账面价值的差额确认相应的递延所得税负债或递延所得税资产

在合并资产负债表中,被购买方各项可辨认资产、负债及或有负债是按照合并中确定的公允价值列示的。然而,《中华人民共和国企业所得税法》第五十二条规定:"除

国务院另有规定外,企业之间不得合并缴纳企业所得税。"《财政部 国家税务总局关于企业重组业务企业所得税处理若干问题的通知》(财税〔2009〕59号)规定:"被收购企业的相关所得税事项原则上保持不变。"也就是说,被购买方各项可辨认资产、负债及或有负债的计税基础,税务机关是按被购买方的原有计税基础确定的。由此即造成合并资产负债表中资产、负债的账面价值与其计税基础的差异。按照所得税会计准则的规定,购买方取得的被购买方各项可辨认资产、负债及或有负债的公允价值与其计税基础之间存在差异的,应当确认相应的递延所得税资产或递延所得税负债。而确认相应的递延所得税资产或递延所得税负债的会计处理,在《企业会计准则第33号——合并财务报表》应用指南和《企业会计准则第18号——所得税》应用指南的讲解中存在差异。以下以案例的形式说明两者的差异。

例 3-2 A股份有限公司(以下简称"A公司")是一家从事新能源产业开发的上市公司。2×13年1月1日,A公司以定向增发普通股股票的方式,从非关联方处购买取得了B股份有限公司(以下简称"B公司")70%的股权,于同日通过产权交易所完成了该项股权转让程序,并完成了工商变更登记。A公司定向增发普通股股票5 000万股,每股面值为1元,每股市场价格为2.95元。A公司与B公司属于非同一控制下的企业,A公司购买B公司股权形成了非同一控制下的企业合并。两家公司适用的所得税税率均为25%。B公司账面权益总额为16 000万元。其中:股本为10 000万元,资本公积为4 000万元,盈余公积为600万元,未分配利润为1 400万元。可辨认净资产的公允价值为19 600万元。

A公司取得B公司可辨认资产、负债和所有者权益在购买日的公允价值与账面价值存在差异的项目如表3-3所示。

表 3-3 购买日的公允价值与账面价值存在差异的项目　　　　单位:万元

项　目	购买日账面价值	购买日公允价值	公允价值与账面价值的差额
应收账款	1 960	1 560	-400
存货	10 000	11 000	1 000
固定资产	1 000	4 000	3 000

(1)假设不考虑递延所得税的会计处理。在不考虑递延所得税时,直接按长期股权投资的金额14 750万元与公允价值19 600万元之间的差额确认商誉为1 030(14 750 - 19 600×70%)万元。

调整子公司资产和负债的公允价值,在合并工作底稿中的调整分录如下。

借:存货　　　　　　　　　　　　　　　　　　1 000
　　固定资产　　　　　　　　　　　　　　　　3 000
　　贷:应收账款　　　　　　　　　　　　　　　　400
　　　　资本公积　　　　　　　　　　　　　　　3 600

A公司长期股权投资与其在B公司所有者权益中拥有份额的抵销分录如下。

借:股本　　　　　　　　　　　　　　　　　　10 000
　　资本公积　　　　　　　　　　　　　　　　7 600 (4 000+3 600)
　　盈余公积　　　　　　　　　　　　　　　　600

未分配利润	1 400
商誉	1 030
贷：长期股权投资	14 750
少数股东权益	5 880

此情形下合并财务报表最终确认的商誉为 1 030 万元。

（2）按《企业会计准则第 33 号——合并财务报表》应用指南中案例讲解的会计处理。B 公司应收账款的公允价值低于其计税基础的金额为 400（1 960－1 560）万元，形成可抵扣暂时性差异，应当对其确认递延所得税资产 100（400×25%）万元；存货的公允价值高于其计税基础的金额为 1 000（11 000－10 000）万元，形成应纳税暂时性差异，应当对其确认递延所得税负债 250（1 000×25%）万元；固定资产中的办公楼的公允价值高于其计税基础的金额为 3 000（4 000－1 000）万元，形成应纳税暂时性差异，应当对其确认递延所得税负债 750（3 000×25%）万元。在合并工作底稿中的调整分录如下。

借：存货	1 000
固定资产	3 000
递延所得税资产	100
贷：应收账款	400
递延所得税负债	1 000（250+750）
资本公积	2 700

经过对 B 公司资产和负债的公允价值调整后，B 公司所有者权益总额＝16 000＋2 700＝18 700（万元），A 公司对 B 公司所有者权益中拥有的份额为 13 090（18 700×70%）万元，A 公司对 B 公司长期股权投资的金额为 14 750 万元，因此合并商誉为 1 660（14 750－13 090）万元。A 公司购买 B 公司股权所形成的商誉，在 A 公司个别财务报表中表示对 B 公司长期股权投资的一部分，在编制合并财务报表时，将长期股权投资与在子公司所有者权益中所拥有的份额相抵销，其抵销差额在合并资产负债表中表现为商誉。

A 公司长期股权投资与其在 B 公司所有者权益中拥有份额的抵销分录如下。

借：股本	10 000
资本公积	6 700
盈余公积	600
未分配利润	1 400
商誉	1 660
贷：长期股权投资	14 750
少数股东权益	5 610

此会计处理方式，是将递延所得税资产和递延所得税负债作为被收购公司公允价值的组成部分，并以此对公允价值进行调整后再计算商誉。此情形下，合并财务报表最终确认的商誉为 1 660 万元。

（3）按《企业会计准则第 18 号——所得税》应用指南的处理。《企业会计准则第 18 号——所得税》应用指南中规定：企业会计准则规定与税法规定对企业合并的处理不同，可能会造成企业合并中取得资产、负债的入账价值与其计税基础的差异。比如非同一控制下企业合并产生的应纳税暂时性差异或可抵扣暂时性差异，在确认递延所得税负债或递延所得税资产的同时，相关的递延所得税费用（或收益），通常应调整企业合并中所确认的商誉,直接借记"商誉"或"盈余公积""未分配利润"项目,贷记"递延所得税负债"项目;借记"递延所得税资产"项目,贷记"商誉"或"盈余公积""未分配利润"项目。

调整子公司资产和负债的公允价值,在合并工作底稿中的调整分录如下。

借:存货	1 000
固定资产	3 000
贷:应收账款	400
资本公积	3 600

A公司长期股权投资与其在B公司所有者权益中拥有份额的抵销分录如下。

借:股本	10 000
资本公积	7 600(4 000+3 600)
盈余公积	600
未分配利润	1 400
商誉	1 030
贷:长期股权投资	14 750
少数股东权益	5 880

最后确认递延所得税并调整商誉。

借:商誉	900
递延所得税资产	100
贷:递延所得税负债	1 000(250+750)

此情形下合并财务报表最终确认的商誉为1 930万元。

上述案例对比了两种处理方式之间的差异。由于我国《企业会计准则第18号——所得税》应用指南的规定与国际财务报告准则的处理相同,因此,本书后续例题采用《企业会计准则第18号——所得税》应用指南的方法进行处理。在确认递延所得税负债或递延所得税资产的同时,相关的递延所得税费用(或收益)直接调整企业合并中所确认的商誉或营业外收入(或留存收益),即在合并工作底稿中,需就购买日存货、固定资产等各项可辨认资产、负债及或有负债公允价值与账面价值的差额确认相应的递延所得税负债或递延所得税资产,并同时直接调整商誉或营业外收入(或留存收益)。

4. 设置备查簿登记被购买方可辨认资产、负债及或有负债的公允价值

非同一控制下的企业合并形成母子公司关系的,母公司应自购买日起设置备查簿,登记其在购买日取得的被购买方可辨认资产、负债及或有负债的公允价值,为以后期间编制合并财务报表提供基础资料。

(二)非同一控制下购买日的合并资产负债表的编制

例3-3 假设A、B公司是两家无关的公司。20×2年1月1日,A公司发行了2 000万股面值1元、市价2.5元的普通股换取B公司80%的股权。假定A、B公司采用的会计政策和会计期间一致。合并前,两家公司的资产负债表及B公司资产、负债的公允价值如表3-4所示。

表 3-4 A 公司与 B 公司合并前资产负债表   单位：万元

项目	A 公司（账面）	B 公司（账面）	B 公司（公允）
货币资金	4 000	500	500
应收账款	3 000	200	200
存货	6 000	200	200
长期股权投资	5 000	2 000	2 000
固定资产	10 000	3 000	3 500
无形资产	4 500	600	600
资产总计	32 500	6 500	7 000
短期借款	2 500	1 000	1 000
应付账款	3 500	300	300
其他负债	500	700	700
股本	15 000	2 000	
资本公积	3 000	1 000	
盈余公积	5 000	500	
未分配利润	3 000	1 000	
负债和股东权益总计	32 500	6 500	

20×2 年 1 月 1 日，A 公司取得 B 公司 80%股权应编制的会计分录。

借：长期股权投资　　　　　　　　　　　　　　　　　　　　　　5 000
　　贷：股本　　　　　　　　　　　　　　　　　　　　　　　　　2 000
　　　　资本公积　　　　　　　　　　　　　　　　　　　　　　　3 000

（1）在编制购买日的合并资产负债表时，应按公允价值对 B 公司的财务报表进行调整。在合并工作底稿中，调整分录为

借：固定资产　　　　　　　　　　　　　　　　　　　　　　　　500
　　贷：资本公积　　　　　　　　　　　　　　　　　　　　　　　500

（2）在编制购买日的合并资产负债表时，应将 A 公司对 B 公司的长期股权投资与 B 公司的股东权益相互抵销，同时确认少数股东权益和商誉。在合并工作底稿中，抵销分录为

借：股本　　　　　　　　　　　　　　　　　　　　　　　　　2 000
　　资本公积　　　　　　　　　　　　　　　　　　　　　　　1 500
　　盈余公积　　　　　　　　　　　　　　　　　　　　　　　　500
　　未分配利润　　　　　　　　　　　　　　　　　　　　　　1 000
　　商誉　　　　　　　　　　　　　　　　　　　　　　　　　1 000
　　贷：长期股权投资　　　　　　　　　　　　　　　　　　　　5 000
　　　　少数股东权益　　　　　　　　　　　　　　　　　　　　1 000

实际上，以上两笔分录也可以合并编制一笔调整与抵销分录：

借：股本　　　　　　　　　　　　　　　　　　　　　　　　　2 000
　　资本公积　　　　　　　　　　　　　　　　　　　　　　　1 000
　　盈余公积　　　　　　　　　　　　　　　　　　　　　　　　500

未分配利润　　　　　　　　　　　　　　　　　　　　　　　　　　　1 000
　　固定资产　　　　　　　　　　　　　　　　　　　　　　　　　　　　500
　　商誉　　　　　　　　　　　　　　　　　　　　　　　　　　　　　1 000
　　　贷：长期股权投资　　　　　　　　　　　　　　　　　　　　　　5 000
　　　　　少数股东权益　　　　　　　　　　　　　　　　　　　　　　1 000
　　其中：少数股东权益＝B公司可辨认净资产的公允价值×少数股东持股比例＝5 000×20%＝1 000（万元）；商誉＝企业合并成本－合并中取得的被购买方可辨认净资产公允价值份额＝5 000－5 000×80%＝1 000（万元）。

　　（3）就固定资产公允价值与账面价值的价差确认相应的递延所得税负债[①]。假设所得税税率为25%，则确认的递延所得税负债为125（500×25%）万元。在合并工作底稿中，调整与抵销分录为

　　借：商誉　　　　　　　　　　　　　　　　　　　　　　　　　　　125
　　　贷：递延所得税负债　　　　　　　　　　　　　　　　　　　　　125

20×2年1月1日，A公司与B公司的合并资产负债表工作底稿如表3-5所示。

表3-5　购买日的合并资产负债表工作底稿　　　　　　　　　单位：万元

项　目	A公司	B公司（80%）	调整与抵销分录 借	调整与抵销分录 贷	合并资产负债表
货币资金	4 000	500			4 500
应收票据	3 000	200			3 200
存货	6 000	200			6 200
长期股权投资	10 000	2 000		(2)5 000	7 000
固定资产	10 000	3 000	(1)500		13 500
无形资产	4 500	600			5 100
商誉	0		(2)1 000 (3)125		1 125
资产总计	37 500	6 500			40 625
短期借款	2 500	1 000			3 500
应付账款	3 500	300			3 800
递延所得税负债				(3)125	125
其他负债	500	700			1 200
股本	17 000	2 000	(2)2 000		17 000
资本公积	6 000	1 000	(2)1 500	(1)500	6 000
盈余公积	5 000	500	(2)500		5 000
未分配利润	3 000	1 000	(2)1 000		3 000
少数股东权益				(2)1 000	1 000
负债和股东权益总计	37 500	6 500			40 625

　　例3-4　沿用例3-3的资料。假设20×2年1月1日，A公司发行的是1 500股每股

[①] 合并资产负债表中资产账面价值（合并报表中确认的公允价值）大于计税基础（B公司原账面价值）形成递延所得税负债。免税合并形成的暂时性差异的对应科目为商誉，而商誉自身的暂时性差异是不确认递延所得税的。

面值1元、市价2.5元的普通股换取了B公司80%的股份。A公司应编制会计分录为

借：长期股权投资　　　　　　　　　　　　　　　　　　　3 750
　　贷：股本　　　　　　　　　　　　　　　　　　　　　　1 500
　　　　资本公积　　　　　　　　　　　　　　　　　　　　2 250

（1）将A公司对B公司的长期股权投资与B公司的股东权益相互抵销，同时确认B公司固定资产的公允价值与账面价值的价差以及少数股东权益。合并成本3 750万元小于合并中取得的B公司可辨认净资产公允价值份额4 000（5 000×80%）万元，假设两家公司均按照净利润的10%提取盈余公积，差额250万元应按10%和90%的比例调整盈余公积和未分配利润。在合并工作底稿中，调整与抵销分录为

借：股本　　　　　　　　　　　　　　　　　　　　　　　2 000
　　资本公积　　　　　　　　　　　　　　　　　　　　　1 000
　　盈余公积　　　　　　　　　　　　　　　　　　　　　　500
　　未分配利润　　　　　　　　　　　　　　　　　　　　1 000
　　固定资产　　　　　　　　　　　　　　　　　　　　　　500
　　贷：长期股权投资　　　　　　　　　　　　　　　　　　3 750
　　　　少数股东权益　　　　　　　　　　　　　　　　　　1 000
　　　　盈余公积　　　　　　　　　　　　　　　　　　　　　25
　　　　未分配利润　　　　　　　　　　　　　　　　　　　 225

其中：少数股东权益＝B公司可辨认净资产的公允价值×少数股东持股比例＝5 000×20%＝1 000（万元）。

（2）就固定资产公允价值与账面价值的价差确认相应的递延所得税负债。假设所得税税率为25%，则确认的递延所得税负债为125（500×25%）万元。在合并工作底稿中，调整与抵销分录为

借：盈余公积　　　　　　　　　　　　　　　　　　　　　　12.5
　　未分配利润　　　　　　　　　　　　　　　　　　　　　112.5
　　贷：递延所得税负债　　　　　　　　　　　　　　　　　　125

20×2年1月1日，A公司与B公司的合并资产负债表工作底稿如表3-6所示。

表3-6　购买日的合并资产负债表工作底稿　　　　　　　　　　　单位：万元

项　目	A公司	B公司（80%）	调整与抵销分录 借	调整与抵销分录 贷	合并资产负债表
货币资金	4 000	500			4 500
应收票据	3 000	200			3 200
存货	6 000	200			6 200
长期股权投资	8 750	2 000		(1)3 750	7 000
固定资产	10 000	3 000	(1)500		13 500
无形资产	4 500	600			5 100
资产总计	36 250	6 500			39 500
短期借款	2 500	1 000			3 500
应付账款	3 500	300			3 800

续表

项　目	A公司	B公司（80%）	调整与抵销分录 借	调整与抵销分录 贷	合并资产负债表
递延所得税负债				(2)125	125
其他负债	500	700			1 200
股本	16 500	2 000	(1)2 000		16 500
资本公积	5 250	1 000	(1)1 000		5 250
盈余公积	5 000	500	(1)500 (2)12.5	(1)25	5 012.5
未分配利润	3 000	1 000	(1)1 000 (2)112.5	(1)225	3 112.5
少数股东权益				(1)1 000	1 000
负债和股东权益总计	36 250	6 500			39 500

第四节　并购日后合并财务报表的编制

一、同一控制下合并日后的合并财务报表编制

编制合并日后合并财务报表时，首先，将母公司对子公司长期股权投资由成本法核算的结果调整为权益法核算的结果，使母公司对子公司长期股权投资项目反映其在子公司所有者权益中所拥有权益的变动情况；其次，对母公司对子公司长期股权投资项目与子公司所有者权益项目等内部交易相关的项目进行抵销处理，将内部交易对合并财务报表的影响予以抵销；最后，在编制合并日合并工作底稿的基础上，编制合并财务资产负债表。

（一）合并当年的合并财务报表的编制

例 3-5　沿用例 3-1 的资料，A、B 公司分别为 S 公司控制下的两家子公司。20×2 年 1 月 1 日，A 公司取得了 B 公司 80%的股权，B 公司 20×2 年的账面净利润为 225 万元，派发现金股利 100 万元。两家公司按照净利润的 10%提取盈余公积。

20×2 年 1 月 1 日，A 公司发行 2 000 万股普通股取得 B 公司 80%的股权时，应编制的会计分录为

借：长期股权投资　　　　　　　　　　　　　　　　　　　　　3 600
　　贷：股本　　　　　　　　　　　　　　　　　　　　　　　　2 000
　　　　资本公积　　　　　　　　　　　　　　　　　　　　　　1 600

20×2 年，B 公司派发现金股利时，会计分录为

借：应收股利　　　　　　　　　　　　　　　　　　　　　　　　80
　　贷：投资收益　　　　　　　　　　　　　　　　　　　　　　　80

20×2 年，A 公司收到 B 公司派发的现金股利时，应编制的会计分录为

借：银行存款　　　　　　　　　　　　　　　　　　　　　　　　80
　　贷：应收股利　　　　　　　　　　　　　　　　　　　　　　　80

假设B公司的股本和资本公积没有任何变化，20×2年，A公司和B公司的资产负债表、利润表、股东权益变动表中的利润分配表部分如表3-7中的A公司和B公司栏目所示。

表3-7　20×2年12月31日A公司与B公司的合并财务报表工作底稿　　　单位：万元

项目	A公司	B公司（80%）	调整与抵销分录 借	调整与抵销分录 贷	合并财务报表
资产负债表：					
货币资金	4 500	400			4 900
应收账款	4 000	300			4 300
存货	6 100	200			6 300
长期股权投资	9 000	2 000	(2)100	(4)3 700	7 400
固定资产	12 000	4 000			16 000
无形资产	4 500	600			5 100
资产总计	40 100	7 500	100	3 700	44 000
短期借款	3 500	1 500			5 000
应付账款	4 500	400			4 900
其他负债	1 750	975			2 725
股本	17 000	2 000	(4)2 000		17 000
资本公积	4 600	1 000	(1)1 200 (4)1 000		3 400
盈余公积	5 150	522.5	(4)522.5	(1)400	5 550
未分配利润（见本表最后）	3 600	1 102.5			4 500
少数股东权益				(4)925	925
负债和股东权益总计	40 100	7 500			44 000
利润表：					
一、营业收入	10 000	1 200			11 200
减：营业成本	6 000	600			6 600
税金及附加	500	40			540
销售费用	900	100			1 000
管理费用	1 100	200			1 300
财务费用	500	80			580
加：投资收益	400	60	(3)180	(2)100	380
二、营业利润	1 400	240	180	100	1 560
加：营业外收入	800	100			900
减：营业外支出	200	40			240
三、利润总额	2 000	300	180	100	2 220
减：所得税费用	500	75			575
四、净利润	1 500	225	180	100	1 645
少数股东损益			(3)45		45
归属于母公司股东损益					1 600
未分配利润——年初	3 000	1 000	(3)1 000	(1)800	3 800

续表

项目	A公司	B公司（80%）	调整与抵销分录 借	调整与抵销分录 贷	合并财务报表
股东权益变动表：					
归属于母公司股东损益			180	100	1 600
减：提取盈余公积	150	22.5		(3)22.5	150
减：已分配股利	750	100		(3)100	750
未分配利润——年末	3 600	1 102.5	(4)1 102.5 2 282.5	(3)1 102.5 2 125	4 500*

注：*4 500 = 3 600 + 1 102.5 − 2 282.5 + 2 125 − 45

2 282.5 = 1 000 + 180 + 1 102.5；2 125 = 800 + 100 + 22.5 + 100 + 1 102.5

20×2 年 12 月 31 日，在合并财务报表工作底稿中，应编制如下四笔调整与抵销分录。

（1）将 B 公司在企业合并前实现的留存收益中归属于 A 公司的部分，自 A 公司的资本公积转入留存收益。调整分录为

借：资本公积　　　　　　　　　　　　　　　　　　　　　　1 200
　　贷：盈余公积　　　　　　　　　　　　　　　　　　　　　　400
　　　　未分配利润——年初　　　　　　　　　　　　　　　　　800

（2）按照权益法调整 A 公司对 B 公司的长期股权投资。调整的金额为：225×80% − 80 = 100（万元）。调整分录为

借：长期股权投资　　　　　　　　　　　　　　　　　　　　　100
　　贷：投资收益　　　　　　　　　　　　　　　　　　　　　　100

（3）将 A 公司对 B 公司的投资收益抵销。A 公司对 B 公司的投资收益 = B 公司账面净利润×80% = B 公司账面净利润 − B 公司账面净利润×20%；少数股东损益 = B 公司账面净利润×20%；B 公司账面净利润 = B 公司年末未分配利润 − B 公司年初未分配利润 + B 公司提取的盈余公积 + B 公司已分配股利。因此，A 公司对 B 公司的投资收益 + 少数股东损益 + B 公司年初未分配利润 = B 公司年末未分配利润 + B 公司提取的盈余公积 + B 公司已分配股利。所以，抵销分录为

借：投资收益　　　　　　　　　　　　　　　　　　　　　　　180
　　少数股东损益　　　　　　　　　　　　　　　　　　　　　　45
　　未分配利润——年初　　　　　　　　　　　　　　　　　1 000
　　贷：利润分配——提取盈余公积　　　　　　　　　　　　　　22.5
　　　　　　　　——已分配股利　　　　　　　　　　　　　　　100
　　　　未分配利润——年末　　　　　　　　　　　　　　　1 102.5

注意：同一控制下的企业合并形成母子公司关系的，少数股东损益总是等于子公司的账面净利润乘以少数股东持股比例。

抵销母公司持有子公司长期股权投资按权益法确认的投资收益，就是在抵销母公司按子公司本期实现的利润增加的母公司当期利润数额，以便消除权益法对母、子公司利润的重复计算。抵销子公司本期的利润分配处理是因为合并所有者权益变动表是从企业集团角度来反映母公司利润的分配情况的。子公司本期利润分配中分配给母公司的利润不构成企业集团整体对外的利润分配，这里抵销的是相当于子公司实现的利润的数额、

利润分配的数额,并不是子公司实现的利润、分配利润事项的本身。

(4)将年末A公司对B公司的长期股权投资与B公司的股东权益相互抵销,同时确认少数股东权益。抵销分录为

借:股本　　　　　　　　　　　　　　　　　　　　　　　　2 000
　　资本公积　　　　　　　　　　　　　　　　　　　　　　1 000
　　盈余公积　　　　　　　　　　　　　　　　　　　　　　522.5
　　未分配利润——年末　　　　　　　　　　　　　　　　　1 102.5
　　贷:长期股权投资　　　　　　　　　　　　　　　　　　3 700
　　　　少数股东权益　　　　　　　　　　　　　　　　　　925

注意:同一控制下的企业合并形成母子公司关系的,少数股东权益总是等于子公司的账面股东权益(可辨认净资产账面价值)乘以少数股东持股比例。

(二)合并以后年份的合并财务报表的编制

例 3-6 沿用例3-1的资料,假设A公司在整个20×3年维持其在B公司中80%的股东权益不变。B公司20×3年账面净利润为240万元,派发现金股利120万元。两家公司均按照净利润的10%提取盈余公积。

20×3年,B公司派发现金股利时,会计分录为

借:应收股利　　　　　　　　　　　　　　　　　　　　　　96
　　贷:投资收益　　　　　　　　　　　　　　　　　　　　96

20×3年,A公司收到B公司派发的现金股利时,会计分录为

借:银行存款　　　　　　　　　　　　　　　　　　　　　　96
　　贷:应收股利　　　　　　　　　　　　　　　　　　　　96

假设两家公司的股本和资本公积没有任何变化,20×3年A公司和B公司的资产负债表、利润表、股东权益变动表中的利润分配表部分如表3-8中的A公司和B公司栏目所示。

表3-8　20×3年12月31日A公司与B公司的合并财务报表工作底稿　单位:万元

项目	A公司	B公司(80%)	调整与抵销分录 借	调整与抵销分录 贷	合并财务报表
资产负债表:					
货币资金	4 800	500			5 300
应收账款	4 500	450			4 950
存货	6 500	350			6 850
长期股权投资	10 000	2 000	(2)196	(4)3 796	8 400
固定资产	12 600	4 300			16 900
无形资产	4 600	600			5 200
资产总计	43 000	8 200	196	3 796	47 600
短期借款	4 200	2 000			6 200
应付账款	5 200	480			5 680
其他负债	2 370	975			3 345
股本	17 000	2 000	(4)2 000		17 000

续表

项 目	A公司	B公司（80%）	调整与抵销分录 借	调整与抵销分录 贷	合并财务报表
资本公积	4 600	1 000	(1)1 200 (4)1 000		3 400
盈余公积	5 330	546.5	(4)546.5	(1)400 (2)10	5 740
未分配利润（见本表最后）	4 300	1 198.5			5 286
少数股东权益				(4)949	949
负债和股东权益总计	<u>43 000</u>	<u>8 200</u>			<u>47 600</u>
利润表：					
一、营业收入	12 000	1 400			13 400
减：营业成本	7 000	675			7 675
税金及附加	600	45			645
销售费用	1 000	100			1 100
管理费用	1 300	250			1 550
财务费用	600	120			720
加：投资收益	500	50	(3)192	(2)96	454
二、营业利润	2 000	260	<u>192</u>	<u>96</u>	2 164
加：营业外收入	800	100			900
减：营业外支出	400	40			440
三、利润总额	2 400	320	<u>192</u>	<u>96</u>	2 624
减：所得税费用	600	80			680
四、净利润	<u>1 800</u>	<u>240</u>	<u>192</u>	<u>96</u>	<u>1 944</u>
少数股东损益			(3)48		48
归属于母公司股东损益					1 896
股东权益变动表：					
未分配利润——年初	3 600	1 102.5	(3)1 102.5	(1)800 (2)90	4 490
归属于母公司股东损益			<u>192</u>	<u>96</u>	1 896
减：提取盈余公积	180	24		(3)24	180
减：已分配股利	920	120		(3)120	920
未分配利润——年末	4 300	1 198.5	(4)1 198.5 <u>2 493</u>	(3)1 198.5 <u>2 328.5</u>	5 286*

注：*5 286 = 4 300 + 1 198.5 − 2 493 + 2 328.5 − 48
2 493 = 1 102.5 + 192 + 1 198.5；2 328.5 = 800 + 90 + 96 + 24 + 120 + 1 198.5

20×3 年12月31日，在合并财务报表工作底稿中，应编制如下四笔调整与抵销分录。

（1）将B公司在企业合并前实现的留存收益中归属于A公司的部分，自A公司的资本公积转入留存收益。调整分录为

  借：资本公积   1 200
    贷：盈余公积   400
      未分配利润——年初   800

（2）按照权益法调整A公司对B公司的长期股权投资。调整的20×2 年金额为：

225×80%－80＝100（万元）；调整的20×3年金额为：240×80%－96＝96（万元）。调整分录为

  借：长期股权投资　　　　　　　　　　　　　　　　　　　　　　196
    贷：投资收益　　　　　　　　　　　　　　　　　　　　　　　　96
      盈余公积　　　　　　　　　　　　　　　　　　　　　　　　10
      未分配利润——年初　　　　　　　　　　　　　　　　　　　90

（3）将A公司对B公司的投资收益抵销，抵销分录为

  借：投资收益　　　　　　　　　　　　　　　　　　　　　　　　　192
    少数股东损益　　　　　　　　　　　　　　　　　　　　　　　　48
    未分配利润——年初　　　　　　　　　　　　　　　　　　　1 102.5
    贷：利润分配——提取盈余公积　　　　　　　　　　　　　　　　24
        ——已分配股利　　　　　　　　　　　　　　　　　120
      未分配利润——年末　　　　　　　　　　　　　　　　　　1 198.5

（4）将年末A公司对B公司的长期股权投资与B公司的股东权益相互抵销，同时确认少数股东权益。抵销分录为

  借：股本　　　　　　　　　　　　　　　　　　　　　　　　　　2 000
    资本公积　　　　　　　　　　　　　　　　　　　　　　　　　1 000
    盈余公积　　　　　　　　　　　　　　　　　　　　　　　　　546.5
    未分配利润——年末　　　　　　　　　　　　　　　　　　1 198.5
    贷：长期股权投资　　　　　　　　　　　　　　　　　　　　　3 796
      少数股东权益　　　　　　　　　　　　　　　　　　　　　　949

本例中，假设A、B公司之间不存在内部债权债务、存货销售和固定资产交易项目等内部交易与事项，有关内部交易抵销这部分内容将在第四章中详述。

（三）合并日后的合并现金流量表的编制

例3-7　沿用例3-1的资料，20×3年，A公司和B公司的现金流量表如表3-9中的A公司和B公司栏目所示。20×3年12月31日，在合并现金流量表工作底稿中，应将A公司从B公司取得投资收益收到的现金与B公司分配给A公司的股利、利润或偿付利息支付的现金相互抵销。抵销分录为

  借：分配股利、利润或偿付利息支付的现金　　　　　　　　　　　　96
    贷：取得投资收益收到的现金　　　　　　　　　　　　　　　　　96

表3-9　20×3年12月31日A公司与B公司的合并现金流量表工作底稿　　单位：万元

项目	A公司	B公司（80%）	调整与抵销分录 借	调整与抵销分录 贷	合并现金流量表
现金流量表项目：					
经营活动产生的现金流量：					
销售商品、提供劳务收到的现金	12 300	1 350			13 650
购买商品、接受劳务支付的现金	(4 350)	(285)			(4 635)
支付给职工以及为职工支付的现金	(1 500)	(100)			(1 600)

续表

项目	A公司	B公司（80%）	调整与抵销分录 借	调整与抵销分录 贷	合并现金流量表
支付的各项税费	(700)	(110)			(810)
支付其他与经营活动有关的现金	(2 800)	(365)			(3 165)
经营活动产生的现金流量净额					3 440
投资活动产生的现金流量：					
取得投资收益收到的现金	500	50		(1)96	454
处置固定资产、无形资产和其他长期资产收回的现金净额	1 000	200			1 200
购建固定资产、无形资产和其他长期资产支付的现金	2 700	1 150			(3 850)
权益性投资所支付的现金	1 000				(1 000)
投资活动产生的现金流量净额					(3 196)
筹资活动产生的现金流量：					
借款所收到的现金	1 320	500			1 820
分配股利、利润或偿付利息支付的现金	(1 520)	(240)	(1)96		(1 664)
筹资活动产生的现金流量净额	(920)	(120)			156
现金及现金等价物净增加额	300	100			400
年初现金及现金等价物余额	4 500	400			4 900
年末现金及现金等价物余额	4 800	500			5 300

如果存在内部交易，不仅母公司与子公司、子公司相互之间当期取得投资收益收到的现金应当与分配股利、利润或偿付利息支付的现金相互抵销，还应该做到以下几点。

（1）母公司与子公司、子公司相互之间当期以现金投资或收购股权增加的投资所产生的现金流量应当抵销。借记"投资支付的现金"，贷记"吸收投资收到的现金"。

（2）母公司与子公司、子公司相互之间以现金结算债权与债务所产生的现金流量应当抵销，母公司与子公司、子公司相互之间当期销售商品所产生的现金流量应当抵销。借记"购买商品、接受劳务支付的现金"，贷记"销售商品、提供劳务收到的现金"。

（3）母公司与子公司、子公司相互之间处置固定资产、无形资产和其他长期资产收回的现金净额，应当与购建固定资产、无形资产和其他长期资产支付的现金相互抵销。借记"购建固定资产、无形资产和其他长期资产支付的现金"，贷记"处置固定资产、无形资产和其他长期资产收回的现金净额"。

（4）母公司与子公司、子公司相互之间当期发生的其他内部交易所产生的现金流量应当抵销。借记"支付其他与经营活动有关的现金"，贷记"收到其他与经营活动有关的现金"。

合并现金流量表补充资料可以根据合并资产负债表和合并利润表进行编制。其编制方法与单个企业在间接法下的现金流量表的编制方法相同。20×3年12月31日A公司与B公司的合并现金流量表补充资料工作底稿如表3-10所示。

表 3-10　20×3 年 12 月 31 日 A 公司与 B 公司的合并
现金流量表补充资料工作底稿　　　　单位：万元

合并资产负债表	年末金额	年初金额	当年变化	经营活动	投资活动	筹资活动
货币资金	5 300	4 900	400			
应收账款	4 950	4 300	650	(650)		
存货	6 850	6 300	550	(550)		
长期股权投资	8 400	7 400	1 000		(1 000)	
固定资产	16 900	16 000	900	1 000	(1 900)	
无形资产	5 200	5 100	100	650	(750)	
资产总计	47 600	44 000	3 600			
短期借款	6 200	5 000	1 200			1 200
应付账款	5 680	4 900	780	780		
其他负债	3 345	2 725	620			620
股本	17 000	17 000	0			
资本公积	3 400	3 400	0			
盈余公积	5 740	5 550	190	215.2	44.4	(69.6)
未分配利润	5 286	4 500	786	1 932.8	399.6	(1 546.4)
少数股东权益	949	925	24	62	10	(48)
负债和股东权益总计	47 600	44 000	3 600	3 440	(3 196)	156

根据表 3-10 中"经营活动"栏目的数据以及合并资产负债表和合并利润表所编制的 20×3 年 A 公司与 B 公司合并现金流量表补充资料如表 3-11 所示。

表 3-11　20×3 年 A 公司与 B 公司合并现金流量表补充资料　　单位：万元

1. 将净利润调节为经营活动现金流量：	
净利润	1 944
加：财务费用	720
减：投资收益	454
加：固定资产折旧	1 000
加：无形资产摊销	650
减：应收账款增加	650
减：存货增加	550
加：应付账款增加	780
经营活动产生的现金流量净额	3 440
2. 不涉及现金收支的重大投资和筹资活动：	
3. 现金及现金等价物净变动情况：	
现金的期末余额	5 300
减：现金的期初余额	4 900
加：现金等价物的期末余额	
减：现金等价物的期初余额	
现金及现金等价物净增加额	400

二、非同一控制下购买日后的合并财务报表编制

母公司在非同一控制下取得子公司后,在未来持有该子公司的情况下,每一会计期末都将其纳入合并范围,编制合并财务报表。

在非同一控制下取得子公司编制合并财务报表时,首先,应当以购买日确定的各项可辨认资产、负债及或有负债的公允价值为基础对子公司的财务报表进行调整。其次,将母公司对子公司的长期股权投资采用成本法核算的结果,调整为权益法核算的结果,对公司的财务报表进行相应的调整。再次,通过编制合并抵销分录,将母公司对子公司长期股权投资与子公司所有者权益等内部交易对合并财务报表的影响予以抵销。最后,在编制合并工作底稿的基础上,计算合并财务报表各项目的合并数,编制合并财务报表。

(一)合并当年的合并财务报表的编制

例 3-8 沿用例 3-3 的资料,20×2 年 1 月 1 日,A 公司发行了 2 000 万股普通股(每股面值 1 元,市价 2.5 元)换取 B 公司 80% 的股权。该日,B 公司除了账面价值为 3 000 万元、公允价值为 3 500 万元的固定资产之外,其余各项资产和负债的账面价值均等于其公允价值。该增值的固定资产系管理用固定资产,剩余使用年限为 10 年,残值忽略不计,按直线法计提折旧。B 公司 20×2 年的账面净利润为 225 万元,派发现金股利 100 万元。两家公司按照净利润的 10% 提取盈余公积。

20×2 年 1 月 1 日,A 公司发行 2 000 万股普通股取得 B 公司 80% 的股权时,应编制的会计分录为

借:长期股权投资 5 000
  贷:股本 2 000
    资本公积 3 000

20×2 年,B 公司派发现金股利时,应编制的会计分录为

借:应收股利 80
  贷:投资收益 80

20×2 年,A 公司收到 B 公司派发的现金股利时,应编制的会计分录为

借:银行存款 80
  贷:应收股利 80

假设两家公司的股本和资本公积没有任何变化,20×2 年 A 公司和 B 公司的资产负债表、利润表、股东权益变动表中的利润分配表部分如表 3-12 中的 A 公司和 B 公司栏目所示。

表 3-12   20×2 年 12 月 31 日 A 公司与 B 公司的合并财务报表工作底稿   单位:万元

项 目	A 公司	B 公司(80%)	调整与抵销分录		合并财务报表
			借	贷	
资产负债表:					
货币资金	4 500	400			4 900
应收账款	4 000	300			4 300
存货	6 100	200			6 300

续表

项目	A公司	B公司（80%）	调整与抵销分录 借	调整与抵销分录 贷	合并财务报表
长期股权投资	10 400	2 000	(1)60	(3)5 060	7 400
固定资产	12 000	4 000	(3)450		16 450
无形资产	4 500	600			5 100
商誉			(3)1 000 (4)125		1 125
资产总计	41 500	7 500	1 635	5 060	45 575
短期借款	3 500	1 500			5 000
应付账款	4 500	400			4 900
递延所得税负债				(4)112.5	112.5
其他负债	1 750	975			2 725
股本	17 000	2 000	(3)2 000		17 000
资本公积	6 000	1 000	(3)1 000		6 000
盈余公积	5 150	522.5	(3)522.5		5 150
未分配利润（见本表最后）	3 600	1 102.5			3 672.5
少数股东权益				(3)1 015	1 015
负债和股东权益总计	41 500	7 500			45 575
利润表：					
一、营业收入	10 000	1 200			11 200
减：营业成本	6 000	600			6 600
税金及附加	500	40			540
销售费用	900	100			1 000
管理费用	1 100	200	(2)50		1 350
财务费用	500	80			580
加：投资收益	400	60	(2)140	(1)60	380
二、营业利润	1 400	240	190	60	1 510
加：营业外收入	800	100			900
减：营业外支出	200	40			240
三、利润总额	2 000	300	190	60	2 170
减：所得税费用	500	75		(4)12.5	562.5
四、净利润	1 500	225	190	72.5	1 607.5
少数股东损益			(2)35		35
归属于母公司股东损益					1 572.5
未分配利润——年初	3 000	1 000	(2)1 000		3 000
股东权益变动表：					
归属于母公司股东损益			190	72.5	1 572.5
减：提取盈余公积	150	22.5		(2)22.5	150
减：已分配股利	750	100		(2)100	750
未分配利润——年末	3 600	1 102.5	(3)1 102.5 2 292.5	(2)1 102.5 1 297.5	3 672.5*

注：*3 672.5 = 3 600 + 1 102.5 − (190 + 1 000 + 1 102.5) + (72.5 + 22.5 + 100 + 1 102.5) − 35

20×2年12月31日,在合并财务报表工作底稿中,应编制如下四笔调整与抵销分录。

(1)按照权益法调整A公司对B公司的长期股权投资。调整的金额为:(225+300-350)×80%-80=60(万元),调整分录为

借:长期股权投资   60
  贷:投资收益   60

(2)将A公司对B公司的投资收益抵销。A公司对B公司的投资收益=B公司实现净利润×80%=B公司实现净利润-B公司实现净利润×20%;B公司实现净利润=B公司账面净利润-B公司未摊销价差的摊销额;少数股东损益=B公司实现净利润×20%;B公司账面净利润=B公司年末未分配利润-B公司年初未分配利润+B公司提取的盈余公积+B公司已分配股利。因此,A公司对B公司的投资收益+B公司未摊销价差的摊销额+少数股东损益+B公司年初未分配利润=B公司年末未分配利润+B公司提取的盈余公积+B公司已分配股利。所以,抵销分录为

借:投资收益   140
  管理费用   50
  少数股东损益   35
  未分配利润——年初   1 000
  贷:利润分配——提取盈余公积   22.5
     ——已分配股利   100
    未分配利润——年末   1 102.5

其中:管理费用=(3 500-3 000)/10=500(万元)。应注意的是,在本例中,B公司各项可辨认资产、负债的公允价值与账面价值有差额的,仅仅是管理用固定资产,因此,其差额的摊销应作为管理费用。如果B公司公允价值与账面价值有差额的项目是存货,其差额的摊销应作为营业成本。

少数股东损益=(225+300-350)×20%=35(万元)。应注意的是,非同一控制下的企业合并形成母子公司关系的,少数股东损益总是等于子公司实现的净利润乘以少数股东持股比例。

(3)将年末A公司对B公司的长期股权投资与B公司的股东权益相互抵销,同时确认B公司各项可辨认资产、负债的公允价值与账面价值的未摊销价差和少数股东权益,差额作为商誉或营业外收入处理。抵销分录为

借:股本   2 000
  资本公积   1 000
  盈余公积   522.5
  未分配利润——年末   1 102.5
  固定资产   450
  商誉   1 000
  贷:长期股权投资   5 060
    少数股东权益   1 015

其中:少数股东权益=B公司可辨认净资产自购买日开始按公允价值持续计算的金额×少数股东持股比例=(B公司可辨认净资产账面价值+未摊销的价差)×少数股东

持股比例=（4 625+450）×20%=1 015（万元）；商誉=企业合并成本-合并中取得的被购买方可辨认净资产公允价值份额=5 000-5 000×80%=1 000（万元）；固定资产年末未摊销的价差=（3 500-3 000）-50=450（万元）。

（4）就购买日固定资产公允价值与账面价值的价差确认相应的递延所得税负债125（500×25%）万元，然后调整至年末数112.5（450×25%）万元。在合并工作底稿中，调整分录为

借：商誉　　　　　　　　　　　　　　　　　　　　　　　　　125
　　贷：递延所得税负债　　　　　　　　　　　　　　　　　　　　　112.5
　　　　所得税费用——递延所得税费用　　　　　　　　　　　　　　 12.5

（二）合并以后年份的合并财务报表的编制

例3-9　沿用例3-3的资料，假设A公司在整个20×3年维持其在B公司中80%的股东权益不变。B公司20×3年账面净利润为240万元，派发现金股利120万元。两家公司均按照净利润的10%提取盈余公积。

20×3年，B公司派发现金股利时，会计分录为

借：应收股利　　　　　　　　　　　　　　　　　　　　　　　　96
　　贷：投资收益　　　　　　　　　　　　　　　　　　　　　　　　96

20×3年，A公司收到B公司派发的现金股利时，会计分录为

借：银行存款　　　　　　　　　　　　　　　　　　　　　　　　96
　　贷：应收股利　　　　　　　　　　　　　　　　　　　　　　　　96

假设两家公司的股本和资本公积没有任何变化，20×3年A公司和B公司的资产负债表、利润表、股东权益变动表中的利润分配表部分如表3-13中的A公司和B公司栏目所示。

表3-13　20×3年12月31日A公司与B公司的合并财务报表工作底稿　单位：万元

项　目	A公司	B公司（80%）	调整与抵销分录		合并财务报表
			借	贷	
资产负债表：					
货币资金	4 800	500			5 300
应收账款	4 500	450			4 950
存货	6 500	350			6 850
长期股权投资	11 400	2 000	(1)116	(3)5 116	8 400
固定资产	12 600	4 300	(3)400		17 300
无形资产	4 600	600			5 200
商誉			(3)1 000 (4)125		1 125
资产总计	44 400	8 200	1 641	5 116	49 125
短期借款	4 200	2 000			6 200
应付账款	5 200	480			5 680
递延所得税负债				(4)100	100
其他负债	2 370	975			3 345

续表

项目	A公司	B公司（80%）	调整与抵销分录 借	调整与抵销分录 贷	合并财务报表
股本	17 000	2 000	(3)2 000		17 000
资本公积	6 000	1 000	(3)1 000		6 000
盈余公积	5 330	546.5	(3)546.5	(1)6	5 336
未分配利润（见本表最后）	4 300	1 198.5			4 435
少数股东权益				(3)1 029	1 029
负债和股东权益总计	<u>44 400</u>	<u>8 200</u>			<u>49 125</u>
利润表：					
一、营业收入	12 000	1 400			13 400
减：营业成本	7 000	675			7 675
税金及附加	600	45			645
销售费用	1 000	100			1 100
管理费用	1 300	250	(2)50		1 600
财务费用	600	120			720
加：投资收益	500	50	(2)152	(1)56	454
二、营业利润	2 000	260	202	56	2 114
加：营业外收入	800	100			900
减：营业外支出	400	40			440
三、利润总额	2 400	320	202	56	2 574
减：所得税费用	600	80		(4)12.5	667.5
四、净利润	<u>1 800</u>	240	202	68.5	1 906.5
少数股东损益			(2)38		38
归属于母公司股东损益					1 868.5
股东权益变动表：					
未分配利润——年初	3 600	1 102.5	(2)1 102.5	(1)54 (4)12.5	3 666.5
归属于母公司股东损益			202	68.5	1 868.5
减：提取盈余公积	180	24		(2)24	180
减：已分配股利	920	120		(2)120	920
未分配利润——年末	4 300	1 198.5	(3)1 198.5 <u>2 503</u>	(2)1 198.5 <u>1 477.5</u>	4 435*

注：*4 435 = 4 300 + 1 198.5 −（1 102.5 + 202 + 1 198.5）+（54 + 12.5 + 68.5 + 24 + 120 + 1 198.5）− 38

20×3年12月31日，在合并财务报表工作底稿中，应编制如下四笔调整与抵销分录。

（1）按照权益法调整A公司对B公司的长期股权投资。调整的20×2年金额为：（225 − 50）×80% − 80 = 60（万元）；调整的20×3年金额为：（240 − 50）×80% − 96 = 56（万元）。调整分录为

借：长期股权投资 116
    贷：投资收益 56

　　　　盈余公积　　　　　　　　　　　　　　　　　　　　　　　　　　6
　　　　未分配利润——年初　　　　　　　　　　　　　　　　　　　54
　（2）将A公司对B公司的投资收益抵销，抵销分录为
　　借：投资收益　　　　　　　　　　　　　　　　　　　　　　　152
　　　　管理费用　　　　　　　　　　　　　　　　　　　　　　　　50
　　　　少数股东损益　　　　　　　　　　　　　　　　　　　　　　38
　　　　未分配利润——年初　　　　　　　　　　　　　　　　 1 102.5
　　　　贷：利润分配——提取盈余公积　　　　　　　　　　　　　　24
　　　　　　　　　　——已分配股利　　　　　　　　　　　　　　 120
　　　　未分配利润——年末　　　　　　　　　　　　　　　　 1 198.5
　其中：投资收益＝（240＋300－350）×80%＝152（万元）；管理费用＝（3 500－3 000）/10＝50（万元）；少数股东损益＝（240＋300－350）×20%＝38（万元）。

　（3）将年末A公司对B公司的长期股权投资与B公司的股东权益相互抵销，同时确认B公司各项可辨认资产、负债的公允价值与账面价值的未摊销价差和少数股东权益，差额作为商誉或营业外收入处理。抵销分录为
　　借：股本　　　　　　　　　　　　　　　　　　　　　　　 2 000
　　　　资本公积　　　　　　　　　　　　　　　　　　　　　 1 000
　　　　盈余公积　　　　　　　　　　　　　　　　　　　　　 546.5
　　　　未分配利润——年末　　　　　　　　　　　　　　　 1 198.5
　　　　固定资产　　　　　　　　　　　　　　　　　　　　　　 400
　　　　商誉　　　　　　　　　　　　　　　　　　　　　　　 1 000
　　　　贷：长期股权投资　　　　　　　　　　　　　　　　　 5 116
　　　　　　少数股东权益　　　　　　　　　　　　　　　　　 1 029
　其中：少数股东权益＝B公司可辨认净资产自购买日开始按公允价值持续计算的金额×少数股东持股比例＝（B公司可辨认净资产账面价值＋未摊销的价差）×少数股东持股比例＝（4 745＋400）×20%＝1 029（万元）；商誉＝企业合并成本－合并中取得的被购买方可辨认净资产公允价值份额＝5 000－5 000×80%＝1 000（万元）；固定资产年末未摊销的价差＝（3 500－3 000）－50×2＝400（万元）。

　（4）就购买日固定资产公允价值与账面价值的价差确认相应的递延所得税负债125（500×25%）万元，然后调整至年末数100（400×25%）万元。在合并工作底稿中，调整分录为
　　借：商誉　　　　　　　　　　　　　　　　　　　　　　　　125
　　　　贷：递延所得税负债　　　　　　　　　　　　　　　　　 100
　　　　所得税费用——递延所得税费用　　　　　　　　　　　　12.5
　　　　未分配利润——年初　　　　　　　　　　　　　　　　　12.5

（三）合并日后的合并现金流量表的编制

例3-10　沿用例3-3的资料，20×3年A公司和B公司的现金流量表如表3-9中的A公司和B公司栏目所示，20×3年12月31日A公司与B公司的合并现金流量表工

作底稿也如表 3-9 所示，与同一控制下企业合并的情况完全相同。但由于合并资产负债表和合并利润表不同，因此所编制的合并现金流量表补充资料也不同。20×3 年 12 月 31 日 A 公司与 B 公司的合并现金流量表补充资料工作底稿如表 3-14 所示。

表 3-14 20×3 年 12 月 31 日 A 公司与 B 公司的合并现金流量表补充资料工作底稿   单位：万元

合并资产负债表	年末金额	年初金额	当年变化	经营活动	投资活动	筹资活动
货币资金	5 300	4 900	400			
应收账款	4 950	4 300	650	(650)		
存货	6 850	6 300	550	(550)		
长期股权投资	8 400	7 400	1 000		(1 000)	
固定资产	17 300	16 450	850	1 050	(1 900)	
无形资产	5 200	5 100	100	650	(750)	
商誉	1 125	1 125	0			
资产总计	49 125	45 575	3 550			
短期借款	6 200	5 000	1 200			1 200
应付账款	5 680	4 900	780	780		
递延所得税负债	100	112.5	(12.5)	(12.5)		
其他负债	3 345	2 725	620			620
股本	17 000	17 000	0			
资本公积	6 000	6 000	0			
盈余公积	5 336	5 150	186	211.2	44.4	(69.6)
未分配利润	4 435	3 672.5	762.5	1 909.3	399.6	(1 546.4)
少数股东权益	1 029	1 015	14	52	10	(48)
负债和股东权益总计	49 125	45 575	3 550	3 440	(3 196)	156

根据表 3-14 中"经营活动"栏目的数据以及合并资产负债表和合并利润表所编制的 20×3 年 A 公司与 B 公司合并现金流量表补充资料如表 3-15 所示。

表 3-15 20×3 年 A 公司与 B 公司合并现金流量表补充资料   单位：万元

1. 将净利润调节为经营活动现金流量：	
净利润	1 906.5
加：财务费用	720
减：投资收益	454
加：固定资产折旧	1 050
加：无形资产摊销	650
减：递延所得税负债减少	12.5
减：应收账款增加	650
减：存货增加	550
加：应付账款增加	780
经营活动产生的现金流量净额	3 440

	续表
2. 不涉及现金收支的重大投资和筹资活动：	
3. 现金及现金等价物净变动情况：	
现金的期末余额	5 300
减：现金的期初余额	4 900
加：现金等价物的期末余额	
减：现金等价物的期初余额	
现金及现金等价物净增加额	400

三、投入资本变化情况下合并财务报表的编制

（一）同一控制下合并财务报表的编制

例 3-11 沿用例 3-1 的资料，20×2 年 1 月 1 日，A 公司发行了 2 000 万股普通股取得了 B 公司 80% 的股权，当日 B 公司的股东权益总额为 4 500 万元，其中股本为 2 000 万元、资本公积为 1 000 万元、盈余公积为 500 万元、未分配利润为 1 000 万元。B 公司 20×2 年的账面净利润为 225 万元，派发现金股利 100 万元。两家公司均按照净利润的 10% 提取盈余公积。

20×2 年 1 月 1 日，A 公司取得 B 公司 80% 的股权时，会计分录为

借：长期股权投资　　　　　　　　　　　　　　　　　　　3 600
　　贷：股本　　　　　　　　　　　　　　　　　　　　　　2 000
　　　　资本公积　　　　　　　　　　　　　　　　　　　　1 600

20×2 年，B 公司派发现金股利时，会计分录为

借：应收股利　　　　　　　　　　　　　　　　　　　　　　80
　　贷：投资收益　　　　　　　　　　　　　　　　　　　　　80

20×2 年，A 公司收到 B 公司派发的现金股利时，会计分录为

借：银行存款　　　　　　　　　　　　　　　　　　　　　　80
　　贷：应收股利　　　　　　　　　　　　　　　　　　　　　80

假设 20×2 年 7 月 1 日 B 公司按原股东持股比例增发普通股 500 万股，每股面值 1 元，发行价格 2 元。B 公司的会计分录为

借：银行存款　　　　　　　　　　　　　　　　　　　　　1 000
　　贷：股本　　　　　　　　　　　　　　　　　　　　　　　500
　　　　资本公积——股本溢价　　　　　　　　　　　　　　　500

A 公司的会计分录为

借：长期股权投资　　　　　　　　　　　　　　　　　　　　800
　　贷：银行存款　　　　　　　　　　　　　　　　　　　　　800

另外，假设 B 公司 20×2 年 11 月 1 日购买"以公允价值计量且其变动计入其他综合收益的金融资产"300 万元，20×2 年 12 月 31 日，该 FVTOCI 的公允价值为 350 万元。

B 公司购买 FVTOCI 时，会计分录为

借：其他权益工具投资　　　　　　　　　　　　　　　　　　300

贷：银行存款 300

20×2年12月31日，B公司按公允价值对"以公允价值计量且其变动计入其他综合收益的金融资产"的价值进行调整的会计分录为

借：其他权益工具投资 50
　　贷：其他综合收益 50

20×2年，A公司和B公司的资产负债表、利润表、部分股东权益变动表如表3-16中的A公司和B公司栏目所示。

表3-16　20×2年12月31日A公司与B公司的合并财务报表工作底稿　单位：万元

项　目	A公司	B公司（80%）	调整与抵销分录 借	调整与抵销分录 贷	合并财务报表
资产负债表：					
货币资金	3 700	1 100			4 800
应收账款	4 000	300			4 300
存货	6 100	200			6 300
以公允价值计量且其变动计入其他综合收益的金融资产		350			350
长期股权投资	9 800	2 000	(2)140	(4)4 540	7 400
固定资产	12 000	4 000			16 000
无形资产	4 500	600			5 100
资产总计	40 100	8 550	140	4 540	44 250
短期借款	3 500	1 500			5 000
应付账款	4 500	400			4 900
其他负债	1 750	975			2 725
股本	17 000	2 500			17 000
资本公积	4 600	1 550			3 440
盈余公积	5 150	522.5			5 550
未分配利润（见本表最后）	3 600	1 102.5			4 500
少数股东权益				(4)1 135	1 135
负债和股东权益总计	40 100	8 550			44 250
利润表：					
一、营业收入	10 000	1 200			11 200
减：营业成本	6 000	600			6 600
税金及附加	500	40			540
销售费用	900	100			1 000
管理费用	1 100	200			1 300
财务费用	500	80			580
加：投资收益	400	60	(3)180	(2)100	380
二、营业利润	1 400	240	180	100	1 560
加：营业外收入	800	100			900
减：营业外支出	200	40			240
三、利润总额	2 000	300	180	100	2 220

续表

项目	A公司	B公司（80%）	调整与抵销分录 借	调整与抵销分录 贷	合并财务报表
减：所得税费用	500	75			575
四、净利润	1 500	225	180	100	1 645
少数股东损益				(3)45	45
归属于母公司股东损益					1 600
股东权益变动表：					
未分配利润——年初	3 000	1 000	(3)1 000	(1)800	3 800
归属于母公司股东损益					1 600
减：提取盈余公积	150	22.5		(3)22.5	150
减：已分配股利	750	100		(3)100	750
未分配利润——年末	3 600	1 102.5	(4)1 102.5	(3)1 102.5	4 500
盈余公积——年初	5 000	500	(4)500	(1)400	5 400
提取盈余公积	150	22.5	(4)22.5		150
盈余公积——年末	5 150	522.5			5 550
资本公积——年初	3 000	1 000	(1)1 200 (4)1 000		1 800
所有者投入资本	1 600	500	(4)500		1 600
其他综合收益		50	(4)50	(2)40	40
资本公积——年末	4 600	1 550			3 440
股本——年初	17 000	2 000	(4)2 000		17 000
所有者投入资本		500	(4)500		0
股本——年末	17 000	2 500			17 000

20×2年12月31日，在合并财务报表工作底稿中，应编制如下四笔调整与抵销分录。

（1）将B公司在企业合并前实现的留存收益中归属于A公司的部分，自A公司的资本公积转入留存收益。调整分录为

　　借：资本公积——年初　　　　　　　　　　　　　　　　　　　1 200
　　　　贷：盈余公积——年初　　　　　　　　　　　　　　　　　　400
　　　　　　未分配利润——年初　　　　　　　　　　　　　　　　　800

（2）按照权益法调整A公司对B公司的长期股权投资。投资收益调整金额为：225×80%－80＝100（万元）；资本公积调整金额为：50×80%＝40（万元）。调整分录为

　　借：长期股权投资　　　　　　　　　　　　　　　　　　　　　　140
　　　　贷：投资收益　　　　　　　　　　　　　　　　　　　　　　100
　　　　　　其他综合收益　　　　　　　　　　　　　　　　　　　　40

（3）将A公司对B公司的投资收益抵销。A公司对B公司的投资收益＝B公司账面净利润×80%＝B公司账面净利润－B公司账面净利润×20%；少数股东损益＝B公司账面净利润×20%；B公司账面净利润＝B公司年末未分配利润－B公司年初未分配利润＋B公司提取的盈余公积＋B公司已分配股利。因此，A公司对B公司的投资收益＋少数股东损益＋B公司年初未分配利润＝B公司年末未分配利润＋B公司提取的盈余公积＋B公司已分配股利。所以，抵销分录为

借：投资收益 180
　　少数股东损益 45
　　未分配利润——年初 1 000
　贷：利润分配——提取盈余公积 22.5
　　　　　　　——已分配股利 100
　　　未分配利润——年末 1 102.5

（4）将年末 A 公司对 B 公司的长期股权投资与 B 公司的股东权益相互抵销，同时确认少数股东权益。抵销分录为

借：股本——年初 2 000
　　　——所有者投入资本 500
　　资本公积——年初 1 000
　　　　　　——所有者投入资本 500
　　其他综合收益 50
　　盈余公积——年初 500
　　　　　　——提取盈余公积 22.5
　　未分配利润——年末 1 102.5
　贷：长期股权投资 4 540
　　　少数股东权益 1 135

（二）非同一控制下合并财务报表的编制

例 3-12 沿用例 3-3 的资料，20×2 年 1 月 1 日，A 公司发行了 2 000 万股普通股（每股面值 1 元，市价 2.5 元）取得了 B 公司 80% 的股权，当日 B 公司的股东权益总额为 4 500 万元，其中股本为 2 000 万元、资本公积为 1 000 万元、盈余公积为 500 万元、未分配利润为 1 000 万元。该日，B 公司除了账面价值为 3 000 万元、公允价值为 3 500 万元的固定资产之外，其余各项资产和负债的账面价值均等于其公允价值。该增值的固定资产系管理用固定资产，剩余使用年限为 10 年，残值忽略不计，按直线法计提折旧。B 公司 20×2 年的账面净利润为 225 万元，派发现金股利 100 万元。两家公司均按照净利润的 10% 提取盈余公积。

20×2 年 1 月 1 日，A 公司发行 2 000 万股普通股取得 B 公司 80% 的股权时，应编制的会计分录为

借：长期股权投资 5 000
　贷：股本 2 000
　　　资本公积 3 000

20×2 年，B 公司派发现金股利时，会计分录为

借：应收股利 80
　贷：投资收益 80

20×2 年，A 公司收到 B 公司派发的现金股利时，应编制的会计分录为

借：银行存款 80
　贷：应收股利 80

假设 20×2 年 7 月 1 日 B 公司按原股东持股比例增发普通股 500 万股, 每股面值 1 元, 发行价格 2 元。B 公司的会计分录为

借:银行存款　　　　　　　　　　　　　　　　　　　　　　1 000
　　贷:股本　　　　　　　　　　　　　　　　　　　　　　　　　500
　　　　资本公积——股本溢价　　　　　　　　　　　　　　　　　500

A 公司的会计分录为

借:长期股权投资　　　　　　　　　　　　　　　　　　　　　800
　　贷:银行存款　　　　　　　　　　　　　　　　　　　　　　　800

另外, 假设 B 公司 20×2 年 11 月 1 日购买 FVTOCI 300 万元, 20×2 年 12 月 31 日该 FVTOCI 的公允价值为 350 万元。

B 公司购买 FVTOCI 时, 会计分录为

借:其他权益工具投资　　　　　　　　　　　　　　　　　　　300
　　贷:银行存款　　　　　　　　　　　　　　　　　　　　　　　300

20×2 年 12 月 31 日, B 公司按公允价值对 FVTOCI 的价值进行调整的会计分录为

借:其他权益工具投资　　　　　　　　　　　　　　　　　　　 50
　　贷:其他综合收益　　　　　　　　　　　　　　　　　　　　　 50

20×2 年, A 公司和 B 公司的资产负债表、利润表、部分股东权益变动表如表 3-17 中的 A 公司和 B 公司栏目所示。

表 3-17　20×2 年 12 月 31 日 A 公司与 B 公司的合并财务报表工作底稿　单位: 万元

项　目	A 公司	B 公司 (80%)	调整与抵销分录 借	调整与抵销分录 贷	合并财务报表
资产负债表:					
货币资金	3 700	1 100			4 800
应收账款	4 000	300			4 300
存货	6 100	200			6 300
以公允价值计量且其变动计入其他综合收益的金融资产		350			350
长期股权投资	11 200	2 000	(1)100	(3)5 900	7 400
固定资产	12 000	4 000	(3)450		16 450
无形资产	4 500	600			5 100
商誉			(3)1 000 (4)125		1 125
资产总计	41 500	8 550	1 675	5 900	45 825
短期借款	3 500	1 500			5 000
应付账款	4 500	400			4 900
递延所得税负债				(4)112.5	112.5
其他负债	1 750	975			2 725
股本	17 000	2 500			17 000
资本公积	6 000	1 550			6 040
盈余公积	5 150	522.5			5 150

续表

项 目	A公司	B公司（80%）	调整与抵销分录 借	调整与抵销分录 贷	合并财务报表
未分配利润（见本表最后）	3 600	1 102.5			3 672.5
少数股东权益				(3)1 225	1 225
负债和股东权益总计	41 500	8 550			45 825
利润表：					
一、营业收入	10 000	1 200			11 200
减：营业成本	6 000	600			6 600
税金及附加	500	40			540
销售费用	900	100			1 000
管理费用	1 100	200	(2)50		1 350
财务费用	500	80			580
加：投资收益	400	60	(2)140	(1)60	380
二、营业利润	1 400	240	190	60	1 510
加：营业外收入	800	100			900
减：营业外支出	200	40			240
三、利润总额	2 000	300	190	60	2 170
减：所得税费用	500	75		(4)12.5	562.5
四、净利润	1 500	225	190	72.5	1 607.5
少数股东损益			(2)35		35
归属于母公司股东损益					1 572.5
股东权益变动表：					
未分配利润——年初	3 000	1 000	(2)1 000		3 000
归属于母公司股东损益					1 572.5
减：提取盈余公积	150	22.5		(2)22.5	150
减：已分配股利	750	100		(2)100	750
未分配利润——年末	3 600	1 102.5	(3)1 102.5	(2)1 102.5	3 672.5
盈余公积——年初	5 000	500	(3)500		5 000
提取盈余公积	150	22.5	(3)22.5		150
盈余公积——年末	5 150	522.5			5 150
资本公积——年初	6 000	1 000	(3)1 000		6 000
所有者投入资本		500	(3)500		0
其他综合收益		50	(3)50	(1)40	40
资本公积——年末	6 000	1 550			6 040
股本——年初	17 000	2 000	(3)2 000		17 000
所有者投入资本		500	(3)500		0
股本——年末	17 000	2 500			17 000

20×2年12月31日，在合并财务报表工作底稿中，应编制如下四笔调整与抵销分录。

（1）按照权益法调整A公司对B公司的长期股权投资。投资收益调整金额为：

（225＋300－350）×80%－80＝60（万元）；其他综合收益调整金额为：50×80%＝40（万元）。调整分录为

  借：长期股权投资   100
    贷：投资收益   60
      其他综合收益   40

（2）将A公司对B公司的投资收益抵销。A公司对B公司的投资收益＝B公司实现净利润×80%＝B公司实现净利润－B公司实现净利润×20%；B公司实现净利润＝B公司账面净利润－B公司未摊销价差的摊销额；少数股东损益＝B公司实现净利润×20%；B公司账面净利润＝B公司年末未分配利润－B公司年初未分配利润＋B公司提取的盈余公积＋B公司已分配股利。因此，A公司对B公司的投资收益＋B公司未摊销价差的摊销额＋少数股东损益＋B公司年初未分配利润＝B公司年末未分配利润＋B公司提取的盈余公积＋B公司已分配股利。所以，抵销分录为

  借：投资收益   140
    管理费用   50
    少数股东损益   35
    未分配利润——年初   1 000
    贷：利润分配——提取盈余公积   22.5
        ——已分配股利   100
    未分配利润——年末   1 102.5

其中：投资收益＝（225＋300－350）×80%＝140（万元）；管理费用＝（3 500－3 000）/10＝50（万元）；少数股东损益＝（225＋300－350）×20%＝35（万元）。

（3）将年末A公司对B公司的长期股权投资与B公司的股东权益相互抵销，同时确认B公司各项可辨认资产、负债的公允价值与账面价值的未摊销价差和少数股东权益，差额作为商誉或营业外收入处理。抵销分录为

  借：股本——年初   2 000
      ——所有者投入资本   500
    资本公积——年初   1 000
      ——所有者投入资本   500
    其他综合收益   50
    盈余公积——年初   500
      ——提取盈余公积   22.5
    未分配利润——年末   1 102.5
    固定资产   450
    商誉   1 000
    贷：长期股权投资   5 900
      少数股东权益   1 225

其中：少数股东权益＝B公司可辨认净资产自购买日开始按公允价值持续计算的金额×少数股东持股比例＝（B公司可辨认净资产账面价值＋未摊销的价差）×少数股东持股比例＝（5 675＋450）×20%＝1 225（万元）；商誉＝企业合并成本－合并中取得

的被购买方可辨认净资产公允价值份额=5 000-5 000×80%=1 000(万元);固定资产年末未摊销的价差=(3 500-3 000)-50=450(万元)。

(4)就购买日固定资产公允价值与账面价值的价差确认相应的递延所得税负债125(500×25%)万元,然后调整至年末数112.5(450×25%)万元。在合并工作底稿中,调整分录为

借:商誉　　　　　　　　　　　　　　　　　　　　　　　125
　　贷:递延所得税负债　　　　　　　　　　　　　　　　　112.5
　　　　所得税费用——递延所得税费用　　　　　　　　　　 12.5

20×2年12月31日,A公司与B公司的合并财务报表工作底稿如表3-17所示。

本章小结

《企业会计准则第33号——合并财务报表》规定,合并财务报表,是指反映母公司和其全部子公司形成的企业集团整体财务状况、经营成果和现金流量的财务报表。合并财务报表由母公司以母公司和其子公司的财务报表为基础,根据其他有关资料,对母公司和纳入合并范围的子公司的个别财务报表各项目的数据进行汇总、调整和抵销处理,最终编制而得。

同一控制下合并日的合并财务报表编制要求如下:①合并资产负债表中被合并方的各项资产、负债,应当按其账面价值计量,对于被合并方采用的会计政策与合并方不一致而进行过调整的情况,应当以调整后的账面价值计量;②将合并方对被合并方的长期股权投资与被合并方的股东权益相互抵销并确认"少数股东权益";③被合并方在合并前形成的留存收益自合并方资本公积转入留存收益;④合并利润表应当包括参与合并各方自合并当期期初至合并日的利润;⑤合并现金流量表应当包括参与合并各方自合并当期期初至合并日的现金流量。

非同一控制下购买日的合并财务报表编制要求如下:①将子公司可辨认净资产从账面价值调整为公允价值;②将母公司对子公司长期股权投资与子公司的所有者权益相互抵销,同时确认"少数股东权益",并确定合并商誉;③对各项可辨认资产、负债及或有负债公允价值与账面价值的差额确认相应的递延所得税负债或递延所得税资产;④设置备查簿登记被购买方可辨认资产、负债及或有负债的公允价值。

同一控制下合并日后合并财务报表编制要求如下:①将母公司对子公司长期股权投资由成本法核算的结果调整为权益法核算的结果,使母公司对子公司长期股权投资项目反映其在子公司所有者权益中所拥有权益的变动情况;②将母公司对子公司长期股权投资项目与子公司所有者权益项目等内部交易相关的项目进行抵销处理,将内部交易对合并财务报表的影响予以抵销;③在编制合并日合并工作底稿的基础上,编制合并财务报表。

非同一控制下合并日后合并财务报表编制要求如下:①应当以购买日确定的各项可辨认资产、负债及或有负债的公允价值为基础对子公司的财务报表进行调整;②将母公司对子公司的长期股权投资采用成本法核算的结果,调整为权益法核算的结果,对公司的财务报表进行相应的调整;③通过编制合并抵销分录,将母公司对子公司长期股权投资与子公司所有者权益等内部交易对合并财务报表的影响予以抵销;④在编制合并工作底稿的基础上,计算合并财务报表各项目的合并数,编制合并财务报表。

思考题

1. 什么是合并财务报表？母公司为什么要编制合并财务报表？
2. 哪些被投资单位必须纳入母公司合并财务报表的合并范围？哪些被投资单位可以不纳入母公司合并财务报表的合并范围？
3. 请简述合并财务报表的编制程序。
4. 同一控制下的企业合并形成母子公司关系的，母公司在合并日编制的合并财务报表包括哪些报表？
5. 同一控制下的企业合并，母公司在合并日编制的资产负债表中为什么要将被合并方在合并前形成的留存收益中属于合并方的部分自合并方资本公积转入留存收益？
6. 什么是少数股东权益？同一控制下的企业合并与非同一控制下的企业合并，少数股东权益的计算有何不同？
7. 非同一控制下的企业合并，在合并资产负债表中，对于企业合并成本小于合并中取得的被购买方可辨认净资产公允价值份额的差额应如何处理？
8. 合并工作底稿中的调整与抵销分录需要计入母公司或子公司的账册吗？为什么？
9. 什么是少数股东损益？同一控制下的企业合并与非同一控制下的企业合并，少数股东损益的计算有何不同？
10. 在编制合并财务报表时，为什么必须将母公司对子公司的投资收益抵销？
11. 在编制合并财务报表时，有关母公司对子公司投资收益的抵销分录，同一控制下的企业合并与非同一控制下的企业合并有何不同？
12. 合并现金流量表补充资料与合并现金流量表的编制方法有何不同？

练习题

1. 假设 M 公司与 N 公司为非同一控制下的两家公司。20×1 年 1 月 1 日，M 公司用 500 000 元的现金取得了 N 公司 70%的股份。该日，N 公司除了账面价值为 250 000 元、公允价值为 300 000 元的管理用固定资产之外，其余各项资产和负债的账面价值均等于其公允价值。假设 N 公司该固定资产的剩余使用年限为 5 年，残值忽略不计，按年限平均法计提折旧，20×2 年 12 月 31 日，N 公司股东权益的账面价值为 720 000 元。

   要求：计算确定 20×2 年 12 月 31 日合并资产负债表中所列示的少数股东权益。

2. 假设 L 公司与 M 公司为同一控制下的两家公司。20×1 年初，L 公司对 M 公司进行长期股权投资 700 万元，持股 70%；M 公司所有者权益总额为 1 100 万元，其中，实收资本 800 万元，资本公积 60 万元，盈余公积 200 万元，未分配利润 40 万元。假定 M 公司 20×1 年实现净利润 100 万元，提取盈余公积 20 万元，支付现金股利 70 万元；20×2 年 M 公司亏损 20 万元，未提取盈余公积和进行股利分配。

   要求：编制 20×1 年末、20×2 年末有关合并会计报表的抵销分录。

3. 甲公司为一上市集团公司，20×2 年发生的相关交易或事项如下：20×2 年 8 月 1 日，甲公司以 9 000 万元的价格从非关联方购买丁公司 70%股权，款项已用银行存款支付，丁公司股东的工商变更登记手续已办理完成。购买日丁公司可辨认净资产的公允价值为 12 000 万元（含原未确认的无形资产公允价值 1 200 万元），除原未确认的无形资产外，其余各项可辨认资产、负债的公允价值与账面价值相同。上述无形资产系一项商标权，采用直线法摊销，预计使用 10 年，无残值，甲公司根据《企业会计准则》的规定将购买日确定为 20×2 年 8 月 1 日。假定不考虑税费及其他因素。

要求：

（1）计算甲公司购买丁公司的股权产生的商誉。

（2）编制与甲公司 20×3 年度合并资产负债表和合并利润表相关的调整分录。

4. A 公司于 20×2 年 12 月 31 日从证券市场上购买 B 公司发行在外的股份的 80%，实际支付 600 万元（两公司合并前无关联方关系），20×2 年 12 月 31 日，B 公司所有者权益为：股本 500 万元，盈余公积 40 万元，未分配利润 160 万元。20×3 年，B 公司"以公允价值计量且其变动计入其他综合收益的金融资产"公允价值上涨 80 万元，实现净利润 100 万元，利润分配方案：按净利润的 10% 提取法定盈余公积，分配股票股利 80 万元。

要求：编制有关的调整与抵销分录，编制 20×3 年末合并报表调整与抵销分录。

5. 20×2 年 6 月 30 日，合并前 P 公司与 S 公司的资产负债表及 S 公司资产、负债的公允价值如表 3-18 所示。

表 3-18　P 公司与 S 公司合并前资产负债表　　　　　　　　　　单位：元

项　目	P 公司（账面）	S 公司（账面）	S 公司（公允）
货币资金	150 000	40 000	40 000
应收票据	50 000	40 000	40 000
存货	100 000	70 000	70 000
固定资产	100 000	50 000	60 000
资产总计	400 000	200 000	210 000
短期借款	100 000	50 000	50 000
股本	225 000	75 000	
资本公积	15 000	30 000	
盈余公积	40 000	30 000	
未分配利润	20 000	15 000	
负债和股东权益总计	400 000	200 000	

假设 20×2 年 6 月 30 日，P 公司发行了 75 000 股每股面值 1 元、市价 2 元的普通股换取了 S 公司 90% 的股权。

要求：

（1）如果 P 公司和 S 公司是同一控制下的两家公司，请编制 P 公司取得 S 公司 90% 股权的会计分录以及合并日的合并资产负债表。

（2）如果 P 公司和 S 公司是非同一控制下的两家公司，请编制 P 公司取得 S 公司 90% 股权的会计分录以及购买日的合并资产负债表。

练习题参考答案

第四章

集团内部交易的抵销

企业集团内部交易（即公司间交易）是指纳入合并报表范围的企业集团中各成员企业相互之间发生的除股权投资以外的各种往来业务及交易事项。若将企业集团作为一个独立的会计主体，企业集团中各成员企业对外从事的交易应作为企业集团的交易予以记录和反映，而各成员企业之间相互发生的内部交易从本质上看其涉及的利润是没有对外实现的，不能对相关的利润或损失进行记录和反映。但视企业集团各成员企业为独立会计主体时，这类内部交易所含未实现损益却都被反映在各自的个别财务报表中，因此，在以个别报表为基础编制合并财务报表时，我们需要对这部分内部交易记录予以抵销。如果不做处理，合并财务报表的结果将会出现大量的重复或虚列。

第一节 集团内部交易概述

一、集团内部交易的种类

按内部交易事项具体内容可以将集团内部交易分为以下几类。

（1）内部存货交易。其即各成员企业之间发生的存货购销交易。这种交易的特征是，在交易发生前后存货对集团而言的经济性质和经济价值都是没有改变的。

（2）内部固定资产交易。其即各成员企业之间发生的固定资产销售交易，包含与此相关的工程物资、在建工程等交易。这种交易的特征是，在交易发生前后固定资产的经济性质可能会改变，如销售方销售的是存货，而购买方最终形成固定资产并使用，但其对集团而言的经济价值是没有改变的。

（3）内部债权债务交易。其具体又分为以下两种：①各成员企业在从事各种交易活动过程中，由于内部购销产生债权债务交易，如内部的应收账款、应付账款、应收票据、应付票据、预付账款、预收账款（合同负债）等；②各成员企业进行内部资金融通导致的债权债务交易，如债权投资、应付债券、其他应收款、其他应付款、应收利息、应付利息等。这种交易的特点是，在企业集团一方个别财务报表中确认为债权（资产），必然在企业集团另一方个别财务报表中确认为债务（负债），但从集团角度看此类债权债务关系可以相互抵销。

二、内部交易损益概述

内部交易损益是指企业集团中各成员企业因从事内部交易活动，在内部交易的出让方所记录的交易收益或损失。内部交易损益根据对外实现情况可分为内部交易未实现损益和内部交易已实现损益，如果一项内部交易未在企业集团外部再次进行交易，那么这种内部交易损益就表现为未实现损益；如果已经在企业集团外部再次进行交易，那么随着外部交易的进行，这种内部交易损益将会在外部得以实现，从而表现为已实现损益。

需要抵销企业集团内部交易未实现损益的原因在于，母公司的管理部门可以控制所有的内部交易，包括授权发生内部交易、产品与劳务的定价，而这通常被认为是缺乏公平的交易基础而进行的内部交易行为。在合并财务报表中抵销未实现内部交易损益，能够使合并报表更为真实地反映整个企业集团的财务状况、经营成果和现金流量。若不予以抵销，合并财务报表的资产和净利润将会虚计或高估。只有在企业间存货或是固定资产等向外界出售或消耗之后成为已实现的内部交易损益，才不需要抵销。

三、编制合并财务报表时应抵销的项目

编制合并财务报表时，我们将母公司及其子公司视为一个经济实体来完整地反映它们的财务状况、经营成果及资金流转情况。因此，必须抵销母公司与子公司、子公司与子公司之间的交易（称为集团内部交易）以及由此产生的未实现利润。集团中涉及内部交易的事项主要包括：内部存货交易及交易损益的抵销；内部固定资产交易、交易损益、寿命期内多（少）计提累计折旧及以后处置的抵销；内部债权债务的抵销等。本章将对以上内容分别进行说明。

此外，根据《企业会计准则第33号——合并财务报表》的规定，因抵销未实现内部销售损益导致合并资产负债表中资产、负债的账面价值与其在所属纳税主体的计税基础之间产生暂时性差异的，在合并资产负债表中应当确认递延所得税资产或递延所得税负债，同时调整合并利润表中的所得税费用，但与直接计入所有者权益的交易或事项及企业合并相关的递延所得税除外。因此，本章业务处理中将考虑递延所得税的问题，对内部交易未实现损益变动所导致的递延所得税调整进行相应的会计处理。

第二节 集团内部存货交易的抵销

存货价值中包含的未实现内部销售损益是由企业集团内部商品购销活动引起的。在内部购销活动中，销售企业将集团内部销售作为收入确认并计算销售利润。而购买企业则是以支付购货的价款作为其成本入账；在本期内未实现对外销售而形成期末存货时，其存货价值中也相应地包括两部分内容：一为真正的存货成本（即销售企业销售该商品的成本）；二为销售企业的销售毛利（即其销售收入减去销售成本的差额）。对于期末存货价值中包括的这部分销售毛利，从企业集团整体来看，并不是真正实现的利润。因为从企业整体来看，集团内部企业之间的商品购销活动实际上相当于一个企业内部物资调拨活动，既不会实现利润，也不会增加商品的价值。正是从这一意义上来说，将期末存货价值中包括的这部分销售企业作为利润确认的部分，称为未实现内部销售损益。如果合并财务报表将母公司与子公司财务报表中的存货简单相加，则虚增存货成本。因此，在编制合并资产负债表时，必须将销售方所确认的销售收入、结转的销售成本与购买方所确认的购入存货成本中包含的未实现内部销售利润予以抵销。

一、初次编制合并财务报表时内部存货交易的抵销处理

在企业集团内部购进并且在会计期末形成存货的情况下,如前所述,一方面将销售企业实现的内部销售收入及与其相对应的销售成本予以抵销,另一方面将内部购进形成的存货价值中包含的未实现内部销售损益予以抵销。因此,在合并工作底稿中应编制的抵销分录为

(1)抵销集团当期内部存货交易的总额。

借:营业收入(集团内销售企业的销售总额)
　　贷:营业成本

(2)抵销集团内部存货交易所产生的期末存货中所包含的未实现内部销售损益。

借:营业成本(期末存货中的未实现内部销售损益)
　　贷:存货

例4-1 在20×1年A公司销售了一批商品给其子公司B,成本为8 000元,售价为10 000元,并且B公司按6 000元把这些商品的一半销售给了企业集团以外的客户。假设增值税税率为13%。在A公司和B公司各自的账上记录与这一商品交易有关的会计分录,如表4-1所示。

表4-1　20×1年A公司与B公司有关会计分录　　　　单位:元

项目	A公司账上	B公司账上
A公司对B公司销货	(1)记录对B公司的销货。 借:银行存款　　11 300 　　贷:主营业务收入　10 000 　　　　应交税费　　　1 300 (2)记录对B公司的销货成本。 借:主营业务成本　8 000 　　贷:库存商品　　　8 000	记录从A公司的购货。 借:库存商品　　10 000 　　应交税费　　1 300 　　贷:银行存款　　11 300
B公司对外销货		(1)记录对外界的销货。 借:银行存款　　6 780 　　贷:主营业务收入　6 000 　　　　应交税费　　　780 (2)记录对外界的销货成本。 借:主营业务成本　5 000 　　贷:库存商品　　　5 000

从个别财务报表角度,企业一共确认了主营业务收入16 000元及主营业务成本13 000元,但从整个企业集团角度看,只可以确认对外进行交易的主营业务收入6 000元及主营业务成本4 000元,而且期末存货只是发生了位置移动,并没有产生真实的利润流入,应抵销期末存货中未实现损益部分,所以20×1年12月31日编制合并财务报表时两个抵销分录如下。

(1)抵销集团内部存货当期的购销额。

借:营业收入　　　　　　　　　　　　　　　　　　　　　　　　　10 000
　　贷:营业成本　　　　　　　　　　　　　　　　　　　　　　　　　10 000

（2）抵销集团内部存货交易所产生的期末存货中所包含的未实现内部销售损益。

借：营业成本（10 000–8 000）×0.5　　　　　　　　　　　　1 000
　　贷：存货　　　　　　　　　　　　　　　　　　　　　　　　1 000

此外，在编制合并财务报表时，需确认期末存货所包含的未实现损益暂时性差异的递延所得税影响：按未实现损益的数额乘上税率，借记"递延所得税资产"项目，贷记"所得税费用——递延所得税费用"项目。在合并工作底稿中，本例相应的调整分录为

借：递延所得税资产（1 000×0.25）　　　　　　　　　　　　　250
　　贷：所得税费用——递延所得税费用　　　　　　　　　　　　250

二、连续编制合并财务报表时内部存货交易的抵销处理

在一些公司内部，公司间的存货交易属于经常性交易，每个会计期间都会发生。如果以前期间的内部交易存货在上期末已全部实现对外销售，则本期初（上期末）存货中已不再含有未实现的内部损益，以前期间的内部交易也不会对本期的营业收入、营业成本的列报产生影响，因此，在本期连续编制合并财务报表时不涉及对其进行处理的问题。但在大多数情况下，在发生内部交易的当期，购买方未必能够将内部交易的存货全部对外出售，在上期内部购进并形成期末存货的情况下，在编制合并财务报表进行抵销处理时，存货价值中包含的未实现内部销售损益的抵销，直接导致上期合并财务报表中合并净利润金额的调整，最终影响合并所有者权益变动表中期末未分配利润列示的金额。由于本期编制合并财务报表以母公司和子公司本期个别财务报表为基础，而母公司和子公司个别财务报表将这部分未实现损益包括在其期初未分配利润之中，以母、子公司个别财务报表中期初未分配利润为基础计算得出的合并期初未分配利润的金额就可能与上期合并财务报表中的期末未分配利润的金额不一致。因此，以前期间编制合并财务报表时抵销的内部购进存货中包含的未实现内部销售损益，也对本期的期初未分配利润产生影响，本期编制合并财务报表时必须在合并母、子公司期初未分配利润的基础上，将上期抵销的未实现内部销售损益对本期期初未分配利润的影响进行处理，调整本期期初未分配利润的金额。

具体来说，在连续编制合并财务报表的情况下，内部存货交易的抵销分为以下三个步骤。

（1）将上期抵销的存货价值中包含的未实现内部销售损益对本期期初未分配利润的影响进行抵销。

借：期初（年初）未分配利润（上期内部购进存货价值中包含的未实现内部销售损益）
　　贷：营业成本

（2）对于本期发生内部购销活动的，抵销集团内部存货交易当期的购销额。

借：营业收入（集团内销售方当期确认的内部销售收入）
　　贷：营业成本

（3）将期末内部购进存货价值中包含的未实现内部销售损益予以抵销。对于期末内部购买形成的存货（包括上期结转形成的本期存货），应按照购买企业期末存货价值中包含的未实现内部利润的金额进行抵销。

借：营业成本（期末内部购入存货价值中包含的未实现内部销售损益）

贷：存货

例4-2 沿用例4-1的资料。假设第2年（20×2年）B公司按3 000元把剩余商品的50%销售给了企业集团外的客户，第3年（20×3年）B公司按3 000元把剩余全部商品销售给了企业集团外的客户。

20×2年A公司账上没有有关的会计分录，B公司账上记录对外界的销货编制分录如下。

（1）记录对外界的销货收入。

借：银行存款　　　　　　　　　　　　　　　　　　　　　3 390
　　贷：主营业务收入　　　　　　　　　　　　　　　　　　　3 000
　　　　应交税费　　　　　　　　　　　　　　　　　　　　　　390

（2）记录对外界的销货成本。

借：主营业务成本　　　　　　　　　　　　　　　　　　　　2 500
　　贷：库存商品　　　　　　　　　　　　　　　　　　　　　2 500

因此，20×2年12月31日在合并工作底稿中，抵销分录如下。

（1）调整期初未分配利润的数额。

借：期初未分配利润（10 000–8 000）×0.5　　　　　　　　1 000
　　贷：营业成本　　　　　　　　　　　　　　　　　　　　　1 000

同时调整相应递延所得税，具体分录如下。

借：递延所得税资产　　　　　　　　　　　　　　　　　　　　250
　　贷：期初未分配利润　　　　　　　　　　　　　　　　　　　250

（2）本期没有发生内部购销活动。

（3）抵销期末存货中包含的未实现内部销售损益。

借：营业成本（10 000–8 000）×0.5×0.5　　　　　　　　　　500
　　贷：存货　　　　　　　　　　　　　　　　　　　　　　　　500

同时调整相应递延所得税，具体分录如下。

借：所得税费用——递延所得税费用　　　　　　　　　　　　　125
　　贷：递延所得税资产　　　　　　　　　　　　　　　　　　　125

20×3年A公司账上没有有关的会计分录，B公司账上记录对外界的销货编制分录与20×2年相同。

因此，20×3年12月31日在合并工作底稿中，抵销分录如下。

（1）调整期初未分配利润的数额。

借：期初未分配利润（10 000–8 000）×0.5×0.5　　　　　　　500
　　贷：营业成本　　　　　　　　　　　　　　　　　　　　　　500

同时调整相应递延所得税，具体分录如下。

借：递延所得税资产　　　　　　　　　　　　　　　　　　　　125
　　贷：期初未分配利润　　　　　　　　　　　　　　　　　　　125

（2）本期没有发生内部购销活动。

（3）期末存货价值中不包含未实现内部销售损益，转回已计提的递延所得税资产。

借：所得税费用——递延所得税费用　　　　　　　　　　　　　125
　　贷：递延所得税资产　　　　　　　　　　　　　　　　　　　125

三、存货跌价准备的抵销

母公司与子公司、子公司相互之间内部存货交易抵销后,还应消除内部交易形成的存货所计提的存货跌价准备的影响。按照《企业会计准则第1号——存货》的规定,资产负债表日企业存货应当按照成本与可变现净值孰低计量,存货成本高于其可变现净值的,应计提存货跌价准备。在个别财务报表中,如果内部交易取得的存货期末尚未出售,则按上述原则,将该存货的可变现净值与包含未实现内部销售损益的存货成本进行比较,当前者低于后者时,计提存货跌价准备,并计入当期损益,所计提的存货跌价准备反映在存货项目中;但从企业集团的角度看,应将存货的可变现净值与不包含未实现内部销售损益的存货原取得成本进行比较,只有当前者低于后者时,才需要计提存货跌价准备。

1. 内部交易存货初次计提存货跌价准备期间的抵销

对于初次计提存货跌价准备的调整具体可分为以下两种情况。

(1)个别财务报表中计提的存货跌价准备数额小于或等于存货中所包含的未实现内部利润时,意味着从集团角度看该存货没有发生减值,应将计提的存货跌价准备全额抵销。

(2)个别财务报表中计提的存货跌价准备数额大于存货中所包含的未实现内部利润时,意味着从集团角度看该存货发生了减值,应将计提的存货跌价准备中涉及的未实现损益部分抵销(按存货中所包含的未实现内部损益为上限进行抵销)。

按照以上方法编制抵销分录如下。

借:存货
　　贷:资产减值损失

例4-3 沿用例4-1的资料,本期剩余存货在20×1年12月31日可变现净值为4 500元,B公司对于其存货提取存货跌价准备500(5 000–4 500)元。

从整个企业集团角度,存货的可变现净值4 500元大于其成本4 000元,个别财务报表中计提的存货跌价准备数额500元小于存货中所包含的未实现内部利润1 000元,不需要计提存货跌价准备,因此需要进行全额抵销。

借:存货　　　　　　　　　　　　　　　　　　　　　　　　　　　500
　　贷:资产减值损失　　　　　　　　　　　　　　　　　　　　　　500

同时调整相应递延所得税,该存货在个别报表中账面价值是4 500元,计税基础是5 000元,产生可抵扣暂时性差异是500元,个别报表对此记录为

借:递延所得税资产　　　　　　　　　　　　　　　　　　　　　　125
　　贷:所得税费用——递延所得税费用　　　　　　　　　　　　　　125

但从整个企业集团合并财务报表角度,该存货账面价值为其合并财务报表所示4 000元,计税基础为B公司财务报表所示5 000元,产生可抵扣暂时性差异1 000元,需记录:

借:递延所得税资产　　　　　　　　　　　　　　　　　　　　　　250
　　贷:所得税费用——递延所得税费用　　　　　　　　　　　　　　250

因此,合并工作底稿中的调整分录为

借:递延所得税资产　　　　　　　　　　　　　　　　　　　　　　125

贷：所得税费用——递延所得税费用　　　　　　　　　　　　　　　　　　125

例 4-4　沿用例 4-1 的资料，本期剩余存货在 20×1 年 12 月 31 日可变现净值为 3 500 元，B 公司对于存货计提存货跌价准备 1 500（5 000–3 500）元。

从整个企业集团角度，存货可变现净值 3 500 元小于其成本 4 000 元，个别财务报表中计提的存货跌价准备数额 1 500 元大于存货中所包含的未实现内部利润 1 000 元，需要计提存货跌价准备 500 元，因此需要进行部分抵销，编制抵销分录如下。

　　借：存货　　　　　　　　　　　　　　　　　　　　　　　　　　　　1 000
　　　　贷：资产减值损失　　　　　　　　　　　　　　　　　　　　　　　　　1 000

同时考虑相应递延所得税，从 B 公司个别财务报表角度，因 1 500 元可抵扣暂时性差异确认递延所得税资产 375 元，从合并报表角度，存货的账面价值为 3 500 元，计税基础为 B 公司存货的计税基础即 5 000 元，也需确认 1 500 元可抵扣暂时性差异导致的递延所得税资产。因此，无须调整相应递延所得税项目。

2. 以前期间计提存货跌价准备的内部交易存货对本期影响的抵销

其具体分为以下三种情况：以前期间计提存货跌价准备的内部交易存货在本期全部对外出售；本期全部未实现对外出售；本期部分对外出售。

（1）以前期间计提存货跌价准备的内部交易存货在本期全部对外出售。从企业集团来看，若该项存货在本期全部对外出售，应确认的销售成本是集团原取得成本扣除企业集团应计提的存货跌价准备，由于在前面的内部存货交易的抵销中，我们已抵销了不考虑存货跌价准备情况下内部交易存货个别财务报表和合并财务报表之间的营业成本的差异，因此，此处我们只对计提存货跌价准备导致的个别财务报表和合并财务报表的营业成本差异进行补充抵销。同时，由于上期末这些内部交易的存货所计提的存货跌价准备与合并财务报表应计提的存货跌价准备之差导致上期末个别财务报表与合并财务报表的期末未分配利润产生差异，因此应按这种差异调整本期营业成本，同时调整本期期初未分配利润，其抵销分录为

　　借：营业成本
　　　　贷：期初未分配利润

例 4-5　沿用例 4-3 的资料，剩余存货在 20×3 年全部对外出售，并且在出售之前市价一直高于成本。

20×3 年 12 月 31 日编制抵销分录如下。

　　借：营业成本　　　　　　　　　　　　　　　　　　　　　　　　　　500
　　　　贷：期初未分配利润　　　　　　　　　　　　　　　　　　　　　　　　500

同时调整相应递延所得税，因为随着存货的出售，上年产生的暂时性差异在本期已不存在，所以应当编制相应的分录。

　　借：所得税费用——递延所得税费用　　　　　　　　　　　　　　　　　125
　　　　贷：期初未分配利润　　　　　　　　　　　　　　　　　　　　　　　　125

（2）以前期间计提存货跌价准备的内部交易存货在本期全部未实现对外出售。在这种情况下，内部交易存货在个别财务报表上仍然包含在期末存货中，个别财务报表的存货跌价准备与上期末存货跌价准备相比可能增加，也可能相等或减少，因此，个别财务报表本期末所计提的存货跌价准备与企业集团合并财务报表应计提的存货跌价准备之

间的差异应相应调整资产负债表上期末存货的列报金额，而上期末个别财务报表所计提的存货跌价准备与企业集团合并财务报表应计提的存货跌价准备之间的差异应调整期初未分配利润。以上两项金额之间的差异应相应调整本期的资产减值损失，其抵销分录为

借：存货
　　贷：期初未分配利润
　　　　资产减值损失（或借）

例 4-6 沿用例 4-3 的资料，20×3 年剩余存货全部未对外出售，并且在 20×3 年 12 月 31 日剩余存货可变现净值为 4 000 元，B 公司计提存货跌价准备 500（4 500 − 4 000）元。

从整个企业集团的角度，由于可变现净值为 4 000 元等于其存货的成本，所以不应计提存货跌价准备，应当全额抵销所计提的存货跌价准备。

20×3 年 12 月 31 日编制抵销分录如下。

借：存货　　　　　　　　　　　　　　　　　　　　　　　　　1 000
　　贷：期初未分配利润　　　　　　　　　　　　　　　　　　　　500
　　　　资产减值损失　　　　　　　　　　　　　　　　　　　　　500

同时考虑相应递延所得税，从 B 公司个别财务报表角度，存货的账面价值 4 000 元，与计税基础 5 000 元产生暂时性差异 1 000 元；从整个企业集团合并财务报表的角度，存货的账面价值为 4 000 元，计税基础为 5 000 元，也产生暂时性差异 1 000 元，因此无须进行调整。

（3）以前期间计提存货跌价准备的内部交易存货在本期部分对外出售。在这种情况下，已对外出售的部分按照第一种方法处理，未对外出售的部分按照第二种方法进行处理。

四、集团内部存货交易情况下的合并财务报表编制

有关集团内部交易的未实现利润是算在母公司头上还是算在子公司头上？理论上有三种算法：①顺销（母公司向子公司销货）情况下，未实现利润算在母公司头上；逆销（子公司向母公司销货）情况下，未实现利润算在子公司头上。②无论是顺销还是逆销，未实现利润都算在母公司头上。③无论是顺销还是逆销，未实现利润都算在子公司头上。

《企业会计准则第 33 号——合并财务报表》规定：母公司向子公司出售资产所发生的未实现内部交易损益，应当全额抵销"归属于母公司所有者的净利润"。子公司向母公司出售资产所发生的未实现内部交易损益，应当按照母公司对该子公司的分配比例在"归属于母公司所有者的净利润"和"少数股东损益"之间分配抵销。子公司之间出售资产所发生的未实现内部交易损益，应当按照母公司对出售方子公司的分配比例在"归属于母公司所有者的净利润"和"少数股东损益"之间分配抵销。因此，我国采用的是上述第一种算法，未实现利润总是算在内部交易的销货公司的头上。

在存在集团内部存货交易的情况下，权益法下的投资收益应按以下方法计算：①非同一控制下的企业合并，如果是顺销，投资收益＝子公司实现的净利润×母公司持股比例＝（子公司账面净利润－未摊销价差的摊销额）×母公司持股比例；如果是逆销，投

资收益＝子公司实现的净利润×母公司持股比例＝（子公司账面净利润－未摊销价差的摊销额＋期初存货中所包含的未实现利润－期末存货中所包含的未实现利润）×母公司持股比例。②同一控制下的企业合并与非同一控制下的企业合并的差别在于没有未摊销价差的摊销问题。

在存在集团内部存货交易的情况下，少数股东损益应按以下方法计算：①非同一控制下的企业合并，如果是顺销，少数股东损益＝子公司实现的净利润×少数股东持股比例＝（子公司账面净利润－未摊销价差的摊销额）×少数股东持股比例；如果是逆销，少数股东损益＝子公司实现的净利润×少数股东持股比例＝（子公司账面净利润－未摊销价差的摊销额＋期初存货中所包含的未实现利润－期末存货中所包含的未实现利润）×少数股东持股比例。②同一控制下的企业合并与非同一控制下的企业合并的差别在于没有未摊销价差的摊销问题。

在存在集团内部存货交易的情况下，少数股东权益应按以下方法计算：①非同一控制下的企业合并，如果是顺销，少数股东权益＝子公司实现的股东权益×少数股东持股比例－（子公司账面股东权益＋未摊销价差）×少数股东持股比例；如果是逆销，少数股东权益＝子公司实现的股东权益×少数股东持股比例＝（子公司账面股东权益＋未摊销价差－未实现利润）×少数股东持股比例。②同一控制下的企业合并与非同一控制下的企业合并的差别在于没有未摊销价差问题。

有关母公司对子公司投资收益的抵销，如果是顺销，与第三章介绍的抵销分录完全相同。如果是逆销：①非同一控制下的企业合并，由于母公司对子公司的投资收益＝子公司实现的净利润×母公司持股比例＝子公司实现的净利润－子公司实现的净利润×少数股东持股比例；子公司实现的净利润＝子公司账面净利润－子公司未摊销价差的摊销额＋期初存货所包含的未实现利润－期末存货所包含的未实现利润；子公司实现的净利润×少数股东持股比例＝少数股东损益；子公司年初未分配利润＋子公司账面净利润－子公司提取的盈余公积－子公司已分配股利＝子公司年末未分配利润。因此，母公司对子公司的投资收益＋少数股东损益＋子公司未摊销价差的摊销额＋子公司年初未分配利润－期初存货所包含的未实现利润＝子公司提取的盈余公积＋子公司已分配股利＋子公司年末未分配利润－期末存货所包含的未实现利润。在合并工作底稿中，借记"投资收益""少数股东损益""期初未分配利润""管理费用"等项目，贷记"提取的盈余公积""已分配股利""期末未分配利润"项目，其中"期初未分配利润"项目的金额是子公司账面年初未分配利润减去期初存货所包含的未实现利润，"期末未分配利润"项目的金额是子公司账面年末未分配利润减去期末存货所包含的未实现利润。②同一控制下的企业合并与非同一控制下的企业合并的差别在于没有未摊销价差的摊销问题。

有关母公司对子公司的长期股权投资的抵销，如果是顺销，与第三章介绍的抵销分录完全相同。如果是逆销：①非同一控制下的企业合并，由于母公司对子公司的长期股权投资＝（子公司账面股东权益＋未摊销价差－未实现利润）×母公司股东持股比例＋商誉，因此，在合并工作底稿中，抵销母公司对子公司的长期股权投资，借记子公司年末的"股本""资本公积""盈余公积""未分配利润"等项目以及"存货""固定资产"等公允价值与账面价值有未摊销价差的项目，贷记母公司对子公司的"长期股权投资"项目以及"少数股东权益"项目，借贷的差额借记"商誉"等项目时，其中"未分配利润"项目的金额是子公司账面年末未分配利润减去未实现利润。②同一控制下的企业合并与非同一控制下的企业合并的差别在于没有未摊销价差和商誉问题。

在存在集团内部存货交易的情况下，编制合并财务报表时，首先应按照权益法对长期股权投资进行调整，再抵销集团内部存货交易的影响，最后抵销母公司对子公司投资收益和母公司对子公司的长期股权投资。

第三节 集团内部固定资产交易的抵销

公司间存货交易的主要目的是再次向集团外部出售，存货中包含的未实现损益将随着购货方将货物售出而实现。公司间固定资产交易则不同，交易发生后，固定资产会长期驻留在企业集团内部，往往使用到寿命期满，对外出售的情况很少。因此，公司间固定资产交易中的未实现损益只能随着购入方的使用，通过对固定资产提取折旧来逐步实现。

集团内部固定资产交易是指企业集团内部发生的、与固定资产有关的购销业务。公司间固定资产交易分为三种类型：①存货—固定资产，指企业集团内部成员企业将其自身生产的产品销售给集团内的其他成员企业作为固定资产使用；②固定资产—固定资产，指企业集团内部成员企业将其自身使用的固定资产变卖给集团内其他成员企业作为固定资产使用；③固定资产—存货，指企业集团内部成员企业将其自身使用的固定资产变卖给集团内的其他成员作为普通商品销售。第三种类型的固定资产交易，在企业集团内部发生的情况并不多见，并且金额不大，根据重要性原则，在编制合并财务报表时一般不对其进行抵销处理，因此本章不予以讲述。本章主要介绍前面两种类型的固定资产交易的抵销处理。

一、初次编制财务报表时对内部交易形成的固定资产在购入当期的抵销

在这种情况下，购买企业购进的固定资产，在其个别资产负债表中以支付的价款为该固定资产的原价列示，因此首先必须将该固定资产原价中包含的未实现内部销售或处置损益予以抵销。其次，购买企业对该固定资产计提了折旧，折旧费用中包含未实现内部销售或处置损益，即在相同的使用寿命下，各期计提的折旧费用大于不包含未实现内部销售或处置损益时计提的折旧费用，因此必须将当期多计提的折旧额从该固定资产当期计提的折旧费用中予以抵销。最后，需调整未实现内部销售或处置损益暂时性差异的递延所得税影响。

（一）第一种类型的交易——存货用于固定资产

将存货用于固定资产，在集团内部固定资产交易的当年，在合并工作底稿中，抵销分录主要有两笔。

（1）将与内部交易形成的固定资产相关的销售收入、销售成本以及原价中包含的未实现损益予以抵销。

借：营业收入
　　贷：营业成本

　　　　固定资产——原价
（2）将内部交易形成的固定资产当期多计提的折旧费用和累计折旧予以抵销。
借：固定资产——累计折旧
　　贷：管理费用——折旧费用

例 4-7 假设 A 公司拥有 B 公司 80%的股份。20×1 年 1 月 1 日，A 公司以 10 000 元的价格将其生产的产品销售给 B 公司，其销售成本为 8 000 元。B 公司购买该产品作为管理用固定资产，进项税允许抵扣，按 10 000 元入账。B 公司对该管理用固定资产按 5 年的使用寿命采用年限平均法计提折旧，预计净残值为零。两家公司的增值税税率均为 13%。20×1 年在 A 公司和 B 公司账上有关的会计分录如表 4-2 所示。

表 4-2　20×1 年在 A 公司和 B 公司账上有关的会计分录　　　　　单位：元

项　目	A 公司账上	B 公司账上
A 公司将其生产的产品销售给 B 公司	（1）记录 A 公司向 B 公司销货。 借：银行存款　　　　11 300 　　贷：主营业务收入　　10 000 　　　　应交税费　　　　1 300 （2）记录 A 公司销货成本 借：主营业务成本　　8 000 　　贷：库存商品　　　8 000	记录从 A 公司购进固定资产。 借：固定资产　　　　10 000 　　应交税费　　　　1 300 　　贷：银行存款　　　11 300
B 公司对固定资产折旧		借：管理费用　　　　2 000 　　贷：累计折旧　　　2 000

20×1 年 12 月 31 日，编制 A 公司与 B 公司的合并财务报表时，抵销内部固定资产交易影响的抵销分录如下。

（1）将与内部交易形成的固定资产相关的销售收入、销售成本以及原价中包含的未实现损益予以抵销。

借：营业收入　　　　　　　　　　　　　　　　　　　　　　　　　　10 000
　　贷：营业成本　　　　　　　　　　　　　　　　　　　　　　　　　8 000
　　　　固定资产——原价　　　　　　　　　　　　　　　　　　　　　2 000
同时，
借：递延所得税资产　　　　　　　　　　　　　　　　　　　　　　　500
　　贷：所得税费用——递延所得税费用　　　　　　　　　　　　　　　500

（2）将内部交易形成的固定资产当期多计提的折旧费用和累计折旧予以抵销。

借：固定资产——累计折旧（10 000－8 000）/5　　　　　　　　　　400
　　贷：管理费用——折旧费用　　　　　　　　　　　　　　　　　　　400
同时，
借：所得税费用——递延所得税费用　　　　　　　　　　　　　　　　100
　　贷：递延所得税资产　　　　　　　　　　　　　　　　　　　　　　100

(二)第二种类型的交易——固定资产用于固定资产

固定资产用于固定资产,在集团内部固定资产交易的当年,在合并工作底稿中,抵销分录有两笔。

(1)将与内部交易形成的固定资产相关的资产处置利得以及原价中包含的未实现损益予以抵销。

借:资产处置损益
  贷:固定资产——原价

(2)将内部交易形成的固定资产当期多计提的折旧费用和累计折旧予以抵销。

借:固定资产——累计折旧
  贷:管理费用——折旧费用

例 4-8 假设 A 公司拥有 B 公司 90% 的股份。20×1 年 1 月 1 日,A 公司将一套电子设备出售给 B 公司,该套电子设备的原始成本 9 000 元,累计折旧 1 000 元,净值 8 000 元,售给 B 公司的售价为 10 000 元。该套电子设备于 20×1 年 1 月 1 日尚可使用 5 年,预计残值为零,按年限平均法计提折旧。B 公司购买该套电子设备作为管理用固定资产,两家公司的增值税税率均为 13%。20×1 年在 A 公司和 B 公司账上有关的会计分录如表 4-3 所示。

表 4-3 20×1 年在 A 公司和 B 公司账上有关的会计分录 单位:元

项目	A 公司账上	B 公司账上

分录	借:银行存款 11 300
	  累计折旧 1 000
	 贷:固定资产 9 000
	  应交税费 1 300
	  营业外收入 2 000
		借:固定资产 10 000
		  应交税费 1 300
		 贷:银行存款 11 300
		借:管理费用 2 000
		 贷:累计折旧 2 000

20×1 年 12 月 31 日,编制 A 公司与 B 公司的合并财务报表时,抵销内部固定资产交易影响的抵销分录如下。

(1)将与内部交易形成的固定资产相关的资产处置利得以及原价中包含的未实现损益予以抵销。

借:资产处置损益   2 000
  贷:固定资产——原价   2 000

同时,

借:递延所得税资产   500
  贷:所得税费用——递延所得税费用   500

(2)将内部交易形成的固定资产当期多计提的折旧费用和累计折旧予以抵销。

借:固定资产——累计折旧   400
  贷:管理费用——折旧费用   400

同时,

借:所得税费用——递延所得税费用   100
  贷:递延所得税资产   100

二、连续编制合并财务报表时对内部固定资产交易的抵销处理方法

由于固定资产的使用期限至少是一年,所以内部固定资产交易不仅影响到交易当期的合并财务报表,而且影响到以后各期的合并财务报表。在每期编制合并财务报表时,不仅要抵销当期新发生的内部固定资产交易对当期个别财务报表产生的影响,而且要抵销以前期间内部固定资产交易对本期合并财务报表的持续性影响。具体来说,其分为以下两种情况。

(一)以前期间内部交易的固定资产在本期仍然处于正常使用状态(未超过预计的使用年限)

与以前年度发生的内部存货交易在本期的抵销处理类似,上期末对固定资产中包含的未实现内部损益的抵销也是在合并财务报表工作底稿中完成的,其结果最终抵销了上期末"固定资产"项目中所包括的未实现内部损益以及内部固定资产交易导致的未实现内部损益对当期"管理费用""期初未分配利润""期末未分配利润"项目的影响,从而使合并财务报表的"期末未分配利润"项目不再包含本期和以前期间所发生的内部固定资产交易未实现损益的影响。由于本期合并财务报表是在该期个别财务报表的基础上编制的,个别财务报表上的期初未分配利润仍然是包含内部固定资产交易未实现内部损益影响的结果,个别财务报表的期初未分配利润合计与合并财务报表上的期初未分配利润并不相符,因此,必须对期初未分配利润的数额进行调整,需抵销调整的数额正是上期末固定资产中所包含的未实现内部损益。编制抵销会计分录如下。

(1)将内部交易形成的固定资产原价中包含的未实现内部损益抵销,并调整期初未分配利润。在交易发生后的会计期间,内部交易形成的固定资产仍然以原价在购买企业的个别资产负债表中列示,因此合并报表中必须将原价中包含的未实现内部销售损益的金额予以抵销;相应地,销售企业以前会计期间由于该内部交易所实现的销售利润,形成销售当期的净利润的一部分并结转到以后会计期间,在其个别所有者权益变动表中列示,因此合并报表中必须将期初未分配利润中包含的该未实现内部销售损益予以抵销,以调整期初未分配利润的金额。无论是第一种类型的交易,还是第二种类型的交易,在以后会计期间,将内部交易形成的固定资产原价中包含的未实现利润抵销,并调整期初未分配利润的抵销分录均为:按原价中包含的未实现利润的金额,借记"期初未分配利润"项目,贷记"固定资产——原价"项目;同时,按原价中包含的未实现利润乘以税率,借记"递延所得税资产"项目,贷记"期初未分配利润"项目。

借:期初未分配利润(原价中包含的未实现内部销售损益的金额)
　　贷:固定资产——原价
借:递延所得税资产
　　贷:期初未分配利润

(2)将以前会计期间内部交易形成的固定资产多计提的累计折旧抵销,并调整期初未分配利润。对于该固定资产在以前会计期间计提折旧而形成的期初累计折旧,由于将以前会计期间按包含未实现内部销售损益的原价为依据而多计提折旧的抵销,一方面必须按照以前会计期间累计多计提的折旧额抵销期初累计折旧;另一方面由于以前会计期

间累计折旧抵销而影响到期初未分配利润，因此必须调整期初未分配利润的金额。无论是第一种类型的交易，还是第二种类型的交易，在以后会计期间，将以前会计期间内部交易形成的固定资产多计提的累计折旧抵销，并调整期初未分配利润的抵销分录均为：按以前会计期间多计提的累计折旧额，借记"固定资产——累计折旧"项目，贷记"期初未分配利润"项目；同时，按以前会计期间多计提的累计折旧额乘以税率，借记"期初未分配利润"项目，贷记"递延所得税资产"项目。

借：固定资产——累计折旧（以前会计期间该内部交易形成的固定资产多计提的累计折旧额）
　　贷：期初未分配利润
借：期初未分配利润
　　贷：递延所得税资产

（3）将本期内部交易形成的固定资产多计提的累计折旧抵销，并调整相关资产的成本或当期损益。该内部交易形成的固定资产在本期仍然计提了折旧，多计提折旧导致本期有关资产或费用项目增加并形成累计折旧，为此一方面必须将本期多计提折旧而计入相关资产的成本或当期损益的金额予以抵销；另一方面将本期多计提折旧而形成的累计折旧额予以抵销。无论是第一种类型的交易，还是第二种类型的交易，在以后会计期间，将内部交易形成的固定资产当期多计提的折旧费用和累计折旧予以抵销的抵销分录均为：按本期该内部交易形成的固定资产多计提的折旧额，借记"固定资产——累计折旧"项目，贷记"管理费用——折旧费用"等项目；同时，按当期多计提的折旧额乘以税率，借记"所得税费用——递延所得税费用"项目，贷记"递延所得税资产"项目。

借：固定资产——累计折旧（本期该内部交易形成的固定资产多计提的折旧额）
　　贷：管理费用——折旧费用
借：所得税费用——递延所得税费用
　　贷：递延所得税资产

例 4-9　沿用例 4-8 的资料，B 公司在 20×2 年继续正常使用该固定资产。

20×2 年 12 月 31 日，编制 A 公司与 B 公司的合并财务报表时，抵销内部固定资产交易影响的抵销分录如下。

（1）将内部交易形成的固定资产原价中包含的未实现内部销售损益抵销，并调整期初未分配利润。

借：期初未分配利润　　　　　　　　　　　　　　　　　　　　　　2 000
　　贷：固定资产——原价　　　　　　　　　　　　　　　　　　　2 000
同时，
借：递延所得税资产　　　　　　　　　　　　　　　　　　　　　　500
　　贷：期初未分配利润　　　　　　　　　　　　　　　　　　　　500

（2）将以前会计期间内部交易形成的固定资产多计提的累计折旧抵销，并调整期初未分配利润。

借：固定资产——累计折旧　　　　　　　　　　　　　　　　　　　400
　　贷：期初未分配利润　　　　　　　　　　　　　　　　　　　　400
同时，

借：期初未分配利润　　　　　　　　　　　　　　　　　　　　　　　　100
　　贷：递延所得税资产　　　　　　　　　　　　　　　　　　　　　　　100
（3）将本期内部交易形成的固定资产多计提的累计折旧抵销，并调整相关资产的成本或当期损益。
借：固定资产——累计折旧　　　　　　　　　　　　　　　　　　　　　400
　　贷：管理费用　　　　　　　　　　　　　　　　　　　　　　　　　　400
同时，
借：所得税费用——递延所得税费用　　　　　　　　　　　　　　　　　100
　　贷：递延所得税资产　　　　　　　　　　　　　　　　　　　　　　　100

（二）以前期间内部交易的固定资产在本期处于超龄使用状态

如果内部交易的固定资产在本期处于超龄使用状态，则由于该内部交易的固定资产在其正常使用期期满的那个期间就已经提足了折旧，因此在超龄使用期间不再计提折旧，在不考虑内部交易固定资产残值的情况下，该超龄使用的固定资产在正常使用结束的期末其固定资产价值中已不再包括未实现的内部损益。因此，在超龄使用期的期末，不存在未实现损益，无须编制抵销分录。

三、内部交易形成的固定资产在清理期间的抵销

对于销售企业来说，因该内部交易实现的利润，作为期初未分配利润的一部分结转到以后的会计期间，直到购买企业对该内部交易形成的固定资产进行清理的会计期间为止。从购买企业来说，对内部交易形成的固定资产进行清理的期间，在其个别财务报表中表现为固定资产价值的减少；该固定资产清理收入减去该固定资产账面价值以及有关清理费用后的余额，则在其个别利润表中以资产处置损益项目列示。

在这种情况下，购买企业内部交易形成的固定资产实体已不复存在，包含未实现内部销售或处置损益在内的该内部交易形成的固定资产的价值已全部转移到用其加工的产品价值或各期损益中，因此不存在未实现内部销售或处置损益的抵销问题。从整个企业集团来说，随着该内部交易形成的固定资产的使用寿命届满，其包含的未实现内部销售或处置损益也转化为已实现利润。但是，销售企业因该内部交易所实现的利润，作为期初未分配利润的一部分结转到购买企业对该内部交易形成的固定资产进行清理的会计期间为止，为此，必须调整期初未分配利润。此外，在固定资产进行清理的会计期间，如果仍计提折旧，本期计提的折旧费中仍然包含多计提的折旧额，因此需要将多计提的折旧额予以抵销。

无论是第一种类型的交易，还是第二种类型的交易，在集团内部固定资产交易以后报废或再出售的年份，抵销分录均为：按期初固定资产净值中所包含的未实现利润，借记"期初未分配利润"项目，按当期多计提的折旧，贷记"管理费用——折旧费用"等项目，按上述两个项目的差额，贷记"资产处置损益"项目；同时，按期初固定资产净值中所包含的未实现利润乘以税率，借记"所得税费用——递延所得税费用"项目，贷记"期初未分配利润"项目。

借：期初未分配利润

贷：管理费用——折旧费用
　　　　资产处置损益
借：所得税费用——递延所得税费用
　　贷：期初未分配利润

例 4-10 沿用例 4-8 的资料，B 公司在 20×3 年 12 月 31 日将该固定资产以 7 000元的价格出售给集团外客户。当年 B 公司会计分录为

借：固定资产清理	4 000	
累计折旧	6 000	
贷：固定资产		10 000
借：银行存款	7 000	
贷：固定资产清理		7 000
借：固定资产清理	3 000	
贷：资产处置损益		3 000

20×1 年 1 月 1 日，固定资产原价中包含未实现损益 2 000 元，20×1 年和 20×2 年每年多计提折旧 400 元，因此，20×2 年 12 月 31 日固定资产净值中所包含的未实现损益为 1 200 元。由于 20×3 年 B 公司对该项固定资产计提过折旧，还需要抵销这部分折旧。从企业集团的角度看，20×1 年 1 月 1 日该项固定资产原价为 8 000 元，每年计提折旧 1 600 元，20×3 年 12 月 31 日账面价值为 3 200 元，按 7 000 元的价格出售，资产处置损益应为 3 800 元，而 B 公司在账上只记录了 3 000 元，因此，在合并工作底稿中还应贷记"资产处置损益"项目 800 元。

20×3 年 12 月 31 日编制合并财务报表抵销分录为

借：期初未分配利润（10 000 − 8 000）− 400 × 2	1 200	
贷：管理费用——折旧费用		400
资产处置损益[7 000 − （8 000 − 1 600 × 3）] − 3 000		800

同时，

借：所得税费用——递延所得税费用	300	
贷：期初未分配利润		300

四、固定资产交易形成的固定资产减值准备的抵销

（一）内部交易的固定资产首次计提固定资产减值准备的抵销

《企业会计准则》规定，企业应当在资产负债表日判断固定资产是否存在可能发生减值的迹象。如果可收回金额低于账面价值，应当按其差额计提固定资产减值准备。由于个别财务报表中计提固定资产减值准备涉及"资产减值损失"和"固定资产"两个项目，所以在编制合并财务报表时应将这两个项目予以相应调整。

在个别财务报表中，企业通过内部交易形成的固定资产中包含一部分内部销售利润，首次计提固定资产减值准备时，计提数额主要是由固定资产账面价值（包含内部销售利润的固定资产原值减去以此为基础的累计折旧）和可收回金额决定的。其中，固定资产可收回金额是指固定资产期末公允价值减去处置费用后的净额与预计未来现金流量现值之间的较高者，固定资产可收回金额低于账面价值的差额为实际计提的固定资产

减值准备。计提的减值准备一方面反映在资产负债表中,另一方面已计入当期利润表。从整个企业集团角度看,决定计提数额是不包含内部销售利润的固定资产原始账面价值和可收回金额。可收回金额低于账面价值的差额为应计提的固定资产减值准备;该差额与个别财务报表当期实际计提的固定资产减值准备的差额即为合并当期应予以调整的数额。其具体可分为三种情况。

（1）期末固定资产可收回金额大于个别财务报表中列示的固定资产账面价值,意味着固定资产没有发生减值,个别财务报表和合并财务报表编制中不涉及固定资产减值准备的记录,无须进行相关账务处理。

（2）期末固定资产可收回金额小于个别财务报表中的固定资产账面价值,但大于扣除未实现内部销售利润后合并财务报表中的固定资产的账面价值,意味着个别财务报表中固定资产发生了减值,而从合并财务报表编制的角度看则没有发生减值,所以应将个别财务报表中所提取的固定资产减值准备全部予以反向抵销。

（3）期末固定资产可收回金额小于扣除未实现内部销售利润后合并财务报表中的固定资产账面价值,意味着无论从个别财务报表的角度,还是从合并财务报表的角度,固定资产均发生了减值,但是两者应计提的金额是不同的。应将个别财务报表中计提的固定资产减值准备部分予以抵销(个别财务报表中实际计提的固定资产减值准备与合并财务报表中应计提的减值准备的差额部分,其数额相当于期末固定资产中包含的内部交易未实现损益)。

编制抵销分录如下。

借：固定资产
　　贷：资产减值损失

例4-11　沿用例4-8的资料,假设20×1年12月31日该固定资产可收回金额为6 000元,B公司为此固定资产计提固定资产减值准备2 000元。

20×1年12月31日,从整个企业集团角度,该固定资产可收回金额6 000元小于其扣除内部交易未实现损益后合并财务报表中的固定资产账面价值6 400元,发生减值400元,应将个别财务报表中计提的固定资产减值准备部分予以抵销。

借：固定资产　　　　　　　　　　　　　　　　　　　　　　　　　1 600
　　贷：资产减值损失　　　　　　　　　　　　　　　　　　　　　　　1 600

同时调整相应的递延所得税,从B公司个别财务报表角度确定暂时性差异为2 000元,从企业整体合并财务报表角度,账面价值为6 000元,计税基础为B公司计税基础8 000元,也需确定暂时性差异2 000元,因此不需要进行调整。

假设20×1年12月31日该固定资产可收回金额为7 000元,B公司为此固定资产计提固定资产减值准备1 000元。

20×1年12月31日,从整个企业集团角度,该固定资产可收回金额7 000元大于其扣除未实现内部销售利润后合并财务报表中的固定资产账面价值6 400元,未发生减值,应将个别财务报表中计提的固定资产减值准备全部予以抵销。

借：固定资产　　　　　　　　　　　　　　　　　　　　　　　　　1 000
　　贷：资产减值损失　　　　　　　　　　　　　　　　　　　　　　　1 000

同时调整相应递延所得税,从个别财务报表角度确认暂时性差异1 000元,从企业整体合并报表角度，固定资产账面价值为 6 400 元，计税基础为 8 000 元，产生暂时性差异 1 600 元，因此调整分录为

  借：递延所得税资产   150
    贷：所得税费用——递延所得税费用   150

假设 20×1 年 12 月 31 日该固定资产可收回金额为 8 200 元，无论从 B 公司的角度还是从整个企业集团的角度，该固定资产均未发生减值，不做调整分录。

（二）以前期间计提固定资产减值准备的内部交易固定资产在本期继续使用对本期影响的抵销

其主要分为以下三步。

（1）抵销个别财务报表与合并财务报表期初固定资产账面价值的差异。

  借：期初未分配利润（个别财务报表与合并财务报表期初固定资产账面价值的差异）
    贷：固定资产

（2）抵销个别财务报表与合并财务报表本期计提折旧的差异。

  借：固定资产（个别财务报表与合并财务报表本期计提折旧的差异）
    贷：管理费用

（3）抵销个别财务报表与合并财务报表本期补提的固定资产减值准备的差异。

  借：固定资产（个别财务报表与合并财务报表本期补提的固定资产减值准备的差异）
    贷：资产减值损失

例 4-12 沿用例 4-8 的资料，假设 20×1 年 12 月 31 日该固定资产可收回金额为 7 000 元，B 公司为此固定资产计提固定资产减值准备 1 000 元，20×2 年 12 月 31 日该固定资产可收回金额为 3 000 元，B 公司为此固定资产计提固定资产减值准备 2 250（7 000－7 000/4－3 000）元。

从企业集团的角度，此固定资产在 20×1 年 12 月 31 日并没有发生减值，其固定资产账面价值应为 6 400 元，20×2 年 12 月 31 日该固定资产净值为 4 800（6 400－8 000/5）元，可收回金额为 3 000 元，应计提固定资产减值准备 1 800 元，应进行部分抵销。

（1）抵销个别财务报表与合并财务报表期初固定资产账面价值的差异。

  借：期初未分配利润（7 000－6 400）   600
    贷：固定资产   600

同时，

  借：递延所得税资产   150
    贷：期初未分配利润   150

（2）抵销个别财务报表与合并财务报表本期计提折旧的差异。

  借：固定资产   150
    贷：管理费用（7 000/4－8 000/5）   150

同时，

  借：所得税费用——递延所得税费用   37.5
    贷：递延所得税资产   37.5

（3）抵销个别财务报表与合并财务报表本期补提的固定资产减值准备的差异。

  借：固定资产（2 250－1 800）   450

贷：资产减值损失　　　　　　　　　　　　　　　　　　　　　　　　450

从个别财务报表角度看，计提固定资产减值准备导致 B 公司产生暂时性差异 2 250 元，即需再计提 562.5（2 250×25%）元递延所得税资产；从企业集团合并财务报表角度看，计提固定资产减值准备导致集团合并财务报表产生暂时性差异 1 800 元（即计提减值准备对应的 1 800 元），需要再计提 450（1 800×25%）元递延所得税资产，所以合并财务报表应转回 112.5 元递延所得税资产的差异。

借：所得税费用——递延所得税费用　　　　　　　　　　　　　　112.5
　　贷：递延所得税资产　　　　　　　　　　　　　　　　　　　　112.5

五、集团内部固定资产交易情况下的合并财务报表编制

在存在集团内部固定资产交易的情况下，非同一控制下的企业合并，权益法下的投资收益应按以下方法计算：①在集团内部固定资产交易的当年，如果是顺销，投资收益＝子公司实现的净利润×母公司持股比例＝（子公司账面净利润－未摊销价差的摊销额）×母公司持股比例；如果是逆销，投资收益＝子公司实现的净利润×母公司持股比例＝（子公司账面净利润－未摊销价差的摊销额－原价中所包含的未实现利润＋当年多计的折旧额）×母公司持股比例。②在集团内部固定资产交易以后持有年份，如果是顺销，投资收益＝子公司实现的净利润×母公司持股比例＝（子公司账面净利润－未摊销价差的摊销额）×母公司持股比例；如果是逆销，投资收益＝子公司实现的净利润×母公司持股比例＝（子公司账面净利润－未摊销价差的摊销额＋当年多计的折旧额）×母公司持股比例。③在集团内部固定资产交易以后报废或再出售的年份，如果是顺销，投资收益＝子公司实现的净利润×母公司持股比例＝（子公司账面净利润－未摊销价差的摊销额）×母公司持股比例；如果是逆销，投资收益＝子公司实现的净利润×母公司持股比例＝（子公司账面净利润－未摊销价差的摊销额＋期初固定资产净值中所包含的未实现利润）×母公司持股比例。同一控制下的企业合并，没有未摊销价差的摊销额问题。

在存在集团内部固定资产交易的情况下，非同一控制下的企业合并，少数股东损益应按以下方法计算：①在集团内部固定资产交易的当年，如果是顺销，少数股东损益＝子公司实现的净利润×少数股东持股比例＝（子公司账面净利润－未摊销价差的摊销额）×少数股东持股比例；如果是逆销，少数股东损益＝子公司实现的净利润×少数股东持股比例＝（子公司账面净利润－未摊销价差的摊销额－原价中所包含的未实现利润＋当年多计的折旧额）×少数股东持股比例。②在集团内部固定资产交易以后持有年份，如果是顺销，少数股东损益＝子公司实现的净利润×少数股东持股比例＝（子公司账面净利润－未摊销价差的摊销额）×少数股东持股比例；如果是逆销，少数股东损益＝子公司实现的净利润×少数股东持股比例＝（子公司账面净利润－未摊销价差的摊销额＋当年多计的折旧额）×少数股东持股比例。③在集团内部固定资产交易以后报废或再出售的年份，如果是顺销，少数股东损益＝子公司实现的净利润×少数股东持股比例＝（子公司账面净利润－未摊销价差的摊销额）×少数股东持股比例；如果是逆销，少数股东损益＝子公司实现的净利润×少数股东持股比例＝（子公司账面净利润－未摊销价差的摊销额＋期初固定资产净值中所包含的未实现利润）×少数股东持股比例。同

一控制下的企业合并，没有未摊销价差的摊销额问题。

在存在集团内部固定资产交易的情况下，少数股东权益应按以下方法计算：非同一控制下的企业合并，如果是顺销，少数股东权益＝子公司实现的股东权益×少数股东持股比例＝（子公司账面股东权益＋未摊销价差）×少数股东持股比例；如果是逆销，少数股东权益＝子公司实现的股东权益×少数股东持股比例＝（子公司账面股东权益＋未摊销价差－未实现利润）×少数股东持股比例。同一控制下的企业合并与非同一控制下的企业合并的差别在于没有未摊销价差问题。

与上述集团内部存货交易的分析相同，在合并工作底稿中，抵销母公司对子公司的投资收益：如果是顺销，与第三章介绍的抵销分录完全相同。如果是逆销：①非同一控制下的企业合并，借记"投资收益""少数股东损益""期初未分配利润""管理费用"等项目，贷记"提取的盈余公积""已分配股利""期末未分配利润"项目时，其中"期初未分配利润"项目的金额是子公司账面年初未分配利润减去期初固定资产净值中所包含的未实现利润，"期末未分配利润"项目的金额是子公司账面年末未分配利润减去期末固定资产净值中所包含的未实现利润。②同一控制下的企业合并与非同一控制下的企业合并的差别在于没有未摊销价差的摊销问题。

与上述集团内部存货交易的分析相同，在合并工作底稿中，抵销母公司对子公司的长期股权投资：如果是顺销，与第三章介绍的抵销分录完全相同。如果是逆销：①非同一控制下的企业合并，借记子公司年末的"股本""资本公积""盈余公积""未分配利润"等项目以及"存货""固定资产"等公允价值与账面价值有未摊销价差的项目，贷记母公司对子公司的"长期股权投资"项目以及"少数股东权益"项目，借贷的差额借记"商誉"等项目时，其中"未分配利润"项目的金额是子公司账面年末未分配利润减去未实现利润的金额。②同一控制下的企业合并与非同一控制下的企业合并的差别在于没有未摊销价差和商誉问题。

在存在集团内部固定资产交易的情况下，编制合并财务报表时，首先应按照权益法对长期股权投资进行调整，再抵销集团内部固定资产交易的影响，最后抵销母公司对子公司投资收益和母公司对子公司的长期股权投资。

第四节 集团内部债权与债务的抵销

集团内部债权和债务项目，是指母公司与子公司、子公司相互之间因销售商品、提供劳务以及发生结算业务等产生的应收账款与应付账款、应收票据与应付票据、预付账款与预收账款、其他应收款与其他应付款、债权投资与应付债券等项目。发生在母公司与子公司、子公司相互之间的这些项目，企业集团内部企业的一方在其个别财务报表中反映为资产，而另一方则在其个别资产负债表中反映为负债。但从企业集团整体角度来看，它只是内部资金运动，既不能增加企业集团的资产，也不能增加负债。因此，为了消除个别资产负债表直接加总中的重复计算因素，在编制合并财务报表时应当将内部债权项目与债务项目予以抵销。

一、应收账款与应付账款的抵销处理

（一）初次编制合并财务报表时应收账款与应付账款的抵销处理

在应收账款计提坏账准备的情况下，某一会计期间坏账准备的金额是以当期应收账款为基础计提的。在编制合并财务报表时，随着内部应收账款的抵销，与此相联系须将内部应收账款计提的坏账准备予以抵销。内部应收账款抵销时，其抵销分录为：借记"应付账款"项目，贷记"应收账款"项目；内部应收账款计提的坏账准备抵销时，其抵销分录为：借记"应收账款——坏账准备"项目，贷记"信用减值损失"项目，同时，应按该金额乘以税率，借记"所得税费用——递延所得税费用"项目，贷记"递延所得税资产"项目。

借：应付账款
　　贷：应收账款
内部应收账款计提的坏账准备抵销时，其抵销分录为
借：应收账款——坏账准备
　　贷：信用减值损失
借：所得税费用——递延所得税费用
　　贷：递延所得税资产

例 4-13 假设 2020 年 1 月 1 日 E 公司取得了 F 公司 80%的股权。2020 年 12 月 31 日，E 公司个别资产负债表中应收账款 950 000 元为 2020 年向 F 公司销售商品发生的应收销货款的账面价值，E 公司对该笔应收账款计提的坏账准备为 50 000 元。F 公司个别资产负债表中应付账款 1 000 000 元系 2020 年向 E 公司购进商品存货发生的应付购货款。2020 年 12 月 31 日，在编制合并财务报表时，应将内部应收账款与应付账款相互抵销；同时，应将内部应收账款计提的坏账准备予以抵销。其抵销分录为

借：应付账款　　　　　　　　　　　　　　　　　　　　1 000 000
　　贷：应收账款　　　　　　　　　　　　　　　　　　　　　1 000 000
借：应收账款——坏账准备　　　　　　　　　　　　　　　　50 000
　　贷：信用减值损失　　　　　　　　　　　　　　　　　　　　50 000

另外，需调整暂时性差异的递延所得税影响。

借：所得税费用——递延所得税费用　　　　　　　　　　　12 500
　　贷：递延所得税资产　　　　　　　　　　　　　　　　　　　12 500

（二）连续编制合并财务报表时内部应收账款坏账准备的抵销处理

从合并财务报表角度来讲，内部应收账款计提的坏账准备的抵销是与抵销当期信用减值损失相对应的，上期抵销的坏账准备的金额，即上期信用减值损失抵减的金额，最终影响到本期合并所有者权益变动表中的期初未分配利润金额的增加。由于利润表和所有者权益变动表是反映企业一定会计期间经济成果及其分配情况的财务报表，其上期期末未分配利润就是本期所有者权益变动表期初未分配利润（假定不存在会计政策变更和前期差错更正的情况）。本期编制合并财务报表是以本期母公司和子公司当期的个别财务报表为基础的，随着上期编制合并财务报表时内部应收账款计提的坏账准备的抵销，

以此个别财务报表为基础加总得出的期初未分配利润与上一会计期间合并所有者权益变动表中的未分配利润金额之间将产生差额。为此，编制合并财务报表时，必须将上期因内部应收账款计提的坏账准备抵销而抵销的信用减值损失对本期期初未分配利润的影响予以抵销，调整本期期初未分配利润的金额。

（1）将前期信用减值损失中抵销的内部应收账款计提的坏账准备对本期期初未分配利润的影响予以抵销，同时调整暂时性差异的递延所得税影响。

借：应收账款——坏账准备（按上期信用减值损失项目中抵销的内部应收账款计提的坏账准备的金额）
　　贷：期初未分配利润
借：期初未分配利润
　　贷：递延所得税资产

（2）将内部应收账款与应付账款予以抵销。

借：应付账款（按内部应收账款的金额）
　　贷：应收账款

（3）对本期个别财务报表中内部应收账款相对应的坏账准备增减变动的金额予以抵销，同时调整暂时性差异的递延所得税影响。

借：应收账款——坏账准备（按本期个别资产负债表中期末内部应收账款相对应的坏账准备的增加额）
　　贷：信用减值损失
或相反分录。
借：所得税费用——递延所得税费用
　　贷：递延所得税资产
或相反分录。

例 4-14　沿用例 4-13 资料，假设 2021 年 12 月 31 日，E 公司个别资产负债表中应收账款 1 900 000 元为向 F 公司销售商品发生的应收销货款的账面价值，E 公司对该笔应收账款计提的坏账准备为 100 000 元。F 公司个别资产负债表中应付账款 2 000 000 元系向 E 公司购进商品存货发生的应付购货款。2021 年 12 月 31 日，在编制合并财务报表时，应将内部应收账款与应付账款相互抵销；同时，应将内部应收账款计提的坏账准备予以抵销。其抵销分录为

借：应收账款——坏账准备	50 000
贷：期初未分配利润	50 000
借：期初未分配利润	12 500
贷：递延所得税资产	12 500
借：应付账款	2 000 000
贷：应收账款	2 000 000
借：应收账款——坏账准备	50 000
贷：信用减值损失	50 000
借：所得税费用——递延所得税费用	12 500
贷：递延所得税资产	12 500

假设 2022 年 12 月 31 日，E 公司个别资产负债表中应收账款 1 330 000 元为向 F 公司销售商品发生的应收销货款的账面价值，E 公司对该笔应收账款计提的坏账准备为 70 000 元。F 公司个别资产负债表中应付账款 1 400 000 元系向 E 公司购进商品存货发生的应付购货款。2022 年 12 月 31 日，在编制合并财务报表时，应将内部应收账款与应付账款相互抵销；同时，应将内部应收账款计提的坏账准备予以抵销。其抵销分录为

借：应收账款——坏账准备　　　　　　　　　　　　　　70 000
　　贷：期初未分配利润　　　　　　　　　　　　　　　　　70 000
借：期初未分配利润　　　　　　　　　　　　　　　　　　17 500
　　贷：递延所得税资产　　　　　　　　　　　　　　　　　17 500
借：应付账款　　　　　　　　　　　　　　　　　　　1 400 000
　　贷：应收账款　　　　　　　　　　　　　　　　　　1 400 000
借：信用减值损失　　　　　　　　　　　　　　　　　　　30 000
　　贷：期初未分配利润　　　　　　　　　　　　　　　　　30 000
借：期初未分配利润　　　　　　　　　　　　　　　　　　　7 500
　　贷：所得税费用——递延所得税费用　　　　　　　　　　　7 500

内部应收票据与应付票据、预付账款与预收账款、其他应收款与其他应付款等的抵销处理方法，与内部应收账款与应付账款的抵销处理方法相同。

二、集团内部债券投资与应付债券的抵销

（一）初次编制合并财务报表产生内部债券交易当年的债券投资与应付债券的抵销

（1）在编制合并财务报表时，母公司与子公司、子公司相互之间的债券投资与应付债券项目应当相互抵销。在内部债券交易的当年，母公司与子公司、子公司相互之间的债券投资与应付债券相互抵销后，产生的差额应当计入投资收益项目。其抵销分录为

借：应付债券
　　贷：债权投资
　　　　投资收益——债券赎回利得或损失（或借）

（2）母公司与子公司、子公司相互之间持有对方债券所产生的投资收益（利息收入），应当与其相对应的发行方财务费用（利息费用）相互抵销。在内部债券交易的当年，母公司与子公司、子公司相互之间持有对方债券所产生的投资收益（利息收入）与其相对应的发行方财务费用（利息费用）相互抵销后，产生的差额应当计入投资收益项目。其抵销分录为

借：投资收益——利息收入
　　贷：财务费用
　　　　投资收益——债券赎回利得或损失（或借）

例 4-15　G 公司拥有 H 公司 80% 的股份。2017 年 1 月 1 日，G 公司对外发行 6 年期债券一批，面值 100 000 元，票面利率 5%，每年 12 月 31 日付息，发行价格为 102 000 元，另支付交易费用 2 000 元。2019 年 1 月 1 日，H 公司从外界购入该批债券，买价 103 000 元，

另支付交易费用 630 元，满足债权投资的条件。

2017 年 1 月 1 日，G 公司对外发行债券时，会计分录为

借：银行存款　　　　　　　　　　　　　　　　　　　　　　100 000
　　贷：应付债券——面值　　　　　　　　　　　　　　　　　100 000

G 公司每年支付利息时，会计分录为

借：财务费用　　　　　　　　　　　　　　　　　　　　　　　5 000
　　贷：银行存款　　　　　　　　　　　　　　　　　　　　　　5 000

2019 年 1 月 1 日，H 公司从外界购入该批债券时，会计分录为

借：债权投资——成本　　　　　　　　　　　　　　　　　　100 000
　　　　　　——利息调整　　　　　　　　　　　　　　　　　　3 630
　　贷：银行存款　　　　　　　　　　　　　　　　　　　　　103 630

2019 年 1 月 1 日，H 公司从外界购入该批债券后，债权投资账面价值为 103 630 元，未来现金流量情况为：2019 年、2020 年、2021 年、2022 年每年末会收到债券利息 5 000 元，2022 年末还会收到债券的面值 100 000 元。根据《企业会计准则第 22 号——金融工具确认和计量》的规定，实际利率是指将金融资产或金融负债在预计存续期的估计未来现金流量，折现为该金融资产账面余额或该金融负债摊余成本所使用的利率。通过计算，H 公司上述债权投资的实际利率为 4%。按实际利率法所计算的投资收益（利息收入）如表 4-4 所示。

表 4-4　投资收益（利息收入）计算　　　　　　　　　　　　　单位：元

年份	期初债券摊余价值（a）	收到利息（b）	投资收益（利息收入）（c=a×4%）	利息调整摊销（d=b−c）	期末债券摊余价值（e=a−d）
2019	103 630	5 000	4 145	855	102 775
2020	102 775	5 000	4 111	889	101 886
2021	101 886	5 000	4 075	925	100 961
2022	100 961	5 000	4 039	961	100 000

注：为计算方便，c 取整数。

2019 年 12 月 31 日，编制合并财务报表时，抵销内部债券交易影响的抵销分录为

借：应付债券　　　　　　　　　　　　　　　　　　　　　　100 000
　　投资收益——债券赎回损失　　　　　　　　　　　　　　　2 775
　　贷：债权投资　　　　　　　　　　　　　　　　　　　　　102 775
借：投资收益——利息收入　　　　　　　　　　　　　　　　　4 145
　　投资收益——债券赎回损失　　　　　　　　　　　　　　　　855
　　贷：财务费用　　　　　　　　　　　　　　　　　　　　　　5 000

（二）连续编制合并财务报表内部债券交易的债券投资与应付债券的抵销

（1）在内部债券交易以后年份，母公司与子公司、子公司相互之间的债权投资与应付债券相互抵销后，产生的差额应当计入期初未分配利润项目。其抵销分录为

借：应付债券
　　贷：债权投资

期初未分配利润（或借）

（2）母公司与子公司、子公司相互之间持有对方债券所产生的投资收益（利息收入），应当与其相对应的发行方财务费用（利息费用）相互抵销。在内部债券交易以后年份，母公司与子公司、子公司相互之间持有对方债券所产生的投资收益（利息收入）与其相对应的发行方财务费用（利息费用）相互抵销后，产生的差额应当计入期初未分配利润项目。其抵销分录为

借：投资收益——利息收入
  贷：财务费用
    期初未分配利润（或借）

例 4-16 沿用例 4-15 资料，2020 年 12 月 31 日，编制 G 公司与 H 公司的合并财务报表时，抵销内部债券交易影响的抵销分录为

借：应付债券   100 000
  期初未分配利润   1 886
  贷：债权投资   101 886
借：投资收益——利息收入   4 111
  期初未分配利润   889
  贷：财务费用   5 000

2021 年 12 月 31 日，编制 G 公司与 H 公司的合并财务报表时，抵销内部债券交易影响的抵销分录为

借：应付债券   100 000
  期初未分配利润   961
  贷：债权投资   100 961
借：投资收益——利息收入   4 075
  期初未分配利润   925
  贷：财务费用   5 000

2022 年 12 月 31 日，编制 G 公司与 H 公司的合并财务报表时，抵销内部债券交易影响的抵销分录为

借：应付债券   100 000
  贷：债权投资   100 000
借：投资收益——利息收入   4 039
  期初未分配利润   961
  贷：财务费用   5 000

母公司与子公司、子公司相互之间的债券投资与应付债券项目相互抵销的同时，应抵销相应的债券投资的减值准备，其抵销处理的方法与坏账准备的抵销相同。

第五节 综合运用举例

例 4-17 A 公司于 20×1 年 1 月 1 日用 240 000 元取得了 B 公司 80% 的股份，当时 B 公司的股东权益由股本 250 000 元、盈余公积 5 000 元、未分配利润 45 000 元构成。

由于A公司对B公司80%股权的投资成本等于所取得的B公司净资产账面价值（300 000×80%），且B公司各项资产、负债的账面价值等于公允价值，因此不存在未摊销价差，也不存在商誉问题。20×1年，B公司账面净利润为100 000元，派发现金股利25 000元；20×2年，B公司账面净利润为50 000元，派发现金股利25 000元。两家公司均按照净利润的10%提取盈余公积。

（1）A公司在合并后向B公司出售存货，20×2年有关存货内部交易资料如下所示。

20×2年向B公司出售存货150 000元。

20×2年1月1日期初存货中的未实现损益18 400元。

20×2年12月31日期末存货中的未实现损益13 800元。

（2）20×1年1月1日，A公司将自己的设备出售给B公司作为固定资产，该设备在A公司账面上为8 000元，售价为10 000元，该固定资产剩余使用期限为5年。

（3）20×1年1月1日，A公司与B公司由于日常交易，产生应收账款与应付账款往来1 000元，两公司均未对该笔款项计提减值准备。

20×1年1月1日，A公司取得B公司80%的股权时，会计分录为

借：长期股权投资　　　　　　　　　　　　　　　　　　　240 000
　　贷：银行存款　　　　　　　　　　　　　　　　　　　　　　　240 000

20×1年和20×2年，A公司收到B公司派发的现金股利时，会计分录为

借：银行存款　　　　　　　　　　　　　　　　　　　　　20 000
　　贷：投资收益　　　　　　　　　　　　　　　　　　　　　　　20 000

假设两家公司的股本和资本公积没有任何变化，20×2年A公司和B公司的利润表、股东权益变动表中的利润分配表部分、资产负债表如表4-5中的A公司和B公司栏目所示。

表4-5　20×2年12月31日A公司与B公司合并工作底稿　　　　　　　　　单位：元

项目	A公司	B公司（80%）	调整与抵销分录 借	调整与抵销分录 贷	合并财务报表
利润表：					
营业收入	1 500 000	750 000	(2)150 000		2 100 000
减：营业成本	1 000 000	500 000	(3)13 800	(2)150 000 (4)18 400	1 345 400
减：各项费用	294 000	200 000	(7)100	(3)3 450 (7)400	490 250
加：投资收益——B公司	20 000		(9)44 000	(1)24 000	
减：少数股东损益			(9)11 000		11 000
净利润	<u>226 000</u>	<u>50 000</u>			<u>253 350</u>
股东权益变动表：					
期初未分配利润	396 600	110 000	(4)18 400 (5)2 000 (9)90 000 (6)100	(1)39 600 (4)4 600 (5)500 (6)400	441 200
加：净利润	226 000✓	50 000✓			<u>253 350</u>
减：提取盈余公积	22 600	5 000	(1)2 400	(9)5 000	25 000
减：已分配股利	200 000	25 000		(9)25 000	200 000
期末未分配利润	<u>400 000</u>	<u>130 000</u>			<u>469 550</u>

续表

项 目	A公司	B公司（80%）	调整与抵销分录 借	调整与抵销分录 贷	合并财务报表
资产负债表：					
货币资金	400 000	90 000			490 000
存货	742 000	150 000		(3)13 800	878 200
应收账款	50 000	10 000		(8)1 000	61 000
长期股权投资——B公司	240 000		(1)68 000	(10)308 000	
固定资产	1 000 000	250 000	(6)400 (7)400	(5)2 000	1 248 800
递延所得税资产			(3)3 450 (4)4 600 (5)500	(7)100 (6)100	8 350
资产总计	2 432 000	500 000			2 686 350
应付账款	450 000	100 000		(8)1 000	551 000
股本	1 500 000	250 000	(10)250 000		1 500 000
盈余公积	82 000	20 000	(10)20 000	(1)4 400 (1)2 400	88 800
未分配利润	400 000√	130 000√	(10)115 000	(9)115 000	469 550
少数股东权益				(10)77 000	77 000
负债和股东权益总计	2 432 000	500 000			2 686 350

20×2年12月31日，在合并财务报表工作底稿中，应编制如下调整与抵销分录。

（1）按照权益法调整A公司对B公司的长期股权投资。调整的20×1年金额为：（100 000 - 18 400 - 2 000 + 400）×80% - 20 000 = 44 000（元）；调整的20×2年金额为：（50 000 + 18 400 + 400 - 13 800）×80% - 20 000 = 24 000（元）。调整分录为

借：长期股权投资　　　　　　　　　　　　　　　68 000
　　贷：投资收益　　　　　　　　　　　　　　　　　24 000
　　　　盈余公积　　　　　　　　　　　　　　　　　 4 400
　　　　期初未分配利润　　　　　　　　　　　　　　39 600

同时，

借：利润分配——提取盈余公积　　　　　　　　　 2 400
　　贷：盈余公积　　　　　　　　　　　　　　　　　 2 400

（2）抵销集团内部存货当期购销额的抵销分录为

借：营业收入　　　　　　　　　　　　　　　　150 000
　　贷：营业成本　　　　　　　　　　　　　　　　150 000

（3）抵销期末存货所包含的未实现损益的抵销分录为

借：营业成本　　　　　　　　　　　　　　　　 13 800
　　贷：存货　　　　　　　　　　　　　　　　　　 13 800

同时，需确认期末存货所包含的未实现损益暂时性差异的递延所得税影响。

借：递延所得税资产　　　　　　　　　　　　　　 3 450
　　贷：所得税费用——递延所得税费用　　　　　　　 3 450

（4）抵销期初存货所包含的未实现损益的抵销分录为

借：期初未分配利润 18 400
　　贷：营业成本 18 400
同时，需确认期初存货所包含的未实现损益暂时性差异的递延所得税影响。
借：递延所得税资产 4 600
　　贷：期初未分配利润 4 600

（5）将内部交易形成的固定资产原价中包含的未实现内部销售损益抵销，并调整期初未分配利润。
借：期初未分配利润 2 000
　　贷：固定资产——原价 2 000
同时，
借：递延所得税资产 500
　　贷：期初未分配利润 500

（6）将以前会计期间内部交易形成的固定资产多计提的累计折旧抵销，并调整期初未分配利润。
借：固定资产——累计折旧 400
　　贷：期初未分配利润 400
同时，
借：期初未分配利润 100
　　贷：递延所得税资产 100

（7）将本期内部交易形成的固定资产多计提的累计折旧抵销，并调整相关资产的成本或当期损益。
借：固定资产——累计折旧 400
　　贷：管理费用 400
同时，
借：所得税费用——递延所得税费用 100
　　贷：递延所得税资产 100

（8）将本期内部交易形成的应收账款与应付账款抵销。
借：应付账款 1 000
　　贷：应收账款 1 000

（9）A公司对B公司的投资收益抵销的抵销分录为
借：投资收益 44 000
　　少数股东损益 11 000
　　期初未分配利润 90 000
　　贷：利润分配——提取盈余公积 5 000
　　　　　　　　——已分配股利 25 000
　　　　期末未分配利润 115 000

其中：少数股东损益=（50 000+18 400-2 000+400+400-12 200）×20%=11 000（元）；期初未分配利润=110 000-18 400-2 000+400=90 000（元）；期末未分配利润=130 000-13 800-（2 000-400×2）=115 000（元）。

（10）抵销年末A公司对B公司的长期股权投资的抵销分录为

借：股本	250 000
盈余公积	20 000
期末未分配利润	115 000
贷：长期股权投资	308 000
少数股东权益	77 000

其中：少数股东权益＝（250 000＋20 000＋115 000）×20%＝77 000（元）。

应当注意的是，抵销分录的编制基本上没有公式可循，但编制抵销分录时，应始终坚持以下原则：①合并财务报表是以个别报表基础编制的。以前期间内部交易对合并财务报表的影响并未记入个别财务报表。②分析个别财务报表合计数与合并数之间的差异是一种较易于确定抵销分录的方法。其中，合并数的确定依赖于将企业集团作为一个整体分析而得。③在分析抵销分录的编制时，分清前期影响和当期影响，并分别予以消除可以简化处理。④编制抵销分录时应具体问题具体分析。抵销分录的编制取决于个别企业已有的会计记录。个别企业会计处理不同，抵销分录也不同。

本章小结

《企业会计准则第33号——合并财务报表》规定，母公司编制合并财务报表，应当将整个企业集团视为一个会计主体，抵销母公司与子公司、子公司相互之间发生的内部交易的影响。本章主要讲授编制合并资产负债表和合并利润表时的内部交易会计处理问题。

在编制合并资产负债表时，母公司与子公司、子公司相互之间销售商品、提供劳务或其他方式形成的存货、固定资产等所包含的未实现内部销售损益应当抵销；对存货、固定资产等计提的跌价准备或减值准备与未实现内部销售损益相关的部分应当抵销。同时，因抵销未实现内部销售损益导致合并资产负债表中资产、负债的账面价值与其在所属纳税主体的计税基础之间产生暂时性差异的，在合并资产负债表中应当确认递延所得税资产或递延所得税负债，同时调整合并利润表中的所得税费用，但与直接计入所有者权益的交易或事项及企业合并相关的递延所得税除外。母公司与子公司、子公司相互之间的债权与债务项目应当相互抵销，同时抵销相应的减值准备。

在编制合并利润表时，母公司与子公司、子公司相互之间销售商品，期末全部实现对外销售的，应当将购买方的营业成本与销售方的营业收入相互抵销。母公司与子公司、子公司相互之间销售商品，期末未实现对外销售而形成存货、固定资产等资产的，在抵销销售商品的营业成本和营业收入的同时，应当将各项资产所包含的未实现内部销售损益予以抵销。在对母公司与子公司、子公司相互之间销售商品形成的固定资产所包含的未实现内部销售损益进行抵销的同时，也应当对固定资产的折旧额与未实现内部销售损益相关的部分进行抵销。母公司与子公司、子公司相互之间持有对方债券所产生的投资收益、利息收入及其他综合收益等，应当与其相对应的发行方利息费用相互抵销。

思考题

1. 说明合并抵销分录的性质及其与母公司、子公司账簿中的记录的不同点。

2. 为什么在编制合并财务报表时需要消除公司间交易？
3. 集团内部销售固定资产与集团内部存货交易有什么不同？
4. 是否应该消除集团内部子公司之间所有的内部交易？为什么？
5. 为什么说销售方的未实现损益随着固定资产购入方计提折旧而实现？

练习题

1. 母公司 2020 年向子公司销售产品 20 000 元，与之相关的销售成本为 16 000 元。子公司 2020 年向企业集团以外销售了其中的 10 000 元，剩余存货在 2020 年 12 月 31 日可变现净值为 9 000 元，该项内部交易在 2020 年末编制合并财务报表时如何处理？如果剩余的 10 000 元，子公司 2021 年仍未对外销售，剩余存货在 2021 年 12 月 31 日可变现净值为 7 000 元，在编制 2021 年合并财务报表时应如何处理？

2. 母公司持有子公司 80%股份，2021 年，子公司将自己生产的产品出售给母公司作为固定资产，售价 20 000 元，销售成本 16 000 元。固定资产使用寿命为 5 年。2021 年 12 月 31 日，该固定资产可收回金额为 18 000 元，2022 年，该固定资产可收回金额为 13 000 元，请编制 2021 年末、2022 年末的合并抵销分录。

3. 2019 年 1 月 1 日，E 公司取得了 F 公司 80%的股权。2019 年 12 月 31 日，E 公司个别资产负债表中应收账款 900 000 元为 2019 年向 F 公司销售商品发生的应收销货款的账面价值，E 公司对该笔应收账款计提的坏账准备为 100 000 元。F 公司个别资产负债表中应付账款 1 000 000 元系 2019 年向 E 公司购进商品存货发生的应付购货款。

2020 年 12 月 31 日，E 公司个别资产负债表中应收账款 450 000 元为向 F 公司销售商品发生的应收销货款的账面价值，E 公司对该笔应收账款计提的坏账准备为 50 000 元。F 公司个别资产负债表中应付账款 500 000 元系向 E 公司购进商品存货发生的应付购货款。

2021 年 12 月 31 日，E 公司个别资产负债表中应收账款 720 000 元为向 F 公司销售商品发生的应收销货款的账面价值，E 公司对该笔应收账款计提的坏账准备为 80 000 元。F 公司个别资产负债表中应付账款 800 000 元系向 E 公司购进商品存货发生的应付购货款。

要求：编制 2019 年、2020 年和 2021 年在 E 公司与 F 公司合并财务报表工作底稿中抵销内部应收应付账款有关的调整与抵销分录。

4. 2019 年 12 月 31 日，G 公司与其拥有 90%股份的子公司 H 试算表有关项目数据如表 4-6 所示。

表 4-6　2019 年 G 公司与 H 公司试算表有关项目数据　　　单位：元

项　　目	G 公司	H 公司
应收利息		1 000
债权投资——G 公司债券		51 350
应付利息	2 000	
应付债券	98 200	
投资收益——利息收入		2 550
财务费用——利息费用	8 800	

H公司于2019年4月1日以51 800元购入G公司发行在外的债券中面值为50 000元的债券,该债券票面利率8%,于每年4月1日和10月1日各付息一次,并于2022年4月1日到期。

要求：编制2019年合并财务报表工作底稿中的抵销分录,抵销债券交易的影响。

练习题参考答案

第五章

复杂情形下合并财务报表编制

在前述章节我们介绍了企业合并财务报表的一些基本原则,本章将更深入地探讨在我们实务中可能遇到的更加复杂情形下的财务报表合并问题。前述章节我们所讲述的财务报表合并问题一方面介绍的是静态情形下即一步式的合并、股权只涉及母子公司直接持股问题,另一方面通常设定合并日发生在期初。而本章将打破前述的若干理想状态,介绍多次交易分步实现企业合并、合并后继续购买子公司少数股权、间接持股、交叉持股、期中合并和股权处置下的财务报表合并问题。

第一节 股权变动下财务报表合并

本节将股权发生变动情形分为控制权取得前的股权变动和控制权取得日之后股权变动两类进行介绍。控制权取得前的股权变动涉及多次交易分步实现企业合并,而控制权取得日之后的股权变动涉及母公司继续增持或减少股权的情形,具体分析如下。

一、多次交易分步实现企业合并

针对多次交易分步实现的企业合并,我们依然需要区分同一控制下和非同一控制下两种情况进行处理。由于同一控制下的多次交易分步实现企业合并的处理原则仅在《企业会计准则解释第 6 号(征求意见稿)》中提出,而在 2014 年 1 月 17 日出台的《企业会计准则解释第 6 号》中没有提及,所以在此只是简单介绍一下征求意见稿中的处理原则,以区分非同一控制下的处理原则。征求意见稿中规定:合并方应当根据《财政部关于印发企业会计准则解释第 5 号的通知》(财会〔2012〕19 号)关于"一揽子交易"的判断标准,判断多次交易是否属于"一揽子交易"。属于一揽子交易的,合并方应当根据《企业会计准则第 2 号——长期股权投资》《企业会计准则第 20 号——企业合并》和《企业会计准则第 33 号——合并财务报表》的有关规定进行会计处理。不属于"一揽子交易"的,应当视同各项有关交易在发生即比照上述规定处理进行调整:①确定同一控制下企业合并形成的长期股权投资的初始投资成本。在合并日,应当按照《企业会计准则第 2 号——长期股权投资》有关规定确定长期股权投资的初始投资成本;同时,对合并前取得的长期股权投资视同取得时即按照同一控制下企业合并的原则处理进行调整,合并日长期股权投资初始投资成本与达到合并前的长期股权投资账面价值(经调整)加上合并日取得进一步股份新支付对价的账面价值之和的差额,调整资本公积(资本溢价或股本溢价),资本公积不足冲减的,冲减留存收益。②编制合并财务报表。合并方应当按照《企业会计准则第 20 号——企业合并》和《企业会计准则第 33 号——合并财务报表》的规定编制合并财务报表。合并方在达到合并之前持有的股权投资，在取得之日与合并日之间已确认有关损益或其他综合收益的，应予以冲回。

非同一控制下多次交易分步实现企业合并已在《企业会计准则解释第4号》中有明确规定。对于非同一控制下分步实现企业合并，在控制权取得前即按照《企业会计准则第2号——长期股权投资》有关规定确定长期股权投资的初始投资成本，而在控制权取得日即按照第4号解释处理，即通过多次交易分步实现非同一控制下企业合并的，应当区分个别财务报表和合并财务报表进行相关会计处理：①在个别财务报表中，应当将购买日之前所持被购买方的股权投资的账面价值与购买日新增投资成本之和，作为该项投资的初始投资成本；购买日之前持有的被购买方的股权涉及其他综合收益的，应当在处置该项投资时将与其相关的其他综合收益（例如，可供出售金融资产公允价值变动计入资本公积的部分，下同）转入当期投资收益。②在合并财务报表中，对于购买日之前持有的被购买方的股权，应当按照该股权在购买日的公允价值进行重新计量，公允价值与其账面价值的差额计入当期投资收益；购买日之前持有的被购买方的股权涉及其他综合收益的，与其相关的其他综合收益应当转为购买日所属当期投资收益。购买方应当在附注中披露其在购买日之前持有的被购买方的股权在购买日的公允价值、按照公允价值重新计量产生的相关利得或损失的金额。对于非同一控制下分步实现企业合并，购买日确认的商誉＝（新购买权益＋旧购买权益）于购买日的合计公允价值－被购买方可辨认净资产于购买日的公允价值×购买方在购买日的累计持股比例。

例5-1 20×5年1月1日，M公司以银行存款4 000 000元收购N公司30%的股权，20×5年1月1日N公司的简易资产负债表如表5-1所示，N公司固定资产为管理用固定资产，剩余使用年限为10年，残值忽略不计，按直线法进行折旧。20×5年度N公司实现账面净利润200 000元，发放现金股利40 000元，M公司、N公司均按照10%提取盈余公积，所得税税率均为25%。

表5-1　20×5年1月1日N公司的简易资产负债表　　　　　　　　单位：元

项目	账面价值	公允价值
货币资金	500 000	500 000
存货	1 500 000	1 500 000
固定资产	6 000 000	9 000 000
无形资产	2 000 000	2 000 000
资产总计	10 000 000	13 000 000
短期借款	1 000 000	1 000 000
股本	5 000 000	
资本公积	2 000 000	
盈余公积	1 000 000	
未分配利润	1 000 000	
净资产	9 000 000	12 000 000

20×6年1月1日，M公司以6 000 000元再购买N公司40%股权，20×6年1月1日N公司简易资产负债表如表5-2所示，20×6年N公司实现净利润400 000元，发放现金股利80 000元，存货期末全部售出。

表 5-2　20×6 年 1 月 1 日 N 公司简易资产负债表　　　　　单位：元

项　目	账面价值	公允价值
货币资金	1 260 000	1 260 000
存货	1 500 000	1 600 000
固定资产	5 400 000	9 000 000
无形资产	2 000 000	2 000 000
资产总计	10 160 000	13 860 000
短期借款	1 000 000	1 000 000
股本	5 000 000	
资本公积	2 000 000	
盈余公积	1 020 000	
未分配利润	1 140 000	
净资产	9 160 000	12 860 000

M 公司在个别财务报表中应编制分录如下。

（1）20×5 年 1 月 1 日取得 N 公司 30%股权，采用权益法核算，支付对价（4 000 000 元）大于当日享有 N 公司净资产公允价值的份额（12 000 000 元×30% = 3 600 000 元），所以不需对初始投资成本进行调整。

　　借：长期股权投资——N 公司　　　　　　　　　　　　　4 000 000
　　　　贷：银行存款　　　　　　　　　　　　　　　　　　　　　4 000 000

（2）20×5 年度获 N 公司发放的现金股利。

　　借：银行存款　　　　　　　　　　　　　　　　　　　　　　12 000
　　　　贷：长期股权投资——N 公司　　　　　　　　　　　　　　12 000

（3）20×5 年度 N 公司实现账面净利润 200 000 元，根据固定资产公允价值与账面价值的折旧差额，对其进行调整，则实现公允价值下净利润 = 200 000 +（600 000 - 900 000）= -100 000（元）。

　　借：投资收益——N 公司　　　　　　　　　　　　　　　　　30 000
　　　　贷：长期股权投资——N 公司　　　　　　　　　　　　　　30 000

（4）20×6 年 1 月 1 日 M 公司再购买 N 公司 40%股权后，总股权数达到 70%，按成本法进行核算。

　　借：长期股权投资——N 公司　　　　　　　　　　　　　6 000 000
　　　　贷：银行存款　　　　　　　　　　　　　　　　　　　　　6 000 000

（5）20×6 年度收到现金股利 = 80 000×70% = 56 000（元）。

　　借：银行存款　　　　　　　　　　　　　　　　　　　　　　56 000
　　　　贷：投资收益——N 公司　　　　　　　　　　　　　　　　56 000

M 公司 20×6 年度编制合并财务报表时的调整与抵销分录。

（1）20×6 年 1 月 1 日为控制权取得日，应当对原取得的长期股权投资按照控制权取得日的公允价值进行调整，差额计入投资收益。20×6 年 1 月 1 日原取得的长期股权投资账面价值 = 4 000 000 - 12 000 - 30 000 = 3 958 000（元），对应的公允价值为 =（6 000 000/40%）×30% = 4 500 000（元），所以确认投资收益 = 4 500 000 - 3 958 000 =

542 000（元）。

借：长期股权投资——N公司 542 000
　　贷：投资收益——投资利得 542 000

（2）按照权益法调整20×6年度M公司享有N公司的投资收益，按照公允价值调整净利润，调整后的净利润=（400 000+600 000-1 000 000+1 500 000-1 600 000）=-100 000（元），并考虑个别财务报表中对分配股利的处理，将成本法调整为权益法，调整的投资收益=（-100 000-80 000）×70%=-126 000（元）。

借：投资收益——N公司 126 000
　　贷：长期股权投资——N公司 126 000

（3）将M公司对N公司的投资收益抵销。

借：营业成本 100 000
　　管理费用 400 000
　　未分配利润——期初 1 140 000
　　贷：利润分配——分配现金股利 80 000
　　　　利润分配——提取盈余公积 40 000
　　　　未分配利润——期末 1 420 000
　　　　投资收益——N公司 70 000
　　　　少数股东损益——N公司 30 000

其中：营业成本=1 600 000-1 500 000=100 000（元）；管理费用=（9 000 000/9）-（5 400 000/9）=400 000（元）；少数股东损益=（400 000-100 000-400 000）×30%=-30 000（元）。

（4）抵销M公司对N公司的长期股权投资。

借：股本 5 000 000
　　资本公积 2 000 000
　　盈余公积 1 060 000
　　未分配利润——期末 1 420 000
　　固定资产 3 200 000
　　商誉 1 498 000
　　贷：长期股权投资 10 374 000
　　　　少数股东权益 3 804 000

少数股东权益=（5 000 000+2 000 000+1 060 000+1 420 000+3 200 000）×30%=3 804 000（元），商誉=购买日长期股权投资公允价值-应享有被购买方购买日净资产公允价值份额=（6 000 000+4 500 000）-12 860 000×70%=1 498 000（元）。

（5）考虑所得税的影响。就购买日的各项资产公允价值与账面价值的差额确认相应的递延所得税负债，并根据自购买日持续计算的差额的余额进行调整。

借：商誉 925 000
　　贷：递延所得税负债 925 000
借：递延所得税负债 125 000
　　贷：所得税费用——递延所得税费用 125 000

购买日确认递延所得税负债＝购买日各项资产公允价值与账面价值的差额×所得税税率＝（13 860 000－10 160 000）×25%＝925 000（元）。

20×6 年末确认递延所得税负债＝年末资产的公允价值与账面价值的差额×所得税税率＝固定资产公允价值与账面价值差额×所得税税率＝（8 000 000－4 800 000）×25%＝800 000（元），所以应调整的递延所得税负债＝925 000－800 000＝125 000（元）。

20×6 年 12 月 31 日 M 公司和 N 公司的合并财务报表的工作底稿如表 5-3 所示。

表 5-3　20×6 年 12 月 31 日 M 公司和 N 公司的合并财务报表的工作底稿　　单位：元

项　目	M 公司	N 公司	调整与抵销分录 借	调整与抵销分录 贷	合并财务报表
利润表：					
营业收入	10 464 000	2 133 333			12 597 333
减：营业成本	8 500 000	1 500 000	（3）100 000		10 100 000
减：期间费用	500 000	100 000	（3）400 000		1 000 000
加：投资收益——N 公司	56 000		（2）126 000	（3）70 000	0
投资收益——利得				（1）542 000	542 000
减：少数股东损益				（3）30 000	−30 000
所得税费用	352 000	133 333		（5）125 000	360 333
净利润	1 168 000	400 000			1 709 000
股东权益变动表：					
未分配利润——期初	4 000 000	1 140 000	（3）1 140 000		4 000 000
加：净利润	1 168 000	400 000			1 709 000
减：提取盈余公积	116 800	40 000		（3）40 000	116 800
减：已分配股利	100 000	80 000		（3）80 000	100 000
未分配利润——期末	4 951 200	1 420 000			5 492 200
资产负债表：					
货币资金	100 000 000	1 680 000			101 680 000
存货	2 000 000	2 000 000			4 000 000
长期股权投资——N 公司	9 958 000		（1）542 000	（2）126 000 （4）10 374 000	
无形资产	5 000 000	2 000 000			7 000 000
固定资产	400 000 000	4 800 000	（4）3 200 000		408 000 000
商誉			（4）1 498 000 （5）925 000		2 423 000
资产总计	516 958 000	10 480 000			523 103 000
短期借款	30 000 000	1 000 000			31 000 000
递延所得税负债				（5）800 000	800 000
股本	300 000 000	5 000 000	（4）5 000 000		300 000 000
资本公积	100 000 000	2 000 000	（4）2 000 000		100 000 000
盈余公积	82 006 800	1 060 000	（4）1 060 000		82 006 800
未分配利润	4 951 200	1 420 000	（4）1 420 000	（3）1 420 000	5 492 200
少数股东权益				（4）3 804 000	3 804 000
负债和股东权益合计	516 958 000	10 480 000			523 103 000

二、购买子公司少数股权

购买子公司少数股权是指取得控制权后继续增持股份的行为。我们应区别个别财务报表和合并财务报表进行处理：对于个别财务报表，母公司购买子公司少数股权所形成的长期股权投资，应当按照《企业会计准则第2号——长期股权投资》第五条的规定确定其投资成本；对于合并财务报表，因购买少数股权新取得的长期股权投资与按照新增持股比例计算应享有子公司按购买日（或合并日）公允价值持续计算的净资产份额之间的差额，应当调整所有者权益（资本公积），资本公积不足冲减的，调整留存收益。

例 5-2 沿用例 5-1 的资料，20×7 年 1 月 1 日 M 公司继续增持 N 公司股份，以 3 000 000 元银行存款购买 N 公司 20% 股权，当日 N 公司简易资产负债表如表 5-4 所示，公司期初存货全部售出，20×7 年 N 公司实现账面净利润 8 000 000 元，派发现金股利 400 000 元，M、N 公司均按照 10% 提取盈余公积，所得税税率为 25%。

表 5-4　20×7 年 1 月 1 日 N 公司简易资产负债表　　　　单位：元

项　目	账面价值	公允价值
货币资金	1 680 000	1 680 000
存货	2 000 000	2 500 000
固定资产	4 800 000	12 000 000
无形资产	2 000 000	2 000 000
资产总计	10 480 000	18 180 000
短期借款	1 000 000	1 000 000
股本	5 000 000	
资本公积	2 000 000	
盈余公积	1 060 000	
未分配利润	1 420 000	
净资产	9 480 000	17 180 000

M 公司个别财务报表财务处理如下。

（1）20×7 年 1 月 1 日，M 公司以 3 000 000 元取得 N 公司 20% 股权，会计处理如下。

借：长期股权投资　　　　　　　　　　　　　　　　　　　　　　　3 000 000
　　贷：银行存款　　　　　　　　　　　　　　　　　　　　　　　　　　3 000 000

（2）20×7 年 N 公司发放现金股利 400 000 元，个别财务报表按照成本法进行处理，确认投资收益 = 400 000 × 90% = 360 000（元）。

借：银行存款　　　　　　　　　　　　　　　　　　　　　　　　　360 000
　　贷：投资收益　　　　　　　　　　　　　　　　　　　　　　　　　　360 000

M 公司合并财务报表所需进行的调整与抵销分录如下。

（1）20×7 年 12 月 31 日，首先对前述处理采用权益法进行调整：对于购买日之前的 30% 股权应按照购买日公允价值进行调整，20×6 年 1 月 1 日原取得长期股权投资的账面价值 = 4 000 000 − 12 000 − 30 000 = 3 958 000（元），对应的公允价值 = (6 000 000/40%) × 30% = 4 500 000（元），其差额应调整留存收益 = 4 500 000 − 3 958 000 = 542 000（元）。对于 20×6 年度实现的投资收益 − 126 000 元，调整留存收益 − 126 000 元，合计调整留存收益 416 000 元。

然后针对20×7年1月1日增持的少数股权进行处理,按照购买日公允价值持续计算的净资产公允价值=20×6年期初的净资产公允价值+20×6年实现的经公允价值调整的净利润-20×6年发放的现金股利=12 860 000+400 000+600 000-1 000 000+1 500 000-1 600 000-80 000=12 680 000(元),新增持股份占该公允价值份额=12 680 000×20%=2 536 000(元),其与购买该少数股权所支付对价的差额调整资本公积=3 000 000-12 680 000×20%=464 000(元)。

最后,按照权益法调整20×7年度实现的投资收益:(8 000 000+600 000-1 000 000-400 000)×90%=6 480 000(元)。

借:长期股权投资——N公司　　　　　　　　　　　　　6 432 000
　　资本公积　　　　　　　　　　　　　　　　　　　　464 000
　　贷:盈余公积　　　　　　　　　　　　　　　　　　　41 600
　　　　未分配利润——年初　　　　　　　　　　　　　374 400
　　　　投资收益　　　　　　　　　　　　　　　　　　6 480 000

注意:分录(1)中所有的项目均属于编制合并财务报表的调整项目,仅在工作底稿中存在。

(2)抵销本期确认的投资收益。

借:投资收益　　　　　　　　　　　　　　　　　　　6 840 000
　　少数股东损益　　　　　　　　　　　　　　　　　　760 000
　　管理费用　　　　　　　　　　　　　　　　　　　　400 000
　　未分配利润——年初　　　　　　　　　　　　　　1 420 000
　　贷:利润分配——提取现金股利　　　　　　　　　　400 000
　　　　利润分配——提取盈余公积　　　　　　　　　　800 000
　　　　未分配利润——年末　　　　　　　　　　　　8 220 000

(3)抵销M公司对N公司的长期股权投资。

借:股本　　　　　　　　　　　　　　　　　　　　　5 000 000
　　资本公积　　　　　　　　　　　　　　　　　　　2 000 000
　　盈余公积　　　　　　　　　　　　　　　　　　　1 860 000
　　未分配利润——年末　　　　　　　　　　　　　　8 220 000
　　固定资产　　　　　　　　　　　　　　　　　　　2 800 000
　　商誉　　　　　　　　　　　　　　　　　　　　　1 498 000
　　贷:长期股权投资　　　　　　　　　　　　　　　19 390 000
　　　　少数股东权益　　　　　　　　　　　　　　　1 988 000

注意:(3)中所抵减的所有者权益项目属于N公司,切记不要与(1)中的相关项目混为一谈。

(4)考虑所得税影响。就购买日的各项资产公允价值与账面价值的差额确认相应的递延所得税负债,并根据自购买日持续计算的差额的余额进行调整。

借:商誉　　　　　　　　　　　　　　　　　　　　　925 000
　　贷:递延所得税负债　　　　　　　　　　　　　　　925 000
借:递延所得税负债　　　　　　　　　　　　　　　　225 000

  贷：所得税费用   100 000
    盈余公积   12 500
    未分配利润——年初   112 500

  购买日确认递延所得税负债＝购买日各项资产公允价值与账面价值的差额×所得税税率（13 860 000－10 160 000）×25%＝925 000（元）。

  20×7年12月31日递延所得税负债余额＝20×7年末资产的公允价值与账面价值的差额×所得税税率＝固定资产公允价值与账面价值差额×所得税税率＝（7 000 000－4 200 000）×25%＝700 000（元）。

三、出售子公司股权

  对于出售子公司股权，我们首先需明确出售子公司股权后是否继续保留对子公司的控制权，在保留控制权和丧失控制权下，财政部会计司均发文进行了不同的规定，在此分三种情况进行探讨。

（一）出售子公司少数股权（未丧失控制权）

  对于出售子公司少数股权在没有丧失控制权的情形下的会计处理，《财政部关于执行会计准则的上市公司和非上市企业做好2009年年报工作的通知》（财会〔2009〕16号）对个别财务报表和合并财务报表的处理分别作出规定：①对于个别财务报表：企业处置对子公司的投资，处置价款与处置投资对应的账面价值的差额，应当确认为当期投资收益；②对于合并财务报表：处置价款与处置股份对应享有的子公司按购买日（或合并日）公允价值持续计算的净资产份额之间的差额，在未丧失控制权时应当按照《财政部关于不丧失控制权情况下处置部分对子公司投资会计处理的复函》（财会便〔2009〕14号）的规定，将此项差额计入资本公积（资本溢价），资本溢价不足冲减的，应当调整留存收益。也就是说，母公司在不丧失控制权的情况下部分处置对子公司的长期股权投资，在合并财务报表中处置价款与处置股份对应享有的子公司按购买日（或合并日）公允价值持续计算的净资产份额之间的差额，应当计入所有者权益（注意：这里"子公司按购买日（或合并日）公允价值持续计算的净资产份额"指"股权处置日子公司可辨认净资产的账面价值＋未摊销的公允价值价差"）。

  例5-3 沿用例5-1和例5-2的资料，假设20×8年1月1日M公司将其持有N公司股权的1/9出售给N公司的少数股东，取得价款2 000 000元。20×8年1月1日N公司的简易资产负债表如表5-5所示，20×8年N公司实现净利润6 000 000元，未派发现金股利。M、N公司均按照10%提取盈余公积，公司所得税税率均为25%。

表5-5 20×8年1月1日N公司的简易资产负债表   单位：元

项目	账面价值	公允价值
货币资金	2 880 000	2 880 000
存货	6 000 000	6 500 000
固定资产	4 200 000	6 500 000
无形资产	5 000 000	5 000 000
资产总计	18 080 000	20 880 000

续表

项　　目	账面价值	公允价值
短期借款	1 000 000	1 000 000
股本	5 000 000	
资本公积	2 000 000	
盈余公积	1 860 000	
未分配利润	8 220 000	
净资产	17 080 000	19 880 000

20×8年1月1日M公司个别财务报表应编制的分录如下。

20×8年1月1日，M公司对N公司个别财务报表上长期股权投资账面价值为12 958 000元，所以本次售出1/9的份额，面值约为1 439 778元。

借：银行存款　　　　　　　　　　　　　　2 000 000
　　贷：长期股权投资——N公司　　　　　　　　1 439 778
　　　　投资收益——股权出售利得　　　　　　　　560 222

20×8年12月31日M公司合并资产负债表应编制的调整与抵销分录如下。

（1）对于出售部分少数股权的调整：20×8年1月1日，N公司净资产公允价值的对应份额与所得价款之间的差额计入资本公积，结合例5-2的资料知当日N公司按照购买日持续计算的净资产公允价值为19 880 000元，从合并报表角度，该业务应该确认为

借：银行存款　　　　　　　　　　　　　　2 000 000
　　贷：长期股权投资——N公司　　　　　　　　1 988 000（19 880 000×10%）
　　　　资本公积　　　　　　　　　　　　　　　12 000

由于合并财务报表是在个别财务报表基础上调整而得的，故在合并财务报表工作底稿中对该业务的调整分录如下。

借：投资收益——股权出售利得　　　　　　560 222
　　贷：长期股权投资——N公司　　　　　　　　548 222
　　　　资本公积　　　　　　　　　　　　　　　12 000

（2）针对前期以及本期交易编制调整分录。首先对前述处理采用权益法进行调整：对于购买日之前的30%股权应按照购买日公允价值进行调整，20×6年1月1日原取得的长期股权投资额账面价值＝4 000 000－12 000－30 000＝3 958 000（元），对应的公允价值＝（6 000 000/40%）×30%＝4 500 000（元），所以调整留存收益＝4 500 000－3 958 000＝542 000（元）；对于20×6年度实现的投资收益－126 000元，调整留存收益－126 000元，合计调整留存收益416 000元；对于20×7年度实现的投资收益＝（8 000 000＋600 000－1 000 000－400 000）×90%＝6 480 000（元），调整留存收益6 480 000元，合计调整留存收益6 896 000元。然后对20×7年1月1日增持股份进行处理，按照购买日持续计算的净资产公允价值＝12 860 000＋400 000－80 000－400 000－100 000＝12 680 000（元），所以按照支付对价与占净资产公允价值之间的份额差异调减资本公积＝3 000 000－12 680 000×20%＝464 000（元）；最后按照权益法调整20×8年度实现的投资收益：（6 000 000＋600 000－1 000 000）×80%＝4 480 000（元）。

借：长期股权投资	10 912 000	
资本公积	464 000	
贷：盈余公积		689 600
未分配利润——期初		6 206 400
投资收益——N公司		4 480 000

将上述两个调整分录合并。

借：长期股权投资——N公司	10 363 778	
资本公积	452 000	
投资收益——股权出售利得	560 222	
贷：盈余公积		689 600
未分配利润——期初		6 206 400
投资收益——N公司		4 480 000

（3）抵销M公司对N公司本期的投资收益。

借：投资收益	4 480 000	
少数股东收益	1 120 000	
管理费用	400 000	
未分配利润——年初	8 220 000	
贷：利润分配——提取盈余公积		600 000
未分配利润——年末		13 620 000

（4）将M公司对N公司的长期股权投资与N公司的所有者权益抵销。

借：股本	5 000 000	
资本公积	2 000 000	
盈余公积	2 460 000	
未分配利润——年末	13 620 000	
固定资产	2 400 000	
商誉	1 498 000	
贷：长期股权投资		21 882 000
少数股东权益		5 096 000

20×8年12月31日N公司按照购买日持续计算的净资产公允价值为（19 880 000＋5 600 000）－25 480 000（元），故少数股东权益为25 480 000×20%＝5 096 000（元）。

（5）考虑所得税影响。就购买日的各项资产公允价值与账面价值的差额确认相应的递延所得税负债，并根据自购买日持续计算的差额的余额进行调整。

借：商誉	925 000	
贷：递延所得税负债		925 000
借：递延所得税负债	325 000	
贷：所得税费用		100 000
盈余公积		22 500
未分配利润——年初		202 500

购买日确认递延所得税负债＝购买日各项资产公允价值与账面价值的差额×所得税税率＝（13 860 000－10 160 000）×25%＝925 000（元）。

20×8年12月31日递延所得税负债余额＝20×8年末资产的公允价值与账面价值的差额×所得税税率＝固定资产公允价值与账面价值差额×所得税税率＝（6 000 000－3 600 000）×25%＝600 000（元）。

（二）一次性出售子公司股权导致丧失控制权

针对一次出售交易即实现丧失控制权的，《企业会计准则解释第4号》分别对个别财务报表和合并财务报表作出了规定。企业因处置部分股权投资或其他原因丧失了对原有子公司控制权的，应当区分个别财务报表和合并财务报表进行相关会计处理：①在个别财务报表中，对于处置的股权，应当按照《企业会计准则第2号——长期股权投资》的规定进行会计处理；同时，对于剩余股权，应当按其账面价值确认为长期股权投资或其他相关金融资产。处置后的剩余股权能够对原有子公司实施共同控制或重大影响的，按有关成本法转为权益法的相关规定进行会计处理。②在合并财务报表中，对于剩余股权，应当按照其在丧失控制权日的公允价值进行重新计量。处置股权取得的对价与剩余股权公允价值之和，减去按原持股比例计算应享有原有子公司自购买日开始持续计算的可辨认净资产公允价值份额与商誉之和（即原有子公司自购买日开始持续计算的股权公允价值），形成的差额计入丧失控制权当期的投资收益。此外，与原有子公司的股权投资相关的其他综合收益、其他所有者权益变动，应当在丧失控制权时转入当期损益，由于被投资方重新计量设定受益计划净负债或净资产变动而产生的其他综合收益除外。企业应当在附注中披露处置后的剩余股权在丧失控制权日的公允价值、按照公允价值重新计量产生的相关利得或损失的金额。上述规定的实质是：企业因处置部分股权投资等丧失对被投资方的控制权的，在编制合并财务报表时，有关处置部分股权投资的会计处理，首先应按照权益法追溯调整，然后编制处置部分股权投资的会计分录，最后对剩余股权应按照公允价值进行重新计量。上述有关处置部分股权投资应该编制的会计分录与账上实际编制的会计分录之间的差，即为编制合并财务报表时应该做的调整与抵销分录。

例5-4 沿用例5-1、例5-2、例5-3的资料，假设20×9年1月1日M公司一次性转让持有的N公司股权40%，转让价款为10 000 000元，20×9年1月1日N公司的简易资产负债表如表5-6所示，20×9年N公司实现净利润4 000 000元，未派发现金股利。M、N公司均按照10%提取盈余公积，公司所得税税率均为25%。

表5-6　20×9年1月1日N公司的简易资产负债表　　　　　　单位：元

项　目	账面价值	公允价值
货币资金	3 480 000	3 480 000
存货	9 000 000	9 000 000
固定资产	3 600 000	6 600 000
无形资产	8 000 000	8 000 000
资产总计	24 080 000	27 080 000
短期借款	1 000 000	1 000 000
股本	5 000 000	
资本公积	2 000 000	
盈余公积	2 460 000	
未分配利润	13 620 000	
净资产	23 080 000	26 080 000

20×9年1月1日M公司个别财务报表应编制的分录如下。

（1）20×9年1月1日，M公司出售持有N公司的40%的股权，按照长期股权投资的账面价值进行结转，应结转的长期股权投资账面价值=[（12 958 000-1 439 778）/80%]×40%=5 759 111（元）。

借：银行存款　　　　　　　　　　　　　　　　　　　　　　　10 000 000
　　贷：长期股权投资——N公司　　　　　　　　　　　　　　　　5 759 111
　　　　投资收益——股权出售利得　　　　　　　　　　　　　　　4 240 889

（2）20×9年1月1日，对剩余40%股权按照权益法对其从20×6年控制权取得日起到该日享有的被投资单位N公司的权益进行追溯调整：对于20×6年度调整的投资收益=（-100 000-80 000）×40%=-72 000（元），调整留存收益-72 000元；对于20×7年度实现的投资收益=（8 000 000+600 000-1 000 000-400 000）×40%=2 880 000（元），调整留存收益2 880 000元；对于20×8年度实现的投资收益=（6 000 000+600 000-1 000 000）×40%=2 240 000（元），调整留存收益2 240 000元，合计调整留存收益=5 048 000元。

借：长期股权投资　　　　　　　　　　　　　　　　　　　　　　5 048 000
　　贷：盈余公积　　　　　　　　　　　　　　　　　　　　　　　　504 800
　　　　未分配利润——期初　　　　　　　　　　　　　　　　　　4 543 200

（3）20×9年12月31日，对剩余股权按权益法确认M公司当期享有的N公司的权益份额=（4 000 000+600 000-1 000 000）×40%=1 440 000（元）。该业务在合并财务报表中不会被调整。

借：长期股权投资　　　　　　　　　　　　　　　　　　　　　　1 440 000
　　贷：投资收益　　　　　　　　　　　　　　　　　　　　　　　1 440 000

20×9年1月1日M公司编制合并财务报表时应在个别财务报表的基础上编制以下分录。

（1）处置N公司股权对M公司合并报表的影响，需编制调整分录（若M公司因持有其他子公司，20×9年12月31日仍需要编制合并财务报表，则也要编制下述分录）。

借：投资收益　　　　　　　　　　　　　　　　　　　　　　　　6 122 889
　　资本公积　　　　　　　　　　　　　　　　　　　　　　　　　452 000
　　贷：长期股权投资　　　　　　　　　　　　　　　　　　　　　　807 111
　　　　盈余公积　　　　　　　　　　　　　　　　　　　　　　　576 777.8
　　　　未分配利润——期初　　　　　　　　　　　　　　　　　5 191 000.2

（2）股权出售日将累积的相关资本公积转入投资收益。

借：投资收益　　　　　　　　　　　　　　　　　　　　　　　　　452 000
　　贷：资本公积　　　　　　　　　　　　　　　　　　　　　　　　452 000

编制分录（1）的分析过程如下。

合并财务报表对该处置业务的认定如下。

①20×9年1月1日处置40%股权前，合并财务报表中对80%股权价值的认定需要在个别财务报表认定的基础上进行以下调整，即针对20×9年1月1日之前交易编制调整分录。首先对前述处理采用权益法进行调整：对于控制权转移日之前的30%股权应按照购买日公允价值进行调整，20×6年1月1日原取得的长期股权投资的账面价值=

4 000 000 – 12 000 – 30 000 = 3 958 000（元），对应的公允价值 =（6 000 000/40%）× 30% = 4 500 000（元），所以调整留存收益 = 4 500 000 – 3 958 000 = 542 000（元）；对于 20×6 年度实现的投资收益 =（– 100 000 – 80 000）× 70% = – 126 000（元），调整留存收益 – 126 000 元；对于 20×7 年度实现的投资收益 =（8 000 000 + 600 000 – 1 000 000 – 400 000）× 90% = 6 480 000（元），调整留存收益 6 480 000 元；按照权益法调整 20×8 年度实现的投资收益 =（6 000 000 + 600 000 – 1 000 000）× 80% = 4 480 000（元），调整留存收益 4 480 000 元，合计调整留存收益 11 376 000 元。

然后对 20×7 年 1 月 1 日增持 20% 股份进行处理，按照购买日持续计算的净资产公允价值 = 12 860 000 + 400 000 – 80 000 – 400 000 – 100 000 = 12 680 000（元），所以按照支付对价与占净资产公允价值之间的份额差异调减资本公积 = 3 000 000 – 12 680 000 × 20% = 464 000（元）。

借：长期股权投资　　　　　　　　　　　　　　　　　　　　　　10 912 000
　　资本公积　　　　　　　　　　　　　　　　　　　　　　　　　　464 000
　　贷：盈余公积　　　　　　　　　　　　　　　　　　　　　　　1 137 600
　　　　未分配利润——期初　　　　　　　　　　　　　　　　　　10 238 400

② 针对 20×8 年出售少数股权需追溯调整，参见例 5-3 合并财务报表部分分录（1），编制调整分录。

借：未分配利润——期初　　　　　　　　　　　　　　　　　　　504 199.8
　　盈余公积　　　　　　　　　　　　　　　　　　　　　　　　　56 022.2
　　贷：长期股权投资——N 公司　　　　　　　　　　　　　　　548 222
　　　　资本公积　　　　　　　　　　　　　　　　　　　　　　　12 000

将上述两个调整分录合并。

借：长期股权投资——N 公司　　　　　　　　　　　　　　　　10 363 778
　　资本公积　　　　　　　　　　　　　　　　　　　　　　　　　452 000
　　贷：盈余公积　　　　　　　　　　　　　　　　　　　　　　1 081 577.8
　　　　未分配利润——期初　　　　　　　　　　　　　　　　　9 734 200.2

③ 20×9 年 M 公司出售持有 N 公司的 40% 股权之前，个别财务报表确认的 80% 股权价值为（12 958 000 – 1 439 778）= 11 518 222（元），合并财务报表应确认的价值为调整前两笔分录后的金额 =（11 518 222 + 10 912 000 – 548 222）= 21 882 000（元）。故在合并财务报表中应按照长期股权投资额确认出售的长期股权投资价值 =（21 882 000/80%）× 40% = 10 941 000（元），将其与支付对价之间的差额计入当期投资收益，差额 = 10 941 000 – 10 000 000 = 941 000（元）。从合并财务报表角度，该业务应该确认为

借：银行存款　　　　　　　　　　　　　　　　　　　　　　　10 000 000
　　投资收益　　　　　　　　　　　　　　　　　　　　　　　　　941 000
　　贷：长期股权投资　　　　　　　　　　　　　　　　　　　10 941 000

④ 按照 20×9 年 1 月 1 日剩余股权的公允价值，将剩余股权调整为公允价值，差额计入投资收益。因为出售 40% 股权取得的价款为 10 000 000 元，所以剩余 40% 股权的公允价值应为 10 000 000 元，而剩余股权的合并财务报表上的账面价值为 10 941 000 元，所以编制调整分录如下。

借：投资收益　　　　　　　　　　　　　941 000
　　贷：长期股权投资　　　　　　　　　　　　941 000

注意：上述①~④的分录都是从合并财务报表角度对该处置业务的处理，但最终的合并财务报表是在个别财务报表的基础上调整而成的，并非单独根据业务累积编制的。因此需要在个别财务报表分录（1）、（2）的基础上调整得到上述①~④的分录结果。

个别财务报表分录（1）、（2）合并后的结果如下。

借：银行存款　　　　　　　　　　　　10 000 000
　　贷：长期股权投资　　　　　　　　　　　711 111（5 048 000 - 5 759 111）
　　　　投资收益　　　　　　　　　　　　4 240 889
　　　　盈余公积　　　　　　　　　　　　　504 800
　　　　未分配利润　　　　　　　　　　　4 543 200

上述①~④分录合并后的结果如下。

借：银行存款　　　　　　　　　　　　10 000 000
　　投资收益　　　　　　　　　　　　　1 882 000
　　资本公积　　　　　　　　　　　　　　452 000
　　贷：长期股权投资　　　　　　　　　　　1 518 222
　　　　盈余公积　　　　　　　　　　　　1 081 577.8
　　　　未分配利润　　　　　　　　　　　9 734 200.2

因此，需要在个别财务报表分录（1）、（2）的基础上编制如下调整分录。

借：投资收益　　　　　　　　　　　　6 122 889
　　资本公积　　　　　　　　　　　　　452 000
　　贷：长期股权投资　　　　　　　　　　　807 111
　　　　盈余公积　　　　　　　　　　　　　576 777.8
　　　　未分配利润——期初　　　　　　5 191 000.2

该分录可以保证在丧失控制权后在原合并财务报表中的商誉减为 0，即长期股权投资账面价值与剩余股权享有的自控制权日持续计算的被合并方净资产公允价值的份额之间的差额一致。

（三）一揽子交易导致控制权丧失

针对多次处置股权交易分步实现丧失对子公司控制权的会计处理，《企业会计准则解释第 5 号》做了明确具体的规定：如果处置对子公司股权投资直至丧失控制权的各项交易不属于一揽子交易的，企业通过多次交易分步处置对子公司股权投资直至丧失控制权的，应当按照《财政部关于执行会计准则的上市公司和非上市企业做好 2009 年年报工作的通知》（财会〔2009〕16 号）和《企业会计准则解释第 4 号》（财会〔2010〕15 号）的规定对每一项交易进行会计处理。如果处置对子公司股权投资直至丧失控制权的各项交易属于一揽子交易的，应将各项交易作为一项处置原有子公司并丧失控制权的交易进行会计处理，其中，对于丧失控制权之前的每一次交易，处置价款与处置投资对应的享有该子公司自购买日开始持续计算的净资产账面价值的份额之间的差额，在合并财务报表中应当计入其他综合收益，在丧失控制权时一并转入丧失控制权当期的损益。

处置对子公司股权投资的各项交易的条款、条件以及经济影响符合以下一种或多种情况，通常表明应将多次交易事项作为一揽子交易进行会计处理：

（1）这些交易是同时或者在考虑彼此影响的情况下订立的；
（2）这些交易整体才能达成一项完整的商业结果；
（3）一项交易的发生取决于其他至少一项交易的发生；
（4）一项交易单独看是不经济的，但是和其他交易一并考虑时是经济的。

例 5-5 沿用例 5-1、例 5-2、例 5-3 的资料，假设 20×9 年 1 月 1 日 M 公司与 N 公司少数股东乙签署股权转让协议：M 公司分别于 20×9 年 1 月 1 日和 2×10 年 1 月 1 日将自己持有 N 公司 40%的股权平均分两次转让给少数股东乙，目的是在转让 N 公司控股权的情形下不至于对 N 公司的股价造成巨幅波动，两次转让价款分别为 4 000 000 元和 6 000 000 元。20×9 年 1 月 1 日 N 公司的简易资产负债表如表 5-7 所示，20×9 年 N 公司实现净利润 4 000 000 元，未派发现金股利。M 公司、N 公司均按照 10%提取盈余公积，公司所得税税率均为 25%。

表 5-7　20×9 年 1 月 1 日 N 公司的简易资产负债表　　　　单位：元

项　　目	账面价值	公允价值
货币资金	3 480 000	3 480 000
存货	9 000 000	9 000 000
固定资产	3 600 000	6 600 000
无形资产	8 000 000	8 000 000
资产总计	24 080 000	27 080 000
短期借款	1 000 000	1 000 000
股本	5 000 000	—
资本公积	2 000 000	—
盈余公积	2 460 000	—
未分配利润	13 620 000	—
净资产	23 080 000	26 080 000

20×9 年 M 公司个别财务报表需编制分录如下。

20×9 年 1 月 1 日，M 公司以 4 000 000 元处置其持有的 20%股权，M 公司持有 N 公司 80%股权的长期股权投资当日的账面价值为 11 518 222 元。

借：银行存款　　　　　　　　　　　　　　　　　　　　　　4 000 000
　　贷：长期股权投资　　　　　　　　　　　　　　　　　　2 879 556
　　　　投资收益　　　　　　　　　　　　　　　　　　　　1 120 444

20×9 年编制合并财务报表的处理如下。

20×9 年 12 月 31 日的合并财务报表，仍按处置少数股权的原则处理。

（1）针对前期交易编制调整分录。首先对前述处理采用权益法进行调整：对于购买日之前的 30%股权应按照购买日公允价值进行调整，20×6 年 1 月 1 日原取得的长期股权投资账面价值 = 4 000 000 − 12 000 − 30 000 = 3 958 000（元），对应的公允价值 = （6 000 000/40%）×30% = 4 500 000（元），所以调整留存收益 = 4 500 000 − 3 958 000 = 542 000（元）；对于 20×6 年度实现的投资收益 −126 000 元，调整留存收益 −126 000 元；对于 20×7 年度实现的投资收益 = （8 000 000 + 600 000 − 1 000 000 − 400 000）×

90%=6 480 000（元），调整留存收益 6 480 000 元；按照权益法调整 20×8 年度实现的投资收益=（6 000 000+600 000-1 000 000）×80%=4 480 000（元），调整留存收益 4 480 000 元，合计调整留存收益 11 376 000 元；然后对 20×7 年 1 月 1 日增持股份进行处理，按照购买日持续计算的净资产公允价值=12 860 000+400 000-80 000-400 000-100 000=12 680 000（元），所以按照支付对价与占净资产公允价值之间的份额差异调减资本公积=3 000 000-12 680 000×20%=464 000（元）。

借：长期股权投资 10 912 000
　　资本公积 464 000
　贷：盈余公积 1 137 600
　　　未分配利润——期初 10 238 400

（2）针对 20×8 年出售少数股权需追溯调整，编制调整分录如下。

借：未分配利润——期初 504 199.8
　　盈余公积 56 022.2
　贷：长期股权投资——N 公司 548 222
　　　资本公积 12 000

此笔业务后长期股权投资在合并报表中反映为（12 958 000-1 439 778-2 879 556+10 912 000-548 222）=19 002 444（元）。

（3）对于一揽子交易中控制权丧失前的交易，应按照处置少数股权的原则处理，即在合并财务报表中将处置价款与处置投资对应的享有该子公司净资产份额的差额计入资本公积。20×9 年 1 月 1 日 N 公司按照购买日持续计算的净资产公允价值为（19 880 000+5 600 000）=25 480 000（元）。从合并财务报表角度对该业务的处理如下。

将处置股权对价与按照自购买日持续计算的净资产公允价值的 20%股权的差额计入资本公积=4 000 000-25 480 000×20%=-1 096 000（元）。

借：银行存款 4 000 000
　　资本公积 1 096 000
　贷：长期股权投资 5 096 000

因为控制权尚未丧失，所以在此不需要对剩余股权进行处理。

此分录不属于合并财务报表调整分录，所以此时需要将个别财务报表中的分录调整为上述分录，即在合并财务报表中编制的调整分录如下。

借：投资收益 1 120 444
　　资本公积 1 096 000
　贷：长期股权投资 2 216 444

（4）确认 M 公司持有 N 公司剩余 60%的股权在 20×9 年度的股东权益=（4 000 000+600 000-1 000 000）×60%=2 160 000（元）。

借：长期股权投资 2 160 000
　贷：投资收益 2 160 000

（5）抵销本期 M 公司享有 N 公司的投资收益。

借：投资收益 2 160 000
　　少数股东损益 1 440 000
　　管理费用 400 000

未分配利润——期初	13 620 000
贷：利润分配——提取盈余公积	400 000
未分配利润——期末	17 220 000

（6）抵销M公司对N公司的长期股权投资。

借：股本	5 000 000
资本公积	2 000 000
盈余公积	2 860 000
未分配利润——期末	17 220 000
固定资产	2 000 000
商誉	1 498 000
贷：长期股权投资	18 946 000
少数股东权益	11 632 000

20×9年12月31日持续计算的净资产公允价值为（27 080 000＋2 000 000）＝29 080 000（元）；少数股权＝29 080 000×40%＝11 632 000（元）。

（7）考虑所得税影响。就购买日的各项资产公允价值与账面价值的差额确认相应的递延所得税负债，并根据自购买日持续计算的差额的余额进行调整。

借：商誉	925 000
贷：递延所得税负债	925 000
借：递延所得税负债	425 000
贷：所得税费用	100 000
盈余公积	32 500
未分配利润——年初	292 500

购买日确认递延所得税负债＝购买日各项资产公允价值与账面价值的差额×所得税税率＝（13 860 000－10 160 000）×25%＝925 000（元）。

20×9年12月31日递延所得税负债余额＝20×9年末资产的公允价值与账面价值的差额×所得税税率＝固定资产公允价值与账面价值差额×所得税税率＝（5 000 000－3 000 000）×25%＝500 000（元）。2×10年丧失控制权后，个别财务报表的分录如下。

（1）2×10年1月1日，M公司再以6 000 000元处置其持有的20%股权，M公司持有N公司60%股权的长期股权投资当日的账面价值为8 638 666元。

借：银行存款	6 000 000
贷：长期股权投资	2 879 555
投资收益	3 120 445

（2）2×10年1月1日，个别财务报表减持股份导致成本法变为权益法核算时的追溯调整如下。

2×10年1月1日，对剩余40%股权按照权益法对其从20×6年控制权取得日起到该日享有的被投资单位N公司的权益进行追溯调整：对于20×6年度调整的投资收益＝（－100 000－80 000）×40%＝－72 000（元），调整留存收益－72 000元；对于20×7年度实现的投资收益＝（8 000 000＋600 000－1 000 000－400 000）×40%＝2 880 000（元），调整留存收益2 880 000元；对于20×8年度实现的投资收益＝（6 000 000＋600 000－1 000 000）×40%＝2 240 000（元），调整留存收益2 240 000元；对于20×9年度实现的投资收益＝（4 000 000＋600 000－1 000 000）×40%＝1 440 000（元），调整留存收益 1 440 000 元；合计调整留存收益＝6 488 000 元。

  借：长期股权投资   6 488 000
    贷：盈余公积   648 800
      未分配利润——期初   5 839 200

2×10 年 1 月 1 日或 2×10 年 12 月 31 日母公司因持有其他公司需要编制合并财务报表时，如果这两笔交易属于一揽子交易，进行如下会计处理。

（1）合并财务报表工作底稿中，要对一揽子交易编制以下调整分录。

  借：投资收益   5 530 445
    资本公积   452 000
    贷：长期股权投资   615 111
      盈余公积   536 733.4
      未分配利润   4 830 600.6

（2）股权出售日将累积的相关资本公积转入投资收益。

  借：投资收益   452 000
    贷：资本公积   452 000

对分录（1）编制过程分析如下。

①对前述处理采用权益法进行调整：对于购买日之前的 30%股权应按照购买日公允价值进行调整，20×6 年 1 月 1 日原取得的长期股权投资额账面价值＝4 000 000－12 000－30 000＝3 958 000（元），对应的公允价值＝（6 000 000/40%）×30%＝4 500 000（元），所以调整留存收益＝4 500 000－3 958 000＝542 000（元）；对于 20×6 年度实现的投资收益－126 000 元，调整留存收益－126 000 元；对于 20×7 年度实现的投资收益＝（8 000 000＋600 000－1 000 000－400 000）×90%＝6 480 000（元），调整留存收益 6 480 000 元；按照权益法调整 20×8 年度实现的投资收益＝（6 000 000＋600 000－1 000 000）×80%＝4 480 000（元），调整留存收益 4 480 000 元；针对 20×9 年，剩余 60%的股权 20×9 年度的股东权益＝（4 000 000＋600 000－1 000 000）×60%＝2 160 000（元），调整留存收益 2 160 000 元，合计调整留存收益 13 536 000 元；然后对 20×7 年 1 月 1 日增持股份进行处理，按照购买日持续计算的净资产公允价值＝12 860 000＋400 000－80 000－400 000－100 000＝12 680 000（元），所以按照支付对价与占净资产公允价值之间的份额差异调减资本公积＝3 000 000－12 680 000×20%＝464 000（元）。

  借：长期股权投资   13 072 000
    资本公积   464 000
    贷：盈余公积   1 353 600
      未分配利润——期初   12 182 400

②针对 20×8 年出售少数股权需追溯调整，编制调整分录为

  借：未分配利润——期初   504 199.8
    盈余公积   56 022.2
    贷：长期股权投资——N 公司   548 222
      资本公积   12 000

③由于将 20×9 年处置 20%股权和 2×10 年处置 20%股权看作一揽子交易，故将其

视为一次性处置，合并财务报表应以处置股权取得的对价与应享有原有子公司自购买日开始持续计算的净资产的份额之间的差额，计入丧失控制权当期的投资收益。2×10年1月1日自购买日开始持续计算的净资产公允价值为29 080 000元，则处置股权对应部分为29 080 000×40%＝11 632 000（元）。合并财务报表对该处置业务的认定如下。

  借：银行存款   10 000 000
    投资收益   1 632 000
   贷：长期股权投资   11 632 000

  ④对剩余股权的重新计价。《企业会计准则解释第4号》规定"在合并财务报表中，对于剩余股权，应当按照其在丧失控制权日的公允价值进行重新计量。处置股权取得的对价与剩余股权公允价值之和，减去按原持股比例计算应享有原有子公司自购买日开始持续计算的净资产的份额之间的差额，计入丧失控制权当期的投资收益"。出售股权对应原有子公司自购买日开始持续计算的净资产的份额为 29 080 000×40%＝11 632 000（元）。剩余股权在合并财务报表中的账面价值为（21 882 000＋2 160 000－11 632 000）＝12 410 000（元），将差额调整进入投资收益778 000元。

  借：投资收益   778 000
   贷：长期股权投资   778 000

  上述①～④合并财务报表分录合并为

  借：银行存款   10 000 000
    资本公积   452 000
    长期股权投资   113 778
    投资收益   2 410 000
   贷：盈余公积   1 297 577.8
     未分配利润   11 678 200.2

  个别财务报表20×9年对第一次处置的分录和2×10年对第二次出售业务的两笔分录在2×10年个别财务报表上的影响合并为

  借：银行存款   10 000 000
    长期股权投资   728 889
   贷：投资收益   3 120 445（4 240 889－1 120 444）
     盈余公积   760 844.4（648 800＋ 112 044.4）
     未分配利润——期初   6 847 599.6（5 839 200＋1 008 399.6）

  因此，需要编制的调整分录为

  借：投资收益   5 530 445
    资本公积   452 000
   贷：长期股权投资   615 111
     盈余公积   536 733.4
     未分配利润   4 830 600.6

  另一种比较简单的调整思路是：在合并财务报表工作底稿中，先将个别财务报表对两次处置的记录全部做反向分录冲回，然后补充合并财务报表角度的①～④四笔分录及合并财务报表工作底稿上的第（2）笔调整资本公积的分录。其结果与上述分录相同。

  如果这两笔处置不属于一揽子交易。

（1）20×9年的处理与一揽子交易下的处理一致，而2×10年出售20%股权时一次性交易导致控制权丧失，其合并财务报表工作底稿中的调整为

借：资本公积　　　　　　　　　　　　　　　　　　　1 548 000
　　投资收益　　　　　　　　　　　　　　　　　　　　7 314 001
　　　贷：长期股权投资　　　　　　　　　　　　　　　　　　3 494 667
　　　　　盈余公积　　　　　　　　　　　　　　　　　　　　536 733.4
　　　　　未分配利润　　　　　　　　　　　　　　　　　　4 830 600.6

（2）相关资本公积调整。

借：投资收益　　　　　　　　　　　　　　　　　　　1 548 000
　　　贷：资本公积　　　　　　　　　　　　　　　　　　　　1 548 000

对分录（1）的编制分析如下。

①对前述处理采用权益法继续调整：对于购买日之前的30%股权应按照购买日公允价值进行调整，20×6年1月1日原取得的长期股权投资额账面价值＝4 000 000－12 000－30 000＝3 958 000（元），对应的公允价值＝（6 000 000/40%）×30%＝4 500 000（元），所以调整留存收益＝4 500 000－3 958 000＝542 000（元）；对于20×6年度实现的投资收益－126 000元，调整留存收益－126 000元；对于20×7年度实现的投资收益＝（8 000 000＋600 000－1 000 000－400 000）×90%＝6 480 000（元），调整留存收益6 480 000元；按照权益法调整20×8年度实现的投资收益＝（6 000 000＋600 000－1 000 000）×80%＝4 480 000（元），调整留存收益4 480 000元；针对20×9年，剩余60%的股权20×9年度的股东收益＝（4 000 000＋600 000－1 000 000）×60%＝2 160 000（元），调整留存收益2 160 000元，合计调整留存收益13 536 000元；然后对20×7年1月1日增持股份进行处理，按照购买日持续计算的净资产公允价值＝12 860 000＋400 000－80 000－400 000－100 000＝12 680 000（元），所以按照支付对价与占净资产公允价值之间的份额差异调减资本公积＝3 000 000－12 680 000×20%＝464 000（元）。

借：长期股权投资　　　　　　　　　　　　　　　　　13 072 000
　　资本公积　　　　　　　　　　　　　　　　　　　　　464 000
　　　贷：盈余公积　　　　　　　　　　　　　　　　　　　1 353 600
　　　　　未分配利润——期初　　　　　　　　　　　　　12 182 400

②针对20×8年和20×9年出售少数股权进行追溯调整，编制调整分录。

借：未分配利润——期初　　　　　　　　　　　　　　　504 199.8
　　盈余公积　　　　　　　　　　　　　　　　　　　　　56 022.2
　　　贷：长期股权投资——N公司　　　　　　　　　　　　　548 222
　　　　　资本公积　　　　　　　　　　　　　　　　　　　　12 000
借：未分配利润——期初　　　　　　　　　　　　　　1 008 399.6
　　盈余公积　　　　　　　　　　　　　　　　　　　　112 044.4
　　资本公积　　　　　　　　　　　　　　　　　　　　1 096 000
　　　贷：长期股权投资　　　　　　　　　　　　　　　　　2 216 444

③2×10年处置20%股权导致控制权丧失，合并财务报表应以处置股权取得的对价与应享有原有子公司自购买日开始持续计算的净资产的份额之间的差额，计入丧失控制权当期的投资收益。2×10年1月1日自购买日开始持续计算的净资产公允价值为

29 080 000元，则处置股权对应部分为29 080 000×20%＝5 816 000（元），即合并财务报表对该处置业务的认定为

借：银行存款　　　　　　　　　　　　　　　　　　　　　6 000 000
　　贷：长期股权投资　　　　　　　　　　　　　　　　　　　5 816 000
　　　　投资收益　　　　　　　　　　　　　　　　　　　　　　184 000

④对剩余股权的重新计价。《企业会计准则解释第4号》规定"在合并财务报表中，对于剩余股权，应当按照其在丧失控制权日的公允价值进行重新计量。处置股权取得的对价与剩余股权公允价值之和，减去按原持股比例计算应享有原有子公司自购买日开始持续计算的净资产的份额之间的差额，计入丧失控制权当期的投资收益"。其处理结果是剩余股权以丧失控制权日的公允价值重新计价，差额计入投资收益。出售股权对应原有子公司自购买日开始持续计算的净资产的份额为29 080 000×40%＝11 632 000（元）。剩余股权在合并财务报表中的账面价值为（21 882 000＋2 160 000－2 216 444－5 816 000）＝16 009 556（元），将差额调整进入投资收益4 377 556元。

借：投资收益　　　　　　　　　　　　　　　　　　　　　　4 377 556
　　贷：长期股权投资　　　　　　　　　　　　　　　　　　　4 377 556

上述①～④合并财务报表分录合并为

借：银行存款　　　　　　　　　　　　　　　　　　　　　　6 000 000
　　资本公积　　　　　　　　　　　　　　　　　　　　　　1 548 000
　　长期股权投资　　　　　　　　　　　　　　　　　　　　　113 778
　　投资收益　　　　　　　　　　　　　　　　　　　　　　4 193 556
　　贷：盈余公积　　　　　　　　　　　　　　　　　　　　1 185 533.4
　　　　未分配利润　　　　　　　　　　　　　　　　　　　10 669 800.6

个别报表的（1）、（2）分录合并为

借：银行存款　　　　　　　　　　　　　　　　　　　　　　6 000 000
　　长期股权投资　　　　　　　　　　　　　　　　　　　　3 608 445
　　贷：投资收益　　　　　　　　　　　　　　　　　　　　3 120 445
　　　　盈余公积　　　　　　　　　　　　　　　　　　　　　648 800
　　　　未分配利润——期初　　　　　　　　　　　　　　　5 839 200

故合并财务报表工作底稿中的调整分录（1）为

借：资本公积　　　　　　　　　　　　　　　　　　　　　　1 548 000
　　投资收益　　　　　　　　　　　　　　　　　　　　　　7 314 001
　　贷：长期股权投资　　　　　　　　　　　　　　　　　　3 494 667
　　　　盈余公积　　　　　　　　　　　　　　　　　　　　　536 733.4
　　　　未分配利润　　　　　　　　　　　　　　　　　　　4 830 600.6

第二节　间接持股和交叉持股下合并财务报表

一、间接持股下合并财务报表

本书前述股权控制关系均为直接控制，即母公司直接持有一家或者多家子公司的普通股份，而在本节将重点介绍在间接持股下以及交叉持股下的合并财务报表如何处理。

间接持股指的是母公司持有某一子公司的股权,同时该子公司又持有另一家子公司的股权份额,具体可分为两种情形:①父子孙结构,即母公司通过旗下子公司控制另一家公司,比如母公司 M 持有 N 公司 90%的股权,而 N 公司又持有 Q 公司 60%的股权,也就是说 M 公司间接持有 Q 公司 54%(90%×60%)的股权,Q 公司的少数股东持有剩余的 46%(40%+10%×60%)的股权。其如图 5-1(a)所示;②关联附属结构,指母公司除直接持有某公司的部分股权外,还通过旗下子公司间接持有该公司的部分股份,从而实现对该公司的控制。比如 M 公司除直接持有 Q 公司 20%股权外,还通过 N 公司持有 Q 公司的 54%股权,即 M 公司总共持有 Q 公司 74%股权,而 Q 公司少数股东持有股权 26%(20%+10%×60%)。其如图 5-1(b)所示。

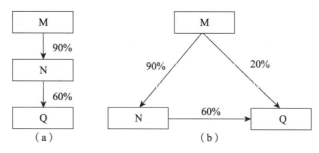

图 5-1　间接持股下合并财务报表结构
(a)父子孙结构;(b)关联附属结构

(一)父子孙结构下合并财务报表

父子孙结构下合并财务报表要特别注意处理顺序的问题,需要从垂直结构中最底层的持股关系开始采用权益法进行调整处理,即从最底层开始对倒数第二层的子公司享有最底层的投资收益以及长期股权投资进行调整与抵销,并将倒数第二层享有最底层的投资收益转入倒数第二层子公司的净利润中,以转入部分以及倒数第二层自身实现的净利润之和为基础来确认倒数第三层子公司享有的权益,再编制调整和抵销分录,以此类推,逐层编制调整和抵销分录。这也意味着有多少家的子公司就必须进行多少遍调整和抵销分录。

例 5-6　20×1 年 1 月 1 日,J 公司用 250 000 元取得了 M 公司 80%的股权。当时 M 公司各项可辨认资产、负债的账面价值和公允价值如表 5-8 所示。固定资产为管理用固定资产,剩余使用年限 10 年,残值忽略不计,按直线法计提折旧。20×1 年,J 公司和 M 公司账面净利润分别为 200 000 元和 100 000 元,未派发现金股利或利润,两家公司均按照净利润的 10%提取盈余公积。20×2 年 1 月 1 日,M 公司又用 120 000 元取得了 N 公司 60%的股权。当时 N 公司各项可辨认资产、负债的账面价值和公允价值如表 5-9 所示。固定资产为管理用固定资产,剩余使用年限 9 年,残值忽略不计,按直线法计提折旧,期初存货当年全部出售。20×2 年,J 公司、M 公司和 N 公司账面净利润均为 100 000 元,未派发现金股利或利润,三家公司均按照净利润的 10%提取盈余公积。

表 5-8　20×1 年 1 月 1 日 M 公司简易资产负债表　　　单位：元

项目	账面价值	公允价值
货币资金	50 000	50 000
存货	50 000	50 000
固定资产	100 000	200 000
资产总计	200 000	300 000
应付票据	50 000	50 000
净资产	150 000	250 000

表 5-9　20×2 年 1 月 1 日 N 公司简易资产负债表　　　单位：元

项目	账面价值	公允价值
货币资金	90 000	90 000
存货	85 000	86 000
固定资产	45 000	54 000
资产总计	220 000	230 000
应付票据	50 000	50 000
净资产	170 000	180 000

个别财务报表中对相关业务的确认如下。

（1）20×1 年 1 月 1 日，J 公司用 250 000 元取得 M 公司 80% 的股权时。

借：长期股权投资——J 公司对 M 公司　　　　　　　　　　250 000
　　贷：银行存款　　　　　　　　　　　　　　　　　　　　　250 000

（2）20×2 年 1 月 1 日，M 公司用 120 000 元取得 N 公司 60% 的股权时。

借：长期股权投资——M 公司对 N 公司　　　　　　　　　　120 000
　　贷：银行存款　　　　　　　　　　　　　　　　　　　　　120 000

编制合并资产负债表时的调整与抵销分录如下。

（1）按照权益法调整 M 公司对 N 公司的长期股权投资。投资收益 =（100 000 + 85 000 − 86 000 + 5 000 − 6 000）× 60% = 58 800（元）。

借：长期股权投资——M 公司对 N 公司　　　　　　　　　　58 800
　　贷：投资收益——M 公司对 N 公司　　　　　　　　　　　58 800

（2）按照权益法调整 J 公司对 M 公司的长期股权投资。期初未分配利润 =（100 000 + 10 000 − 20 000）× 80% = 72 000（元）；投资收益 =（100 000 + 10 000 − 20 000）× 80% = 72 000（元）。

借：长期股权投资——J 公司对 M 公司　　　　　　　　　　144 000
　　贷：未分配利润——期初——J 公司　　　　　　　　　　　72 000
　　　　投资收益——J 公司对 M 公司　　　　　　　　　　　　72 000

（3）抵销 M 公司对 N 公司的投资收益。

借：投资收益——M 公司对 N 公司　　　　　　　　　　　　58 800
　　管理费用　　　　　　　　　　　　　　　　　　　　　　1 000
　　营业成本　　　　　　　　　　　　　　　　　　　　　　1 000
　　少数股东损益——N 公司　　　　　　　　　　　　　　　39 200

未分配利润——期初——N公司	75 000
贷：利润分配——提取盈余公积——N公司	10 000
未分配利润——期末——N公司	165 000

（4）抵销M公司对N公司的长期股权投资。

借：股本——N公司	30 000
资本公积——N公司	30 000
盈余公积——N公司	45 000
未分配利润——期末——N公司	165 000
固定资产	8 000
商誉	12 000
贷：长期股权投资——M公司对N公司	178 800
少数股东权益——N公司	111 200

（5）抵销J公司对M公司的投资收益。

借：投资收益——J公司对M公司	72 000
管理费用	10 000
少数股东损益——M公司	18 000
未分配利润——期初——M公司	120 000
贷：利润分配——提取盈余公积——M公司	10 000
未分配利润——期末——M公司	210 000

（6）抵销J公司对M公司的长期股权投资。

借：股本——M公司	50 000
资本公积——M公司	50 000
盈余公积——M公司	40 000
未分配利润——期末——M公司	210 000
固定资产	80 000
商誉	50 000
贷：长期股权投资——J公司对M公司	394 000
少数股东权益——M公司	86 000

其中：少数股东权益＝（50 000＋50 000＋40 000＋210 000＋80 000）×20%＝86 000（元）；商誉＝250 000－250 000×80%＝50 000（元）；固定资产＝（200 000－100 000）－10 000×2＝80 000（元）；J公司对M公司的长期股权投资＝250 000＋144 000＝394 000（元）。

（二）关联附属结构下合并财务报表

关联附属结构下合并财务报表的处理与父子孙结构下的处理原理类似，也需要从最底层开始对子公司进行调整与抵销分录的处理，调整与抵销分录都是以子公司为对象，有多少家子公司就会进行多少次调整与抵销分录，而不论持股多么复杂。与父子孙结构不同的是，针对同时被集团中多家公司持有股份的子公司编制调整与抵销分录时，需要针对该子公司进行多项投资收益和长期股权投资的调整和抵销，其他环节与父子孙结构下的处理完全一样。

例 5-7 续例 5-6。假设 20×3 年 1 月 1 日 J 公司又用 100 000 元取得了 N 公司 30% 的股权。20×3 年，J 公司、M 公司和 N 公司账面净利润均为 200 000 元，未派发现金股利或利润，三家公司均按照净利润的 10% 提取盈余公积。

假设三家公司的股本和资本公积没有任何变化，20×3 年 12 月 31 日，J 公司、M 公司和 N 公司的利润表、股东权益变动表中的利润分配表部分、资产负债表如表 5-10 中的 J 公司、M 公司和 N 公司栏目所示。

表 5-10　20×3 年 12 月 31 日 J 公司、M 公司与 N 公司
合并财务报表工作底稿　　　　　　　单位：元

项　目	J 公司	M 公司 (80%)	N 公司 (90%)	调整与抵销分录 借	调整与抵销分录 贷	合并财务报表
利润表：						
营业收入	600 000	480 000	560 000			1 640 000
减：营业成本	300 000	200 000	260 000			760 000
减：各项费用	100 000	80 000	100 000	(4)1 000 (6)10 000		291 000
加：投资收益——N 公司				(4)59 700 (4)119 400	(1)59 700 (2)119 400	
加：投资收益——M 公司				(6)152 000	(3)152 000	
减：少数股东损益				(4)19 900 (6)38 000		57 900
净利润	200 000	200 000	200 000			531 100
股东权益变动表：						
未分配利润——年初	470 000	210 000	165 000	(4)165 000 (6)210 000	(2)58 800 (3)144 000	672 800
加：净利润	200 000√	200 000√	200 000√			531 100
减：提取盈余公积	20 000	20 000	20 000		(4)20 000 (6)20 000	20 000
未分配利润——年末	650 000	390 000	345 000			1 183 900
资产负债表：						
货币资金	600 000	170 000	230 000			1 000 000
存货	340 000	240 000	235 000			815 000
长期股权投资——N 公司	100 000	120 000		(1)43 100 (2)178 200	(5)143 100 (5)298 200	
长期股权投资——M 公司	250 000			(3)296 000	(7)546 000	
固定资产	210 000	70 000	35 000	(5)7 000 (7)70 000		392 000
商誉				(5)12 000 (7)50 000		62 000
资产总计	1 500 000	600 000	500 000			2 269 000
应付票据	200 000	50 000	30 000			280 000
股本	200 000	50 000	30 000	(5)30 000 (7)50 000		200 000
资本公积	200 000	50 000	30 000	(1)16 600 (5)30 000 (7)50 000		183 400
盈余公积	250 000	60 000	65 000	(5)65 000 (7)60 000		250 000
未分配利润	650 000√	390 000√	345 000√	(5)345 000 (7)390 000	(4)345 000 (6)390 000	1 183 900
少数股东权益					(5)47 700 (7)124 000	171 700
负债和股东权益总计	1 500 000	600 000	500 000			2 269 000

个别财务报表中对相关业务的确认如下。

20×3年1月1日,J公司用100 000元取得N公司30%的股权时分录如下。

借:长期股权投资——J公司对N公司　　　　　　　　　　　　　100 000
　　贷:银行存款　　　　　　　　　　　　　　　　　　　　　　　　100 000

编制合并资产负债表时的调整与抵销分录如下。

(1)按照权益法调整J公司对N公司的长期股权投资。投资收益=(200 000+5 000-6 000)×30%=59 700(元);因J公司购买N公司少数股权新取得的长期股权投资与按照新增持股比例(30%)计算应享有N公司自购买日(合并日)开始持续计算的净资产份额之间的差额,资本公积=(180 000+98 000)[或(270 000+8 000)]×30%-100 000=-16 600(元)。

借:长期股权投资——J公司对N公司　　　　　　　　　　　　　43 100
　　资本公积——J公司　　　　　　　　　　　　　　　　　　　　16 600
　　贷:投资收益——J公司对N公司　　　　　　　　　　　　　　　59 700

(2)按照权益法调整M公司对N公司的长期股权投资。年初未分配利润=(100 000+85 000-86 000+5 000-6 000)×60%=58 800(元);投资收益=(200 000+5 000-6 000)×60%=119 400(元)。

借:长期股权投资——M公司对N公司　　　　　　　　　　　　　178 200
　　贷:未分配利润——年初——M公司　　　　　　　　　　　　　　58 800
　　　　投资收益——M公司对N公司　　　　　　　　　　　　　　119 400

(3)按照权益法调整J公司对M公司的长期股权投资。年初未分配利润=(100 000+10 000-20 000)×80%+(100 000+10 000-20 000)×80%=144 000(元);投资收益=(200 000+10 000-20 000)×80%=152 000(元)。

借:长期股权投资——J公司对M公司　　　　　　　　　　　　　296 000
　　贷:未分配利润——年初——J公司　　　　　　　　　　　　　　144 000
　　　　投资收益——J公司对M公司　　　　　　　　　　　　　　152 000

(4)抵销J公司和M公司对N公司的投资收益。

借:投资收益——J公司对N公司　　　　　　　　　　　　　　　59 700
　　　　　　——M公司对N公司　　　　　　　　　　　　　　　119 400
　　管理费用　　　　　　　　　　　　　　　　　　　　　　　　1 000
　　少数股东损益——N公司　　　　　　　　　　　　　　　　　　19 900
　　未分配利润——年初——N公司　　　　　　　　　　　　　　　165 000
　　贷:利润分配——提取盈余公积——N公司　　　　　　　　　　　20 000
　　　　未分配利润——年末——N公司　　　　　　　　　　　　　　345 000

其中:管理费用=(54 000-45 000)/9=1 000(元);少数股东损益=(200 000+5 000-6 000)×10%=19 900(元)。

(5)抵销J公司和M公司对N公司的长期股权投资。

借:股本——N公司　　　　　　　　　　　　　　　　　　　　　30 000

资本公积——N公司	30 000
盈余公积——N公司	65 000
未分配利润——年末——N公司	345 000
固定资产	7 000
商誉	12 000
贷：长期股权投资——J公司对N公司	143 100
——M公司对N公司	298 200
少数股东权益——N公司	47 700

（6）抵销J公司对M公司的投资收益。

借：投资收益——J公司对M公司	152 000
管理费用	10 000
少数股东损益——M公司	38 000
未分配利润——年初——M公司	210 000
贷：利润分配——提取盈余公积——M公司	20 000
未分配利润——年末——M公司	390 000

其中：管理费用=（200 000-100 000）/10=10 000（元）；少数股东损益=（200 000+10 000-20 000）×20%=38 000（元）。

（7）抵销J公司对M公司的长期股权投资。

借：股本——M公司	50 000
资本公积——M公司	50 000
盈余公积——M公司	60 000
未分配利润——年末——M公司	390 000
固定资产	70 000
商誉	50 000
贷：长期股权投资——J公司对M公司	546 000
少数股东权益——M公司	124 000

其中：少数股东权益=（50 000+50 000+60 000+390 000+70 000）×20%=124 000（元）；商誉=250 000-250 000×80%=50 000（元）；固定资产=（200 000-100 000）-10 000×3=70 000（元）；J公司对M公司的长期股权投资=250 000+296 000=546 000（元）。

二、交叉持股下合并财务报表

交叉持股指的是参与合并财务报表、存在相互持有股份的情形，通常也存在两种情况：①母公司与子公司相互持股，比如母公司S持有T公司80%的股权，T公司同时持有S公司20%的股权，关系如图5-2（a）所示；②子公司相互持股，比如母公司S持有 T 公司 80%的股权、持有 O 公司 30%的股权,同时 T 公司持有 O 公司 60%的股权,O 公司持有 T 公司 20%的股权,关系如图 5-2(b)所示。

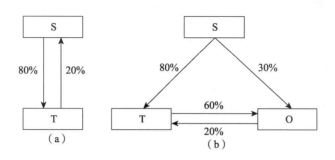

图 5-2 交叉持股下合并财务报表结构
(a)母公司与子公司相互持股;(b)子公司相互持股

对于交叉持股下的处理也需要针对个别财务报表和合并财务报表分别进行。

在个别财务报表中,在子公司持有母公司的股权的情况下,由于子公司无法对母公司实施控制、共同控制或重大影响,所以在此无论其持股比例为多少,均采用成本法进行核算,即按照支付对价的账面价值计量长期股权投资,收到母公司发放的现金股利,按照持股比例确认为投资收益。

我国《企业会计准则第 33 号——合并财务报表》第三十条规定:子公司持有母公司的长期股权投资,应当视为企业集团的库存股,作为所有者权益的减项,在合并资产负债表中所有者权益项目下以"减:库存股"项目列示。在合并财务报表中,应从集团角度进行处理。其具体操作如下:子公司支付对价取得母公司的股权份额,需明确无论是子公司支付的对价还是母公司发行的股票都是集团的资源,相当于集团支付一定对价购买集团发行在外的股份,与股票回购行为效果一致,应将子公司持有母公司的股票视为库存股,所以将子公司个别财务报表中的长期股权投资调整为库存股,即贷记长期股权投资时,按其持股比例抵减母公司的所有者权益份额,然后将子公司收到母公司发放的现金股利确认的投资收益与母公司的利润分配项目抵销。

(一)母子公司交叉持股下合并财务报表

例 5-8 20×9 年 1 月 1 日,S 公司以银行存款 600 000 元购买 T 公司 80%的股权,同时,T 公司以银行存款 300 000 元购买 S 公司 20%的股权,S 公司、T 公司的 20×9 年 1 月 1 日简易资产负债表如表 5-11 和表 5-12 所示,20×9 年 S 公司实现净利润 500 000 元,分配现金股利 40 000 元,固定资产为管理用固定资产,折旧年限为 10 年,净残值忽略不计,采用直线法计提折旧;20×9 年 T 公司实现净利润 100 000 元,分配现金股利 20 000 元,固定资产为管理用固定资产,折旧年限为 10 年,净残值忽略不计,采用直线法计提折旧。两公司均按照 10%提取盈余公积,公司所得税税率为 25%。

表 5-11　20×9 年 1 月 1 日 S 公司简易资产负债表　　　　单位：元

项　目	账面价值	公允价值
货币资金	300 000	300 000
存货	200 000	200 000
固定资产	400 000	600 000
无形资产	300 000	300 000
资产总计	1 200 000	1 400 000
短期借款	200 000	200 000
股本	200 000	
资本公积	200 000	
盈余公积	300 000	
未分配利润	300 000	
净资产	1 000 000	1 200 000

表 5-12　20×9 年 1 月 1 日 T 公司简易资产负债表　　　　单位：元

项　目	账面价值	公允价值
货币资金	100 000	100 000
存货	200 000	200 000
固定资产	400 000	500 000
无形资产	100 000	100 000
资产总计	800 000	900 000
短期借款	200 000	200 000
股本	100 000	
资本公积	200 000	
盈余公积	100 000	
未分配利润	200 000	
净资产	600 000	700 000

S 公司个别财务报表对相关业务的确认如下。

（1）20×9 年 1 月 1 日 S 公司取得 T 公司 80%股权。

借：长期股权投资——S 公司对 T 公司　　　　　　　　　　　　600 000
　　贷：银行存款　　　　　　　　　　　　　　　　　　　　　　　　600 000

（2）S 公司取得 T 公司发放的现金股利。

借：银行存款　　　　　　　　　　　　　　　　　　　　　　　　16 000
　　贷：投资收益　　　　　　　　　　　　　　　　　　　　　　　　16 000

T 公司个别财务报表对相关业务的确认如下。

（1）20×9 年 1 月 1 日 T 公司购买 S 公司 20%的股权。

借：长期股权投资——T 公司对 S 公司　　　　　　　　　　　　300 000
　　贷：银行存款　　　　　　　　　　　　　　　　　　　　　　　　300 000

（2）取得 S 公司发放的现金股利（按成本法处理）。

借：银行存款　　　　　　　　　　　　　　　　　　　　　　　　8 000

　　　　贷：投资收益——T公司对S公司　　　　　　　　　　　　　　　　8 000
编制合并资产负债表时的调整与抵销分录。
（1）按照库存股的原理将T公司持有S公司的长期股权投资与享有S公司的相应份额的权益抵销。
　　借：库存股　　　　　　　　　　　　　　　　　　　　　　　　　300 000
　　　　贷：长期股权投资——T公司对S公司　　　　　　　　　　　　　300 000
（2）抵销T公司收到S公司发放的现金股利。
　　借：投资收益——T公司对S公司　　　　　　　　　　　　　　　　80 000
　　　　贷：利润分配——发放现金股利——S公司　　　　　　　　　　　80 000
（3）按照权益法追溯调整S公司对T公司的投资收益。
投资收益＝（100 000－10 000－20 000）×80％＝56 000（元）
　　借：长期股权投资　　　　　　　　　　　　　　　　　　　　　　56 000
　　　　贷：投资收益　　　　　　　　　　　　　　　　　　　　　　　56 000
（4）将S公司对T公司的投资收益抵销。
　　借：投资收益——S公司对T公司　　　　　　　　　　　　　　　　72 000
　　　　少数股东损益——T公司　　　　　　　　　　　　　　　　　　18 000
　　　　管理费用　　　　　　　　　　　　　　　　　　　　　　　　10 000
　　　　未分配利润——期初——T公司　　　　　　　　　　　　　　　200 000
　　　　贷：利润分配——分配现金股利——T公司　　　　　　　　　　　20 000
　　　　　　利润分配——提取盈余公积——T公司　　　　　　　　　　　10 000
　　　　　　未分配利润——期末——T公司　　　　　　　　　　　　　270 000
（5）抵销S公司对T公司的长期股权投资。
　　借：股本——T公司　　　　　　　　　　　　　　　　　　　　　100 000
　　　　资本公积——T公司　　　　　　　　　　　　　　　　　　　　200 000
　　　　盈余公积——T公司　　　　　　　　　　　　　　　　　　　　110 000
　　　　未分配利润——期末——T公司　　　　　　　　　　　　　　　270 000
　　　　固定资产　　　　　　　　　　　　　　　　　　　　　　　　90 000
　　　　商誉　　　　　　　　　　　　　　　　　　　　　　　　　　40 000
　　　　贷：长期股权投资　　　　　　　　　　　　　　　　　　　　656 000
　　　　　　少数股东权益　　　　　　　　　　　　　　　　　　　　154 000

（二）子公司交叉持股下合并财务报表

子公司交叉持股，必须明确的是子公司一方股权实质上能够控制另一方，而另一方又持有前者股份这种情况，才需要在编制集团财务报表中抵销内部相互持有的股权。如果两家子公司相互持有对方股权均不形成控制权，则在集团合并财务报表中不需要对其进行抵销处理。而针对需要编制内部抵销分录的情形，该环节与上述母子公司相互持股的情况类似，而其他环节的合并财务报表的编制与父子孙结构和关联附属结构下的编制方法一致，在此不再赘述。

第三节　期中实现合并和处置的合并财务报表编制

一、期中合并财务报表的编制

期中合并指的是母公司在某会计期中而非会计期初实现合并,而我们前述的合并财务报表均在期初完成,并在期末进行合并财务报表编制,由于在同一控制下与非同一控制下企业合并中,对于合并当期合并前子公司实现的利润处理方式存在差异,故在此特别进行讲解。《企业会计准则第33号——合并财务报表》第三十八条对这种差异处理进行了明确规定:母公司在报告期内因同一控制下企业合并增加的子公司以及业务,应当将该子公司以及业务合并当期期初至报告期末的收入、费用、利润纳入合并利润表,同时应当对比较报表的相关项目进行调整,视同合并后的报告主体自最终控制方开始控制时点起一直存在;因非同一控制下企业合并或其他方式增加的子公司以及业务,应当将该子公司以及业务购买日至报告期末的收入、费用、利润纳入合并利润表。也就是说,在期中编制合并财务报表时对于非同一控制下的处理与前述的期初合并的处理方式一致,而在同一控制下的企业合并需要考虑合并当期期初至合并日前的子公司实现的损益并将其纳入合并财务报表的范围内。所以在此仅对同一控制下的期中合并进行举例说明,而对于非同一控制下的期中合并问题在此不再赘述。

例5-9　假设A公司于20×8年6月30日以银行存款800 000元取得B公司80%的普通股份,且A公司与B公司是C集团下的两家公司。20×8年B公司期中与期末的简易的财务资料如表5-13所示,20×8年上半年B公司实现利润100 000元,下半年实现利润200 000元,分配现金股利60 000元,两家公司均按照10%提取盈余公积。

表5-13　20×8年B公司期中与期末的简易的财务资料　　　　　　　单位:元

项　　目	20×8年6月30日	20×8年12月31日
股本	200 000	200 000
资本公积	200 000	200 000
盈余公积	300 000	320 000
未分配利润	200 000	340 000
净资产	900 000	1 060 000

个别财务报表对相关业务的确认如下。

(1) 20×8年6月30日,A公司取得B公司股权。

借:长期股权投资——B公司　　　　　　　　　　　　　　720 000
　　资本公积　　　　　　　　　　　　　　　　　　　　　 80 000
　　贷:银行存款　　　　　　　　　　　　　　　　　　　　　800 000

(2) 按成本法处理,20×8年B公司发放现金股利。

借:银行存款　　　　　　　　　　　　　　　　　　　　　 48 000
　　贷:投资收益　　　　　　　　　　　　　　　　　　　　　 48 000

编制合并财务报表时的调整抵销分录如下。

（1）同一控制下的两企业在期中进行合并，应视为合并形成于当年年初，因此从合并财务报表的角度看，本合并事项应视为发生在20×8年1月1日，长期股权投资在合并财务报表中的入账价值应该为[900 000－（100 000－20 000）]×80%＝656 000（元）。

借：长期股权投资——B公司　　　　　　　　　　656 000
　　资本公积　　　　　　　　　　　　　　　　　144 000
　　　贷：银行存款　　　　　　　　　　　　　　　　800 000

（2）按照权益法追溯处理20×8年上半年A公司享有B公司实现的投资收益。

借：长期股权投资——B公司　　　　　　　　　　80 000（100 000×80%）
　　　贷：投资收益——B公司　　　　　　　　　　　80 000

（3）按照权益法追溯处理20×8年下半年A公司享有B公司实现的投资收益以及分配的现金股利。

借：长期股权投资——B公司　　　　　　　　　　160 000（200 000×80%）
　　　贷：投资收益——B公司　　　　　　　　　　　160 000
借：银行存款　　　　　　　　　　　　　　　　　48 000
　　　贷：长期股权投资　　　　　　　　　　　　　　48 000

因此，在合并财务报表工作底稿中调整与抵销分录包括以下几步。

（1）在个别财务报表确认的基础上将上述业务调整为从合并财务报表角度表述的结果，需要编制调整分录。

借：长期股权投资　　　　　　　　　　　　　　　128 000
　　资本公积　　　　　　　　　　　　　　　　　64 000
　　利润分配——分配现金股利　　　　　　　　　16 000
　　　贷：投资收益　　　　　　　　　　　　　　　　208 000

（2）抵销A公司对B公司的投资收益。

借：投资收益　　　　　　　　　　　　　　　　　240 000
　　少数股东损益　　　　　　　　　　　　　　　60 000
　　未分配利润——年初　　　　　　　　　　　　130 000
　　　贷：利润分配——分配现金股利　　　　　　　　60 000
　　　　　利润分配——提取盈余公积　　　　　　　　30 000
　　　　　未分配利润——年末　　　　　　　　　　　340 000

（3）抵销A公司对B公司的长期股权投资。

借：股本　　　　　　　　　　　　　　　　　　　200 000
　　资本公积　　　　　　　　　　　　　　　　　200 000
　　盈余公积　　　　　　　　　　　　　　　　　320 000
　　未分配利润——期末　　　　　　　　　　　　340 000
　　　贷：长期股权投资　　　　　　　　　　　　　　848 000
　　　　　少数股东权益　　　　　　　　　　　　　　212 000

二、期中处置子公司核算处理

前述处置子公司股权的处理均发生在期末，考虑处置当年子公司的收益调整，与其处理基本一致,《企业会计准则第 33 号——合并财务报表》第三十九条作出了明确的规定：母公司在报告期内处置子公司以及业务，应当将该子公司以及业务期初至处置日的收入、费用、利润纳入合并利润表。

例 5-10 续例 5-9。假设 20×9 年 6 月 30 日 A 公司对 B 公司的股权进行转让，取得价款 900 000 元，假设 B 公司上半年实现净利润 200 000 元，未发放现金股利，两家公司均按照 10% 提取盈余公积。

个别财务报表对相关业务的确认如下。

20×9 年 6 月 30 日 A 公司财务报表处理。

借：银行存款	900 000
贷：长期股权投资	720 000
投资收益——股权出售利得	180 000

编制合并财务报表时的调整与抵销分录如下。

（1）从合并财务报表角度，需要对上期交易进行追溯调整。

借：长期股权投资	128 000
资本公积	64 000
利润分配——分配现金股利	16 000
贷：盈余公积	20 800
未分配利润——期初	187 200

（2）从合并财务报表角度，对本期处置前实现净利润按权益法进行确认处理。

借：长期股权投资	160 000
贷：投资收益	160 000

（3）从合并财务报表角度，对长期股权投资进行处置的处理。

借：银行存款	900 000
投资收益——股权出售利得	108 000
贷：长期股权投资	1 008 000

因此，在合并财务报表工作底稿中调整与抵销分录包括以下几步。

（1）在个别财务报表确认的基础上将上述业务调整为从合并财务报表角度表述的结果，需要编制调整分录。

借：投资收益——股权出售利得	288 000
资本公积	64 000
利润分配——分配现金股利	16 000
贷：盈余公积	20 800
未分配利润——期初	187 200
投资收益	160 000

（2）对投资收益进行抵销。

借：投资收益	160 000
少数股东损益	40 000
未分配利润——期初	340 000

贷：利润分配——提取盈余公积 20 000
　　　未分配利润——期中 520 000

第四节　子公司存在优先股情况下合并财务报表的编制

一、优先股股东的权利与义务

优先股是指依照《中华人民共和国公司法》（以下简称《公司法》），在一般规定的普通种类股份之外，另行规定的其他种类股份，其股份持有人优先于普通股股东分配公司利润和剩余财产，但参与公司决策管理等权利受到限制。按照《国务院关于开展优先股试点的指导意见》的规定，优先股股东具有以下权利与义务。

（1）优先分配利润。优先股股东按照约定的票面股息率，优先于普通股股东分配公司利润。公司应当以现金的形式向优先股股东支付股息，在完全支付约定的股息之前，不得向普通股股东分配利润。

公司应当在公司章程中明确以下事项：①优先股股息率是采用固定股息率还是浮动股息率，并相应明确固定股息率水平或浮动股息率计算方法。②公司在有可分配税后利润的情况下是否必须分配利润。③如果公司因本会计年度可分配利润不足而未向优先股股东足额派发股息，差额部分是否累积到下一会计年度。④优先股股东按照约定的股息率分配股息后，是否有权和普通股股东一起参加剩余利润分配。⑤优先股利润分配涉及的其他事项。

（2）优先分配剩余财产。公司因解散、破产等进行清算时，公司财产在按照公司法和《中华人民共和国企业破产法》（以下简称《企业破产法》）有关规定进行清偿后的剩余财产，应当优先向优先股股东支付未派发的股息和公司章程约定的清算金额，不足以支付的按照优先股股东持股比例分配。

（3）优先股转换和回购。公司可以在公司章程中规定优先股转换为普通股、发行人回购优先股的条件、价格和比例。转换选择权或回购选择权可规定由发行人或优先股股东行使。发行人要求回购优先股的，必须完全支付所欠股息，但商业银行发行优先股补充资本的除外。优先股回购后相应减记发行在外的优先股股份总数。

（4）表决权限制。除以下情况外，优先股股东不出席股东大会，所持股份没有表决权：①修改公司章程中与优先股相关的内容；②一次或累计减少公司注册资本超过10%；③公司合并、分立、解散或变更公司形式；④发行优先股；⑤公司章程规定的其他情形。上述事项的决议，除须经出席会议的普通股股东（含表决权恢复的优先股股东）所持表决权的2/3以上通过之外，还须经出席会议的优先股股东（不含表决权恢复的优先股股东）所持表决权的2/3以上通过。

（5）表决权恢复。公司累计3个会计年度或连续2个会计年度未按约定支付优先股股息的，优先股股东有权出席股东大会，每股优先股股份享有公司章程规定的表决权。对于股息可累积到下一会计年度的优先股，表决权恢复直至公司全额支付所欠股息。对于股息不可累积的优先股，表决权恢复直至公司全额支付当年股息。公司章程可规定优先股表决权恢复的其他情形。

（6）与股份种类相关的计算。以下事项计算持股比例时，仅计算普通股和表决权恢复的优先股：①根据公司法请求召开临时股东大会；②根据公司法召集和主持股东大会；③根据公司法提交股东大会临时提案；④根据公司法认定控股股东。

二、子公司存在优先股情况下合并财务报表编制的有关规定

子公司发行优先股等其他权益工具的，应如何计算母公司合并利润表中的"归属于母公司股东的净利润"？《企业会计准则解释第7号》规定如下。

（1）子公司发行累积优先股等其他权益工具的，无论当期是否宣告发放其股利，在计算列报母公司合并利润表中的"归属于母公司股东的净利润"时，应扣除当期归属于除母公司之外的其他权益工具持有者的可累积分配股利，扣除金额应在"少数股东损益"项目中列示。

（2）子公司发行不可累积优先股等其他权益工具的，在计算列报母公司合并利润表中的"归属于母公司股东的净利润"时，应扣除当期宣告发放的归属于除母公司之外的其他权益工具持有者的不可累积分配股利，扣除金额应在"少数股东损益"项目中列示。

三、母公司未持有子公司优先股情况下合并财务报表的编制

在编制合并财务报表时，未被母公司持有的子公司优先股等其他权益工具应全部按少数股权处理。

例5-11 假设B公司于20×2年1月1日以395 500元购入C公司发行在外普通股的90%，当时C公司的股东权益总额为500 000元，由优先股本100 000元（面值1元，回购价格1.05元，股息率10%，累积，不参与）、普通股本200 000元、资本公积40 000元、盈余公积80 000元、未分配利润80 000元构成。20×2年1月1日不存在积欠股利，且C公司的各项资产和负债账面价值均等于其公允价值。20×2年C公司账面净利润50 000元，支付股利30 000元，其中10 000元支付给优先股股东，20 000元支付给普通股股东。

20×2年1月1日，B公司购入C公司普通股的90%时，会计分录为

借：长期股权投资——C公司普通股　　　　　　　　　　　395 500
　　贷：银行存款　　　　　　　　　　　　　　　　　　　395 500

20×2年，B公司收到C公司发放的股利18 000（20 000×90%）元时，会计分录为

借：银行存款　　　　　　　　　　　　　　　　　　　　　18 000
　　贷：投资收益——C公司普通股　　　　　　　　　　　　18 000

假设两家公司的股本和资本公积没有任何变化，20×2年12月31日，B公司和C公司的利润表、股东权益变动表中的利润分配表部分、资产负债表如表5-14中的B公司和C公司栏目所示。

20×2年12月31日，在合并财务报表工作底稿中，应编制如下三笔调整与抵销分录。

表 5-14 20×2 年 12 月 31 日 B 公司与 C 公司合并财务报表工作底稿   单位：元

项目	B 公司	C 公司（90%）	调整与抵销分录 借	调整与抵销分录 贷	合并财务报表
利润表：					
营业收入	582 000	300 000			882 000
减：营业成本	300 000	200 000			500 000
减：各项费用	100 000	50 000			150 000
加：投资收益——C 公司普通股	18 000		(2)36 000	(1)18 000	
减：少数股东损益			(2)14 000		14 000
净利润	200 000	50 000			218 000
股东权益变动表：					
未分配利润——年初	100 000	80 000	(2)80 000		100 000
加：净利润	200 000√	50 000√			218 000
减：提取盈余公积	20 000	5 000		(2)5 000	20 000
减：已分配股利	100 000	30 000		(2)30 000	100 000
未分配利润——年末	180 000	95 000			198 000
资产负债表：					
货币资金	300 000	200 000			500 000
存货	604 500	250 000			854 500
长期股权投资——C 公司普通股	395 500		(1)18 000	(3)413 500	
固定资产	400 000	150 000			550 000
商誉			(3)40 000		40 000
资产总计	1 700 000	600 000			1 944 500
应付票据	200 000	80 000			280 000
股本——普通股	1 000 000	200 000	(3)200 000		1 000 000
其他权益工具——优先股		100 000	(3)100 000		
资本公积	100 000	40 000	(3)40 000		100 000
盈余公积	220 000	85 000	(3)85 000		220 000
未分配利润	180 000√	95 000√	(3)95 000	(2)95 000	198 000
少数股东权益				(3)146 500	146 500
负债和股东权益总计	1 700 000	600 000			1 944 500

（1）按照权益法调整 B 公司对 C 公司的长期股权投资。20×2 年 C 公司净利润 50 000 元，分配给优先股股东 10 000 元，分配给普通股股东 40 000 元。调整金额为 40 000×90%－18 000＝18 000（元）。调整分录为

　　借：长期股权投资——C 公司普通股　　　　　　　　　　　　　18 000
　　　　贷：投资收益——C 公司普通股　　　　　　　　　　　　　　　　　18 000

（2）抵销 B 公司对 C 公司的投资收益。

　　借：投资收益——C 公司普通股　　　　　　　　　　　　　　　36 000

少数股东损益	14 000
未分配利润——年初	80 000
贷：利润分配——提取盈余公积	5 000
——已分配股利	30 000
未分配利润——年末	95 000

其中，少数股东损益 = 10 000 + 40 000 × 10% = 14 000（元）。

（3）抵销B公司对C公司的长期股权投资。

借：股本——普通股	200 000
其他权益工具——优先股	100 000
资本公积	40 000
盈余公积	85 000
未分配利润——年末	95 000
商誉	40 000
贷：长期股权投资——C公司普通股	413 500
少数股东权益	146 500

其中：少数股东权益 = 105 000 +（520 000 - 105 000）× 10% = 146 500（元）；商誉 = 395 500 -（500 000 - 105 000）× 90% = 40 000（元）。

四、母公司持有子公司优先股情况下合并财务报表的编制

如果母公司购入子公司的优先股等其他权益工具，则少数股权应按优先股和普通股中的少数股权分别计算。优先股购买日，因购买优先股新取得的长期股权投资与按照优先股持股比例计算应享有子公司优先股股东权益之间的差额，应当调整资本公积（资本溢价或股本溢价），资本公积不足冲减的，调整留存收益。

例5-12 沿用例5-11资料，假设20×3年C公司发生净损失40 000元，且没有支付任何股利。C公司股东权益将从20×2年12月31日的520 000元减少至20×3年12月31日的480 000元。20×4年1月1日，B公司对证券市场上C公司优先股价格的下降作出反应，以每股1元的价格购入C公司优先股80 000股（C公司发行在外优先股的80%）。

20×4年1月1日，B公司购买C公司优先股的会计分录为

借：长期股权投资——C公司优先股	80 000
贷：银行存款	80 000

假设20×4年C公司账面净利润20 000元，但当年仍未支付股利。两家公司的股本和资本公积没有任何变化，20×4年12月31日，B公司和C公司的利润表、股东权益变动表中的利润分配表部分、资产负债表如表5-15中的B公司和C公司栏目所示。

20×4年12月31日，在合并财务报表工作底稿中，应编制如下四笔调整与抵销分录。

表 5-15　20×4 年 12 月 31 日 B 公司与 C 公司合并财务报表工作底稿　　　　单位：元

项目	B 公司	C 公司（90%）	调整与抵销分录 借	调整与抵销分录 贷	合并财务报表
利润表：					
营业收入	650 000	280 000			930 000
减：营业成本	350 000	200 000			550 000
减：各项费用	150 000	60 000			210 000
加：投资收益——C 公司优先股			(3)8 000	(1)8 000	
加：投资收益——C 公司普通股			(3)9 000	(2)9 000	
减：少数股东损益			(3)3 000		3 000
净利润	150 000	20 000			167 000
股东权益变动表：					
未分配利润——年初	215 000	55 000	(2)27 000 (3)55 000		188 000
加：净利润	150 000√	20 000√			167 000
减：提取盈余公积	15 000	2 000		(3)2 000	15 000
减：已分配股利	100 000				100 000
未分配利润——年末	250 000	73 000			240 000
资产负债表：					
货币资金	350 000	200 000			550 000
存货	554 500	200 000			754 500
长期股权投资——C 公司优先股	80 000		(1)20 000	(4)100 000	
长期股权投资——C 公司普通股	395 500			(2)18 000 (4)377 500	
固定资产	420 000	200 000			620 000
商誉			(4)40 000		40 000
资产总计	1 800 000	600 000			1 964 500
应付票据	200 000	100 000			300 000
股本——普通股	1 000 000	200 000	(4)200 000		1 000 000
其他权益工具——优先股		100 000	(4)100 000		
资本公积	100 000	40 000	(4)40 000	(1)12 000	112 000
盈余公积	250 000	87 000	(4)87 000		250 000
未分配利润	250 000√	73 000√	(4)73 000	(3)73 000	240 000
少数股东权益				(4)62 500	62 500
负债和股东权益总计	1 800 000	600 000			1 964 500

（1）按照权益法调整 B 公司对 C 公司的优先股投资。因购买优先股新取得的长期股权投资与按照优先股持股比例计算应享有子公司优先股股东权益之间的差额，应当调增资本公积 12 000[（105 000＋10 000）×80%－80 000]元。对于 20×4 年 B 公司对 C 公司的优先股投资收益 8 000（10 000×80%）元调增投资收益。调整分录为

借：长期股权投资——C公司优先股　　　　　　　　　　　　　　　20 000
　　贷：资本公积　　　　　　　　　　　　　　　　　　　　　　　12 000
　　　　投资收益——C公司优先股　　　　　　　　　　　　　　　 8 000

（2）按照权益法调整B公司对C公司的普通股投资。20×2年调整金额为（50 000 - 10 000）×90% - 18 000 = 18 000（元）；20×3年调整金额为（-40 000 - 10 000）×90% = -45 000（元）；以前年度共调整金额为18 000 - 45 000 = -27 000（元）。20×4年调整金额为（20 000 - 10 000）×90% = 9 000（元）。调整分录为

借：未分配利润——年初　　　　　　　　　　　　　　　　　　　27 000
　　贷：投资收益——C公司普通股　　　　　　　　　　　　　　　 9 000
　　　　长期股权投资——C公司普通股　　　　　　　　　　　　　18 000

（3）抵销B公司对C公司的投资收益。

借：投资收益——C公司优先股　　　　　　　　　　　　　　　　 8 000
　　投资收益——C公司普通股　　　　　　　　　　　　　　　　 9 000
　　少数股东损益　　　　　　　　　　　　　　　　　　　　　　 3 000
　　未分配利润——年初　　　　　　　　　　　　　　　　　　　55 000
　　贷：利润分配——提取盈余公积　　　　　　　　　　　　　　　 2 000
　　　　未分配利润——年末　　　　　　　　　　　　　　　　　　73 000

其中：少数股东损益 = 10 000×20% +（20 000 - 10 000）×10% = 3 000（元）。

（4）抵销B公司对C公司的长期股权投资。

借：股本——普通股　　　　　　　　　　　　　　　　　　　　　200 000
　　其他权益工具——优先股　　　　　　　　　　　　　　　　　100 000
　　资本公积　　　　　　　　　　　　　　　　　　　　　　　　 40 000
　　盈余公积　　　　　　　　　　　　　　　　　　　　　　　　 87 000
　　未分配利润——年末　　　　　　　　　　　　　　　　　　　 73 000
　　商誉　　　　　　　　　　　　　　　　　　　　　　　　　　 40 000
　　贷：长期股权投资——C公司优先股　　　　　　　　　　　　 100 000
　　　　长期股权投资——C公司普通股　　　　　　　　　　　　 377 500
　　　　少数股东权益　　　　　　　　　　　　　　　　　　　　 62 500

其中：少数股东权益 = 125 000×20% +（500 000 - 125 000）×10% = 62 500（元）；商誉 = 395 500 -（500 000 - 105 000）×90% = 40 000（元）。

本章小结

在合并财务报表的编制中，除了要考虑控股权取得日、控股权取得日后合并财务报表的编制，以及集团内部交易的抵销处理以外，还需要考虑一些特殊情况的发生，比如在本章中介绍的多次交易分步实现企业合并、合并后继续购买子公司少数股权、间接持股、交叉持股、期中合并和股权处置下的财务报表合并问题。

在持股比例变动的情况下，由于在每一次股权的取得或出售的时点，被合并企业的

各项可辨认资产和负债的公允价值可能发生变化,因此,必须解决的问题是:应以哪一个时点被合并企业各项可辨认资产和负债的公允价值信息为基础来编制合并财务报表?按照我国现行企业会计准则的规定,编制合并财务报表应该以控股权取得日被合并企业各项可辨认资产和负债的公允价值信息为基础。控制权取得日前的股权变动涉及多次交易分步实现企业合并,而控制权取得日之后的股权变动涉及母公司继续增持或减持股权的情形。针对多次交易分步实现的企业合并,我们依然需要区分同一控制下和非同一控制下两种情况进行处理。购买子公司少数股权是指取得控制权后继续增持股份的行为,针对这一情形我们也应区分个别财务报表和合并财务报表进行处理。

间接持股指的是母公司持有某一子公司的股权,同时该子公司又持有另一家子公司的股权份额,具体可分为两种情形:①父子孙结构,即母公司通过旗下子公司控制另一家公司;②关联附属结构,指母公司除直接持有某公司的部分股权外,还通过旗下子公司间接持有该公司的部分股份,从而实现对该公司的控制。本章对上述两种情形下的合并财务报表分别介绍了不同的会计处理方法。

交叉持股指的是参与合并财务报表、存在相互持有股份的情形,通常也存在两种情况:①母公司与子公司相互持股;②子公司相互持股。本章对上述两种情形下的合并财务报表也分别介绍了不同的会计处理方法。

值得注意的是,前述章节例题中的合并业务均在期初完成,并在期末进行合并财务报表编制。由于在同一控制下与非同一控制下企业合并中,对于合并当期合并前子公司实现的利润处理方式存在差异,本章还探讨了期中合并和股权处置下的合并财务报表编制问题。

思考题

1. 如何确定分步实现企业合并的控制权取得日?
2. 取得控制权日以后年度的公允价值与账面价值之间的差异以什么为基础确定?
3. 何为一揽子交易?非一揽子交易和一揽子交易下处置少数股权至丧失控制权日合并财务报表会计处理有何差异?
4. 何为间接持股?间接持股有哪些类型?合并财务报表处理要点有哪些?
5. 何为交叉持股?从集团角度,母子公司交叉持股的实质是什么?合并财务报表该如何处理?
6. 同一控制下和非同一控制下期中合并的合并财务报表处理原则有何差异?

练习题

1. 假设 20×7 年 1 月 1 日甲公司以银行存款 400 000 元取得乙公司 40%股权,乙公司当日的简易资产负债表如表 5-16 所示,固定资产为管理用固定资产,折旧年限为 10 年,残值忽略不计,采用直线法计提折旧,20×7 年乙公司实现账面净利润 200 000 元,未发放现金股利。甲、乙两公司均按照 10%提取盈余公积,所得税税率均为 25%。

表 5-16　20×7 年 1 月 1 日乙公司简易资产负债表　　　　　　　　单位：元

项　目	账面价值	公允价值
货币资金	100 000	100 000
固定资产	400 000	600 000
无形资产	300 000	300 000
资产总计	800 000	1 000 000
短期借款	200 000	200 000
股本	100 000	
资本公积	100 000	
盈余公积	200 000	
未分配利润	200 000	
净资产	600 000	800 000

20×8 年 1 月 1 日甲公司继续增持乙公司 40%的股权，支付对价 500 000 元，乙公司当日简易资产负债表如表 5-17 所示，固定资产还是原固定资产，20×8 年度乙公司实现账面净利润 300 000 元，未发放现金股利。

表 5-17　20×8 年 1 月 1 日乙公司简易资产负债表　　　　　　　　单位：元

项　目	账面价值	公允价值
货币资金	240 000	240 000
固定资产	360 000	720 000
无形资产	400 000	400 000
资产总计	1 000 000	1 360 000
短期借款	200 000	200 000
股本	100 000	
资本公积	100 000	
盈余公积	220 000	
未分配利润	380 000	
净资产	800 000	1 160 000

20×9 年 1 月 1 日，出于公司战略考虑，甲公司将持有乙公司的股权出售了 1/4，取得价款 300 000 元，当日乙公司简易资产负债表如表 5-18 所示，20×9 年乙公司实现账面净利润 100 000 元，未发放现金股利。

表 5-18　20×9 年 1 月 1 日乙公司简易资产负债表　　　　　　　　单位：元

项　目	账面价值	公允价值
货币资金	580 000	580 000
固定资产	320 000	620 000
无形资产	400 000	400 000
资产总计	1 300 000	1 600 000
短期借款	200 000	200 000
股本	100 000	
资本公积	100 000	
盈余公积	250 000	
未分配利润	650 000	
净资产	1 100 000	1 400 000

要求：编制20×7年度、20×8年度、20×9年度甲公司的个别财务报表、合并财务报表分录。

2. 20×4年1月1日，P公司以500 000元取得Q公司60%的股权，同时Q公司又以银行存款100 000元取得M公司80%的股权，当日Q公司、M公司简易资产负债表如表5-19所示，两公司的账面净资产与公允价值一致，20×4年P公司实现净利润100 000元，Q公司实现净利润80 000元，未发放现金股利，按照10%提取盈余公积，所得税税率为25%。

表5-19　20×4年1月1日Q公司、M公司简易资产负债表　　　单位：元

项　目	Q公司	M公司
货币资金	100 000	50 000
固定资产	500 000	100 000
无形资产	400 000	150 000
资产总计	1 000 000	300 000
短期借款	200 000	200 000
股本	100 000	10 000
资本公积	300 000	40 000
盈余公积	200 000	30 000
未分配利润	200 000	20 000
净资产	800 000	100 000

20×5年1月1日，M公司又支付银行存款300 000元取得Q公司20%股权，当年M公司实现净利润200 000元，Q公司实现净利润100 000元，未发放现金股利。

要求：编制20×4年度、20×5年度个别财务报表和合并财务报表分录。

3. 20×7年12月31日，C公司的股东权益6 000 000元构成如下：优先股本1 000 000元（面值1元，回购价格1.05元，股息率10%，累积，不参加，积欠1年股利）、普通股本3 000 000元、资本公积600 000元、盈余公积400 000元、未分配利润1 000 000元。该日，C公司各项资产和负债的账面价值均等于其公允价值。

B公司于20×8年1月1日首先以4 500 000元购入C公司发行在外普通股的90%，然后以600 000元购入C公司发行在外优先股的50%。20×8年，C公司账面净利润600 000元，并于20×8年12月31日宣告发放现金股利400 000元。两家公司均按照净利润的10%提取盈余公积。

要求：

（1）编制20×8年B公司处理其对C公司普通股和优先股投资的有关会计分录。

（2）编制20×8年B公司与C公司合并财务报表工作底稿中的调整与抵销分录。

练习题参考答案

第六章

基础金融工具

本章主要介绍基础金融工具的会计处理。本章内容主要遵循《企业会计准则第 22 号——金融工具确认和计量》（2017 年 3 月 31 日颁布）的相关规定。

第一节 金融工具概述

金融是现代经济的核心，金融市场（包括资本市场）的健康、可持续发展离不开金融工具的广泛运用和不断创新。近年来，我国的金融工具交易发展较快，这对相关会计准则的制定提出了迫切的要求。为适应经济发展需要、规范金融工具的会计处理、提高会计信息质量，同时与国际财务报告准则趋同，财政部于 2017 年印发了修订后的《企业会计准则第 22 号——金融工具确认和计量》等一系列金融工具准则。其规范了包括金融企业在内的各类企业金融工具交易的会计处理，要求企业将几乎所有金融工具尤其是衍生工具纳入表内核算，这将有助于全面反映企业的金融工具交易，便于投资者更好地了解企业的财务状况和经营成果。

一、金融工具的定义

金融工具是指形成一个企业的金融资产，并形成其他单位的金融负债或权益工具的合同。根据所产生的合同权利和义务，金融资产、金融负债和权益工具的定义如下。

金融资产，是指企业持有的符合下列条件之一的资产。

（1）现金。

（2）其他方的权益工具。

（3）从其他方收取现金或其他金融资产的合同权利。企业的银行存款、应收账款、应收票据和发放的贷款等均属于金融资产。而预付账款不是金融资产，因其产生的未来经济利益是非金融资产的商品或服务，不是收取现金或其他金融资产的权利。

（4）在潜在有利条件下，与其他方交换金融资产或金融负债的合同权利。例如，企业作为权利方购入的看涨期权、看跌期权（put option），赋予企业在潜在有利条件下与其他方交换金融资产或金融负债的权利。

（5）将来须用或可用企业自身权益工具进行结算的非衍生工具合同，且企业根据该合同将收到可变数量的自身权益工具。

如果非衍生工具合同规定企业将取得可变数量的自身普通股股票，其中股票的总价值等于固定的金额，那么在该合同中企业将其自身的权益工具视为货币，此类合同代表的是特定金额的权利或义务，而不是特定的权益或利益。"企业根据该合同将收到可变数量的自身权益工具"表明企业将自身权益工具作为现金或其他金融资产的替代品。

例 6-1 A 公司向 B 公司销售 10 万元商品，约定 6 个月后 A 公司将收到 B 公司所持有的 A 公司普通股股票，股数由 10 万元除以 6 个月后 A 公司普通股的公允价值计算。该合同权利构成 A 公司的金融资产（应收账款）。

（6）将来须用或可用企业自身权益工具进行结算的衍生工具合同，但以固定数量的自身权益工具交换固定金额的现金或其他金融资产的衍生工具合同除外。其中，企业自身权益工具不包括应当按照《企业会计准则第 37 号——金融工具列报》分类为权益工具的可回售工具或发行方仅在清算时才有义务向另一方按比例交付其净资产的金融工具，也不包括本身就要求在未来收取或交付企业自身权益工具的合同。

"以固定数量的自身权益工具交换固定金额的现金或其他金融资产的衍生工具合同"不是企业的金融资产，此类合同中企业自身权益工具并不是作为现金或其他金融资产的替代品。符合金融负债定义但是被分类为权益工具的特殊金融工具（包括可回售工具和发行方仅在清算时才有义务向另一方按比例交付其净资产的金融工具）本身并不符合权益工具的定义，因此不包括在上述"自身权益工具"的范围之内。

金融负债是指企业持有的符合下列条件之一的负债。

（1）向其他方交付现金或其他金融资产的合同义务。例如，企业的应付账款、应付票据和应付债券等均属于金融负债。而预收账款不是金融负债，其导致的未来经济利益流出是商品或服务，不是交付现金或其他金融资产的合同义务。应交所得税是企业按照税收法规规定履行的义务，不是以合同为基础的义务，因此也不符合金融工具的定义。

（2）在潜在不利条件下，与其他方交换金融资产或金融负债的合同义务。例如，企业签出的看涨期权或看跌期权等，使企业履行了在潜在不利条件下，与其他方交换金融资产或金融负债的合同义务。

（3）将来须用或可用企业自身权益工具进行结算的非衍生工具合同，且企业根据该合同将交付可变数量的自身权益工具。

（4）将来须用或可用企业自身权益工具进行结算的衍生工具合同，但以固定数量的自身权益工具交换固定金额的现金或其他金融资产的衍生工具合同除外。其中，企业自身权益工具不包括应当按照《企业会计准则第 37 号——金融工具列报》分类为权益工具的可回售工具或发行方仅在清算时才有义务向另一方按比例交付其净资产的金融工具，也不包括本身就要求在未来收取或交付企业自身权益工具的合同。

权益工具是指能证明享有企业的资产扣除所有负债后的剩余利益的合同。在同时满足下列条件的情况下，企业应当将发行的金融工具分类为权益工具。

（1）该金融工具应当不包括交付现金或其他金融资产给其他方，或在潜在不利条件下与其他方交换金融资产或金融负债的合同义务。

（2）将来须用或可用企业自身权益工具结算该金融工具。如为非衍生工具，该金融工具应当不包括交付可变数量的自身权益工具进行结算的合同义务；如为衍生工具，企业只能通过以固定数量的自身权益工具交换固定金额的现金或其他金融资产结算该金融工具。企业自身权益工具不包括应按照《企业会计准则第 37 号——金融工具列报》分类为权益工具的可回售工具或发行方仅在清算时才有义务向另一方按比例交付其净资产的金融工具，也不包括本身就要求在未来收取或交付企业自身权益工具的合同。

从发行方看，常见的权益工具有企业发行的普通股、认股权证等。

二、金融资产的分类

分类是金融资产会计处理的起点。根据企业管理金融资产的业务模式以及金融资产的合同现金流量特征，将金融资产分为三类。

（1）以摊余成本计量的金融资产。

（2）以公允价值计量且其变动计入其他综合收益的金融资产。

（3）以公允价值计量且其变动计入当期损益的金融资产。

三、企业管理金融资产的业务模式

企业管理金融资产的业务模式，是指企业管理其金融资产从而收取现金流量的方式，业务模式决定企业所管理金融资产现金流量的来源是收取合同现金流量、出售金融资产还是两者兼有。在划分金融资产的类别时，应首先考虑企业管理金融资产的业务模式，企业在确定其管理金融资产的业务模式时，应当注意以下方面。

（1）企业在金融资产组合的层次上确定管理金融资产的业务模式，而不必按照单个金融资产逐项确定业务模式。金融资产组合的层次反映企业管理该金融资产的层次。

（2）一个企业可能会采用多个业务模式管理其金融资产。因此，企业无须在报告主体水平上确定金融资产的分类。

（3）企业以企业关键管理人员决定的对金融资产进行管理的特定业务目标为基础，确定管理金融资产的业务模式。其中，关键管理人员是指有权力并负责计划、指挥和控制企业活动的人员。

（4）企业的业务模式并非企业自愿指定，而是一种客观事实，通常可以从企业为实现其目标而开展的特定活动中得以反映。企业应当考虑在业务模式评估日可获得的所有相关证据，包括企业评价和向关键管理人员报告金融资产业绩的方式、影响金融资产业绩的风险及其管理方式以及相关业务管理人员获得报酬的方式（例如，报酬是基于所管理资产的公允价值还是所收取的合同现金流量）等。

企业管理金融资产业务模式的评估由企业实际如何管理金融资产所决定，这能有效减少企业的会计选择，同一企业在不同报告期间以及不同企业同一报告期间的财务报告差异将反映企业的经济实质差异，而非会计选择差异。

（5）企业不得以按照合理预期不会发生的情形为基础确定管理金融资产的业务模式。例如，对于某金融资产组合，如果企业预期仅会在压力情形下将其出售，且企业合理预期该压力情形不会发生，则该压力情形不得影响企业对该类金融资产的业务模式的评估。

（6）如果金融资产实际现金流量的实现方式不同于评估业务模式时的预期（如通过出售金融资产获取现金流量的数量超出或少于在对金融资产进行分类时的预期），只要企业在评估业务模式时已经考虑了当时所有可获得的相关信息，这一差异不构成企业财务报表的前期差错，也不改变企业在该业务模式下持有的剩余金融资产的分类。但是，企业在评估新的金融资产的业务模式时，应当考虑这些信息。

企业管理金融资产的业务模式分为以下三类。

(一) 以收取合同现金流量为目标的业务模式

在以收取合同现金流量为目标的业务模式下,企业管理金融资产旨在通过在金融资产存续期内收取合同付款来实现现金流量,而不是通过持有并出售金融资产产生整体回报。

尽管企业持有金融资产以收取合同现金流量为目标,但是企业无须将所有此类金融资产持有至到期。因此,即使企业出售金融资产或者预计未来会出售金融资产,此类金融资产的业务模式仍然可能以收取合同现金流量为目标。企业在评估金融资产是否属于该业务模式时,应当考虑此前出售此类资产的原因、时间、频率和出售的价值,以及对未来出售的预期。但是,此前出售资产的事实只是为企业提供相关依据,而不能决定业务模式。

在以收取合同现金流量为目标的业务模式下,金融资产的信用质量影响着企业收取合同现金流量的能力。为减少信用恶化所导致的潜在信用损失而进行的风险管理活动与以收取合同现金流量为目标的业务模式并不矛盾。因此,即使企业在金融资产的信用风险增加时为减少信用损失而将其出售,金融资产的业务模式仍然可能是以收取合同现金流量为目标的业务模式。

如果企业在金融资产到期日前出售金融资产,即使与信用风险管理活动无关,在出售只是偶然发生(即使价值重大),或者单独及汇总而言出售的价值非常小(即使频繁发生)的情况下,金融资产的业务模式仍然可能以收取合同现金流量为目标。如果企业能够解释出售的原因并且证明出售并不反映业务模式的改变,出售频率或者出售价值在特定时期内增加不一定与以收取合同现金流量为目标的业务模式相矛盾。此外,如果出售发生在金融资产临近到期时,且出售所得接近待收取的剩余合同现金流量,金融资产的业务模式仍然可能以收取合同现金流量为目标。

(二) 以收取合同现金流量和出售金融资产为目标的业务模式

在同时以收取合同现金流量和出售金融资产为目标的业务模式下,企业的关键管理人员认为收取合同现金流量和出售金融资产对于实现其管理目标而言都是不可或缺的。例如,企业的目标是管理日常流动性需求同时维持特定的收益率,或将金融资产的存续期与相关负债的存续期进行匹配。

与以收取合同现金流量为目标的业务模式相比,此业务模式涉及的出售通常频率更高、金额更大。因为出售金融资产是此业务模式的目标之一,而非仅仅是附带性质的活动。同时,收取合同现金流量和出售金融资产均为实现管理目标不可或缺的条件,因此,在该业务模式下不存在出售金融资产的频率或者价值的明确界限。

(三) 其他业务模式

如果企业管理金融资产的业务模式不是以收取合同现金流量为目标,也不是以收取合同现金流量和出售金融资产为目标,则该企业管理金融资产的业务模式是其他业务模式。例如,企业持有金融资产的目的是交易性的或者基于金融资产的公允价值作出决策并对其进行管理。在这种情况下,企业管理金融资产的目标是通过出售金融资产以实现现金流量。即使企业在持有金融资产的过程中会收取合同现金流量,企业管理金融资产的业务模式也不是以收取合同现金流量和出售金融资产为目标，因为收取合同现金流量对实现该业务模式目标来说只是附带性质的活动。

四、金融资产的合同现金流量特征

金融资产的合同现金流量特征，是指金融工具合同约定的、反映相关金融资产经济特征的现金流量属性。合同现金流量特征应当与基本借贷安排相一致，即相关金融资产在特定日期产生的合同现金流量仅为对本金和以未偿付本金金额为基础的利息的支付。

债权性质的金融资产的合同现金流量特征是以后的现金流量，就是收取利息、收回本金。其中，本金是指金融资产在初始确认时的公允价值，在金融资产存续期内，本金金额可能会因提前偿付等发生变动。利息包括对货币时间价值、与特定时期未偿付本金金额相关的信用风险，以及其他基本借贷风险、成本和利润的对价。其中，货币时间价值是利息要素中仅因为时间流逝而提供对价的部分，不包括为所持有金融资产的其他风险或成本提供的对价，但货币时间价值要素有时可能存在修正。在货币时间价值要素存在修正的情况下，企业应当对相关修正进行评估，以确定其是否满足上述合同现金流量特征的要求。此外，金融资产包含可能导致其合同现金流量的时间分布或金额变更的合同条款的（如包含可提前还款或者可展期特征），企业应当对相关条款进行评估（如评估提前还款特征的公允价值是否非常小），以确定该金融资产是否符合上述合同现金流量特征。

在对金融资产的合同现金流量特征进行判断时，需要注意以下方面。

（一）金融资产的利息的含义

在基本借贷安排中，利息的构成要素中最重要的通常是货币时间价值和信用风险的对价。例如，甲银行有一项支付逆向浮动利率（即贷款利率与市场利率成负相关关系）的贷款，则该贷款的利息金额不是以未偿付本金金额为基础的货币时间价值的对价，所以其不符合本金加利息的合同现金流量特征。又如甲企业持有一项具有固定到期日的美元债券，债券本金和利息的支付与美国的通胀指数挂钩。该债权投资未利用杠杆，而且对合同的本金进行保护。利息的支付与非杠杆的通胀指数挂钩，实质上将货币时间价值重设为当前水平，债券的利率反映的是考虑通胀影响的真实利率。因此，利息金额是以未偿付本金金额为基础的货币时间价值的对价。

利息还可包括与特定时期内持有的金融资产相关的其他基本借贷风险（如流动性风险）和成本（如管理费用）的对价。此外，利息可包括与基本借贷安排相一致的利润率。在某些极端经济环境下，利息可能是负值。例如，金融资产的持有人在特定期间为保证资金安全而支付费用，且支付的费用超过了持有人按照货币时间价值、信用风险及其他基本借贷风险和成本所收取的对价。

但是，如果金融资产合同中包含与基本借贷安排无关的合同现金流量风险敞口或波动性敞口（例如权益价格或商品价格变动敞口）的条款，则此类合同不符合本金加利息的合同现金流量特征。例如，甲企业持有一项可转换成固定数量的发行人权益工具的债券，则该债券不符合本金加利息的合同现金流量特征，因为其回报与发行人的权益价值挂钩。又如，如果贷款的利息支付金额与涉及债务人业绩的一些变量（如债务人的净收益）挂钩或者与权益指数挂钩，则该贷款不符合本金加利息的合同现金流量特征。

例 6-2 A 公司购买了一项具有固定到期日的浮动利率工具，该金融工具每个月将利率重设为上海银行间同业拆放利率（SHIBOR）。

只要金融工具存续期内支付的利息反映对货币的时间价值、与之相关的信用风险及其他基本借贷风险和成本及利润率的对价，合同现金流量就符合仅以本金及未偿付本金金额为基础的利息的支付。该金融工具在存续期对 SHIBOR 重设本身并未导致不符合上述条件。因此，满足合同现金流量仅为对本金和以未偿付本金金额为基础的利息的支付。

例 6-3 A 公司购买了 B 公司发行的可转换债券，每份债券面值 100 元，自发行结束之日起满 1 年后的第一个交易日起至可转换债券到期日止，每份债券可转换为 10 股 B 公司的普通股。

因 A 公司的回报与 B 公司的权益价值挂钩，其反映的回报与基本借贷安排不一致，所以该可转换债券不满足合同现金流量仅为对本金和以未偿付本金金额为基础的利息的支付。

（二）修正的货币时间价值

货币时间价值是利息要素中仅因为时间流逝而提供对价的部分，不包括为所持有金融资产的其他风险或成本提供的对价，但货币时间价值要素有时可能存在修正。在货币时间价值要素存在修正的情况下，企业应当对相关修正进行评估，以确定金融资产是否符合本金加利息的合同现金流量特征。企业可以通过定性或者定量的方式进行评估并作出判断。如果企业经过简单分析即可清晰评估并作出判断，则企业可以通过定性方式进行评估而无须进行详细的定量分析。

修正的货币时间价值要素评估的目标，是确定未折现合同现金流量与假如未对货币时间价值要素进行修正的情形下未折现的合同现金流量（基准现金流量）之间的差异。例如合同约定金融资产的利率定期重设，但重设的频率与利率的期限并不匹配。假设一项金融资产包含每月重设为 1 年期利率的浮动利率条款，则企业每月应收的利息实际上反映了未来 12 个月货币时间价值的平均数，而非当月的货币时间价值（例如，如果在之后 11 个月的期间合同利率逐月提高，则各月货币时间价值的平均数将高于当月的货币时间价值）。也就是说，按合同计算的利息是对实际货币时间价值的修正。这种情况下，企业可将该金融资产与具有相同合同条款和相同信用风险的，但浮动利率为每月重设为 1 个月利率的金融工具的合同现金流量（基准现金流量）进行比较。如果两个现金流量存在显著差异，那么该金融资产不符合本金加利息的合同现金流量特征。在进行上述评估时，企业必须考虑修正的货币时间价值在每一报告期间的影响以及在金融工具整个存续期内的累积影响。

在评估修正的货币时间价值时，企业应当考虑可能影响未来合同现金流量的因素。例如，企业持有一项 5 年期债券，该债券的浮动利率每 6 个月重设为 5 年期利率。企业评估当时的利率曲线发现 5 年期利率与 6 个月利率之间不存在显著差异，企业不得简单地得出结论认为其符合本金加利息的合同现金流量特征。企业应当同时考虑 5 年期利率与 6 个月利率之间的关系在债券存续期内如何变化，是否可能导致债券存续期内未折现合同现金流量与未折现基准现金流量存在显著差异。但是，企业仅需要考虑合理的可能发生的情形,而无须考虑所有可能的情形。

有时,出于宏观经济管理或产业政策考虑等原因,政府监管部门设定某些利率或利率调整等浮动区间。在此情形下,货币时间价值要素虽然有可能不单纯是时间流逝的对价,但如果利率所提供的对价与时间流逝大致相符且并未导致与基本借贷安排不一致的合同现金流量风险敞口或波动性敞口,那么具有该利率的金融资产应当视为符合本金加利息的合同现金流量特征。

(三)导致合同现金流量的时间分布或金额变更的合同条款

金融资产包含可能导致其合同现金流量的时间分布或金额变更的合同条款的(如包含可提前还款或者可展期特征),企业应当对相关条款进行评估(如评估提前还款特征的公允价值是否非常小),以确定该金融资产是否符合本金加利息的合同现金流量特征。

在进行上述评估时,企业应当同时评估变更之前和之后可能产生的合同现金流量。企业还可评估导致合同现金流量的时间分布或金额变更的所有或有事项(即触发事件)的性质。例如,合同规定当债务人拖欠的款项达到特定金额时,利率将重设为较高利率;当指定的权益指数达到特定水平时,利率将重设为较高利率。在对上述两种金融资产的合同现金流量特征进行评估和比较时,考虑或有事项的性质可在一定程度上为评估其合同现金流量特征提供参考。考虑到根据累计拖欠的金额调整利率可能是为了反映信用风险的增加,而指定的权益指数变化与基本借贷安排无关,因此,债务人拖欠的款项达到特定金额时利率上浮的情形更有可能符合本金加利息的合同现金流量特征。

通常情况下,下列涉及合同现金流量的时间分布或金额变更的合同条款,符合本金加利息的合同现金流量特征。

(1)浮动利率包含对货币时间价值、与特定时期未偿付本金金额相关的信用风险(对信用风险的对价可能仅在初始确认时确定,因此可能是固定的)、其他基本借贷风险、成本和利润的对价。

(2)合同条款允许发行人(即债务人)在到期前偿付债务,或者允许持有人(即债权人)在到期前将债务工具卖回给发行人,而且这些提前偿付的金额实质上反映了尚未支付的本金及以未偿付本金金额为基础的利息,其中可能包括因提前终止合同而支付或收取的合理补偿。

(3)合同条款允许发行人或持有人延长债务工具的合同期限(即展期选择权),并且展期选择权条款导致展期间的合同现金流量仅为对本金及以未偿付本金金额为基础的利息的支付,其中可能包含为合同展期而支付的合理的额外补偿。

对于企业以溢价或折价购入或源生的且具有提前偿付特征的债务工具,如果同时满足下列条件,则其符合本金加利息的合同现金流量特征:①提前偿付金额实质上反映了合同面值和已计提但尚未支付的合同利息,其中可能包括因提前终止合同而支付或收取的合理补偿。②在企业初始确认该金融资产时,提前偿付特征的公允价值非常小。

例 6-4 某金融工具是一项永续工具,按市场利率支付利息,发行人可自主决定在任一时点回购该工具,并向持有人支付面值和累计应付利息。如果发行人无法保持后续偿付能力,可以不支付该工具利息,而且递延利息不产生额外孳息。

分析:因发行人可能延迟支付利息,且延迟支付的利息并不产生额外的利息,所以,利息金额不满足合同现金流量仅为对本金和以未偿付本金金额为基础的利息的支付。

但如果该工具的合同条款要求对递延利息的金额计息,则其可能符合本金加利息的合同现金流量特征。

需要注意的是,仅因为该工具是永续工具并不能判定其不符合本金加利息的合同现金流量特征。永续工具可视为具有连续性的多项展期选择权。如果利息支付具有强制性且必须永久性支付,则可能导致其符合本金加利息的合同现金流量特征。

同样,仅因为该工具可赎回并不能判定其不符合本金加利息的合同现金流量特征。即使赎回金额中包含因提前终止该工具而对持有人作出合理补偿的金额,其也有可能符合本金加利息的合同现金流量特征。

例 6-5 甲公司持有某结构化主体的份额(甲公司对该结构化主体不具有控制、共同控制或重大影响),该结构化主体的基础资产为一组符合"合同现金流量仅为对本金和以未偿付本金金额为基础的利息的支付"特征(以下简称"本金加利息的合同现金流量特征")的贷款,组合中贷款的期限均未超过结构化主体的存续期,结构化主体在存续期内不得买卖基础资产。该结构化主体的份额不分层且无保本保收益承诺,而是按照合同约定将基础资产产生的现金流入扣除约定税费、固定管理费等现金流出后的全部剩余金额等比例向所有份额持有人分配。在该情形下,甲公司持有的结构化主体份额是否符合本金加利息的合同现金流量特征?

分析: 甲公司持有的结构化主体份额的基础资产为一组符合本金加利息的合同现金流量特征的贷款,组合中贷款的期限均未超过结构化主体的存续期,并且结构化主体在存续期内不得买卖基础资产,因此,结构化主体的基础资产符合本金加利息的合同现金流量特征。此外,尽管结构化主体不对其发行份额保本保收益,但合同约定将基础资产产生的现金流入扣除约定的税费、固定管理费等现金流出后的全部剩余金额向所有份额持有人不分优先劣后地等比例分配,此分配方式未产生不符合本金加利息特征的合同现金流量,也未以一种与代表本金加利息的支付不一致的方式限制现金流量,因而不影响甲公司持有的结构化主体份额通过合同现金流量特征测试。

(四)合同挂钩工具

在一些交易中,发行人可利用多个合同挂钩工具来安排向金融资产持有人付款的优先劣后顺序(分级)。对于某一分级的金融资产持有人来说,仅当发行人取得足够的现金流量以实现更优先级的支付时,此类工具的持有人才有权取得对本金和未偿付本金的利息的偿付。当同时符合下列条件时,企业持有的某一分级的金融资产才符合本金加利息的合同现金流量特征。

(1)分级的合同条款(在未穿透基础资产的情况下),产生的现金流量仅为对本金和以未偿付本金金额为基础的利息的支付(例如,该分级的利率未与商品价格指数挂钩)。

(2)基础资产包含一个或多个符合本金加利息的合同现金流量特征的工具(以下称"基础工具")。这里的基础资产,是指穿透到最底层的、源生现金流量而非过手现金流量的资产。

(3)该分级所承担的基础资产的信用风险,等于或小于基础资产本身的信用风险。例如,分级的信用评级等于或高于假设发行单一工具(不分级),该工具所得到的信用评级。

基础资产中除基础工具外,还可以有满足以下条件的其他工具。

(1)可以减小基础资产中基础工具现金流量波动性,并且当与基础工具相结合时,能够产生仅为对本金和以未偿付本金金额为基础的利息的支付的现金流量(例如,利率上限或下限,或者降低部分或全部基础工具的信用风险的合同)。

(2)可以协调各分级的合同现金流量与基础工具的现金流量,以解决两者在利率(例如,分级的合同现金流量基于固定利率,而基础工具现金流量基于浮动利率)、计价货币(包括通货膨胀因素)以及现金流量的时间分布上的差异。

在执行上述评估时,企业可能无须针对基础资产中的具体每一项工具进行详尽分析。但是,企业必须运用判断的方式并进行充分的分析,以确定基础资产中的工具是否满足上述条件(同时参照下文关于仅构成极其微小影响的合同现金流量特征的指引)。

如果某一分级的金融资产持有人在初始确认时无法按照上述条件进行评估,那么分级的金融资产应当分类为以公允价值计量且其变动计入当期损益的金融资产。如果在初始确认后基础资产可能发生变化,导致基础资产不满足上述条件的,那么分级的金融资产应当分类为以公允价值计量且其变动计入当期损益的金融资产。如果基础资产包含有抵押物的工具但抵押物不满足上述对基础资产的要求条件,企业不应当考虑该抵押物的影响,除非企业购买分级金融资产的目的是控制抵押物。

例 6-6 某资产证券化信托计划向投资者发行合同挂钩工具。资产支持证券划分为两层,分别为优先档和次级档,优先档的本息偿付次序优于次级档。该信托计划投资的基础资产的现金流量仅为对本金和以未偿付本金金额为基础的利息支付的贷款组合。优先档有明确的固定票息,而次级档无明确的票息,次级档的收益取决于基础资产的最终收益水平。该计划需将收到的贷款本金和利息回收款优先支付给优先档持有人,即待向优先档持有人按合同条款支付相应的本金及收益后,才能将剩余的回收款支付给次级档持有人。

分析:从优先档资产支持证券持有人的角度看,其分级的合同现金流量符合基本借贷安排。因为优先档本身及其基础资产均符合本金加利息的合同现金流量特征,且优先档的信用风险不高于基础资产的信用风险。从次级档资产支持证券持有人的角度看,其分级的合同现金流量不符合基本借贷安排。因为次级档本身不符合本金加利息的合同现金流量特征,且次级档承担了高于基础资产的信用风险。

(五)合同现金流量评估的其他特殊情形

(1)某些金融资产的合同现金流量特征中包含杠杆因素,杠杆导致合同现金流量的变动性增加,不符合利息的经济特征。例如,期权、远期合同和互换合同等,均属于这种情况。因此,此类合同不符合本金加利息的合同现金流量特征。

(2)某些金融资产合同中使用本金和利息描述合同现金流量,但此类合同可能并不符合本金加利息的合同现金流量特征。如果金融资产代表对特定资产或现金流量的投资,则可能属于这种情况。

例 6-7 某景区建设借款合同规定,随着景区客流量的增加,借款合同的利息将增加。此合同产生了与基本借贷安排无关的合同现金流量风险敞口,因此该金融资产不符合本金加利息的合同现金流量特征。

又如，某些合同使用本金和利息描述合同现金流量，但债权人的索偿要求仅限于债务人的特定资产或产生于特定资产的现金流量，此类合同可能不符合本金加利息的合同现金流量特征。然而，债权人的索偿要求仅限于债务人的特定资产或基于特定资产的现金流量并不一定导致金融资产不符合本金加利息的合同现金流量特征。企业需要对特定的基础资产或其现金流量进行评估（即穿透），以确定待分类的金融资产是否符合本金加利息的合同现金流量特征。如果金融资产的合同条款产生了其他现金流量，或者以一种与代表本金和利息的支付不一致的方式限制了现金流量，则该金融资产不符合本金加利息的合同现金流量特征。

无论基础资产为金融资产或非金融资产，均不影响合同现金流量评估。在某些情况下，企业可能无法了解基础资产的具体情况（如投资的具体组成、期限、条款等），因而无法对特定的基础资产或其现金流量进行评估，则企业无法确定待分类的金融资产是否符合本金加利息的合同现金流量特征。

（3）在一般的借款合同中，通常都会规定债权人持有的金融工具相对于债务人的其他债权人持有的工具的优先劣后顺序。对于劣后于其他工具的工具，如果债务人不付款构成违约，并且即使在债务人破产的情况下，债权人也拥有收取本金及以未偿付本金金额为基础的利息的合同权利，则该工具可能符合本金加利息的合同现金流量特征。相反，如果次级特征以任何方式限制合同现金流量或产生了任何形式的其他现金流量，则该工具不符合本金加利息的合同现金流量特征。例如，某企业持有一笔被列为普通债权的应收账款。如果其债务人还有一笔贷款，且该贷款存在抵押物，从而使得债务人破产时其贷款方可优先于普通债权人索偿（但并不影响一般债权人收取尚未支付的本金和其他应付金额的合同权利），则该应收账款也可能符合本金加利息的合同现金流量特征。

（4）如果合同现金流量特征仅对金融资产的合同现金流量产生极其微小的影响，则不会影响金融资产的分类。要作出此判断，企业必须考虑合同现金流量特征在每一会计期间的潜在影响以及在金融工具整个存续期内的累积影响。此外，如果合同现金流量特征（无论某一会计期间还是整个存续期）对合同现金流量的影响超过了极其微小的程度，企业应当进一步判断该现金流量特征是否是不现实的。如果现金流量特征仅在极端罕见、显著异常且几乎不可能的事件发生时才影响该工具的合同现金流量，那么该现金流量特征是不现实的。如果该现金流量特征不现实，则不影响金融资产的分类。

五、金融资产的具体分类

企业应根据其管理金融资产的业务模式和金融资产的合同现金流量特征，对金融资产进行分类。

（一）以摊余成本计量的金融资产

金融资产同时符合下列条件的，应当分类为以摊余成本计量的金融资产。
（1）企业管理该金融资产的业务模式是以收取合同现金流量为目标。
（2）该金融资产的合同条款规定，在特定日期产生的现金流量，仅为对本金和以未偿付本金金额为基础的利息的支付。

通常情况下，企业持有的、在活跃市场上有公开报价的国债、企业债券、金融债券等，可以划分为以摊余成本计量的金融资产。

例 6-8 20×2 年 7 月，某银行支付 1 990 万美元从市场上以折价方式购入一批美国甲汽车金融公司发行的 3 年期固定利率债券，票面利率 4.5%，债券面值为 2 000 万美元。该银行打算持有这批债券至到期，3 年后收取本金和利息。

分析：该银行管理这批债券的业务模式是持有至到期，该笔债券为银行带来的未来现金流量也仅为本金和以本金为基础的利息支付。因此，在银行的资产负债表中，该笔债券应将其划分为以摊余成本计量的金融资产。

（二）以公允价值计量且其变动计入其他综合收益的金融资产

金融资产同时符合下列条件的，应当分类为以公允价值计量且其变动计入其他综合收益的金融资产。

（1）企业管理该金融资产的业务模式既以收取合同现金流量为目标又以出售该金融资产为目标。

（2）该金融资产的合同条款规定，在特定日期产生的现金流量，仅为对本金和以未偿付本金金额为基础的利息的支付。

（三）以公允价值计量且其变动计入当期损益的金融资产

企业分类为以摊余成本计量的金融资产和以公允价值计量且其变动计入其他综合收益的金融资产之外的金融资产，应当分类为以公允价值计量且其变动计入当期损益的金融资产。

金融资产分类流程如图 6-1 所示。

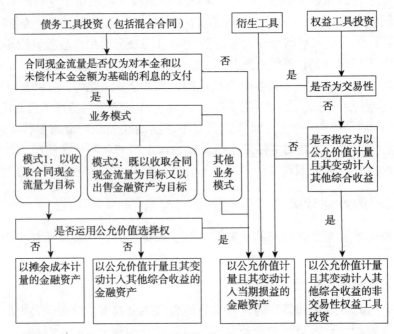

图 6-1 金融资产分类流程

注：衍生工具在不同状态下有时是金融资产，有时是金融负债，本部分仅就该工具为金融资产时进行讨论。

(四)金融资产分类的特殊规定

1. 将非交易性权益工具指定为公允价值计量且其变动计入其他综合收益的金融资产

在初始确认时,企业可以将非交易性权益工具投资指定为以公允价值计量且其变动计入其他综合收益的金融资产,并按照《企业会计准则》的规定确认股利收入。该指定一经作出,不得撤销。企业在非同一控制下的企业合并中确认的或有对价构成金融资产的,该金融资产应当分类为以公允价值计量且其变动计入当期损益的金融资产,不得指定为以公允价值计量且其变动计入其他综合收益的金融资产。

2. 将金融资产指定为以公允价值计量且其变动计入当期损益的金融资产

在初始确认时,如果能够消除或显著减少会计错配,企业可以将金融资产指定为以公允价值计量且其变动计入当期损益的金融资产。该指定一经作出,不得撤销。这意味着,即使某些金融资产依照上述三个分类不属于以公允价值计量且其变动计入当期损益的金融资产类别,但出于减少会计错配的考虑,也可以将其指定为以公允价值计量且其变动计入当期损益的金融资产。

金融资产分类和计量密不可分,不同类别的金融资产,其初始确认和后续计量的基础也不同。因此,金融资产的分类一旦确定,不得随意改变。但是,当企业改变其管理金融资产的业务模式时,相关的金融资产可以按照《企业会计准则》的规定进行重分类,不存在其他的重分类限制要求。

六、金融负债的具体分类

(一)金融负债的分类

通常,在正常商业过程中,金融负债的发行方将持有负债至到期并且支付合同金额,摊余成本对于很多金融负债来说是最恰当的计量属性。因此,《企业会计准则第22号——金融工具确认和计量》第二十一条规定,企业应当将金融负债分类为以摊余成本计量的金融负债,但同时规定了以下例外情况。

(1)以公允价值计量且其变动计入当期损益的金融负债,包括交易性金融负债(含属于金融负债的衍生工具)和指定为以公允价值计量且其变动计入当期损益的金融负债,应当按公允价值计量。

(2)金融资产转移不符合终止确认条件或继续涉入被转移金融资产所形成的金融负债。对此类金融负债,企业应当按照《企业会计准则第23号——金融资产转移》相关规定进行计量:①被转移金融资产以摊余成本计量的,相关负债的账面价值等于继续涉入被转移金融资产的账面价值减去企业保留的权利(如果企业因金融资产转移保留了相关权利)的摊余成本并加上企业承担的义务,如果企业因金融资产转移承担了相关义务的摊余成本相关负债不得指定为以公允价值计量且其变动计入当期损益的金融负债。②被转移金融资产以公允价值计量的,相关负债的账面价值等于继续涉入被转移金融资产的账面价值减去企业保留的权利(如果企业因金融资产转移保留了相关权利)的公允价值并加上企业承担的义务,如果企业因金融资产转移承担了相关义务的公允价值,该权利和义务的公允价值应为按独立基础计量时的公允价值。

（3）没有指定为以公允价值计量且其变动计入当期损益的金融负债的财务担保合同，是指依据《企业会计准则》，当担保企业与客户签订的需向发生损失的合同持有人赔付特定金额的担保合同生效时，除发行方之前明确表明将此类合同视作保险合同，并且已按照保险合同相关会计准则进行会计处理的情况外，企业需按金融工具准则的规定确认一项属于金融负债的财务担保合同。应按损失准备金额与累计摊销后的余额孰高法进行计量。

（4）没有指定为以公允价值计量且其变动计入当期损益的金融负债并将以低于市场利率贷款的贷款承诺。应按损失准备金额与累计摊销后的余额孰高法进行计量。

上述（3）担保合同和（4）贷款承诺的"按损失准备金额与累计摊销后的余额孰高法进行计量"，是指若损失准备金额高于累计摊销后的余额，则金融负债应以损失准备金额计量，根据损失准备金额与累计摊销后的余额的差值调高金融负债的账面价值；若损失准备金额低于累计摊销后的余额，则金融负债以累计摊销后的余额计量，账面余额不做调整。

例 6-9 A 公司于 20×0 年初承诺未来 3 年以 6% 的固定利率向 B 公司发放贷款，作出此承诺后，A 公司向 B 公司收取了 30 万元费用并将期确认为金融负债。若此时市场利率为 8%，A 公司应按时间因素将 30 万元金融负债分期摊销并确认收入。20×0 年末，因 B 公司信用风险增加，A 公司按预期信用损失模型计算得该贷款承诺产生的信用损失准备为 28 万元，而 20×0 年末该金融负债的累计摊销后的余额为 20 万元，所以需要调增该金融负债 8 万元。

（5）企业合并所涉及的或有对价。在非同一控制下的企业合并中，企业作为购买方确认的或有对价形成金融负债的，该金融负债应当按照以公允价值计量且其变动计入当期损益进行会计处理。

《企业会计准则》规定，企业对所有金融负债均不得进行重分类。也就是说，对金融负债的分类一经确定，不得变更。

（二）公允价值选择权

在初始确认时，为了提供更相关的会计信息，企业可以金融负债指定为以公允价值计量且其变动计入当期损益，但该指定应当满足下列条件之一：

（1）该指定能够消除或显著减少会计错配。例如，根据《企业会计准则》的规定，有些金融资产被分类为以公允价值计量且其变动计入当期损益，但与之直接相关的金融负债却分类为以摊余成本计量，从而导致会计错配。如果将以上金融负债直接指定为以公允价值计量且其变动计入当期损益，那么这种会计错配就能够消除。

再如，企业拥有某些金融资产且承担某些金融负债，该金融资产和金融负债承担某种相同的风险（如利率风险），且各自的公允价值变动方向相反，趋于相互抵销。但是，其中只有部分金融资产或金融负债（如交易性）以公允价值计量且其变动计入当期损益，此时会出现会计错配。套期会计有效性难以达到要求时，也会出现类似问题。在这些情况下，如果将所有这些资产和负债均进行公允价值指定，可以消除或显著减少会计错配现象。

又如，企业拥有某些金融资产且承担某些金融负债，该金融资产和金融负债承担某种相同的风险，且各自的公允价值变动方向相反，趋于相互抵销。但是，因为这些金融资产或金融负债中没有一项是以公允价值计量且其变动计入当期损益的，不满足被指定为套期工具的条件，从而企业不具备运用套期会计方法的条件，出现相关利得或损失在确认方面的重大不一致。例如，某银行通过发行上市债券为一组特定贷款提供融资，且债券与贷款的公允价值变动可相互抵销。如果银行定期发行和回购该债券但是很少买卖该贷款，则同时采用以公允价值计量且其变动计入当期损益的方式计量该贷款和债券，将消除两者均以摊余成本计量且每次回购债券时确认一项利得或损失所导致的利得和损失确认时间的不一致。

需要指出的是，对于上述情况，实务中企业可能难以做到将所涉及的金融资产和金融负债在同一时间进行公允价值指定。如果企业能够将每项相关交易在初始确认时予以公允价值指定，且预期剩下的交易将会发生，那么可以有合理的延迟。此外，公允价值选择权只能应用于一项金融工具整体，不能是某一组成部分。

（2）根据正式书面文件载明的企业风险管理或投资策略，企业以公允价值为基础对金融负债组合或金融资产和金融负债组合进行管理和业绩评价，并在内部以此为基础向关键管理人员报告。以公允价值为基础进行管理的金融资产组合，由于其按照《企业会计准则》的规定已经被分类为以公允价值计量且其变动计入当期损益，因此，不再将公允价值选择权应用于此类金融资产。此项条件强调的是企业日常管理和评价业绩的方式，而不是关注金融工具组合中各组成部分的性质。

企业将一项金融负债指定为以公允价值计量且其变动计入当期损益的一经作出，不得撤销。即使造成会计错配的金融工具被终止确认，也不得撤销这一指定。

第二节 金融资产的计量

一、以摊余成本计量的金融资产的会计处理

以摊余成本计量的金融资产初始确认时，应当将公允价值和相关交易费用之和作为初始入账金额。实际支付的价款中包括已到付息期但尚未领取的利息，应单独确认为应收项目。以摊余成本计量的金融资产初始确认时，应当计算确定其实际利率，并在该以摊余成本计量的金融资产预期存续期间或适用的更短期间内保持不变。

实际利率，是指将金融资产或金融负债在预期存续期间的估计未来现金流量，折现为该金融资产账面余额（不考虑减值）或金融负债摊余成本所使用的利率。在确定实际利率时，应当在考虑金融资产或金融负债所有合同条款（包括提前还款、展期、看涨期权或类似期权等）的基础上预计未来现金流量，但不应考虑预期信用损失。

经信用调整的实际利率，是指将购入或源生的已发生信用减值的金融资产在预计存续期的估计未来现金流量，折现为该金融资产摊余成本的利率。在确定经信用调整的实际利率时，应当在考虑金融资产的所有合同条款（包括提前还款、展期、看涨期权或其他类似期权等）以及初始预期信用损失的基础上估计预期现金流量。

金融资产合同各方之间支付或收取的、属于实际利率组成部分的各项费用及溢价或

折价等，应当在确定实际利率时予以考虑。企业通常能够可靠估计金融工具的现金流量和预计存续期。在极少数情况下，金融资产的未来现金流量或预计存续期间无法可靠估计时，应当采用该金融资产在整个合同期内的合同现金流量来计算确定其实际利率。

企业应当采用实际利率法，按摊余成本对以摊余成本计量的金融资产进行后续计量。实际利率法，是指按照金融资产或金融负债（含一组金融资产或金融负债）的实际利率计算其摊余成本及各期利息收入或利息费用的方法。摊余成本是指该金融资产的初始确认金额经过下列调整后的结果：①扣除已偿还的本金；②加上或减去采用实际利率法将该初始确认金额与到期日金额之间的差额进行摊销形成的累计摊销额；③扣除累计计提的减值准备（仅适用于金融资产）。

企业应在以摊余成本计量的金融资产持有期间，采用实际利率法，按照摊余成本和实际利率计算确认利息收入，计入投资收益。实际利率应当在取得以摊余成本计量的金融资产时确定，实际利率与票面利率差别较小时，可按票面利率计算利息收入，计入投资收益。

处置以摊余成本计量的金融资产时，应将取得价款与以摊余成本计量的金融资产账面价值之间的差额，计入当期损益。具体的会计处理分录如下。

（1）以摊余成本计量的金融资产的初始计量。

借：债权投资——成本（面值）
　　应收利息（实际支付的款项中包含的已到付息期但尚未领取的利息）
　　债权投资——利息调整（差额，也可能在贷方）
　贷：银行存款等

（2）以摊余成本计量的金融资产的后续计量。

借：应收利息（分期付息债券按票面利率计算的利息）
　　债权投资——应计利息（到期时一次还本付息债券按票面利率计算的利息）
　贷：投资收益（摊余成本和实际利率计算确定的利息收入）
　　　债权投资——利息调整（差额，也可能在借方）

（3）出售以摊余成本计量的金融资产。

借：银行存款等
　　债权投资减值准备
　贷：债权投资
　　　投资收益（差额，也可能在借方）

例6-10 20×0年1月1日，A公司支付价款1 000元（含交易费用），从活跃市场上购入某公司5年期债券，面值1 250元，票面年利率4.72%，按年支付利息（即每年支付59元），本金最后一次支付。合同约定，该债券的发行方在遇到特定情况时可以将债券赎回，且不需要为提前赎回支付额外款项。A公司在购买该债券时，预计发行方不会提前赎回。A公司将购入的该公司债券划分为以摊余成本计量的金融资产，且不考虑所得税、减值损失等因素。为此，A公司在初始确认时先计算确定该债券的实际利率。

设该债券的实际利率为 r，则可列出如下等式：

$$59\times(1+r)^{-1}+59\times(1+r)^{-2}+59\times(1+r)^{-3}+59\times(1+r)^{-4}+(59+1\ 250)\times(1+r)^{-5}=$$

1 000（元）

采用插值法，可以计算得出 $r=10\%$，由此可编制表6-1。

表6-1　A公司购买的债券相关数据　　　　　　　　　　　　单位：元

年　份	期初摊余成本（a）	实际利息（b）（按10%计算）	现金流入（c）	期末摊余成本（$d=a+b-c$）
20×0	1 000	100	59	1 041
20×1	1 041	104	59	1 086
20×2	1 086	109	59	1 136
20×3	1 136	114*	59	1 191
20×4	1 191	118**	1 309	0

注：* 数字四舍五入取整；
　　** 数字考虑了计算过程中出现的尾差。

根据上述数据，A公司的有关账务处理如下。

（1）20×0年1月1日，购入债券。

借：债权投资——成本　　　　　　　　　　　　　　　　1 250
　　贷：银行存款　　　　　　　　　　　　　　　　　　　　1 000
　　　　债权投资——利息调整　　　　　　　　　　　　　　　250

（2）20×0年12月31日，确认实际利息收入、收到票面利息等。

借：应收利息　　　　　　　　　　　　　　　　　　　　　59
　　债权投资——利息调整　　　　　　　　　　　　　　　　41
　　贷：投资收益　　　　　　　　　　　　　　　　　　　　100
借：银行存款　　　　　　　　　　　　　　　　　　　　　59
　　贷：应收利息　　　　　　　　　　　　　　　　　　　　　59

（3）20×1年12月31日，确认实际利息收入、收到票面利息等。

借：应收利息　　　　　　　　　　　　　　　　　　　　　59
　　债权投资——利息调整　　　　　　　　　　　　　　　　45
　　贷：投资收益　　　　　　　　　　　　　　　　　　　　104
借：银行存款　　　　　　　　　　　　　　　　　　　　　59
　　贷：应收利息　　　　　　　　　　　　　　　　　　　　　59

（4）20×2年12月31日，确认实际利息收入、收到票面利息等。

借：应收利息　　　　　　　　　　　　　　　　　　　　　59
　　债权投资——利息调整　　　　　　　　　　　　　　　　50
　　贷：投资收益　　　　　　　　　　　　　　　　　　　　109
借：银行存款　　　　　　　　　　　　　　　　　　　　　59
　　贷：应收利息　　　　　　　　　　　　　　　　　　　　　59

（5）20×3年12月31日，确认实际利息收入、收到票面利息等。

借：应收利息　　　　　　　　　　　　　　　　　　　　　59
　　债权投资——利息调整　　　　　　　　　　　　　　　　55
　　贷：投资收益　　　　　　　　　　　　　　　　　　　　114

借：银行存款　　　　　　　　　　　　　　　　　　　　　　　　　　　　59
　　贷：应收利息　　　　　　　　　　　　　　　　　　　　　　　　　　　59
（6）20×4年12月31日，确认实际利息收入、收到票面利息和本金等。
借：应收利息　　　　　　　　　　　　　　　　　　　　　　　　　　　　59
　　债权投资——利息调整　　　　　　　　　59（250－41－45－50－55）
　　贷：投资收益　　　　　　　　　　　　　　　　　　　　　　　　　118
借：银行存款　　　　　　　　　　　　　　　　　　　　　　　　　　　　59
　　贷：应收利息　　　　　　　　　　　　　　　　　　　　　　　　　　59
借：银行存款等　　　　　　　　　　　　　　　　　　　　　　　　　1 250
　　贷：债权投资——成本　　　　　　　　　　　　　　　　　　　　 1 250

例6-11 假定在20×2年1月1日，A公司预计本金的一半（即625元）将会在该年末收回，而其余的一半本金将于20×4年末付清。遇到这种情况时，A公司应当调整20×2年初的摊余成本，计入当期损益。调整时采用最初确定的实际利率，其余条件同例6-10。据此，调整表6-1中相关数据后如表6-2所示。

表6-2　调整后A公司购买的债券相关数据　　　　　　　　　　　单位：元

年　份	期初摊余成本（a）	实际利息（b）（按10%计算）	现金流入（c）	期末摊余成本（d=a+b－c）
20×2年	1 139（1）	114（2）	684（4）	569
20×3年	569	57	30（3）	596
20×4年	596	59	655	0

（1）（625＋59）×（1＋10%）$^{-1}$＋30×（1＋10%）$^{-2}$＋（625＋30）×（1＋10%）$^{-3}$＝1 139（元）（四舍五入）
（2）1 139×10%＝114（元）（四舍五入）
（3）625×4.72%＝30（元）（四舍五入）
（4）625＋59＝684（元）（收回的本金＋当期利息）

根据上述调整，公司的账务处理如下。
（1）20×2年1月1日，调整期初摊余成本。
借：债权投资——利息调整　　　　　　　　　　　　　　　　　　　　　53
　　贷：投资收益　　　　　　　　　　　　　　　　　　　　　　　　　　53
（2）20×2年12月31日，确认实际利息、收回本金等。
借：应收利息　　　　　　　　　　　　　　　　　　　　　　　　　　　　59
　　债权投资——利息调整　　　　　　　　　　　　　　　　　　　　　　55
　　贷：投资收益　　　　　　　　　　　　　　　　　　　　　　　　　114
借：银行存款　　　　　　　　　　　　　　　　　　　　　　　　　　　　59
　　贷：应收利息　　　　　　　　　　　　　　　　　　　　　　　　　　59
借：银行存款　　　　　　　　　　　　　　　　　　　　　　　　　　　625
　　贷：债权投资——成本　　　　　　　　　　　　　　　　　　　　　625
（3）20×3年12月31日，确认实际利息等。

借：应收利息　　　　　　　　　　　　　　　　　　　　　　　30
　　债权投资——利息调整　　　　　　　　　　　　　　　　27
　　　贷：投资收益　　　　　　　　　　　　　　　　　　　　　　57
借：银行存款　　　　　　　　　　　　　　　　　　　　　　　30
　　　贷：应收利息　　　　　　　　　　　　　　　　　　　　　　30

（4）20×4年12月31日，确认实际利息、收回本金等。
借：应收利息　　　　　　　　　　　　　　　　　　　　　　　30
　　债权投资——利息调整　　　　　　　　　　　　　　　　29
　　　贷：投资收益　　　　　　　　　　　　　　　　　　　　　　59
借：银行存款　　　　　　　　　　　　　　　　　　　　　　　30
　　　贷：应收利息　　　　　　　　　　　　　　　　　　　　　　30
借：银行存款　　　　　　　　　　　　　　　　　　　　　　　625
　　　贷：债权投资——成本　　　　　　　　　　　　　　　　　　625

例6-12　假定A公司购买的债券不是分次付息，而是到期一次还本付息，且利息不是以复利计算，其余条件同例6-10。此时，A公司所购买债券的实际利率为r，可以计算如下：

$(59+59+59+59+59+1\,250) \times (1+r)^{-5} = 1\,000$（元），由此得出$r \approx 9.05\%$。

据此，调整表6-1中相关数据后如表6-3所示。

表6-3　A公司购买的债券相关数据　　　　　　　　　　　　　单位：元

年　份	期初摊余成本（a）	实际利息（b） （按9.05%计算）	现金流入（c）	期末摊余成本 （$d=a+b-c$）
20×0	1 000	90.5	0	1 090.5
20×1	1 090.5	98.69	0	1 189.19
20×2	1 189.19	107.62	0	1 296.81
20×3	1 296.81	117.36	0	1 414.17
20×4	1 414.17	130.83*	1 545	0

注：*考虑了计算过程中出现的尾差2.85元。

根据上述数据，A公司的有关账务处理如下。
（1）20×0年1月1日，购入债券。
借：债权投资——成本　　　　　　　　　　　　　　　　　　1 250
　　　贷：银行存款　　　　　　　　　　　　　　　　　　　　　1 000
　　　　　债权投资——利息调整　　　　　　　　　　　　　　　250

（2）20×0年12月31日，确认实际利息收入。
借：债权投资——应计利息　　　　　　　　　　　　　　　　59
　　　　　　——利息调整　　　　　　　　　　　　　　　　31.5
　　　贷：投资收益　　　　　　　　　　　　　　　　　　　　　90.5

（3）20×1年12月31日，确认实际利息收入。
借：债权投资——应计利息　　　　　　　　　　　　　　　　59

	——利息调整	39.69
	贷：投资收益	98.69

（4）20×2年12月31日，确认实际利息收入。

借：债权投资——应计利息		59
	——利息调整	48.62
	贷：投资收益	107.62

（5）20×3年12月31日，确认实际利息。

借：债权投资——应计利息		59
	——利息调整	58.36
	贷：投资收益	117.36

（6）20×4年12月31日，确认实际利息收入、收到本金和名义利息等。

借：债权投资——应计利息	59	
	——利息调整	71.83（250－31.5－39.69－48.62－58.36）
	贷：投资收益	130.83
借：银行存款	1 545	
	贷：债权投资——成本	1 250
	——应计利息	295

二、以公允价值计量且其变动计入其他综合收益的金融资产的会计处理

以公允价值计量且其变动计入其他综合收益的金融资产的初始计量，应按公允价值计量，相关交易费用计入初始入账金额。企业取得以公允价值计量且其变动计入其他综合收益的金融资产支付的价款中包含的已到期但尚未领取的利息或已宣告但尚未发放的现金股利，应单独确认为应收项目。

以公允价值计量且其变动计入其他综合收益的金融资产持有期间取得的利息或现金股利，应当计入投资收益；资产负债表日，以公允价值计量且其变动计入其他综合收益的金融资产应当以公允价值计量，且公允价值变动计入其他综合收益。

分类为以公允价值计量且其变动计入其他综合收益的金融资产所产生的利得或损失，除减值损失或利得和汇兑损益之外，均应当计入其他综合收益，直至该金融资产终止确认或被重分类。该类金融资产计入各期损益的金额应当与视同其一直按摊余成本计量而计入各期损益的金额相等。该金融资产终止确认时，之前计入其他综合收益的累计利得或损失应当从其他综合收益中转出，计入当期损益。

但是，指定为以公允价值计量且其变动计入其他综合收益的非交易性权益工具投资，除了获得的股利（属于投资成本收回部分的除外）计入当期损益外，其他相关利得和损失（包括汇兑损益）均应计入其他综合收益，且后续不得转入当期损益。当其终止确认时，之前计入其他综合收益的累计利得或损失应当从其他综合收益中转出，计入留存收益。

具体的会计处理分录如下。

（1）企业取得以公允价值计量且其变动计入其他综合收益的金融资产。

①股票投资。

借：其他权益工具投资——成本（公允价值与交易费用之和）
　　　应收股利（已宣告但尚未发放的现金股利）
　　贷：银行存款等
②债券投资。
借：其他债权投资——成本（面值）
　　　应收利息（实际支付的款项中包含的已到付息期但尚未领取的利息）
　　　其他债权投资——利息调整（差额，也可能在贷方）
　　贷：银行存款等
（2）资产负债表日计算利息。
借：应收利息（分期付息债券按票面利率计算的利息）
　　　其他债权投资——应计利息（到期时一次还本付息债券按票面利率计算的利息）
　　贷：投资收益（可供出售债券的摊余成本和实际利率计算确定的利息收入）
　　　　其他债权投资——利息调整（差额，也可能在借方）
（3）资产负债表日公允价值变动。
①公允价值上升。
借：其他权益工具投资/其他债权投资——公允价值变动
　　贷：其他综合收益
②公允价值下降。
借：其他综合收益
　　贷：其他权益工具投资/其他债权投资——公允价值变动
（4）持有期间被投资单位宣告发放现金股利。
借：应收股利
　　贷：投资收益
（5）出售以公允价值计量且其变动计入其他综合收益的金融资产。
以股票投资为例，会计处理如下所示。
借：银行存款等
　　贷：其他权益工具投资
　　　　盈余公积（也可能在借方）
　　　　利润分配——未分配利润（也可能在借方）
同时，
借：其他综合收益（从所有者权益中转出的公允价值累计变动额，也可能在贷方）
　　贷：盈余公积
　　　　利润分配——未分配利润
　　　　债券投资
借：银行存款等
　　贷：其他债权投资
　　　　投资收益（差额，也可能在借方）
同时，
借：其他综合收益（从所有者权益中转出的公允价值累计变动额，也可能在贷方）

贷：投资收益

例 6-13 A 公司于 20×2 年 7 月 13 日从二级市场购入股票 1 000 股，每股市价 15 元，手续费 30 元；初始确认时，该股票划分为以公允价值计量且其变动计入其他综合收益的金融资产。

A 公司至 20×3 年 12 月 31 日仍持有该股票，该股票当时的市价为 16 元。

20×4 年 2 月 1 日，A 公司将该股票售出，售价为每股 13 元，另支付交易费用 30 元。假定不考虑其他因素，A 公司的账务处理如下。

（1）20×2 年 7 月 13 日，购入股票。

　　借：其他权益工具投资——成本　　　　　　　　　　　　　　　15 030
　　　　贷：银行存款　　　　　　　　　　　　　　　　　　　　　15 030

（2）20×3 年 12 月 31 日，确认股票价格变动。

　　借：其他权益工具投资——公允价值变动　　　　　　　　　　　970
　　　　贷：其他综合收益　　　　　　　　　　　　　　　　　　　970

（3）20×4 年 2 月 1 日，出售股票。

　　借：银行存款　　　　　　　　　　　　　　　　　　　　　　　12 970
　　　　其他综合收益　　　　　　　　　　　　　　　　　　　　　970
　　　　盈余公积　　　　　　　　　　　　　　　　　　　　　　　206
　　　　利润分配——未分配利润　　　　　　　　　　　　　　　　1 854
　　　　贷：其他权益工具投资——成本　　　　　　　　　　　　　15 030
　　　　　　　　　　　　——公允价值变动　　　　　　　　　　　970

例 6-14 20×2 年 1 月 1 日，甲公司支付价款 1 028.244 元购入某公司发行的 3 年期公司债券，该公司债券的票面总金额为 1 000 元，票面年利率 4%，实际年利率为 3%，利息每年年末支付，本金到期支付。甲公司将该公司债券划分为以公允价值计量且其变动计入其他综合收益的金融资产。20×2 年 12 月 31 日，该债券的市场价格为 1 000.094 元。假定无交易费用和其他因素的影响，甲公司的账务处理如下。

（1）20×2 年 1 月 1 日，购入债券。

　　借：其他债权投资——成本　　　　　　　　　　　　　　　　　1 000
　　　　　　　　　　——利息调整　　　　　　　　　　　　　　　28.244
　　　　贷：银行存款　　　　　　　　　　　　　　　　　　　　　1 028.244

（2）20×2 年 12 月 31 日，收到债券利息、确认公允价值变动。

实际利息 = 1 028.244 × 3% = 30.847 32 ≈ 30.85（元）。

年末摊余成本 = 1 028.244 + 30.85 − 40 = 1 019.094（元）。

　　借：应收利息　　　　　　　　　　　　　　　　　　　　　　　40
　　　　贷：投资收益　　　　　　　　　　　　　　　　　　　　　30.85
　　　　　　其他债权投资——利息调整　　　　　　　　　　　　　9.15
　　借：银行存款　　　　　　　　　　　　　　　　　　　　　　　40
　　　　贷：应收利息　　　　　　　　　　　　　　　　　　　　　40
　　借：其他综合收益　　　　　　　　　　　　　　　　　　　　　19
　　　　贷：其他债权投资——公允价值变动　　　　　　　　　　　19

对于指定为以公允价值计量且其变动计入其他综合收益的非交易性权益工具投资，

除了获得的股利（属于投资成本收回部分的除外）计入当期损益外，其他相关的利得和损失（包括汇兑损益）均应计入其他综合收益，且后续不得转入当期损益。当其终止确认时，之前计入其他综合收益的累计利得或损失应当从其他综合收益中转出，直接计入留存收益而非当期损益。

例 6-15 A公司于20×2年7月13日从二级市场购入B公司股票1 000万股，每股市价15元，手续费30万元，占B公司有表决权股份的1%，初始确认时，A公司将其持有的B公司股票指定为以公允价值计量且其变动计入其他综合收益的非交易性权益工具投资。

A公司至20×3年12月31日仍持有该股票，该股票当时的市价为16元。

20×4年2月1日，A公司将该股票售出，售价为每股13元，另支付交易费用30万元。

A公司按10%计提法定盈余公积。

假定不考虑其他因素，A公司的账务处理如下（单位：万元）。

（1）20×2年7月13日，购入股票。

借：其他权益工具投资——成本　　　　　　　　　　　　　15 030
　　贷：银行存款　　　　　　　　　　　　　　　　　　　　　　15 030

（2）20×3年12月31日，确认股票价格变动。

借：其他权益工具投资——公允价值变动　　　　　　　　　　970
　　贷：其他综合收益　　　　　　　　　　　　　　　　　　　　970

（3）20×4年2月1日，出售股票。

借：其他综合收益　　　　　　　　　　　　　　　　　　　　970
　　贷：盈余公积——法定盈余公积　　　　　　　　　　　　　97
　　　　利润分配——未分配利润　　　　　　　　　　　　　　873
借：银行存款　　　　　　　　　　　　　　　　　　　　　12 970
　　盈余公积——法定盈余公积　　　　　　　　　　　　　　303
　　利润分配——未分配利润　　　　　　　　　　　　　　2 727
　　贷：其他权益工具投资——成本　　　　　　　　　　　　15 030
　　　　　　　　　　　　——公允价值变动　　　　　　　　970

三、以公允价值计量且其变动计入当期损益的金融资产的会计处理

以公允价值计量且其变动计入当期损益的金融资产在初始确认时，应按公允价值计量，相关交易费用应当直接计入当期损益。其中，交易费用是指可直接归属于购买、发行或处置金融工具新增的外部费用。交易费用包括支付给代理机构、咨询公司、券商等的手续费和佣金及其他必要支出，不包括债券溢价、折价、融资费用、内部管理成本以及其他与交易不直接相关的费用。

企业取得以公允价值计量且其变动计入当期损益的金融资产所支付的对价中，包含已宣告但尚未发放的现金股利或已到期但尚未领取的利息，应当单独确认为应收项目。在持有期间取得的利息或现金股利，应当确认为投资收益。

资产负债表日，企业应将以公允价值计量且其变动计入当期损益的金融资产的公允

价值变动计入当期损益。

处置该金融资产时，其公允价值与初始入账金额之间的差额确认为投资收益。具体的会计处理分录如下。

（1）企业取得以公允价值计量且其变动计入当期损益的金融资产。

借：交易性金融资产——成本（公允价值）
　　投资收益（发生的交易费用）
　　应收股利（已宣告但尚未发放的现金股利）
　　应收利息（实际支付的款项中含有的利息）
　　贷：银行存款等

（2）持有期间的股利或利息。

借：应收股利（被投资单位宣告发放的现金股利×投资持股比例）
　　应收利息（资产负债表日计算的应收利息）
　　贷：投资收益

（3）资产负债表日公允价值变动。

公允价值上升。

借：交易性金融资产——公允价值变动
　　贷：公允价值变动损益

公允价值下降。

借：公允价值变动损益
　　贷：交易性金融资产——公允价值变动

（4）出售以公允价值计量且其变动计入当期损益的金融资产。

借：银行存款（价款扣除手续费）
　　贷：交易性金融资产——成本
　　　　　　　　　　　——公允价值变动
　　投资收益（差额，也可能在借方）

例6-16 20×2年5月13日，A公司支付价款1 060元从二级市场购入B公司发行的股票100股，每股价格10.6元（含已宣告但尚未发放的现金股利0.6元），另外支付交易费用100元。A公司将持有的B公司股权划分为以交易为目的持有的以公允价值计量且其变动计入当期损益的金融资产，且持有B公司股权后对其无重大影响。A公司的其他相关资料如下：

（1）5月23日，收到B公司发放的现金股利；
（2）6月30日，B公司股票价格涨到13元；
（3）8月15日，将持有的B公司股票全部售出，每股售价15元。

A公司的财务处理如下。

（1）5月13日，购入B公司股票。

借：交易性金融资产——成本　　　　　　　　　　　　　　1 000
　　投资收益　　　　　　　　　　　　　　　　　　　　　　100
　　应收股利　　　　　　　　　　　　　　　　　　　　　　 60
　　贷：银行存款等　　　　　　　　　　　　　　　　　　1 160

（2）5月23日，收到B公司发放的现金股利。

借：银行存款　　　　　　　　　　　　　　　　　　　　　　　　　60
　　贷：应收股利　　　　　　　　　　　　　　　　　　　　　　　　　　60
（3）6月30日，确认股票价格波动。
借：交易性金融资产——公允价值变动　　　　　　　　　　　　　300
　　贷：公允价值变动损益　　　　　　　　　　　　　　　　　　　　　300
（4）8月15日，出售B公司全部股票。
借：银行存款　　　　　　　　　　　　　　　　　　　　　　　1 500
　　贷：交易性金融资产——成本　　　　　　　　　　　　　　　　1 000
　　　　　　　　　　　——公允价值变动　　　　　　　　　　　　　300
　　　　投资收益　　　　　　　　　　　　　　　　　　　　　　　　200

第三节　三类金融资产的会计处理比较及重分类规定

一、三类金融资产会计处理的比较

以公允价值计量且其变动计入当期损益的金融资产、以摊余成本计量的金融资产和以公允价值计量且其变动计入其他综合收益的金融资产在会计处理方面既有相似之处，又有不同的地方。主要的会计处理总结如表6-4和表6-5所示。

表6-4　金融资产初始确认

类　别	初始计量原则	
以摊余成本计量的金融资产	公允价值，相关交易费用计入初始确认金额，构成计算实际利息的组成部分（第三十三条）	企业取得金融资产所支付的价款中包含的已宣告但尚未发放的利息或现金股利，应当单独确认为应收项目进行处理
以公允价值计量且其变动计入其他综合收益的金融资产	公允价值，交易费用计入初始确认金额，构成初始入账成本的一部分（第三十三条）	
以公允价值计量且其变动计入当期损益的金融资产	公允价值，交易费用计入当期损益（第三十三条）	

注：表中相关条款来源于《企业会计准则第22号——金融工具确认和计量》。

表6-5　金融资产后续计量

类　别		持有期间的利得或损失	处置时（不包括重分类）
以摊余成本计量的金融资产		计入当期损益（第六十六条）	计入当期损益（第六十六条）
以公允价值计量且其变动计入其他综合收益的金融资产	债权资产	除减值损失或利得、汇兑损益、采用实际利率法计算的该金融资产的利息（计入当期损益）之外，均应当计入其他综合收益，直至该金融资产终止确认或被重分类（第七十一条）	之前计入其他综合收益的累计利得或损失应当从其他综合收益中转出，计入当期损益（第七十一条）
	股权资产	公允价值变动计入其他综合收益，收到股利计入当期损益（第六十九条、第六十五条）	之前计入其他综合收益的累计利得或损失应当从其他综合收益中转出，计入留存收益（第六十九条）
以公允价值计量且其变动计入当期损益的金融资产		计入当期损益（第六十四条）	计入当期损益（第六十四条）

注：表中相关条款来源于《企业会计准则第22号——金融工具确认和计量》。

二、金融资产的重分类处理

当企业改变其管理金融资产的业务模式时,企业应当对所有受影响的相关金融资产进行重分类。以下情形不属于业务模式变更:①企业持有特定金融资产的意图改变。企业即使在市场状况发生重大变化的情况下改变对特定资产的持有意图,也不属于业务模式变更。②金融资产特定市场暂时性消失从而暂时影响金融资产出售。③金融资产在企业具有不同业务模式的各部门之间转移。

企业对金融资产进行重分类,应当自重分类日起采用未来适用法进行相关会计处理,不得对以前已经确认的利得、损失(包括减值损失或利得)或利息进行追溯调整。主要的会计处理如表6-6所示。

表6-6 金融资产重分类会计处理

类别	调整方向	处理规则
以摊余成本计量的金融资产	以公允价值计量且其变动计入当期损益的金融资产	在重分类日的公允价值进行计量,原账面价值与公允价值之间的差额计入当期损益(第三十条)
	以公允价值计量且其变动计入其他综合收益的金融资产	按照该金融资产在重分类日的公允价值进行计量,原账面价值与公允价值之间的差额计入其他综合收益。该金融资产重分类不影响其实际利率和预期信用损失的计量(第三十条)
以公允价值计量且其变动计入其他综合收益的金融资产	以摊余成本计量的金融资产	应当将之前计入其他综合收益的累计利得或损失转出,调整该金融资产在重分类日的公允价值,并以调整后的金额作为新的账面价值,即视同该金融资产一直以摊余成本计量。该金融资产重分类不影响其实际利率和预期信用损失的计量(第三十一条)
	以公允价值计量且其变动计入当期损益的金融资产	应当继续以公允价值计量该金融资产。同时,企业应当将之前计入其他综合收益的累计利得或损失从其他综合收益转入当期损益(第三十一条)
以公允价值计量且其变动计入当期损益的金融资产	以摊余成本计量的金融资产	应当以其在重分类日的公允价值作为新的账面余额(第三十二条)
	以公允价值计量且其变动计入其他综合收益的金融资产	应当继续以公允价值计量该金融资产(第三十二条)

注:表中相关条款来源于《企业会计准则第22号——金融工具确认和计量》。

例6-17 20×1年5月6日,甲公司支付价款1 016万元(含交易费用1万元和已宣告发放现金股利15万元),购入乙公司发行的股票200万股,占乙公司有表决权股份的0.5%。

20×1年5月10日,甲公司收到乙公司发放的现金股利15万元。

20×1年6月30日,该股票市价为每股5.2元。

20×1年12月31日,甲公司仍持有该股票;当日,该股票市价为每股5元。

20×2年5月9日,乙公司宣告发放股利4 000万元。

20×2年5月13日,甲公司收到乙公司发放的现金股利。

20×2年5月20日,甲公司以每股4.9元的价格将股票全部转让。

假定不考虑其他因素。

如果甲公司将其划分为以公允价值计量且其变动计入其他综合收益的金融资产。甲公司的账务处理如下（金额单位：万元）。

（1）20×1年5月6日，购入股票。

借：应收股利　　　　　　　　　　　　　　　　　　　　　　　　　15
　　其他权益工具投资——成本　　　　　　　　　　　　　　　　 1 001
　　　贷：银行存款　　　　　　　　　　　　　　　　　　　　　 1 016

（2）20×1年5月10日，收到现金股利。

借：银行存款　　　　　　　　　　　　　　　　　　　　　　　　　15
　　　贷：应收股利　　　　　　　　　　　　　　　　　　　　　　 15

（3）20×1年6月30日，确认股票价格变动。

借：其他权益工具投资——公允价值变动　　　　　　　　　　　　　 39
　　　贷：其他综合收益　　　　　　　　　　　　　　　　　　　　 39

（4）20×1年12月31日，确认股票价格变动。

借：其他综合收益　　　　　　　　　　　　　　　　　　　　　　　 40
　　　贷：其他权益工具投资——公允价值变动　　　　　　　　　　 40

（5）20×2年5月9日，确认应收现金股利。

借：应收股利　　　　　　　　　　　　　　　　　　　　　　　　　20
　　　贷：投资收益　　　　　　　　　　　　　　　　　　　　　　 20

（6）20×2年5月13日，收到现金股利。

借：银行存款　　　　　　　　　　　　　　　　　　　　　　　　　20
　　　贷：应收股利　　　　　　　　　　　　　　　　　　　　　　 20

（7）20×2年5月20日，出售股票。

借：银行存款　　　　　　　　　　　　　　　　　　　　　　　　 980
　　盈余公积　　　　　　　　　　　　　　　　　　　　　　　　　2.1
　　利润分配——未分配利润　　　　　　　　　　　　　　　　　 18.9
　　其他权益工具投资——公允价值变动　　　　　　　　　　　　　 1
　　　贷：其他权益工具投资——成本　　　　　　　　　　　　　1 001
　　　　　其他综合收益　　　　　　　　　　　　　　　　　　　　 1

如果甲公司将购入的乙公司股票划分为以公允价值计量且其变动计入当期损益的金融资产，且20×1年12月31日乙公司股票市价为每股4.8元，其他资料不变，则甲公司应做如下账务处理（单位：万元）。

（1）20×1年5月6日，购入股票。

借：应收股利　　　　　　　　　　　　　　　　　　　　　　　　　15
　　交易性金融资产——成本　　　　　　　　　　　　　　　　 1 000
　　投资收益　　　　　　　　　　　　　　　　　　　　　　　　　 1
　　　贷：银行存款　　　　　　　　　　　　　　　　　　　　　1 016

（2）20×1年5月10日，收到现金股利。

借：银行存款　　　　　　　　　　　　　　　　　　　　　　　　　15
　　　贷：应收股利　　　　　　　　　　　　　　　　　　　　　　 15

（3）20×1年6月30日，确认股票价格变动。

借：交易性金融资产——公允价值变动　　　　　　　　　　　　　40
　　贷：公允价值变动损益　　　　　　　　　　　　　　　　　　　　40

（4）20×1年12月31日，确认股票价格变动。

借：公允价值变动损益　　　　　　　　　　　　　　　　　　　　80
　　贷：交易性金融资产——公允价值变动　　　　　　　　　　　　　80

注：公允价值变动＝200×（4.8－5.2）＝－80（万元）。

（5）20×2年5月9日，确认应收现金股利。

借：应收股利　　　　　　　　　　　　　　　　　　　　　　　　20
　　贷：投资收益　　　　　　　　　　　　　　　　　　　　　　　　20

（6）20×2年5月13日，收到现金股利。

借：银行存款　　　　　　　　　　　　　　　　　　　　　　　　20
　　贷：应收股利　　　　　　　　　　　　　　　　　　　　　　　　20

（7）20×2年5月20日，出售股票。

借：银行存款　　　　　　　　　　　　　　　　　　　　　　　980
　　投资收益　　　　　　　　　　　　　　　　　　　　　　　　20
　　交易性金融资产——公允价值变动　　　　　　　　　　　　　40
　　贷：交易性金融资产——成本　　　　　　　　　　　　　　　1 000
　　　　公允价值变动损益　　　　　　　　　　　　　　　　　　　　40

第四节　金融负债的计量

一、金融负债的初始计量与分类

企业初始确认金融负债时，应当按照公允价值计量。对于以公允价值计量且其变动计入当期损益的金融负债，相关交易费用应当直接计入当期损益；对于其他类别的金融负债，相关交易费用应当计入初始确认金额。

金融负债的分类不同直接影响其后续计量方法，具体如表6-7所示。

表6-7　金融负债的分类

金融负债	以公允价值计量且其变动计入当期损益的金融负债	交易性金融负债
		指定为以公允价值计量且其变动计入当期损益的金融负债
	不符合终止确认条件的金融资产转移或继续涉入被转移金融资产所形成的金融负债	
	不属于指定为以公允价值计量且其变动计入当期损益的金融负债的财务担保合同，以及没有指定为以公允价值计量且其变动计入当期损益的金融负债并将以低于市场利率贷款的贷款承诺	
	以摊余成本计量的金融负债	

二、金融负债的后续计量

对不同类别的金融负债，企业应当按照以下原则对金融负债进行后续计量。

（1）以公允价值计量且其变动计入当期损益的金融负债，应当按照公允价值进行后续计量，相关利得或损失应当计入当期损益。但用于套期保值的金融负债除外。

对于指定为以公允价值计量的金融负债，由企业自身信用风险变动引起的该金融负债公允价值的变动金额，应当计入其他综合收益，不计入损益。在该金融负债终止确认时，之前计入其他综合收益的累计利得或损失应当从其他综合收益中转出，计入留存收益。发行金融负债的企业，当其自身信用风险变差时，其所发行的金融负债（如债券）的公允价值降低，因记录该公允价值变动会导致企业利润上升，这与情理不符（信用风险上升反而增加利润），所以，《企业会计准则》规定将该公允价值变动计入其他综合收益。

（2）金融资产转移不符合终止确认条件或继续涉入被转移金融资产所形成的金融负债。对此类金融负债，企业应当按照《企业会计准则第23号——金融资产转移》的相关规定进行计量。

（3）不属于指定为以公允价值计量且其变动计入当期损益的金融负债的财务担保合同或没有指定为以公允价值计量且其变动计入当期损益并将以低于市场利率贷款的贷款承诺，企业作为此类金融负债发行方的，应当在初始确认后按照损失准备金额以及初始确认金额扣除依据《企业会计准则第14号——收入》相关规定所确定的累计摊销额后的余额孰高进行计量。

（4）上述金融负债以外的金融负债，应当按摊余成本进行后续计量。其所产生的利得或损失，应当在终止确认时计入当期损益或在按照实际利率法摊销时计入相关期间损益。但用于套期保值的金融负债除外。

具体的会计处理分录如下。

（1）以公允价值计量的金融负债。

①发行金融负债初始确认。

借：银行存款
　　投资收益（发生的交易费用）
　　贷：交易性金融负债

②资产负债表日确认公允价值变动和利息费用。

借：公允价值变动损益
　　贷：交易性金融负债

借：财务费用
　　贷：应付利息

③金融负债到期。

借：财务费用
　　贷：应付利息

借：交易性金融负债
　　应付利息
　　贷：公允价值变动损益
　　　　银行存款

（2）以摊余成本计量的金融负债。

①发行金融负债初始确认。

借：银行存款
　　贷：应付债券——面值
　　　　应付债券——利息调整（差额，也可能在借方）

②资产负债表日确认利息费用。

借：财务费用
　　贷：应付利息
　　　　应付债券——利息调整

③金融负债到期兑付。

借：应付利息
　　应付债券——面值
　　贷：银行存款

例 6-18 20×1 年 7 月 1 日，A 公司经批准发行 1 亿元人民币短期债券，期限为 1 年，票面利率 6.42%，每张面值为 100 元，到期一次还本付息，A 公司将该短期债券分类为交易性金融负债。假定不考虑发行短期债券相关的交易费用以及公司自身信用风险变动。20×1 年 12 月 31 日，该短期债券市场价格为每张 102 元（不含利息），20×2 年 6 月 30 日，该短期债券到期。

A 公司会计处理如下（单位：万元）。

（1）20×1 年 7 月 1 日，发行时初始确认。

借：银行存款　　　　　　　　　　　　　　　　　　　　　10 000
　　贷：交易性金融负债　　　　　　　　　　　　　　　　　10 000

（2）20×1 年 12 月 31 日，资产负债表日确认公允价值变动和财务费用。

借：公允价值变动损益　　　　　　　　　　　　　　　　　　200
　　贷：交易性金融负债　　　　　　　　　　　　　　　　　　200
借：财务费用　　　　　　　　　　　　　　　　　　　　　　321
　　贷：应付利息　　　　　　　　　　　　　　　　　　　　321

（3）20×2 年 6 月 30 日，债券到期兑付。

借：财务费用　　　　　　　　　　　　　　　　　　　　　　321
　　贷：应付利息　　　　　　　　　　　　　　　　　　　　321
借：交易性金融负债　　　　　　　　　　　　　　　　　　10 200
　　应付利息　　　　　　　　　　　　　　　　　　　　　　642
　　贷：银行存款　　　　　　　　　　　　　　　　　　　10 642
　　　　公允价值变动损益　　　　　　　　　　　　　　　　200

例 6-19 A 公司发行公司债券为建造专用生产线筹集资金。

（1）20×1 年 12 月 31 日，委托证券公司以 7 755 万元的价格发行 3 年期分期付息公司债券。该债券面值为 8 000 万元，票面年利率 4.5%，实际年利率 5.64%，每年付息一次，到期后按面值偿还。假定不考虑发行公司债券相关的交易费用。

（2）生产线建造工程采用出包方式，于 20×2 年 1 月 1 日开始动工，发行债券所得款项当日全部支付给建造承包商，20×3年12月31日所建造生产线达到预定可使用状态。

（3）假定各年度利息的实际支付日期均为下年度的1月10日；20×5年1月10日支付20×4年度利息，一并偿付面值。

（4）所有款项均以银行存款支付。

据此，A公司计算得出该债券在各年末的摊余成本、应付利息金额、当年应予资本化或费用化的利息金额、利息调整的本年摊销和年末余额。有关结果如表6-8所示。

表6-8　A公司发行公司债券的有关结果　　　　　　　　金额单位：万元

时间		20×1年12月31日	20×2年12月31日	20×3年12月31日	20×4年12月31日
年末摊余成本	面值	8 000	8 000	8 000	8 000
	利息调整	−245	167.62	−85.87	0
	合计	7 755	7 832.38	7 914.13	8 000
当年应予资本化或费用化的利息金额			437.38	441.75	445.87
年末应付利息金额			360	360	360
"利息调整"本年摊销额			77.38	81.75	85.87

相关账务处理如下。

（1）20×1年12月31日，发行债券。

借：银行存款　　　　　　　　　　　　　　　　　77 550 000
　　应付债券——利息调整　　　　　　　　　　　　2 450 000
　　　贷：应付债券——面值　　　　　　　　　　　　　　80 000 000

（2）20×2年12月31日，确认和结转利息。

借：在建工程　　　　　　　　　　　　　　　　　4 373 800
　　　贷：应付利息　　　　　　　　　　　　　　　　　　3 600 000
　　　　　应付债券——利息调整　　　　　　　　　　　　　773 800

（3）20×3年1月10日，支付利息。

借：应付利息　　　　　　　　　　　　　　　　　3 600 000
　　　贷：银行存款　　　　　　　　　　　　　　　　　　3 600 000

（4）20×3年12月31日，确认和结转利息。

借：在建工程　　　　　　　　　　　　　　　　　4 417 500
　　　贷：应付利息　　　　　　　　　　　　　　　　　　3 600 000
　　　　　应付债券——利息调整　　　　　　　　　　　　　817 500

（5）20×4年1月10日，支付利息。

借：应付利息　　　　　　　　　　　　　　　　　3 600 000
　　　贷：银行存款　　　　　　　　　　　　　　　　　　3 600 000

（6）20×4年12月31日，确认和结转利息。

借：财务费用　　　　　　　　　　　　　　　　　4 458 700
　　　贷：应付利息　　　　　　　　　　　　　　　　　　3 600 000

　　　　　应付债券——利息调整　　　　　　　　　　　　　　858 700
（7）20×5年1月10日，债券到期兑付。
　　借：应付利息　　　　　　　　　　　　　　　　　　3 600 000
　　　　应付债券——面值　　　　　　　　　　　　　　80 000 000
　　　　贷：银行存款　　　　　　　　　　　　　　　　83 600 000

第五节　金融工具的减值

对金融工具减值的规定通常称为"预期信用损失法"，该方法与过去规定的、根据实际已发生减值损失确认减值准备的方法有着根本性不同。在预期信用损失法下，减值准备的计提不以减值的实际发生为前提，而是以未来可能的违约事件造成的损失的期望值来计量当前（资产负债表日）应当确认的减值准备。

一、预期信用损失的定义

预期信用损失，是指以发生违约的风险为权重的金融工具信用损失的加权平均值。这里的发生违约的风险，可以理解为发生违约的概率。这里的信用损失，是指企业根据合同应收的现金流量与预期能收到的现金流量之间的差额（以下称"现金流缺口"）的现值。根据现值的定义，即使企业能够全额收回合同约定的金额，但如果收款时间晚于合同规定的时间，也会产生信用损失。

二、适用减值规定的金融工具

如果一项金融工具可能受到该工具发行方、担保方或者其他相关方（如被担保方）信用风险的影响而出现企业未来现金流量的减少或者流出，且该影响不能通过《企业会计准则》相关规定反映在企业当期损益中，则该金融工具应当适用金融工具减值的规定。其具体包括以下内容。

（1）按《企业会计准则》分类为以摊余成本计量的金融资产。

（2）按《企业会计准则》分类为以公允价值计量且其变动计入其他综合收益的金融资产（非指定）。

（3）租赁应收款。

（4）合同资产。合同资产是指《企业会计准则第14号——收入》定义的合同资产。

（5）企业发行的分类为以公允价值计量且其变动计入当期损益的金融负债以外的贷款承诺。

（6）不属于以公允价值计量且其变动计入当期损益的，或不属于金融资产转移不符合终止确认条件或继续涉入被转移金融资产所形成的金融负债的财务担保合同。

三、预期信用损失法

预期信用损失的计量一般涉及违约概率（probability default, PD）、违约损失率（loss given default, LGD）和违约风险暴露（exposure at default, EAD）的估计，同时考虑货

币时间价值的影响。违约概率是指金融资产发生违约的可能性。违约损失率是指金融资产发生违约后的损失金额。违约风险暴露是指金融资产违约事件发生时的金额。预期信用损失 = PD × LGD × EAD。

根据预期信用损失法，金融工具发生信用减值的过程分为三个阶段，对于不同阶段的金融工具的减值应用不同的会计处理方法。

（一）信用风险自初始确认后未显著增加

对于处于该阶段的金融工具，企业应当按照未来 12 个月的预期信用损失计量损失准备，并按其账面余额（即未扣除减值准备）和实际利率计算利息收入（若该工具为金融资产，下同）。

未来 12 个月内的预期信用损失，是指资产负债表日后 12 个月（或短于 12 个月的存续期）内可能发生的违约事件而导致的金融工具在整个存续期内现金流量缺口的加权平均现值，而非发生在 12 个月内的现金流量缺口的加权平均现值。

（二）信用风险自初始确认后已显著增加但尚未发生信用减值

对于处于该阶段的金融工具，企业应当按照该工具整个存续期的预期信用损失计量损失准备，并按其账面余额和实际利率计算利息收入。

（三）初始确认后发生信用减值

对于处于该阶段的金融工具，企业应当按照该工具整个存续期的预期信用损失计量损失准备，但对利息收入的计算不同于处于前两个阶段的金融资产。对于已发生信用减值的金融资产，企业应当按其摊余成本（账面余额减已计提减值准备，也即账面价值）和实际利率计算利息收入。

需要注意上述三个阶段的划分，适用于购买或源生时未发生信用减值的金融工具。对于购买或源生时已发生信用减值的金融资产，企业应当仅将初始确认后整个存续期内预期信用损失的变动确认为损失准备，并按其摊余成本和经信用调整的实际利率计算利息收入。

四、企业对信用风险显著增加的评估

企业应当在资产负债表日评估金融工具信用风险自初始确认后是否已显著增加。在进行评估时，应注意以下方面。

（1）企业应当通过比较金融工具在初始确认时所确定的预计存续期内的违约概率和该工具在资产负债表日所确定的预计存续期内的违约概率，来判定金融工具信用风险是否显著增加。对比时所采用的违约的界定标准，应当与企业的金融工具信用风险管理目标一致，并应考虑财务限制条款等其他定性指标的影响。

（2）考虑前瞻性信息，如就业率、市场利率、企业信心指数等合理且有依据的信息。信用风险显著增加作为逾期的主要原因，通常先于逾期发生。企业只有在难于获得前瞻性信息，从而无法在逾期发生前确定信用风险显著增加的情况下，才能以逾期的发生来确定信用风险的显著增加。换言之，企业应尽可能在逾期发生前确定信用风险的显著增加。

（3）评估时应关注的是金融工具在后续存续期间发生违约的风险的变化，而非预期信用损失金额的变化。也就是说应当关注违约风险的相对变化，而不是违约风险变动的绝对值。

（4）以组合为基础的评估。对于某些金融工具而言，企业在单项工具层面无法以合理成本获得关于信用风险显著增加的充分证据，而在组合基础上评估信用风险是否显著增加则是可行的。例如，对于零售贷款，商业银行可能无法跟踪每个借款人的个人信用变化，从而无法在逾期前识别出信用风险的显著变化。然而如果所有零售贷款的整体信用风险受当地经济社会环境的影响，银行就应当通过就业率等前瞻性经济指标在组合基础上进行信用风险变化的评估。因此，《企业会计准则第 22 号——金融工具确认和计量》第四十八条规定了以金融工具组合为基础进行评估的要求。

为在组合基础上进行信用风险变化评估，企业可以共同风险特征为依据，将金融工具分为不同组别，从而使有关评估更为合理并能及时识别信用风险的显著增加。企业不应将具有不同风险特征的金融工具归为同一组别，从而形成不相关的结论。

企业可能采用的共同信用风险特征包括：①金融工具类型；②信用风险评级；③担保物类型；④初始确认日期；⑤剩余合同期限；⑥借款人所处行业；⑦借款人所处地理位置；⑧贷款抵押率（loan-to-collateral，LTC）。

（5）逾期与违约。如果企业无须付出不必要的额外成本或努力即可获得合理且有依据的前瞻性信息，那么逾期信息就不适合用作唯一的评价标准。相反，如果企业必须付出不必要的额外成本或努力才能获得逾期信息之外的合理且有依据的前瞻性信息，那么逾期信息就可以用作唯一的评价标准。

（6）合同修改的影响。企业与其交易对手可能会修改或重新议定金融资产合同。如果合同的修改导致现有金融资产的终止确认，并确认修改后的金融资产，企业应当将修改后的金融资产视为新的资产进行减值会计处理。如果合同的修改未导致金融资产终止确认，而导致合同现金流量的时间和金额变化，企业在评估相关金融工具的信用风险是否已经显著增加时，应当将基于变更后的合同条款在资产负债表日发生违约的风险，与基于原合同条款在初始确认时发生违约的风险进行比较。

例 6-20 在计量金融工具的预期信用损失时，应当如何考虑财务担保合同等信用增级所产生的现金流量？

根据《企业会计准则第 22 号——金融工具确认和计量》第四十七条的规定，信用损失是指企业按照原实际利率折现的、根据合同应收的所有合同现金流量与预期收取的所有现金流量之间的差额，即全部现金短缺的现值。预期收取的所有现金流量不限于合同明确载明的条款所产生的现金流量，还包括出售所持担保品获得的现金流量以及属于合同条款组成部分的其他信用增级所产生的现金流量。其中，"属于合同条款组成部分的其他信用增级"包括未与金融工具载明于同一合同但实质上与金融工具的合同构成一个整体的其他信用增级条款。企业在计量金融工具的预期信用损失时，应当考虑属于合同条款组成部分的财务担保合同等信用增级所产生的现金流量，但该信用增级相关现金流量已单独确认的，则在计量预期信用损失时不可重复考虑。

五、预期信用损失的简化方法

对于收入准则所规定的、不含重大融资成分以及不考虑不超过一年的合同中的融资成分的应收款项和合同资产,应始终按照整个存续期内预期信用损失的金额计量其损失准备,如图 6-2 所示。

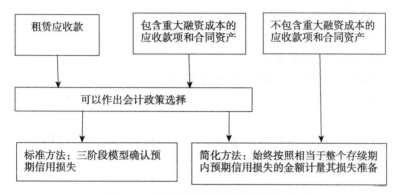

图 6-2 预期信用损失简化方法流程

对于包含重大融资成本的应收款项、合同资产和租赁准则规范的租赁应收款,允许企业分别作出会计政策选择,可以选择始终按照相当于整个存续期内预期信用损失的金额计量其损失准备,或按标准三阶段划分确认预期信用损失的金额计量其损失准备。

六、金融资产减值与利息收入的计算

(一)未发生信用减值的资产

对于处于信用减值第一阶段和第二阶段的金融资产,以及按《企业会计准则》规定适用实务简化处理的应收款项、合同资产和租赁应收款,企业应当按照该金融资产的账面余额(即不考虑减值影响)乘以实际利率的金额确定其利息收入。

(二)已发生信用减值的资产

当对金融资产预期未来现金流量具有不利影响的一项或多项事件发生时,该金融资产成为已发生信用减值的金融资产,分两种情形。

(1)对于购买或源生时未发生信用减值但在后续期间发生信用减值的金融资产,企业应当在发生减值的后续期间,按照该金融资产的摊余成本(即账面余额减已计提减值)乘以实际利率(初始确认时确定的实际利率,不因减值的发生而变化)的金额确定其利息收入。

(2)对于购买或源生时已发生信用减值的金融资产,企业应当自初始确认起,按照该金融资产的摊余成本乘以经信用调整的实际利率(即购买或源生时将减值后的预计未来现金流量折现为摊余成本的利率)的金额确定其利息收入。

七、金融工具减值的会计处理

企业应当在资产负债表日计算金融工具(或金融工具组合)预期信用损失。如果该预期信用损失大于该工具（或组合）当前减值准备的账面金额，企业应当将其差额确认为减值损失。

> 借：信用减值损失
> 　　贷：贷款损失准备
> 　　　　债权投资减值准备
> 　　　　坏账准备
> 　　　　合同资产减值准备
> 　　　　租赁应收款减值准备
> 　　　　预计负债（用于贷款承诺及财务担保合同）
> 　　　　其他综合收益（用于以公允价值计量且其变动计入其他综合收益的债权类资产）等

如果资产负债表日计算的预期信用损失小于该工具（或组合）当前减值准备的账面金额，则应当将差额确认为减值利得，做相反的会计分录。

企业实际发生信用损失，认定相关金融资产无法收回，经批准予以核销的，应当根据批准的核销金额做会计处理。

> 借：贷款损失准备
> 　　信用减值损失（核销金额大于已计提的损失准备的差额）
> 　　贷：贷款
> 　　　　应收账款
> 　　　　合同资产等

例 6-21 A 公司于 20×0 年 12 月 15 日购入一项公允价值为 1 000 万元的债务工具，分类为以公允价值计量且其变动计入其他综合收益的金融资产。该工具合同期限为 10 年，年利率为 5%，假定实际利率也为 5%。初始确认时，A 公司已经确定其不属于购入或源生的已发生信用减值的金融资产。

20×0 年 12 月 31 日，由于市场利率变动，该债务工具的公允价值跌至 950 万元。A 公司认为，该工具的信用风险自初始确认后并无显著增加，应按 12 个月内预期信用损失计量损失准备，损失准备金额为 30 万元。假定不考虑利息。

20×1 年 1 月 1 日，A 公司决定以当日的公允价值 950 万元出售该债务工具。

A 公司相关账务处理如下。

（1）购入该工具时。

借：其他债权投资——成本	10 000 000
贷：银行存款	10 000 000

（2）20×0 年 12 月 31 日。

借：信用减值损失	300 000
其他综合收益——其他债权投资公允价值变动	500 000
贷：其他债权投资——公允价值变动	500 000
其他综合收益——信用减值准备	300 000

A 公司在其 20×0 年度财务报表中披露了该工具的累计减值 30 万元。

（3）20×1 年 1 月 1 日。

借：银行存款	9 500 000

投资收益		200 000
其他综合收益——信用减值准备		300 000
其他债权投资——公允价值变动		500 000
贷：其他综合收益——其他债权投资公允价值变动		500 000
其他债权投资——成本		10 000 000

例 6-22 A 银行对其发放的贷款以摊余成本计量。2×17 年 12 月 31 日，A 银行向 B 公司发放一笔 5 年期信用贷款。贷款本金 5 000 万元，年利率 4%，每年 12 月 31 日付息，2×22 年 12 月 31 日还本。假设不考虑交易费用，该贷款的实际利率为 4%。

2×18 年 12 月 31 日，B 公司按约支付利息。A 银行评估认为该贷款信用风险自初始确认以来未显著增加，并计算其未来 12 个月预期信用损失为 80 万元。

2×19 年 12 月 31 日，B 公司按约支付利息。A 银行评估认为该贷款信用风险自初始确认以来已经显著增加，并计算剩余存续期预期信用损失为 300 万元。

2×20 年 6 月 30 日，A 银行了解到 B 公司面临重大财务困难，认定该贷款已发生减值。同日，A 银行计算剩余存续期预期信用损失为 800 万元。

2×20 年 12 月 31 日，B 公司未按约支付利息。A 银行计算剩余存续期预期信用损失为 1 200 万元。

2×21 年 6 月 30 日，A 银行计算剩余存续期预期信用损失为 1 600 万元，并以 3 500 万元价格将该贷款所有风险和报酬转让给 C 资产管理公司。

根据所掌握情况，C 资产管理公司将该贷款认定为已发生信用减值的金融资产，并预计该贷款的未来现金流量如表 6-9 所示。

表 6-9　该贷款的未来现金流量预计　　　　　　　　　　　单位：元

日　　期	金　　额
2×22 年 12 月 31 日	20 000 000

根据以上数据，C 资产管理公司计算该贷款经信用调整的实际利率为 5.635 2%。C 资产管理公司以摊余成本计量该贷款，其账面价值摊余过程如表 6-10 所示。

表 6-10　C 资产管理公司账面价值摊余过程　　　　　　　单位：元

日　　期	计提利息期限/年	应计利息	还款	摊余成本
2×21 年 6 月 30 日	—	—		35 000 000
2×21 年 12 月 31 日	0.5	972 649	—	35 972 649
2×22 年 12 月 31 日	1	2 027 138	20 000 000	17 999 787
2×23 年 6 月 30 日	0.5	500 213	18 500 000	—

2×21 年 12 月 31 日，C 资产管理公司对该贷款回收金额和回收时间的预期未发生改变（即预期信用损失变动为零）。

2×22 年 12 月 31 日，C 资产管理公司实际收到 B 公司还款 2 000 万元，对该贷款后续回收金额和回收时间的预期未发生改变。

2×23 年 6 月 30 日，C 资产管理公司实际收到 B 公司还款 1 900 万元，贷款合同终止。

根据上述资料,相关账务处理如下(不考虑税费影响)。

(1)A银行的会计处理。

①2×17年12月31日,发放贷款。

借:贷款　　　　　　　　　　　　　　　　　　　　　　50 000 000
　　贷:吸收存款　　　　　　　　　　　　　　　　　　　　50 000 000

②2×18年12月31日,确认利息收入和收到的利息。

利息收入=账面余额×实际利率=5 000×4%=200(万元)

借:应收利息　　　　　　　　　　　　　　　　　　　　2 000 000
　　贷:利息收入　　　　　　　　　　　　　　　　　　　　2 000 000
借:吸收存款　　　　　　　　　　　　　　　　　　　　2 000 000
　　贷:应收利息　　　　　　　　　　　　　　　　　　　　2 000 000

计提减值准备如下。

借:信用减值损失　　　　　　　　　　　　　　　　　　　800 000
　　贷:贷款损失准备　　　　　　　　　　　　　　　　　　　800 000

③2×19年12月31日,确认利息收入和收到的利息。

借:应收利息　　　　　　　　　　　　　　　　　　　　2 000 000
　　贷:利息收入　　　　　　　　　　　　　　　　　　　　2 000 000
借:吸收存款　　　　　　　　　　　　　　　　　　　　2 000 000
　　贷:应收利息　　　　　　　　　　　　　　　　　　　　2 000 000

补提减值准备如下。

借:信用减值损失　　　　　　　　　　　　　　　　　　2 200 000
　　贷:贷款损失准备　　　　　　　　　　　　　　　　　　2 200 000

④2×20年6月30日,确认实际减值前利息收入。

利息收入=账面余额×实际利率=50 000 000×[$\sqrt{1+4\%}-1$]=990 195(元)

借:应收利息　　　　　　　　　　　　　　　　　　　　　990 195
　　贷:利息收入　　　　　　　　　　　　　　　　　　　　　990 195

补提减值准备如下。

借:信用减值损失　　　　　　　　　　　　　　　　　　5 000 000
　　贷:贷款损失准备　　　　　　　　　　　　　　　　　　5 000 000

⑤2×20年12月31日,确认实际减值后利息收入。

利息收入=摊余成本×实际利率=(50 000 000+990 195−8 000 000)×[$\sqrt{1+4\%}-1$]=851 374(元)

借:应收利息　　　　　　　　　　　　　　　　　　　　　851 374
　　贷:利息收入　　　　　　　　　　　　　　　　　　　　　851 374

补提减值准备如下。

借:信用减值损失　　　　　　　　　　　　　　　　　　4 000 000
　　贷:贷款损失准备　　　　　　　　　　　　　　　　　　4 000 000

⑥2×21年6月30日,确认利息收入。

利息收入=摊余成本×实际利率=(50 000 000+990 195+851 374−12 000 000)×[$\sqrt{1+4\%}-1$]=789 019(元)

借：应收利息	789 019	
贷：利息收入		789 019

补提减值准备如下。

借：信用减值损失	4 000 000	
贷：贷款损失准备		4 000 000

终止确认贷款如下。

借：存放中央银行款项	35 000 000	
贷款损失准备	16 000 000	
贷款处置损益	1 630 588	
贷：贷款		50 000 000
应收利息		2 630 588

（2）C资产管理公司的会计处理。

①2×21年6月30日，确认购入贷款。

借：债权投资——本金	35 000 000	
贷：银行存款		35 000 000

②2×21年12月31日，确认利息收入。

借：债权投资——应计利息	972 649	
贷：利息收入		972 649

③2×22年12月31日，确认利息收入。

借：债权投资——应计利息	2 027 138	
贷：利息收入		2 027 138

确认收到的还款如下。

借：银行存款	20 000 000	
贷：债权投资——本金		17 000 213
——应计利息		2 999 787

④2×23年6月30日，确认利息收入。

借：债权投资——应计利息	500 213	
贷：利息收入		500 213

确认收到的还款，终止确认贷款如下。

借：银行存款	19 000 000	
贷：债权投资——本金		17 999 787
——应计利息		500 213
信用减值损失		500 000

八、预期信用损失模型介绍

以下介绍迁徙率模型测算预期信用损失模型，该模型适用于本节"五、预期信用损失的简化方法"涉及的选择始终按照相当于整个存续期内预期信用损失的金额计量其损失准备，且客户风险分类单一的情况。预期信用损失率的确认是基于迁徙模型所测算出的历史损失率并在此基础上进行前瞻性因素的调整所得出的。其具体步骤如下。

（一）收集整理历史数据

某公司 2016—2019 年账龄余额如表 6-11 所示。

表 6-11　某公司 2016—2019 年账龄余额　　　单位：元

账龄区间	截至 2019 年 12 月 31 日原值	截至 2018 年 12 月 31 日原值	截至 2017 年 12 月 31 日原值	截至 2016 年 12 月 31 日原值
1 年以内（含 1 年）	400 000.00	250 000.00②	200 000.00	300 000.00
1～2 年（含 2 年）	100 000.00①	90 000.00	60 000.00	70 000.00
2～3 年（含 3 年）	80 000.00	50 000.00	50 000.00	60 000.00
3～4 年（含 4 年）	40 000.00	40 000.00	50 000.00	60 000.00
4～5 年（含 5 年）	30 000.00	45 000.00	50 000.00	20 000.00
5 年以上	55 500.00	45 000.00	21 700.00	10 000.00
其中：上年末为 5 年以上账龄本年继续迁徙部分	30 000.00	30 000.00	9 000.00	5 000.00
合计	705 500.00	520 000.00	431 700.00	520 000.00

（二）计算历史平均迁徙率

迁徙率是指在一个时间段内没有收回而迁徙至下一个时间段的应收账款的比例。根据历史数据得出迁徙率，一般需剔除部分干扰项，本例为简化起见，不考虑干扰项。计算过程如表 6-12 所示。

表 6-12　历史平均迁徙率计算过程

账龄区间	2018 年账龄在 2019 年迁徙率	2017 年账龄在 2018 年迁徙率	2016 年账龄在 2017 年迁徙率	平均迁徙率
1 年以内（含 1 年）	40.00%③	45.00%	20.00%	35.00%
1～2 年（含 2 年）	88.89%	83.33%	71.43%	81.22%
2～3 年（含 3 年）	80.00%	80.00%	83.33%	81.11%
3～4 年（含 4 年）	75.00%	90.00%	83.33%	82.78%
4～5 年（含 5 年）	56.67%	30.00%	63.50%	50.06%
5 年以上	—	—	—	

计算说明：③ = ① ÷ ②，即 1 年以内（含 1 年）2018 年账龄在 2019 年迁徙率等于 1～2 年（含 2 年）截至 2019 年 12 月 31 日原值除以 1 年以内（含 1 年）截至 2018 年 12 月 31 日原值，即 40% = 100 000.00 ÷ 250 000.00。其他数据以此类推。4～5 年（含 5 年）的迁徙率需要考虑上年末为 5 年以上账龄本年继续迁徙部分。

（三）计算历史损失率

历史损失率的计算过程如表 6-13 所示。

表 6-13 历史损失率的计算过程

账龄区间	平均迁徙率	历史损失率计算过程	历史损失率
1年以内（含1年）	35.00%	$A \times B \times C \times D \times E \times F$	9.46%
1~2年（含2年）	81.22%	$B \times C \times D \times E \times F$	27.02%
2~3年（含3年）	81.11%	$C \times D \times E \times F$	33.27%
3~4年（含4年）	82.78%	$D \times E \times F$	41.02%
4~5年（含5年）	50.06%	$E \times F$	49.56%
5年以上	99.00%	F	99.00%

注：该例中根据公司历史数据统计，5年以上的应收款项能够回收1%，故定义公司5年以上的损失率为99%（若历史收回数据不具有代表性，且无设定保全措施，该数值可考虑假定为100%）。

（四）确定前瞻性调整系数

基于历史损失率确定的各账龄段反映了企业历史损失情况，但预期信用损失率系对未来的判断，因此需结合前瞻性分析，结合对未来的预测判断预期损失率。一般采用宏观指标，结合管理层判断企业应收款项回收风险与各指标的权重关系，建立前瞻性分析模型以限制前瞻性指数的随意性。确定前瞻性调整系数的经济因子如表6-14所示。

表 6-14 确定前瞻性调整系数的经济因子

经济因子	描述	权重	评分（1~5）
国内生产总值（GDP）增长性	20×0年，某国GDP同比增长6.4%，增速与上季度持平，普遍好于市场预期。上半年经济整体平稳，产业结构持续优化，经济运行的稳定性和韧性持续显现，新动能不断壮大	20%	4.0
市场利率变化	20×0年，伴随着宏观经济的平稳运行，金融形势总体平稳，金融杠杆率总体小幅上升，但市场利率水平持续下行，有利于企业债务管理和展期安排，货币供应量增速维持在8.6%左右，与一季度的名义GDP增速基本相当。总体上，货币供给的长期化特征明显，为"稳投资"提供有序支撑的环境	15%	4.0
第二产业产值	20×0年，工业作为实体经济的重要组成部分，增加值比上年同期增长6.1%，增速比上季度提高0.4个百分点，对经济增长的贡献率为32.5%，比上季度提高2.5个百分点。特别是工业中的制造业，一季度增加值比上年同期增长6.5%，增速比上季度提高0.8个百分点，对经济增长的贡献率为29.9%，比上季度提高4.0个百分点	10%	4.0
金融机构贷款质量	20×0年，商业银行不良贷款余额2.16万亿元，较上年末增加957亿元；商业银行不良贷款率1.80%，与上年末持平	20%	4.0
企业信心指数	据某国中央银行发布20×0年企业家问卷调查报告，20×0年企业家信心指数为69.2%，比上季提高1.4个百分点，比去年同期下降5.1个百分点	15%	4.0
市场对股票价格的总体预期	20×0年，受政府采取措施排解上市企业质押问题、基建补短板拉动经济增长、政府的降税减费力度加大且速度加快等因素的影响，上证综指上涨23.93%，深证成指上涨36.84%，创业板指上涨35.43%，中小板指上涨35.66%	20%	4.0

注：表中数据为假设数据，旨在说明需要考虑的前瞻性信息的具体内容。

公司管理层在确定前瞻性调整系数时,可以根据公司所处行业、业务特征、宏观影响因素的敏感程度等选择恰当的经济指标及权重,对未来前瞻性因素进行打分。其他可选的经济指标还包括 M2(广义货币供应量)、PPI(工业品出厂价格指数)、CPI(消费者价格指数)、固定资产投资完成情况等。

假设本例根据实际情况对各因子进行评分,计算出前瞻性调整系数为 1.10。

(五)计算预期信用损失率

预期信用损失率 = 历史损失率 × 前瞻性调整系数,计算过程如表 6-15 所示。

表 6-15 预期信用损失率的计算过程

账龄区间	历史损失率	前瞻性调整系数	预期信用损失率
	E	F	$E \times F$
1 年以内(含 1 年)	9.46%	1.1	10.40%
1~2 年(含 2 年)	27.02%	1.1	29.72%
2~3 年(含 3 年)	33.27%	1.1	36.60%
3~4 年(含 4 年)	41.02%	1.1	45.12%
4~5 年(含 5 年)	49.56%	1.1	54.51%
5 年以上	99.00%	1.1	100.0%注

注:信用损失率最高为 100.00%,大于 100.00%时取 100.00%。

(六)测算信用损失准备

将预期信用损失率乘以应收账款余额来建立准备矩阵,计算 2019 年 12 月 31 日的信用损失准备为 190 521.56 元,如表 6-16 所示。

表 6-16 测算信用损失准备 单位:元

账龄区间	2019 年 12 月 31 日应收账款余额	预期信用损失率	信用损失准备
	A	B	$A \times B$
1 年以内(含 1 年)	400 000.00	10.40%	41 614.90
1~2 年(含 2 年)	100 000.00	29.72%	29 724.93
2~3 年(含 3 年)	80 000.00	36.60%	29 279.54
3~4 年(含 4 年)	40 000.00	45.12%	18 049.03
4~5 年(含 5 年)	30 000.00	54.51%	16 353.15
5 年以上	55 500.00	100.00%	55 500.00
合计	705 500.00		190 521.56

第六节 金融工具列报

一、金融负债和权益工具的区分

金融负债和权益工具的定义详见本章第一节内容。本节主要阐述金融负债和权益工具的区分，具体如下。

（一）区分金融负债和权益工具需考虑的因素

（1）合同所反映的经济实质。在判断一项金融工具是否应划分为金融负债或权益工具时，应当以相关合同条款及其所反映的经济实质而非仅以法律形式为依据，运用金融负债和权益工具区分的原则，正确地确定该金融工具或其组成部分的会计分类。对金融工具合同所反映经济实质的评估应基于合同的具体条款。企业不应仅依据监管规定或工具名称进行划分。

（2）工具的特征。有些金融工具（如企业发行的某些优先股）可能既有权益工具的特征，又有金融负债的特征。因此，企业应当全面细致地分析此类金融工具各组成部分的合同条款，以确定其显示的是金融负债还是权益工具的特征，并进行整体评估，以判定整个工具应划分为金融负债或权益工具，还是既包括负债成分又包括权益工具成分的复合金融工具。

（二）金融负债和权益工具区分的基本原则

1. 是否存在无条件地避免交付现金或其他金融资产的合同义务

（1）如果企业不能无条件地避免以交付现金或其他金融资产来履行一项合同义务，则该合同义务符合金融负债的定义。实务中，常见的该类合同义务情形包括以下内容。

①不能无条件避免的赎回，即金融工具发行方不能无条件地避免赎回此金融工具，如果一项合同（根据准则分类为权益工具的特殊金融工具除外）使发行方承担了以现金或其他金融资产回购自身权益工具的义务，即使发行方的回购义务取决于合同对手是否行使回售权，发行方也应当在初始确认时将该义务确认为一项金融负债，其金额等于回购所需支付金额的现值（如远期回购价格的现值、期权行权价格的现值或其他回售金额的现值）。如果发行方最终无须以现金或其他金融资产回购自身权益工具，应当在合同对手回售权到期时将该项金融负债按照账面价值重分类为权益工具。

②强制付息，即金融工具发行方被要求强制支付利息。例如，一项以面值人民币1亿元发行的优先股要求每年按6%的股息率支付优先股股息，则发行方承担了未来每年支付6%股息的合同义务，应当就该强制付息的合同义务确认金融负债。又如，企业发行的一项永续债，无固定还款期限且不可赎回，每年按8%的利率强制付息。尽管该项工具的期限永续且不可赎回，但由于企业承担了以利息形式永续支付现金的合同义务，因此符合金融负债的定义。需要说明的是，对企业履行交付现金或其他金融资产的合同义务能力的限制（如无法获得外币、需要得到有关监管部门的批准才能支付或其他法律法规的限制等），并不能解除企业就该金融工具所承担的合同义务，也不能表明该企业无须承担该金融工具的合同义务。

（2）如果企业能够无条件地避免交付现金或其他金融资产，如能够根据相应的议事机制自主决定是否支付股息（即无支付股息的义务），同时所发行的金融工具没有到期日且合同对手没有回售权，或虽有固定期限但发行方有权无限期递延（即无支付本金的义务），则此类交付现金或其他金融资产的结算条款不构成金融负债。如果发放股利由发行方根据相应的议事机制自主决定，则股利是累积股利还是非累积股利本身不影响该金融工具被分类为权益工具。

实务中,优先股等金融工具发行时还可能附有与普通股股利支付相连接的合同条款。这类工具常见的连接条款包括"股利制动机制""股利推动机制"等。"股利制动机制"的合同条款要求企业如果不宣派或支付(视具体合同条款而定,下同)优先股等金融工具的股利,则其不能宣派或支付普通股股利。"股利推动机制"的合同条款要求企业如果宣派或支付普通股股利,则其须宣派或支付优先股等金融工具的股利。如果优先股等金融工具所连接的是诸如普通股股利,发行方根据相应的议事机制能够自主决定普通股股利的支付,则"股利制动机制"及"股利推动机制"本身均不会导致相关金融工具被分类为金融负债。对于本段所述判断依据,企业应谨慎地将其适用范围限制在普通股股利支付相连接的情形,不能推广适用到其他情形,如与交叉保护条款或其他投资者保护条款相连接。

例 6-23 甲公司发行了一项年利率为 8%、无固定还款期限、可自主决定是否支付利息的不可累积永续债,其他合同条款如下。

(1)该永续债嵌入一项看涨期权,允许甲公司在发行第 5 年及之后以面值回购该永续债。

(2)如果甲公司在第 5 年末没有回购该永续债,则之后的票息率增加至 11%(通常称为"票息递增"特征)。

(3)该永续债票息在甲公司向其普通股股东支付股利时必须支付(即"股利推动机制")。甲公司根据相应的议事机制能够自主决定普通股股利的支付,该公司发行该永续债之前多年来均支付普通股股利。

分析:尽管甲公司多年来均支付普通股股利,但由于甲公司能够根据相应的议事机制自主决定普通股股利的支付,并进而影响永续债利息的支付,对甲公司而言,该永续债利息并未形成支付现金或其他金融资产的合同义务;尽管甲公司有可能在第 5 年末行使回购权,但是甲公司并没有回购的合同义务。如果没有其他情形导致该工具被分类为金融负债,则该永续债应整体被分类为权益工具。同时,虽然合同中存在利率跳升安排,但该安排不构成企业无法避免的支付义务。

同时,企业应当注意投资者保护条款。例如,一旦发行人破产或视同清算、发生超过净资产 10%以上重大损失、财务指标承诺未达标、财务状况发生重大变化、控制权变更或信用评级被降级、发生其他投资者认定足以影响债权实现的事项等情形,那么该永续债一次到期应付,除非持有人大会通过豁免的决议。在这些合同中,破产往往是指无力偿债、拖欠到期应付款项、停止或暂停支付所有或大部分债务或终止经营其业务,或根据《企业破产法》的规定进入破产程序,因此,由于发行人不能控制能否按时偿债、是否会发生超过净资产 10%以上重大损失、财务指标承诺能否达标、财务状况是否发生重大变化、控制权是否会变更或信用等级是否会被降级、是否会发生其他投资者认定足以影响债权实现的事项等情形,进而无法无条件地避免以交付现金或其他金融资产来履行一项合同义务。因此,包含此类条款的永续债应当被分类为金融负债。

企业应当基于真实、完整的合同进行相关分析和判断。企业应当明确合同条款是否会导致发行人存在交付现金或其他金融资产的义务。企业应当确保合同措辞明确,能够以此为基础作出合理的会计判断。另外,某些永续债条款可能会约定永续债债权人破产清算时的清偿顺序等同于其他债务。在此类情况下，企业应当考虑这些条款是否会导致该永续债分类为金融负债。

（3）判断一项金融工具是划分为权益工具还是金融负债，不受下列因素的影响：①以前实施分配的情况；②未来实施分配的意向；③相关金融工具如果没有发放股利对发行方普通股的价格可能产生的负面影响；④发行方的未分配利润等可供分配权益的金额；⑤发行方对一段期间内损益的预期；⑥发行方是否有能力影响其当期损益。

（4）有些金融工具虽然没有明确地包含交付现金或其他金融资产义务的条款和条件，但有可能通过其他条款和条件间接地形成合同义务。例如，企业可能在显著不利的条件下选择交付现金或其他金融资产，而不是选择履行非金融合同义务，或选择交付自身权益工具。例如，相关合同可能包含利率跳升等特征，往往可能构成发行方交付现金或其他金融资产的间接义务。企业须借助合同条款和相关信息，全面分析判断。

2. 是否通过交付固定数量的自身权益工具结算

权益工具是证明拥有企业的资产扣除负债后的剩余权益的合同。因此，对于将来须交付企业自身权益工具的金融工具，如果未来结算时交付的权益工具数量是可变的，或者收到的对价的金额是可变的，则该金融工具的结算将对其他权益工具所代表的剩余权益带来不确定性（通过影响剩余权益总额或者稀释其他权益工具），也就不符合权益工具的定义。

实务中，一项须用或可用企业自身权益工具结算的金融工具是否对其他权益工具的价值带来不确定性，通常与该工具的交易目的相关。如果该自身权益工具作为现金或其他金融资产的替代品（如作为商品交易中的支付手段），则该自身权益工具的接收方一般而言需要该工具在交收时具有确定的公允价值，以便得到与接受现金或其他金融资产的同等收益，因此，企业所交付的自身权益工具数量是根据交付时的公允价值计算的，是可变的。相反，如果该自身权益工具是为了使持有方作为出资人享有企业（发行人）资产扣除负债的剩余权益，那么需要交付的自身权益工具数量通常在一开始就已商定，而不是在交付时计算确定。

将来须用或可用企业自身权益工具结算的金融工具应当区分为衍生工具和非衍生工具。例如，A 公司发行了一项无固定期限、能够自主决定支付本息的可转换优先股。按合同规定，A 公司将在第 5 年末将发行的该工具强制转换为可变数量的普通股，则该可转换优先股是一项非衍生工具。又如，A 公司发行一项 5 年期分期付息到期还本，同时到期可转换为固定数量普通股的可转换债券，则该可转换债券中嵌入的转换权是一项衍生工具。

（1）基于自身权益工具的非衍生工具。对于非衍生工具，如果发行方未来有义务交付可变数量的自身权益工具进行结算，则该非衍生工具是金融负债；否则，该非衍生工具是权益工具。某项合同并不仅仅因为其可能导致企业交付自身权益工具而成为一项权益工具。企业可能承担交付一定数量的自身权益工具的合同义务，如果将交付的企业自身权益工具数量是变化的，使得将交付的企业自身权益工具的数量乘以其结算时的公允价值等于合同义务的金额，则无论该合同义务的金额是固定的，还是完全或部分地基于除企业自身权益工具的市场价格以外变量（例如，利率、某种商品的价格或某项金融工具的价格）的变动而变化，该合同都应当分类为金融负债。

（2）基于自身权益工具的衍生工具。对于衍生工具，如果发行方只能通过以固定数量的自身权益工具交换固定金额的现金或其他金融资产进行结算（即"固定换固定"），则该衍生工具是权益工具；如果发行方以固定数量自身权益工具交换可变金额现金或其他金融资产，或以可变数量自身权益工具交换固定金额现金或其他金融资产，或在转换价格不固定的情况下以可变数量自身权益工具交换可变金额现金或其他金融资产，则该衍生工具应当确认为衍生金融负债或衍生金融资产。例如，发行在外的股票期权赋予工具持有方以固定价格购买固定数量的发行方股票的权利。该合同的公允价值可能会随着股票价格以及市场利率的波动而变动。但是，只要该合同的公允价值变动不影响结算时发行方可收取的现金或其他金融资产的金额，也不影响需交付的权益工具的数量，则发行方应将该股票期权作为一项权益工具处理。

运用上述"固定换固定"原则来判断会计分类的金融工具常见于可转换债券，具备转股条款的永续债、优先股等。如果发行的金融工具合同条款中包含在一定条件下转换成发行方普通股的约定且存在交付现金或其他金融资产的义务（例如，每年支付固定股息的可转换优先股中的转换条款），该转股权将涉及发行方是否需要交付可变数量自身权益工具或者是否"固定换固定"的判断。在实务中，转股条款呈现的形式可能纷繁复杂，发行方应审慎确定其合同条款及其所反映的经济实质是否能够满足"固定换固定"原则。需要说明的是，在实务中，对于附有可转换为普通股条款的可转换债券等金融工具，在其转换权存续期内，发行方可能发生新的融资或者与资本结构调整有关的经济活动，例如，股份拆分或合并、配股、转增股本、增发新股、发放现金股利等。通常情况下，即使转股价初始固定，但为了确保此类金融工具持有方在发行方权益中的潜在利益不会被稀释，合同条款会规定在此类事项发生时，将对转股价进行相应调整。此类对转股价格以及相应转股数量的调整通常称为"反稀释"调整。原则上，如果按照转股价格调整公式进行调整，可使稀释事件发生之前和之后，每一份此类金融工具所代表的发行方剩余利益与每一份现有普通股所代表的剩余利益的比例保持不变，即此类金融工具持有方相对于现有普通股股东所享有的在发行方权益中的潜在相对利益保持不变，则可认为这一调整并不违背"固定换固定"原则。如果不做任何调整，也可认为合同双方在此类工具发行时已在其估值中考虑了上述活动的预期影响。但如果做了调整且调整公式无法体现此类工具持有人与普通股股东在相关事件发生前后"同进同退"的原则，则不能认为这一调整符合"固定换固定"原则。

二、以外币计价的配股权、期权或认股权证

一般来说，如果企业的某项合同是通过固定金额的外币（即企业记账本位币以外的其他货币）交换固定数量的自身权益工具进行结算，由于固定金额的外币代表的是以企业记账本位币计价的可变金额，因此不符合"固定换固定"原则。但是，《企业会计准则第22号——金融工具确认和计量》在"固定换固定"原则下对以外币计价的配股权、期权或认股权证规定了一类例外情况：企业对全部现有同类别非衍生自身权益工具的持有方同比例发行配股权、期权或认股权证，使之有权按比例以固定金额的任何货币换取

固定数量的该企业自身权益工具的,该类配股权、期权或认股权证应当分类为权益工具。这是一类范围很窄的例外情况,不能以类推方式适用于其他工具(如以外币计价的可转换债券)。

三、或有结算条款

附有或有结算条款的金融工具,指是否通过交付现金或其他金融资产进行结算,或者是否以其他导致该金融工具成为金融负债的方式进行结算,需要由发行方和持有方均不能控制的未来不确定事项(如股价指数、消费价格指数变动,利率或税法变动,发行方未来收入、净收益或债务权益比率等)的发生或不发生(或发行方和持有方均不能控制的未来不确定事项的结果)来确定的金融工具。对于附有或有结算条款的金融工具,发行方不能无条件地避免交付现金、其他金融资产或以其他导致该工具成为金融负债的方式进行结算的,应当分类为金融负债。但是,满足下列条件之一的,发行方应当将其分类为权益工具。

(1)要求以现金、其他金融资产或以其他导致该工具成为金融负债的方式进行结算的或有结算条款几乎不具有可能性,即相关情形极端罕见、显著异常且几乎不可能发生。

(2)只有在发行方清算时,才需以现金、其他金融资产或以其他导致该工具成为金融负债的方式进行结算。

(3)按照《企业会计准则第 22 号——金融工具确认和计量》分类为权益工具的可回售工具。实务中,出于对自身商业利益的保障和公平原则考虑,合同双方会对一些不能由各自控制的情况下是否要求支付现金(包括股票)作出约定,这些"或有结算条款"可以包括与外部市场有关的或者与发行方自身情况有关的事项。出于防止低估负债和防止通过或有条款的设置来避免对复合工具中负债成分进行确认的目的,《企业会计准则第 22 号——金融工具确认和计量》规定,发行方需要针对这些条款确认金融负债,除非能够证明或有事件是极端罕见、显著异常且几乎不可能发生的情况或者仅限于清算事件。例如,A 公司发行了一项永续债,每年按照合同条款支付利息,但同时约定其利息只在发行方有可供分配利润时才需支付,如果发行方可供分配利润不足则可能无法履行该项支付义务。虽然利息的支付取决于是否有可供分配利润,使得利息支付义务成为或有情况下的义务,但是 A 公司并不能无条件地避免支付现金的合同义务,因此该公司应当将该永续债划分为一项金融负债。

如果合同的或有结算条款要求只有在发生极端罕见、显著异常且几乎不可能发生的事件时,才会以现金、其他金融资产或以其他导致该工具成为金融负债的方式进行结算,那么可将该或有结算条款视为一项不具有可能性的条款。如果一项合同只有在上述不具有可能性的事件发生时才须以现金、其他金融资产或以其他导致该工具成为金融负债的方式进行结算,在对该金融工具进行分类时,不需要考虑这些或有结算条款,应将该合同确认为一项权益工具。

四、结算选择权

对于存在结算选择权的衍生工具(例如,合同规定发行方或持有方能选择以现金净额或以发行股份交换现金等方式进行结算的衍生工具），发行方应当将其确认为金融负债或金融资产；如果可供选择的结算方式均表明该衍生工具应当确认为权益工具，则应当确认为权益工具。例如，为防止附有转股权的金融工具的持有方行使转股权而导致发行方的普通股股东的股权被稀释，发行方会在衍生工具合同中加入一项现金结算选择权：发行方有权以等值于所应交付的股票数量乘以股票市价的现金金额支付给工具持有方，而不再发行新股。发行方应当将这样的转股权确认为衍生金融负债或衍生金融资产。

五、复合金融工具

企业应对发行的非衍生工具进行评估，以确定所发行的工具是否为复合金融工具。企业所发行的非衍生工具可能同时包含金融负债成分和权益工具成分。对于复合金融工具，发行方应于初始确认时将各组成部分分类为金融负债、金融资产或权益工具。企业发行的一项非衍生工具同时包含金融负债成分和权益工具成分的，应于初始计量时先确定金融负债成分的公允价值（包括其中可能包含的非权益性嵌入衍生工具的公允价值），再从复合金融工具公允价值中扣除负债成分的公允价值，作为权益工具成分的价值。可转换债券等可转换工具可能被分类为复合金融工具。发行方对该类可转换工具进行会计处理时，应当注意以下方面。

（1）在可转换工具转换时，应终止确认负债成分，并将其确认为权益。原来的权益成分仍旧保留为权益（从权益的一个项目结转到另一个项目，如从"其他权益工具"转入"资本公积——资本溢价或股本溢价"）。可转换工具转换时不产生损益。

（2）企业通过在到期日前赎回或回购而终止一项仍具有转换权的可转换工具时，应在交易日将赎回或回购所支付的价款以及发生的交易费用分配至该工具的权益成分和负债成分。分配价款和交易费用的方法应与该工具发行时采用的分配方法一致。价款和交易费用分配后，所产生的利得或损失应分别根据权益成分和负债成分所适用的会计原则进行处理，分配至权益成分的款项计入权益，与债务成分相关的利得或损失计入当期损益。

（3）企业可能修订可转换工具的条款以促成持有方提前转换。例如，提供更有利的转换比率或在特定日期前转换则支付额外的对价。在条款修订日，对于持有方根据修订后的条款进行转换所能获得的对价的公允价值与根据原有条款进行转换所能获得的对价的公允价值之间的差额，企业（发行方）应将其确认为一项损失。

（4）企业发行认股权和债权分离交易的可转换公司债券，所发行的认股权符合有关权益工具定义的，应当确认为一项权益工具（其他权益工具），并以发行价格减去不附认股权且其他条件相同的公司债券公允价值后的净额进行计量。认股权持有方到期没有行权的，企业应当在到期时将原计入其他权益工具的部分转入资本公积（资本溢价或股本溢价）。

六、合并财务报表中金融负债和权益工具的区分

在合并财务报表中对金融工具（或其组成部分）进行分类时，应考虑集团成员和金

融工具的持有方之间达成的所有条款和条件，以确定集团作为一个整体是否由于该工具而承担交付现金或其他金融资产的义务，或者承担以其他导致该工具分类为金融负债的方式进行结算的义务。例如，A集团一子公司发行一项权益工具，同时其母公司或A集团其他成员与该工具的持有方达成了其他附加协议，母公司或A集团其他成员可能对相关的支付金额（如股利）作出担保；或者A集团另一成员可能承诺在该子公司不能支付预期款项时购买这些股份。在这种情形下，尽管A集团子公司（发行方）在没有考虑这些附加协议的情况下，在其个别财务报表中将这项工具分类为权益工具，但是在合并财务报表中，A集团与该工具的持有方之间的附加协议的影响意味着A集团作为一个整体无法避免经济利益的转移，导致其分类为金融负债。因此，合并财务报表应当考虑这些附加协议或条款，以确保从集团整体的角度反映所签订的所有合同和相关交易。

例 6-24 A公司为B公司的母公司，A公司向B公司的少数股东签出一份在未来1年后以B公司普通股为基础的看跌期权。如果1年后B公司的股价低于20元，则B公司少数股东有权要求A公司无条件地以每股20元的价格收购其所持有的B公司股权。

分析：在A公司的个别财务报表中，该看跌期权的价值随B公司股价的变动而变动，并将于未来约定日期结算，因此应确认为一项衍生金融负债。在B公司个别财务报表中，少数股东股权是B公司自身的权益工具。而在A公司合并财务报表层面，由于看跌期权使A公司承担了不能无条件避免的支付现金的合同义务，因此应当在合并财务报表中确认一项金融负债，其金额等于回购所需支付的金额的现值。

本章小结

《企业会计准则第22号——金融工具确认和计量》将金融资产划分为三类：以摊余成本计量的金融资产、以公允价值计量且其变动计入其他综合收益的金融资产及以公允价值计量且其变动计入损益（FVTPL）的金融资产。分类主要基于报告主体管理金融资产的业务模式，以及合同现金流是否仅代表本金和利息的支付（SPPI）。企业管理金融资产的业务模式是其管理金融资产以产生现金流量的方式。业务模式决定了现金流量是否来自收取合同现金流、出售金融资产或两者兼而有之。

初始分类确定后，《企业会计准则第22号——金融工具确认和计量》对金融工具的重分类提供了指引，在仅限于企业改变其管理金融资产业务模式的情形下，允许金融资产的不同类别之间进行重分类。重分类应当以未来适用法处理，企业不得重述以前确认的任何利得、损失(包括减值损失或转回)或利息，对于所有金融负债均不得进行重分类。

《企业会计准则第22号——金融工具确认和计量》引入了新的减值损失确认模型——预期信用损失（ECL）模型，采用了基于自初始确认后信用质量变化的"三阶段减值模型"。预期信用损失模型是在回应金融危机期间各界对已发生损失模型的批判。其改变了以往基于已发生损失来确定是否计提减值，代之基于预期损失模型计提减值导致减值（损失）更早地被确认。预期信用损失模型的实施可能涉及企业信用管理和信息系统的重大修改。企业管理层将需要建立模型来确定12个月预期信用损失和整个存续期预期信用损失，通常包括三阶段的划分和减值的计量这两个方面，并需要作出关键或复杂的判断，特别是信用风险显著增加的判断和前瞻性信息。

思考题

1. 什么是金融工具？什么是金融资产？什么是金融负债？
2. 我国现行的《企业会计准则》将金融资产划分为哪几类？
3. 金融资产的后续计量方法有哪几类？
4. 我国现行的《企业会计准则》将金融负债划分为哪几类？
5. 满足什么条件时，可以将金融资产划分为以摊余成本计量的金融资产？
6. 金融负债和权益工具有什么区别？

练习题

1. 应收账款的业务模式区分，企业在销售产品时，部分客户会以银行承兑汇票或商业承兑汇票方式结算。对于应收账款和应收票据，企业可能存在多种业务模式对其进行管理，具体如下。

模式一：持有至对手方付款，其间不发生转让。

企业持有应收账款和应收票据，并预期在信用期满或票据到期时从交易对手方收回。

模式二：持有至对手方付款，但当对手方信用状况恶化时，考虑处置以控制信用风险。

通常情况下，企业持有应收账款和应收票据，并预期在信用期满或票据到期时从交易对手方收回。而一旦对手方信用状况发生恶化，应收账款或应收票据的可回收性产生一定风险，企业会考虑通过将其卖断给不良资产管理公司等方式处置应收账款，以控制企业可能面临的信用风险。

模式三：企业通过多种方式提前处置部分或者全部应收账款或者应收票据，但未能终止确认。

出于流动性考虑，企业可能通过将应收账款保理、资产证券化，将应收票据进行贴现、背书转让等方式，在应收账款信用期满或票据到期前处置，以提前收回现金流。由于附追索权等原因，企业虽然转让了应收账款和应收票据法律上的所有权，但是保留了对应收账款和应收票据的几乎全部的风险和报酬，因此无法在会计上对其进行终止确认。

模式四：企业通过多种方式提前处置部分或者全部应收账款或者应收票据，并实现终止确认。

出于流动性考虑，企业可能通过将应收账款保理、资产证券化，将应收票据进行贴现、背书转让等方式，在应收账款信用期满或应收票据到期前处置，并终止确认部分或全部应收账款和应收票据，以提前收回现金流。

问题：企业应如何判断管理应收账款和应收票据的业务模式？

2. 甲企业为工业生产企业，20×7年1月1日，从二级市场支付价款1 020 000元（含已到付息期但尚未领取的利息20 000元）购入某公司发行的债券，另发生交易费用20 000元。该债券面值1 000 000元，剩余期限为2年，票面年利率为4%，每半年付息一次，其他资料如下：

（1）20×7年1月5日，收到该债券20×6年下半年利息20 000元；
（2）20×7年6月30日，该债券的公允价值为1 150 000元（不含利息）；
（3）20×7年7月5日，收到该债券半年利息；
（4）20×7年12月31日，该债券的公允价值为1 100 000元（不含利息）；
（5）20×8年1月5日，收到该债券20×7年下半年利息；
（6）20×8年3月31日，甲企业将该债券出售，取得价款1 180 000元（含一季度利息10 000元）。

假定不考虑其他因素。甲企业如果将其划分为以公允价值计量且其变动计入当期损益的金融资产应该如何进行账务处理？如果将其划分为以公允价值计量且其变动计入其他综合收益的金融资产应该如何进行账务处理？

3. 20×0年1月1日，甲公司自证券市场购入面值总额为2 000万元的债券，购入时实际支付价款2 078.98万元，另外支付交易费用10万元，该债券发行日为20×0年1月1日，系分期付息，到期还本债券，期限为5年，票面年利率为5%，实际年利率为4%，每年12月31日支付当年利息，甲公司将该债券作为以摊余成本计量的金融资产核算，在持有该债券的5年内甲公司应该如何对其进行账务处理？

4. A证券公司20×0年4月1日发行了针对B上市公司的认沽权证，权证持有人凭其所持有的每份认沽权证可以按照行权价7元卖给A证券公司1股B上市公司的股票，行权期限是6个月。B上市公司股票市价为8元每股，市场预期B公司业绩将持续走低。20×0年4月1日共发行1亿份认沽权证，每份0.2元。发行该权证之后的6个月内，B上市公司的股份一直在7元以上。认沽权证到期，期权持有者未行权。不考虑税费等其他因素。A证券公司应该如何进行账务处理？

5. A公司20×1年1月1日发行了面值为10 000 000元、年利率为4%的5年期债券，收到款项10 000 000元，作为交易性金融负债核算。该债券每年付息一次，到期还本。发行时，可观察利率SHIBOR（上海银行间同业拆放利率）年利率为3%。20×1年，A公司经营恶化，其信用等级大幅下降，其发行的上述债券市价在20×1年12月31日下跌至9 000 000元。同时SHIBOR上升到3.4%。A公司应该如何进行账务处理？

6. 甲公司为中国境内注册的股份制企业（拟在境内上市），其控股股东为乙公司。20×1年1月1日，丙公司作为战略投资人向甲公司增资3亿元人民币，甲公司按照相关规定完成了注册资本变更等手续。增资后，丙公司持有甲公司20%的股权，乙公司仍然控制甲公司。除普通股外，甲公司无其他权益工具。甲、乙、丙公司签署的增资协议约定，如果甲公司未能在20×4年12月31日前完成首次公开募股（IPO），丙公司有权要求甲公司或乙公司以现金回购其持有的甲公司股权，回购价格为丙公司增资3亿元和按8%年化收益率及实际投资期限计算的收益之和。增资协议赋予丙公司的前述回售权属于持有人特征,即仅由丙公司享有,不能随股权转让。为推进甲公司的上市进程,甲、乙、丙公司根据相关法律和监管规定,在首次公开募股申报前清理所有特殊权益,三方于20×1年6月30日签署补充协议,约定自补充协议签署之日起终止丙公司的上述回售权;如果甲公司在20×4年12月31日前未能完成首次公开募股,丙公司自20×5年1月1日起有权要求乙公司以现金购买其持有的甲公司股权,但无权向甲公司提出回购要求。除上述外,不考虑其他情况。丙公司的增资应该分类为何种金融工具?

练习题参考答案

第七章

衍 生 工 具

本章在对金融衍生工具进行简单的阐述后，主要介绍远期、期货、互换、期权业务的会计处理。本部分的内容主要遵循《企业会计准则第22号——金融工具确认和计量》（2017年3月31日颁布）的相关规定。

第一节　衍生工具概述

自20世纪70年代产生以来，衍生工具发展十分迅速。我国的衍生工具交易量日益增加，交易品种日益丰富。《企业会计准则第22号——金融工具确认和计量》规范了包括金融企业在内的各类企业的金融工具交易的会计处理，要求企业将几乎所有金融工具尤其是衍生工具纳入表内核算，这有助于如实反映企业的金融工具交易，便于投资者更好地了解企业的财务状况和经营成果。

衍生工具是指其价值会随标的物资产价值变动而变动的合约，即这种合约的回报率是根据合约中约定的其他标的物的表现情况而衍生出来的。"衍生"一词的含义就是指演变而产生，从母体物质得到新物质的过程。

一、衍生工具的主要特征

衍生工具主要指具有下列特征的金融工具或其他合同。

（一）衍生工具的价值具有衍生性

衍生性是指衍生工具的价值随着特定利率、其他金融工具价格、商品价格、汇率、价格指数、费率指数、信用等级、信用指数或其他类似变量的变动而变动，变量为非金融变量的（比如特定区域的地震损失指数、特定城市的气温指数等），该变量与合同的任一方不存在特定关系。

衍生工具合约中会设定具体的标的物，衍生工具合约的价值变动取决于该标的变量的变化。例如，一国内甲金融企业与境外乙金融企业签订了一份1年期利率互换合约，每半年末甲企业向乙企业支付美元固定利息、从乙企业收取以6个月美元LIBOR（伦敦同业拆借利率）计算确定的浮动利息，合约名义金额为1亿美元。合约签订时，其公允价值为零（浮动利率等于固定利率）。假定合约签订半年后，浮动利率与合约签订时不同，甲企业将根据未来可收取的浮动利息现值扣除将支付的固定利息现值确定该合约的公允价值。这里的合约的公允价值因浮动利率的变化而改变。

（二）衍生工具的交易过程具有杠杆性

企业从事衍生工具交易不要求初始净投资，或与对市场情况变动有类似反应的其他类型合同相比，要求很少的初始净投资。通常签订某项衍生工具合同时不需要支付现金，但是，不要求初始净投资，并不排除企业需要按照约定的交易惯例或规则相应缴纳一笔保证金。比如，上述甲企业与境外乙企业签订汇率远期合约（forward contract）时就不需要在签订合同时支付将来购买外汇所需的现金；企业进行期货交易时需要按要求缴纳一定的保证金。在某些情况下，企业在从事衍生工具交易时会遇到要求进行现金支付的情况，但该现金支付只是相对很少的初始净投资。例如，企业从市场上购入认股权证，就需要先支付一笔款项，但相对于行权时购入相应股份所需支付的款项，此项支付往往是很少的。

这意味着企业在从事衍生工具交易时，一般只需要支付少量保证金或权利金就可以签订大额合约。例如，20世纪80年代，希拉里·克林顿通过少量现金和大额保证金贷款的杠杆效用，利用活牛卖价上升而盈利颇丰。她从1988年开始购买活牛期货，那时活牛的市场价格为50美分/磅，到1989年7月，希拉里执行活牛期货交易时，活牛市场价格接近80美分/磅，超过了期货的执行价格60美分/磅。这场成功的期货交易，不仅使她收回了1 000美元的现金投资，还额外获利100 000美元。

当然，杠杆性使收益可能成倍放大的同时，交易者所承担的风险与损失也被成倍放大，基础工具价格的轻微变动就能带来交易者的大盈大亏，金融衍生工具具有的杠杆性是导致其具有高风险性的一个重要原因。

（三）在未来某一日期结算

在合约签订日，衍生工具合约的结算金额是不确定的。衍生工具通常在未来某一特定日期结算，也可能在未来多个日期结算。例如，利率互换可能涉及合同到期前多个结算日期。这一特征表明衍生工具结算金额需要经历一段特定期间根据标的物价格的变化来确定，其原因在于衍生工具合约签订的基础是交易双方对标的资产（underlying assets）变动趋势的不同预测，交易双方对标的资产价格未来变动趋势判断的准确程度直接决定了持有合约的损益。无论是哪一种金融衍生工具，其最终结算都发生在未来一段时间内或未来某时点上，影响的是未来期间的现金流入或流出。期权合约在签订时，并无法确定期权购入方是否会行权，有些期权可能由于是价外期权而到期不行权，这也是在未来日期结算的一种方式。

需要指出的是，如买卖非金融项目的合同，根据企业预期购买、出售或使用要求，以获取或交付非金融项目为目的而签订，那么此类合同不符合衍生工具的定义。但是，当此类合同可以通过现金或其他金融工具净额结算或通过交换金融工具结算，或者合同中的非金融项目可以方便地转换为现金时，这些合同应当比照衍生工具进行会计处理。例如，可以采用现金净额方式进行结算的商品期货合约。

二、衍生工具的主要功能

（一）价格发现

在衍生工具的交易市场上，集中了各方面的市场参与者，这些参与者拥有成千上万种基础资产的信息和市场预期，通过交易所内类似拍卖方式的公开竞价形成一种市场均衡价格，这种价格不仅对现货市场的价格具有指导性作用，而且有助于产品价格的稳定。

例如,在期货市场上,到期日为 6 个月的当前期货价格反映的是现在所有交易者预期的 6 个月后该标的资产的供需状况,期货市场形成这些均衡价格并及时将这些价格向外界发布的过程就是期货市场的价格发现功能。又如,上海期货交易所的金属价格为我国基础金属交易提供了参考价格,这有助于降低市场交易者的信息搜寻和定价成本,提高资源配置效率。

(二)规避风险

套期保值或对冲风险是衍生工具市场的基本功能。套期保值是指生产经营者为回避现货价格的变动风险,在现货市场上买进或卖出一定量的现货商品的同时,在期货市场上卖出或买进与现货品种相同、数量相当但买卖方向相反的期货商品,以达到用一个市场的盈利弥补另一个市场的亏损的目的。如某企业由于持有大量的库存商品(单价是 1 000 元 1 吨)而担心该商品价格在未来 3 个月会下跌,该企业就会买入相应的看跌期权来管理风险〔买入执行价格(exercise price)为 1 000 元的合约〕。如果该商品真的下跌了,降到每吨 900 元,该企业就会行权,相当于以 1 000 元的价格卖出库存商品。这样,期权市场的获利就可以用于弥补持有商品的损失。

需要注意的是,衍生工具一方面起到了规避、转移风险的作用;另一方面,衍生工具的出现加入了投机行为、市场风险与监管难度,是一把双刃剑。

三、衍生工具的基本种类

衍生工具合约的种类繁多,并处于不断创新阶段中。基本的衍生工具主要包括远期合约、期货合约、期权和互换。其他类型的衍生工具主要是在这些工具基础上进行组合叠加设计的,因此,具有远期合约、期货合约、期权和互换中一种或一种以上特征的工具也具有衍生工具的特性。

(一)远期合约

远期合约是指交易双方在场外市场上通过协商约定在未来的某一确定时间〔交割日(settlement date)〕按照事先商定的价格买卖一定数量的某种标的物的合约。其中合约中规定在将来买入标的物的一方称为买方〔或多头(long position)〕,在将来卖出标的物的一方称为卖方〔或空头(short position)〕。合约中规定的未来买卖标的物的价格称为交割价格。在合约签订的时刻,所选择的交割价格应该使得远期合约的价值对双方都为零,否则就存在套利机会。这意味着无须成本就可以处于远期合约的多头或空头状态。远期合约是一种非标准化的合约,它不在规范的交易所内交易,通常在两个金融机构之间或金融机构与其公司客户之间签署该合约。在签订合约之前,双方可以就交割地点、交割时间、交割价格、合约规模等细节进行谈判,以便尽量满足双方的需求,因此具有较大的灵活性。金融远期合约主要包括远期利率协议、远期外汇合约和远期股票合约。

(二)期货合约

期货合约是指由期货交易所统一制定的、规定在将来某一特定的时间和地点交割一定数量和质量标的物的标准化合约。根据标的物的差异,期货合约主要分为商品期货合约和金融期货合约。金融期货主要包括货币期货、利率期货、股票指数期货和股票期货四种。

标准化是期货合约区别于远期合约的最主要特征,期货合约具有的标准化特征体现在:①确定了标准化的数量和数量单位。如上海期货交易所规定每张铜期货合同单位为5吨,每个合约单位称之为1手。②制定了标准化的商品质量等级。这样便于买卖双方交易,无须对商品的质量等级进行协商,如到实物交割时就按规定的等级进行交割。③规定了标准化的交割地点。期货交易所在期货合约中为期货交易的实物交割确定经交易所注册的统一的交割仓库,以保证双方交割顺利进行。④规定了标准化的交割日期和交割程序。期货合约具有不同的交割月份,交易者可自行选择,一旦选定,在交割月份到来之时如仍未对冲掉手中合约,就要按交易所规定的交割程序进行实物交割。

(三)期权

期权是指合约买方向卖方支付一定费用(被称为"期权费"或"期权价格")取得享有在约定日期内(或约定日期)按事先确定的价格向合约卖方购入或出售某种标的物的选择权的交易。期权合约赋予购买者一定的选择权,即期权购买者可以选择依据某一事先约定的价格向期权出售者买卖一定数量指定标的物,也可以选择不行使这一买卖标的物的权利。但期权购买者一旦行使合约赋予的权利,则期权出售者必须履行合约。也就是说期权的购买方支付一定费用换取了选择的权利,而期权出售方收取一定费用后承担了相应义务。期权有两种基本类型:买入权与卖出权。前者赋予期权购买者可按固定价格向期权出售者购买指定标的物的权利,后者赋予期权购买者可按固定价格要求向期权出售者出售指定标的物的权利。期权合约签订时,购买者为取得权利而必须支付给出售者的一笔金额,称为期权费,此即期权合约的价格。它代表着期权购买者可能损失的最高金额,同时是期权出售者所能获得的最大利润。此后,随着时间的推移,期权合约的价值将随着合约标的物价格的变化而变化。

(四)互换

互换是指两个或两个以上的当事人按共同商定的条件,在约定的时间内定期交换现金流的金融交易,具体可分为货币互换、利率互换、股权互换、信用违约互换等类别。货币互换是指合约双方以即期汇率交换两种货币的本金,并在约定的期限内,相互交换不同货币的利息流量或只交换利息差额;合约同时约定,合约到期日双方换回本金或根据汇率变动计算差额。这种互换相当于双方贷给对方一笔币种不同的款项。利率互换是指交换不同计息方式计算的利息金额的交易。在固定利率市场上,由于资金供给量有限,贷款资格的审核较为严格,信用等级不同的贷款者所需支付的利率差距较大;在浮动利率市场,由于市场资金的供给较为充裕,贷款利率差距较小。由于不同筹资者的资金成本不同,交易者在追求利润最大化的目标中,便利用互换合约取得满足自身需要且成本最低的资金。

四、衍生工具的会计处理方法

按照《企业会计准则第22号——金融工具确认和计量》的规定,衍生工具不作为有效套期工具的,应作为以公允价值计量且其变动计入当期损益的金融资产或金融负债核算。企业初始确认衍生工具,应当按照公允价值计量,相关交易费用应当直接计入当期损益；企业应当按照公允价值对衍生工具进行后续计量，且不扣除将来处置该衍生工具时可能发生的交易费用；衍生工具公允价值变动形成的利得或损失，应当计入当期损益。

为此，企业应设置"衍生工具"科目。该科目核算企业衍生工具的公允价值及其变动形成的衍生资产或衍生负债。衍生工具作为有效套期工具的，在"套期工具"科目核算，不在"衍生工具"科目核算。"衍生工具"科目应当按照衍生工具类别进行明细核算。衍生工具的主要账务处理：①企业取得衍生工具时，按其公允价值，借记"衍生工具"科目，按发生的交易费用，借记"投资收益"科目，按实际支付的金额，贷记"银行存款""存放中央银行款项"等科目。②资产负债表日，衍生工具的公允价值高于其账面余额的差额，借记"衍生工具"科目，贷记"公允价值变动损益"科目；公允价值低于其账面余额的差额，做相反的会计分录。③衍生工具终止确认时，应当比照"交易性金融资产""交易性金融负债"等科目的相关规定进行处理。"衍生工具"科目期末借方余额，反映企业衍生金融工具形成的资产的公允价值；"衍生工具"科目期末贷方余额，反映企业衍生金融工具形成的负债的公允价值。

第二节 远期合约

一、远期合约涉及的基本概念

（1）远期合约，是交易双方签订的，分别承诺在将来某一特定时间以确定价格买卖标的资产的协议。

（2）标的资产，又称为基础资产，是远期合约中将要出售或购买的资产。随着时间的推移，远期合约的价值将随标的物资产市场价格的变化而变化。

（3）多头，在远期合约中指将在未来日期买入标的物资产的一方。

（4）空头，在远期合约中指将在未来日期出售标的物资产的一方。

（5）交易日（trade date），指达成远期协议约定的日期，即远期协议成交日。

（6）即期日，协议开始生效的日期，一般为交易日后两天。

（7）到期日，远期协议结束之日，也是协议条款执行日。

（8）交割日，买卖双方办理资金结算的日期。

二、远期合约的特点

（1）远期合约是场外交易。场外交易是指交易双方直接成为交易对手的交易方式。远期合约属于买卖双方的私人协议。

（2）远期合约是非标准化合约。远期合约的合约期限、标的资产、交货地点等合约条款由双方商定，属于非标准合约。

（3）远期合约交易通常不交纳保证金，合约到期后才结算盈亏。

（4）合约的流动性较差。远期合约受条款个性化的限制，很难找到交易对手，因此多数情况下只能等到期时履行合约，进行实物交割，否则就属于违约。如果一方中途违约，需提供更为优惠的条件，或找到第三方续约。

三、远期合约的种类

按标的物特征分类，远期合约主要分为商品远期合约和金融远期合约。商品远期合约的标的物对象可以是合约双方约定的任意商品，但要求必须以实物结算，而不能以现金或其他金融工具净额结算时，其不属于《企业会计准则第22号——金融工具确认和计量》规范的范围，本章不予关注。商品远期合约能以现金或其他金融工具净额结算时，应遵循《企业会计准则第22号——金融工具确认和计量》的要求进行核算。金融远期合约主要包括远期利率协议（forward rate agreement，FRA）和远期外汇协议（forward exchange contract）。

（一）远期利率协议

远期利率协议，是指交易双方约定在未来某一日、交换协议期间内在一定名义本金基础上分别以合约利率和参考利率计算的利息的金融合约。远期利率协议的买方以合约利率计算利息，卖方以参考利率计算利息。协议中的参考利率常常选择那些不太容易被操纵的有明确定义的利率，往往是某种市场利率，譬如伦敦同业拆借利率、银行优惠利率、短期国库券利率等。

例7-1 202×年1月5日ABC银行发放一笔1 000万美元的贷款，期限为9个月，贷款利率为12%，前3个月有利率为8%的1 000万美元的存款支持，3个月后ABC银行拟通过同业拆借资金从其他银行拆入6个月期限的1 000万美元资金来支持其发放的1 000万美元的贷款。ABC银行预期未来6个月美元利率要上升，为规避利率上升的风险，ABC银行向XYZ银行买进一个3×9的远期利率协议（协议期限为6个月，3个月后生效，这在市场上被称为"3×9"协议），协议利率为8%。3个月后到202×年10月5日，市场利率上升并维持在9%。

分析：远期利率协议约定的利率8%低于市场利率9%，XYZ银行需要向ABC银行支付的远期利率协议结算金的现值为(3个月后协议生效时)1 000×(9%−8%)×180/360÷(1+9%×180/360)≈4.78（万美元），ABC银行只需要为原9个月期的贷款再筹集1 000−4.78=995.22（万美元）。也就是说XYZ银行支付给ABC银行4.78万美元的远期利率协议结算金，使ABC银行将筹资成本锁定在8%。如果在3个月后至有效期内市场利率正好为8%，则双方不必支付也得不到补偿，ABC银行的筹资成本为8%。如果在3个月后至有效期内市场利率为7%，则ABC银行需要向XYZ银行支付远期利率协议结算金，ABC银行的筹资成本仍然为8%。

（二）远期外汇协议

远期外汇协议又称为期汇交易，是指买卖外汇双方先签订合约，规定买卖外汇的数量、汇率和未来交割外汇的时间，到了规定的交割日期双方再按合约规定办理货币收付的外汇交易。如汇丰银行目前提供了多达八种货币的远期外汇合约服务，期限最长可达6个月，这些货币包括美元、欧元、英镑、日元、澳元、加拿大元、瑞士法郎及泰铢。企业通过与银行签订远期外汇合约，可避免汇率波动所带来的损失。

四、远期合约的会计处理

按照《企业会计准则第 22 号——金融工具确认和计量》第十九条的规定，金融资产或金融负债满足下列条件之一的，表明企业持有该金融资产或承担该金融负债的目的是交易性的：①取得相关金融资产或承担相关金融负债的目的，主要是为了近期出售或回购。②相关金融资产或金融负债在初始确认时属于集中管理的可辨认金融工具组合的一部分，且有客观证据表明近期实际存在短期获利模式。③相关金融资产或金融负债属于衍生工具。但符合财务担保合同定义的衍生工具以及被指定为有效套期工具的衍生工具除外。

根据上述条款，当远期合约不作为有效套期工具，且能够以现金或其他金融工具净额结算时，一般应按以公允价值计量且其变动计入当期损益的金融资产或金融负债的会计处理原则在"衍生工具"科目核算。"衍生工具"科目应当按照衍生工具类别进行明细核算。

企业初始确认衍生工具，应当按照公允价值计量。签订远期合约时，远期合约的公允价值一般为零，不需要进行账务处理。如果发生相关交易费用，则应当直接计入当期损益"投资收益"科目。

企业应当按照公允价值对衍生工具进行后续计量，且不扣除将来处置该衍生工具时可能发生的交易费用。在远期合约交割前的每个资产负债表日，因远期合约的公允价值变动形成的利得或损失，应当计入当期损益"公允价值变动损益"科目，并对应调整"衍生工具–远期合约"科目。期末，"衍生工具–远期合约"科目期末借方余额，反映企业持有远期合约形成的资产的公允价值；"衍生工具–远期合约"科目期末贷方余额，反映企业持有远期合约形成的负债的公允价值。

衍生工具终止确认时，应当比照"以公允价值计量且其变动计入当期损益的金融资产""以公允价值计量且其变动计入当期损益的金融负债"等科目的相关规定进行处理。远期合约到期进行交割时，结清相关合约在"衍生工具–远期合约"科目记录的金额，确认该远期合约执行后的最终损益。

下面就以远期外汇合约为例来说明远期合约的会计处理。

（一）买入远期外汇的会计处理

例 7-2 假设 202×年 10 月 2 日 A 公司与银行签订一项远期外汇合约，按照 100 美元 = 720.00 元人民币的价格向银行买进为期 60 天的 100 000 美元远期外汇。假定有关的汇率情况如下：202×年 10 月 2 日 60 天远期汇率，100 美元 = 720.00 元人民币；202×年 10 月 31 日 30 天远期汇率，100 美元 = 730.00 元人民币；202×年 11 月 30 日即期汇率，100 美元 = 740.00 元人民币。假定年折现率为 6%，则 A 公司应编制的有关会计分录如下。

（1）202×年 10 月 2 日，签订远期外汇合约时，因远期外汇合约的公允价值为零，不需要做会计分录。

（2）202×年 10 月 31 日，确认远期外汇合约收益约为 9 950 [（730 000 − 720 000）/ 1.005]元。

借：衍生工具——远期外汇合约　　　　　　　　　　　　　　　　9 950

　　　　贷：公允价值变动损益　　　　　　　　　　　　　　　　　　　　　　　9 950

　　理论上公允价值的计算均需折现，实务中，在时间较短的情况下，也可以不用折现。因此，在后面的例题和习题中，如果给了折现率就需要折现，如果没有给折现率就不需要折现。

　　（3）202×年11月30日，确认远期外汇合约收益约为10 050[（740 000 - 720 000）- 9 950]元。

　　　　借：衍生工具——远期外汇合约　　　　　　　　　　　　　　　　　　10 050
　　　　　　贷：公允价值变动损益　　　　　　　　　　　　　　　　　　　　10 050

　　（4）202×年11月30日，向银行买进100 000美元外汇。

　　　　借：银行存款——美元　　　　　　　　　　　　　　　　　　　　　740 000
　　　　　　贷：银行存款——人民币　　　　　　　　　　　　　　　　　　 720 000
　　　　　　　　衍生工具——远期外汇合约　　　　　　　　　　　　　　　　20 000

（二）卖出远期外汇的会计处理

　　例7-3　假设202×年10月2日B公司与银行签订一项远期外汇合约，按照100美元=720.00元人民币的价格向银行卖出为期60天的100 000美元远期外汇。假定有关的汇率情况如下：202×年10月2日60天远期汇率，100美元=720.00元人民币；202×年10月31日30天远期汇率，100美元=730.00元人民币；202×年11月30日即期汇率，100美元=740.00元人民币。假定折现率为6%，则B公司应编制的有关会计分录如下。

　　（1）202×年10月2日，签订远期外汇合约时，因远期外汇合约的公允价值为零，不需要做会计分录。

　　（2）202×年10月31日，确认远期外汇合约损失约为9 950[（730 000 - 720 000）/ 1.005]元。

　　　　借：公允价值变动损益　　　　　　　　　　　　　　　　　　　　　　9 950
　　　　　　贷：衍生工具——远期外汇合约　　　　　　　　　　　　　　　　9 950

　　（3）202×年11月30日，确认远期外汇合约损失约为10 050[（740 000 - 720 000）- 9 950]元。

　　　　借：公允价值变动损益　　　　　　　　　　　　　　　　　　　　　　10 050
　　　　　　贷：衍生工具——远期外汇合约　　　　　　　　　　　　　　　　10 050

　　（4）202×年11月30日，向银行卖出100 000美元外汇。

　　　　借：银行存款——人民币　　　　　　　　　　　　　　　　　　　　 720 000
　　　　　　衍生工具——远期外汇合约　　　　　　　　　　　　　　　　　　20 000
　　　　　　贷：银行存款——美元　　　　　　　　　　　　　　　　　　　 740 000

第三节　期货合约的会计处理

一、期货合约涉及的基本概念

　　（1）开仓，指买进（或卖出）一定数量某一期货合约，使得持有这一期货合约多单

（或空单）增加的交易行为。

（2）平仓，指期货交易者卖出或者买入与其所持期货合约的品种、数量及交割月份相同但方向相反的期货合约，了结期货交易的行为。平仓可通过对冲买卖和实物交割两种方式完成。对冲平仓：通过买入或卖出相同交割月份的期货合约了结先前所卖出或买入的合约。交割平仓：指期货合约到期时，根据期货交易所的交易规则和程序，交易双方通过该期货合约所载商品所有权的转移，了结到期未平仓合约的过程。

（3）持仓，指已买入或卖出的期货合约尚未平仓的状态。未平仓量是指尚未平仓的合约数量，随着期货合约交割日的临近，交易商开始纷纷结束头寸，交割月的未平仓量将不断减少，愿意承担风险的交易商会在下一个交割月重新建立头寸。

（4）买空，又称多头，指先买进后卖出的期货交易。投机者预料商品价格会上涨时，先买进期货合约；待价格真正上涨时，再以高的售价对冲平仓，以赚取价差收益。

（5）卖空，又称空头，指先卖出后买进的期货交易。投机者预料商品价格会下跌时，先卖出期货合约；待价格真正下跌时，再以低的进价对冲平仓，以赚取价差收益。

（6）保证金，指期货交易者按照规定标准交纳的资金，是确保买卖双方履约的一种财力担保。其包括结算准备金、交易保证金两种。

①结算准备金，指会员存入期货交易所或客户存入期货经纪公司的、为交易结算预先准备的款项。它是尚未被合约占用的保证金。结算准备金的最低余额由期货交易所决定。在一般情况下，这一最低余额水平的保证金不得用作交易保证金或结算款项，经纪公司退出期货交易所时，这笔保证金也随之退回。超过最低余额的结算准备金可以转为交易保证金使用。

②交易保证金，指在从事具体的期货交易时根据成交合约的数量及规定比例计算、从结算准备金中划转的持仓合约占用的保证金。在每日无负债结算制度下，交易保证金应根据持仓合约当日结算价的变化而调整。交易保证金分为初始保证金、维持保证金和追加保证金。初始保证金是在新开仓时，期货经纪公司在交易所存入的，用以担保初始期货合约顺利履约的款项。维持保证金是期货交易所规定的交易者必须维持的最低保证金水平。当持仓合约价值发生变化，存入结算账户的资金余额低于维持保证金水平时，经纪公司必须补交保证金。追加保证金是当保证金账面余额低于维持保证金时，交易者必须在规定时间内补交的保证金，否则在下一交易日，交易所或者代理机构有权实施强行平仓。

（7）平仓盈亏，指按照合约的初始成交价与平仓成交价计算的已实现盈亏。

（8）浮动盈亏，又称持仓盈亏，指按持仓合约的初始成交价与当日结算价计算的潜在盈亏。

（9）每日无负债结算制度，又称逐日盯市，实际上是对持仓合约实施的一种保证金管理方式，目的在于及时发现并有效控制期货交易风险。按正常的交易程序，期货交易所在每个交易日结束后，先由结算部门根据当日的结算价计算各会员的当日盈亏（包括平仓盈亏和持仓盈亏），当日结算时的交易保证金，当日应交的手续费、税金等相关费用。然后，对各会员应收应付的款项实行净额一次划转，相应调整增加或减少会员的结算准备金。结算完毕，如果某会员"结算准备金"明细账户余额低于规定的最低数额，交易所则要求该会员在下一交易日开市前30分钟补交，从而做到无负债交易。

（10）交割，指期货合约到期时，根据期货交易所的交易规则和程序，交易双方通过该期货合约所载商品所有权的转移，了结到期未平仓合约的过程。

（11）仓单，指交割仓库开出并经期货交易所认定的标准化提货凭证。

（12）结算价，指当天交易结束后，对未平仓合约进行当日交易保证金及当日盈亏结算的基准价。

（13）基差，指某一特定商品在某一特定时间和地点的现货价格与该商品在期货市场的期货价格之差，即基差＝现货价格－期货价格。随着期货合约逐渐接近其交割日，它的价格必须与其标的资产的即期价格趋于一致，因为到了交割日，期货交易将变成即期市场交易。在交割日，即期价格与期货价格之差，即基差必须等于0。

二、期货合约的定义

期货合约是指由期货交易所统一制定的、规定在将来某一特定的时间和地点交割一定数量和质量商品的标准化合约。期货合约与远期合约的比较如表 7-1 所示。

表 7-1　期货合约与远期合约的比较

项　目	远期合约	期货合约
交易市场	非组织、非集中、非公开	有组织、集中、公开
价格方式	由买卖双方议定	在公开拍卖市场以竞价方式产生
合同条款	由买卖双方议定	标准化
保证金	通常不需要交付保证金	需要金额甚低的保证金
清算作业	由买卖双方直接进行清算	由交易所负责合同的清算工作
市价变动	平时不计，到期方结算损益	逐日结清，差额加/减记保证金

三、期货合约的特点

（1）交易的组织化和规范化。期货交易是在依法建立的期货交易所内进行的，期货交易所是买卖双方汇聚并进行期货交易的场所，作为非营利组织，旨在提供期货交易的场所与交易设施，制定交易规则，充当交易的组织者，本身并不介入期货交易活动，也不干预期货价格的形成。因此，期货交易具有高度组织化和规范化特征。

（2）合约的标准化。期货合约的条款由交易所统一设定，属于标准化合约。这种标准化体现为进行期货交易的商品的品级、数量、质量等都是预先规定好的，只有价格是变动的。期货合约标准化大大简化了交易手续，降低了交易成本，最大限度地减少了交易双方因对合约条款理解不同而产生的争议与纠纷。

（3）保证金和结算制度。期货交易在交易前需交纳合约金额 5%~10%的保证金，并由清算公司进行逐日清算，如有盈余，可以支取，如有损失必须及时补足。期货交易由专门的结算机构负责完成，所有在交易所内达成的交易，必须送到结算机构进行结算，经结算处理后才算达成，成为合法交易。需要指出的是，期货交易双方之间并不发生往来款项业务，都只以结算机构为自己的交易对手，对结算机构负财务责任。

（4）标的物的特殊性。由于期货合约是标准化合约，因此作为期货交易的标的资产应具备四个条件：一是标的物具有价格风险即价格波动频繁；二是标的物的拥有者和需求者渴求避险保护；三是标的物能方便地进行交割或耐贮藏、易运输；四是标的物的等级、规格、质量等能比较容易地被划分，不同等级的标的物在期货交易中会有升贴水表现。标的资产只有符合这四个最基本条件，才有可能作为期货商品在期货交易所交易。

四、期货合约的种类

按合约标的物，期货合约可以大致分为两大类：商品期货与金融期货。

（一）商品期货

商品期货是指标的物为实物商品的期货合约。其主要品种可以分为农产品期货、金属期货（包括基础金属期货与贵金属期货）、能源期货三大类。

目前，经中国证监会的批准，我国可以上市交易的商品期货有以下种类。

（1）上海期货交易所：铜、铝、锌、天然橡胶、燃油、黄金、螺纹钢、线材、铅。

（2）大连商品交易所：大豆（黄大豆1号、黄大豆2号）、豆粕、豆油、塑料、棕榈油、玉米、PVC（聚氯乙烯）、焦炭期货。

（3）郑州商品交易所：硬麦、强麦、棉花、白糖、PTA[①]、菜籽油、籼稻，甲醇。

（二）金融期货

金融期货是指交易的买卖双方承诺在未来某一日期或某一阶段内，以事先约定好的价格交付某种特定数量金融工具的合约。其主要品种可以分为外汇期货、利率期货（包括中长期债券期货和短期利率期货）和股指期货。

（1）外汇期货是以汇率为标的物的期货合约，用来回避汇率风险。它是金融期货中最早出现的品种。目前，外汇期货交易的主要品种有美元、英镑、德国马克、日元、瑞士法郎、加拿大元、澳大利亚元、法国法郎、荷兰盾等。从世界范围看，外汇期货的主要市场在美国。

（2）利率期货是指以债券类证券为标的物的期货合约，它可以回避银行利率波动所引起的证券价格变动的风险。利率期货的种类繁多，按照合约标的物的期限长短利率期货可分为：①短期利率期货，其交易标的物为短期国库券、商业票据等；②长期利率期货，其交易标的物为中长期国库券、房屋抵押债券等。目前，我国交易的主要是国债期货。

（3）股指期货是指以股票价格指数为交易标的物的期货，是由交易双方订立的约定，在未来某一特定时间按成交时约定好的价格进行股票指数交易的一种标准化合约。合约的价格为当前市场股价指数乘以每一点所代表的金额。双方交易的是一定期限后的股票指数价格水平。股指期货的交割采用现金形式，而不用股票。

目前，经中国证监会批准，我国可以上市交易的金融期货主要指在中国金融期货交易所交易的股指期货和国债期货。

五、期货合约的会计处理

按照《企业会计准则第22号——金融工具确认和计量》，期货合约不作为有效套期

---

① 精对苯二甲酸（Pure Terephthalic Acid）的英文缩写，是重要的大宗有机原料之一。

工具的,且能够以现金或其他金融工具净额结算时,一般应按以公允价值计量且其变动计入当期损益的金融资产或金融负债的会计处理原则在"衍生工具"科目核算。"衍生工具"科目应当按照衍生工具类别进行明细核算。

签订期货合约时,根据合约计算存入的交易保证金代表着该期货合约的公允价值,在"衍生工具——××期货合约"中确认,如果发生相关交易费用,则应当直接计入当期损益"投资收益"科目。

在期货合约持有期间,追加保证金后在减计相关资金账户金额的同时,对应调整"衍生工具——××期货合约"科目。在期货合约持有期间的每个资产负债表日,因期货合约的公允价值变动形成的利得或损失,应当计入当期损益"公允价值变动损益"科目,并对应调整"衍生工具——××期货合约"科目。由于期货交易执行每日无负债结算制度,期末"衍生工具——××期货合约"科目余额一般在借方,反映企业未平仓期货合约的公允价值。

期货合约平仓时,结清相关合约在"衍生工具——××期货合约"科目记录的金额,确认该期货合约执行后的最终损益。

(一)商品期货的会计处理

例7-4 假设202×年度C公司发生以下期货投资业务:①11月1日,买入合约月份2×17年5月的铜期货(cu1705)20手,每手5吨,35 000元/吨,交易保证金为合约价值的8%,交易手续费为成交金额的0.05‰;②11月30日结算价34 000元/吨;③12月31日将上述铜期货全部平仓,平仓成交价33 000元/吨,交易手续费为成交金额的0.05‰。C公司的有关会计分录如下。

(1)11月1日,买入铜期货20手,交纳交易保证金280 000(20×5×35 000×8%)元,交易手续费175(20×5×35 000×0.05‰)元。

借:衍生工具——铜期货　　　　　　　　　　　　　　　　280 000
　　投资收益　　　　　　　　　　　　　　　　　　　　　　　175
　　贷:其他货币资金　　　　　　　　　　　　　　　　　　　280 175

(2)11月30日,铜期货合约亏损100 000[20×5×(35 000-34 000)]元。

借:公允价值变动损益　　　　　　　　　　　　　　　　　100 000
　　贷:衍生工具——铜期货　　　　　　　　　　　　　　　100 000

(3)12月31日,铜期货合约亏损100 000[20×5×(34 000-33 000)]元。

借:公允价值变动损益　　　　　　　　　　　　　　　　　100 000
　　贷:衍生工具——铜期货　　　　　　　　　　　　　　　100 000

(4)12月31日,将上述铜期货全部平仓,并支付交易手续费165(20×5×33 000×0.05‰)元。

借:银行存款　　　　　　　　　　　　　　　　　　　　　80 000
　　贷:衍生工具——铜期货　　　　　　　　　　　　　　　80 000
借:投资收益　　　　　　　　　　　　　　　　　　　　　　165
　　贷:银行存款　　　　　　　　　　　　　　　　　　　　　165
借:投资收益　　　　　　　　　　　　　　　　　　　　　200 000
　　贷:公允价值变动损益　　　　　　　　　　　　　　　　200 000

例 7-5 假设 202×年度 D 公司发生以下期货投资业务：①11 月 1 日，卖出合约月份 202×年 5 月的铜期货（cu1705）20 手，每手 5 吨，35 000 元/吨，交易保证金为合约价值的 8%，交易手续费为成交金额的 0.05‰；②11 月 30 日结算价 34 000 元/吨；③12 月 31 日将上述铜期货全部平仓，平仓成交价 33 000 元/吨，交易手续费为成交金额的 0.05‰。D 公司的有关会计分录如下。

（1）11 月 1 日，卖出铜期货 20 手，交纳交易保证金 280 000（20×5×35 000×8%）元，交易手续费 175（20×5×35 000×0.05‰）元。

借：衍生工具——铜期货　　　　　　　　　　　　280 000
　　投资收益　　　　　　　　　　　　　　　　　　175
　　贷：其他货币资金　　　　　　　　　　　　　　　　280 175

（2）11 月 30 日，铜期货合约盈利 100 000 [20×5×（35 000-34 000）]元。

借：衍生工具——铜期货　　　　　　　　　　　　100 000
　　贷：公允价值变动损益　　　　　　　　　　　　　100 000

（3）12 月 31 日，铜期货合约盈利 100 000 [20×5×（34 000-33 000）]元。

借：衍生工具——铜期货　　　　　　　　　　　　100 000
　　贷：公允价值变动损益　　　　　　　　　　　　　100 000

（4）12 月 31 日，将上述铜期货全部平仓，并支付交易手续费 165（20×5×33 000×0.05‰）元。

借：银行存款　　　　　　　　　　　　　　　　　480 000
　　贷：衍生工具——铜期货　　　　　　　　　　　　480 000
借：投资收益　　　　　　　　　　　　　　　　　　165
　　贷：银行存款　　　　　　　　　　　　　　　　　　165
借：公允价值变动损益　　　　　　　　　　　　　200 000
　　贷：投资收益　　　　　　　　　　　　　　　　　200 000

（二）金融期货的会计处理

1. 利率期货的会计处理

由于早期交易制度及市场投机气氛的问题，我国从 1995 年 5 月 17 日起暂停国债期货交易。2013 年，中国金融期货交易所发布《关于 5 年期国债期货合约上市交易有关事项的通知》，宣布 2013 年 9 月 6 日起重启国债期货上市交易，该通知规定，国债期货交易的合约标的物为面额 100 万元人民币，票面利率 3% 的 5 年期名义标准国债，国债期货以百元净价报价，交易价格的变动价位为 0.01 个点（每张合约最小变动为 100 元），合约期限为最近的 3 个季月（3、6、9、12 季月循环）。最低交易保证金为合约价值的 3%。客户在开仓时，买卖一手合约需要保证金 3 万元，交易手续费标准暂定每手合约 3 元，最后结算时的结算费为每手合约 5 元。由于国债期货按百元净价报价，持仓盈亏和平仓盈亏的计算如下。

持仓盈亏 =（当日结算价 - 持仓价）× 10 000 × 持仓合约数

平仓盈亏 =（卖出价 - 买入价）× 10 000 × 平仓合约数

例 7-6 假设 202×年度 E 公司发生以下期货投资业务：①11 月 1 日，以 101 元报价买入合约到期月份 202×年 6 月的 5 年期国债期货合约（TF1706）10 手，交易保证金为合约价值的 1.2%，交易手续费 3 元/手；②11 月 30 日结算价 102 元；③12 月 31 日将上述国债期货全部平仓，平仓成交价 103 元，交易手续费 3 元/手。E 公司的有关会计分录如下。

（1）11 月 1 日，买入国债期货 10 手，交纳交易保证金 121 200 [10×101×（1 000 000/100）×1.2%]元，交易手续费 30（10×3）元。

  借：衍生工具——国债期货   121 200
    投资收益   30
    贷：银行存款   121 230

（2）11 月 30 日，国债期货合约盈利 100 000 [（102－101）×（1 000 000/100）×10]元。

  借：衍生工具——国债期货   100 000
    贷：公允价值变动损益   100 000

（3）12 月 31 日，国债期货合约盈利 100 000 [（103－102）×（1 000 000/100）×10]元。

  借：衍生工具——国债期货   100 000
    贷：公允价值变动损益   100 000

（4）12 月 31 日，将上述国债期货全部平仓，并支付交易手续费 3 元/手。

  借：银行存款   321 200
    贷：衍生工具——国债期货   321 200
  借：投资收益   30
    贷：银行存款   30
  借：公允价值变动损益   200 000
    贷：投资收益   200 000

2. 外汇期货的会计处理

例 7-7 假设 202×年度 F 公司发生以下期货投资业务：①11 月 1 日，以 1 美元＝7.2 元人民币报价买入美元期货合约 10 手，每手 100 000 美元，交易保证金 20 000 元/手，交易手续费 20 元/手；②11 月 30 日结算价 1 美元＝7.3 元人民币；③12 月 31 日将上述美元期货全部平仓，平仓成交价 1 美元＝7.4 元人民币，交易手续费 20 元/手。F 公司的有关会计分录如下。

（1）11 月 1 日，买入美元期货 10 手，交纳交易保证金 200 000（10×20 000）元，交易手续费 200（10×20）元。

  借：衍生工具——美元期货   200 000
    投资收益   200
    贷：银行存款   200 200

（2）11 月 30 日，美元期货合约盈利 100 000 [（7.3－7.2）×100 000×10]元。

  借：衍生工具——美元期货   100 000
    贷：公允价值变动损益   100 000

(3) 12月31日,美元期货合约盈利100 000 [(7.4-7.3)×100 000×10]元。

借:衍生工具——美元期货　　　　　　　　　　　　　　　100 000
　　贷:公允价值变动损益　　　　　　　　　　　　　　　　　　100 000

(4) 12月31日,将上述美元期货全部平仓,并支付交易手续费20元/手。

借:银行存款　　　　　　　　　　　　　　　　　　　　　　400 000
　　贷:衍生工具——美元期货　　　　　　　　　　　　　　　　400 000
借:投资收益　　　　　　　　　　　　　　　　　　　　　　　　200
　　贷:银行存款　　　　　　　　　　　　　　　　　　　　　　　200
借:公允价值变动损益　　　　　　　　　　　　　　　　　　200 000
　　贷:投资收益　　　　　　　　　　　　　　　　　　　　　　200 000

3. 股指期货的会计处理

例 7-8　假设202×年度G公司发生以下期货投资业务:①11月1日,购入合约到期月份202×年3月的沪深300指数股指期货合约(IF1703)10手,当天的沪深300指数为3 000点,每份沪深300指数股指期货合约的价值为指数乘以300元,即3 000×300=900 000(元),交易保证金为合约价值的15%,交易手续费为合约成交金额的0.003%;②11月30日,沪深300指数上涨为3 200点;③12月31日,公司卖出股指期货合约时沪深300指数回落为3 100点,交易手续费为合约成交金额的0.003%。G公司的有关会计分录如下。

(1) 11月1日,购入沪深300指数股指期货合约10手,交纳交易保证金1 350 000 (900 000×10×15%)元,交易手续费270 (900 000×10×0.003%)元。

借:衍生工具——股指期货　　　　　　　　　　　　　　1 350 000
　　投资收益　　　　　　　　　　　　　　　　　　　　　　　　270
　　贷:银行存款　　　　　　　　　　　　　　　　　　　　1 350 270

(2) 11月30日,股指期货合约盈利600 000 [(3 200-3 000)×300×10]元。

借:衍生工具——股指期货　　　　　　　　　　　　　　　600 000
　　贷:公允价值变动损益　　　　　　　　　　　　　　　　　600 000

(3) 12月31日,股指期货合约亏损300 000 [(3 200-3 100)×300×10]元。

借:公允价值变动损益　　　　　　　　　　　　　　　　　300 000
　　贷:衍生工具——股指期货　　　　　　　　　　　　　　　300 000

(4) 12月31日,公司卖出上述股指期货合约,并支付交易手续费279 (3 100×300×10×0.003%)元。

借:银行存款　　　　　　　　　　　　　　　　　　　　1 650 000
　　贷:衍生工具——股指期货　　　　　　　　　　　　　　1 650 000
借:投资收益　　　　　　　　　　　　　　　　　　　　　　　279
　　贷:银行存款　　　　　　　　　　　　　　　　　　　　　　279
借:公允价值变动损益　　　　　　　　　　　　　　　　　300 000
　　贷:投资收益　　　　　　　　　　　　　　　　　　　　　300 000

第四节 期权的会计处理

一、期权合约涉及的基本概念

期权是一种选择权性质的合同,期权的买方向卖方支付一定金额的期权费后,就拥有在一定时间内以一定的价格出售或购买一定数量标的物的选择权。期权的买方行使权利时,卖出期权方必须按照期权合约规定的内容履行义务。其中,期权合约中规定的持有人在将来购买或出售标的资产的价格,为期权的执行价格。期货合约与期权合约的比较如表 7-2 所示。

表 7-2 期货合约与期权合约的比较

项 目	期货合约	期权合约
履约方	买方、卖方	卖方
风险	无限	期权买方风险有限,仅止于期权费
保证金	买卖双方均需交纳保证金	购买期权时,不需支付任何保证金
交收时间	在交收月份内	欧式期权:合同到期日 美式期权:合同到期前任何时间

(一)期权的价格、内在价值与时间价值

(1)期权的价格 = 期权的内在价值 + 期权的时间价值。

(2)期权的内在价值(intrinsic value)是指期权购买者立即执行该期权能够获得的收益。如果立即执行期权不能产生正的现金流,则期权的内在价值为 0,因此期权的内在价值大于或等于 0。内在价值是期权价值的底线,若期权价格低于内在价值,投资者就具有了获得无风险套利的机会。在期权的价格中,内在价值占主导地位。

(3)期权的时间价值(time value)是指期权购买者为购买期权而支付的费用超过该期权内在价值的部分,该部分价值源于期权到期前标的资产价格波动可能给投资者带来的收益,即期权购买者希望在期权到期前,标的资产的市场价格会向有利的方向变动,执行期权将获得更好的收益。距离期权到期日的时间越长,期权的时间价值越高,因为在更长的时期内出现有利的价格变动的机会更大。而随着期权到期日的临近,期权时间价值会降低,从而使期权的价格趋向于期权的内在价值。

(二)期权的价值状态

(1)实值状态(in the money)。在该状态下,期权持有人立即行权可以获得正的现金流。

(2)平值状态(at the money)。当标的资产的现行价格等于期权的执行价格时,该期权就处于平值状态,这时我们称为该期权为平价期权。

(3)虚值状态(out of the money)。在该状态下,期权持有人立即行权可以获得负的现金流。

二、期权合约的特点

（1）期权交易的对象是一种权利。期权交易与其他交易不同的地方在于期权交易是一种对选择权的买卖，即按特定价格买进或卖出某种标的物的权利，期权购入方并不承担一定要买进或卖出的义务，这是期权交易的一个显著特征。

（2）期权交易双方的权利和义务不对等。期权买方支付权利金后，有执行和不执行相关买卖交易的权利，而非义务；卖方收到权利金，无论市场情况如何不利，一旦买方提出执行要求，就负有履约的义务。期权买方拥有以支付有限的代价获取无限利润的可能性，期权卖方的收益只限于其收取的权利金，而期权卖方的损失则可能是无限的。

（3）期权交易的时效性。期权的持有者只有在合约规定的时间内才具有上述权利。超过规定的有效期，期权合约自动失效，期权购买者所拥有的权利随之消失。例如，美式期权，买方（或卖方）只能在期权成交日至期权到期日之前的任何一个工作日的纽约时间上午9时30分以前向对方宣布，决定执行或不执行期权合约。欧式期权的买方（或卖方）只能在期权到期日当天纽约时间上午9时30分以前向对方宣布执行或不执行期权合约。

（4）在期权交易中，一方的收益与另一方的损失相等，期权交易是一个"零和博弈"，交易双方的收益与损失之和为零。

三、期权合约的种类

（一）看涨期权

看涨期权是购买该期权的买方有权按预先确定的执行价买入某种基础证券（如股票或债券），同时，买方必须向卖方支付一笔前期费用，即看涨期权费。当基础股票的价格高于执行价时称为价内期权，当基础股票的价格低于执行价时称为价外期权。

当基础股票的价格低于执行价，看涨期权的买方就会放弃行使期权。此时，即使期权到期也不会按执行价格进行交易。如果期权到期时基础股票的价格与执行价格相等（此时的期权被称为"平价期权"），买方也将放弃行使期权。此时，看涨期权的买方只承担期权交易的成本（看涨期权费），而不会有其他损失。

买入看涨期权时，随着基础股票价格的上升，期权的买方可能会获得大笔利润。期权到期时，基础股票的价格越高，行使期权获得的利润就越大。随着基础股票价格的下降，期权买方的损失仅限于所支付的看涨期权费。当预期基础资产的价格上升时，应该买入看涨期权。

卖出看涨期权时，当基础股票价格下降时，期权卖方的收益会增加，但其收益仅限于所获得的看涨期权费。随着基础股票价格的上升，期权卖方可能会遭遇损失，期权到期时，基础股票的价格越高，行使期权的损失就越大。

（二）看跌期权

看跌期权的买方有权按预先确定的执行价向看跌期权的卖方出售某种基础证券（如股票或债券），同时，买方必须向卖方支付看跌期权费。与看涨期权相反，当基础股票的价格高于执行价时称为价外期权，当基础股票的价格低于执行价时称为价内期权。

如果期权到期，基础股票的价格低于执行价，看跌期权的买方就会在股票市场上买入股票，并立即通过行使期权将股票按执行价卖给期权的卖方而获利。如果期权到期，基础股票的价格高于执行价，看跌期权的买方就会放弃行权，其损失为看跌期权费。如果期权到期基础股票的价格与执行价格相等（此时的期权也被称为"平价期权"），买方也将放弃行使期权。此时，看跌期权的买方只承担期权交易的成本（看跌期权费），而不会有其他损失。

买入看跌期权时，随着基础股票价格的下降，期权的买方可能会获得大笔利润，期权到期时，基础股票的价格越低，行使期权获得的利润就越大。随着基础股票价格的上涨，期权买方的损失仅限于所支付的看跌期权费。当预期基础资产的价格下降时，应该买入看跌期权。

卖出看跌期权时，当基础股票价格上升时，期权卖方的收益会增加，但其收益仅限于所获得的看跌期权费。随着基础股票价格下降，期权卖方可能会遭遇损失，期权到期时，基础股票的价格越低，行使期权的损失就越大。

（三）看涨看跌双向期权

这种期权既包括看涨期权又包括看跌期权，又称多空套做。购买者同时买入某种股票的看涨期权和看跌期权，其目的是在市场的盘整期间，投资者对后市无法作出正确推断的情况下，在减小套牢和踏空风险的同时获取利润。由于这种特点，购买双向期权的盈利机会最多，但其支付的费用也最大。如为规避汇率变动风险，投资者会同时买入协定价、金额和到期日都相同的看涨期权和看跌期权。虽然付出两倍的期权费用，但无论汇率朝哪个方向变动，期权买方的净收益一定是某种倾向汇率的差价减去两倍的权利金。也就是说，只要汇率波动较大，即汇率差价大于投资成本，无论汇率波动的方向如何，期权买方即投资者均可受益。

四、期权合约的会计处理

以衍生工具处理的期权合约应按照公允价值进行初始计量和后续计量。签订期权合约时，期权购入方应按支付的期权费用借记"衍生工具——期权"，贷记相关资金账户；期权出售方则应按收到的期权费用贷记"衍生工具——期权"，借记相关资金账户。在期权到期前的每个资产负债表日，双方都要按期权合同公允价值变动调整"衍生工具——期权"，并确认"公允价值变动损益"。期权到期或期权购入方行权时，双方需要结清各自的"衍生工具——期权"账户，并按行权价格确认对应的投资损益。

（一）看涨期权的会计处理

例 7-9 A 公司于 202×年 2 月 1 日向 B 公司发行以自身普通股为标的的看涨期权（欧式期权）。根据该期权合约，B 公司有权以每股 104 元的价格从 A 公司购入普通股 1 000 股。期权将以现金净额结算。其他有关资料如下：①合约签订日 202×年 2 月 1 日；②行权日 202Y 年 1 月 31 日；③202×年 2 月 1 日每股市价 102 元；④202×年 12 月 31 日每股市价 106 元；⑤202Y 年 1 月 31 日每股市价 106 元；⑥202Y 年 1 月 31 日应支付的固定行权价格每股 104 元；⑦期权合约中的普通股数量 1 000 股；⑧202×年 2 月 1 日期权的公允价值 5 000 元；⑨202×年 12 月 31 日期权的公允价值 3 000 元；

⑩202Y 年 1 月 31 日期权的公允价值 2 000 元。

分析：202Y 年 1 月 31 日，A 公司向 B 公司支付相当于本公司普通股 1 000 股市值的金额，即 1 000×106＝106 000（元）。B 公司向 A 公司支付按合约行权价格计算的 1 000 股普通股价值，即 1 000×104＝104 000（元）。

A 公司的有关会计分录如下。

（1）202X 年 2 月 1 日，确认发行的看涨期权。

借：银行存款 5 000
　　贷：衍生工具——看涨期权 5 000

（2）202X 年 12 月 31 日，确认期权公允价值减少。

借：衍生工具——看涨期权 2 000
　　贷：公允价值变动损益 2 000

（3）202Y 年 1 月 31 日，确认期权公允价值减少。

借：衍生工具——看涨期权 1 000
　　贷：公允价值变动损益 1 000

（4）202Y 年 1 月 31 日，B 公司行使了该看涨期权，合约以现金净额方式进行结算。A 公司有义务向 B 公司交付 106 000（106×1 000）元，并从 B 公司收取 104 000（104×1 000）元，A 公司实际支付净额为 2 000 元。反映看涨期权结算的会计分录如下。

借：衍生工具——看涨期权 2 000
　　贷：银行存款 2 000
借：公允价值变动损益 3 000
　　贷：投资收益 3 000

B 公司的有关会计分录如下。

（1）202X 年 2 月 1 日，确认购买的看涨期权。

借：衍生工具——看涨期权 5 000
　　贷：银行存款 5 000

（2）202X 年 12 月 31 日，确认期权公允价值减少。

借：公允价值变动损益 2 000
　　贷：衍生工具——看涨期权 2 000

（3）202Y 年 1 月 31 日，确认期权公允价值减少。

借：公允价值变动损益 1 000
　　贷：衍生工具——看涨期权 1 000

（4）202Y 年 1 月 31 日，B 公司行使了该看涨期权，合约以现金净额方式进行结算。A 公司有义务向 B 公司交付 106 000（106×1 000）元，并从 B 公司收取 104 000（104×1 000）元，B 公司实际收取的净额为 2 000 元。反映看涨期权结算的会计分录如下。

借：银行存款 2 000
　　贷：衍生工具——看涨期权 2 000
借：投资收益 3 000
　　贷：公允价值变动损益 3 000

（二）看跌期权的会计处理

例 7-10 武汉飞宏有限责任公司（以下简称"飞宏公司"）于 2021 年 4 月 1 日与深

圳海安有限责任公司（以下简称"海安公司"）签订了一份期权合约。合约规定，飞宏公司有权于2022年2月28日以每股35元的价格向海安公司出售飞宏公司的股票1 000股，即飞宏公司实际从海安公司处购买了一份看跌期权，其他有关资料如下。

2021年4月1日飞宏公司股票每股市价	40元
2021年12月31日飞宏公司股票每股市价	32元
2022年2月28日飞宏公司股票每股市价	30元
2021年4月1日该期权的公允价值	5 000元
2021年12月31日该期权的公允价值	4 000元
2022年2月28日该期权的公允价值	5 000元

飞宏公司有关账务处理如下。

（1）2021年4月1日，购入看跌期权。

借：衍生工具——看跌期权　　　　　　　　　　　　　　　　5 000
　　贷：银行存款　　　　　　　　　　　　　　　　　　　　　　　　5 000

（2）2021年12月31日，期权公允价值下降。

借：公允价值变动损益　　　　　　　　　　　　　　　　　　1 000
　　贷：衍生工具——看跌期权　　　　　　　　　　　　　　　　　　1 000

（3）2022年2月28日，期权公允价值上升。

借：衍生工具——看跌期权　　　　　　　　　　　　　　　　1 000
　　贷：公允价值变动损益　　　　　　　　　　　　　　　　　　　　1 000

（4）2022年2月28日，海安公司需向飞宏公司支付35×1 000＝35 000（元），而飞宏公司需向海安公司支付价值相当于30×1 000＝30 000（元）的股票。以现金净额方式结算该期权合约时，飞宏公司可以获得海安公司支付的净差额5 000元。

借：银行存款　　　　　　　　　　　　　　　　　　　　　　5 000
　　贷：衍生工具——看跌期权　　　　　　　　　　　　　　　　　　5 000

海安公司有关账务处理如下。

（1）2021年4月1日，出售看跌期权时。

借：银行存款　　　　　　　　　　　　　　　　　　　　　　5 000
　　贷：衍生工具——看跌期权　　　　　　　　　　　　　　　　　　5 000

（2）2021年12月31日，期权公允价值下降。

借：衍生工具——看跌期权　　　　　　　　　　　　　　　　1 000
　　贷：公允价值变动损益　　　　　　　　　　　　　　　　　　　　1 000

（3）2022年2月28日，期权公允价值上升。

借：公允价值变动损益　　　　　　　　　　　　　　　　　　1 000
　　贷：衍生工具——看跌期权　　　　　　　　　　　　　　　　　　1 000

（4）2022年2月28日，海安公司需向飞宏公司支付35×1 000＝35 000（元），而飞宏公司需向海安公司支付价值相当于30×1 000＝30 000（元）的股票。以现金净额方式结算该期权合约时，海安公司需向飞宏公司支付的净差额为5 000元。

借：衍生工具——看跌期权　　　　　　　　　　　　　　　　5 000
　　贷：银行存款　　　　　　　　　　　　　　　　　　　　　　　　5 000

第五节　互换的会计处理

一、互换合约的概念及功能

互换合约（swaps）又称掉期，是指两个或两个以上当事人按共同约定的条件，在特定时间内交换一定支付款额的金融合同。交换的具体对象可以是不同种类的货币、债券，也可以是不同种类的利率、汇率、价格指数等。互换交易是斯密的绝对优势理论和李嘉图的相对优势理论在金融领域最生动的运用。根据比较优势理论，只要满足以下两种条件，就可进行互换：①双方对对方的资产或负债均有需求；②双方在两种资产或负债上存在比较优势。作为复杂的衍生金融工具，互换的产生是国际金融领域的重大突破。互换工具和互换市场的发展反映了金融衍生工具市场的迅猛发展，为企业规避风险提供了极大的便利。

互换交易的功能主要体现在以下两个方面：①互换交易是联结商品劳务市场和金融市场、国际资本市场和国内资本市场的重要桥梁。互换交易使市场交易者利用所在国家市场的相对优势去融资，然后通过利率互换或货币互换等方式绕过贸易和融资障碍，以达到融资和投资目的。②互换有助于企业拓展融资渠道，规避融资风险和降低融资成本。借款者或投资者在进行融资或投资后，可以通过金融互换改变现有债务或投资的利率水平或外汇种类，大大降低了融资成本。

本书先通过世界银行与 IBM 之间债务互换的例子来初步介绍一下互换交易。

第一份互换合约出现在 20 世纪 80 年代初，从那以后，互换市场经历了飞速发展。这次著名的互换交易发生在世界银行与 IBM 间，它由所罗门兄弟公司[①]（Salomon Brothers）于 1981 年 8 月安排成交。1981 年，由于美元对瑞士法郎（SF）、联邦德国马克（DM）急剧升值，货币之间出现了一定的汇兑差额，所罗门兄弟公司利用外汇市场中的汇差以及世界银行与 IBM 的不同需求，通过协商达成互换协议。这是一项在固定利率条件下进行的货币互换，而且在交易开始时没有本金的交换。

在这次互换中，世界银行将它的 2.9 亿美元金额的固定利率债务与 IBM 已有的瑞士法郎和德国马克的债务互换。互换双方的主要目的是，一方面，世界银行希望筹集固定利率的德国马克和瑞士法郎低利率资金，而世界银行无法通过直接发行债券来筹集。但是，世界银行具有 AAA 级的信誉，能够从市场上筹措到最优惠的美元借款利率，世界银行希望通过筹集美元资金换取 IBM 筹集的德国马克和瑞士法郎。另一方面，IBM 需要筹集一笔美元资金，由于数额较大，集中于任何一个资本市场都不妥，于是采用多种货币筹资的方法，它们运用本身的优势筹集了德国马克和瑞士法郎，然后通过互换，从世界银行换到优惠利率的美元。

---

① 所罗门兄弟公司是华尔街的著名投资银行，1910 年成立，20 世纪 90 年代末被旅行者集团并购（现属花旗集团）。

二、互换合约的特点

（1）互换交易具有明显的层级结构，并且层级相互之间或具有密切联系性，或具有不可断裂与不可分割性。互换交易不是单层的，而是包含多层结构的，即包括期初交易层级、期中交易层级与期末交易层级三个层级。只有这三个层级的交易全部完成，才能构成一项金融互换交易。金融互换的三个层级交易结构在实践中存在某些变形，一方面是有的本金交换层级只是名义上的交换，而非实际交换，如同种货币的利率互换；另一方面是层级交易被合并履行造成层级的形式表现不明显，如净额结算机制的适用就会造成这种变形。但无论实践中怎么变化，金融互换的三个层级交易结构始终是存在的。

（2）互换合约以场外交易为主。在互换合约中，交易双方可以自行承担交易对手的违约风险；如果有一方或双方不愿意承担违约风险，那么就应该引入银行或其他金融机构充当互换中介，交易双方单独与互换中介签订互换协议。

（3）合约的非标准化。互换能满足交易者对非标准化交易的要求，运用面广泛。互换存在多种交易类别，各类别在交易内容上有着显著差异，能满足交易者的不同需求。

（4）互换合约的风险管理复杂。一方面，使用互换交易进行套期保值可以省却对其他金融衍生工具所需头寸的日常管理，使用简便且风险转移较快。这使得互换交易迅速得到市场的认同，发展迅猛。另一方面，大量的互换合约累积后的风险管理又是相当复杂的，2008年爆发于美国并席卷全球的金融危机主要就是包括信用违约互换在内的金融衍生交易风险不当积聚的结果。

三、互换合约的种类

作为金融创新的重要组成部分，互换合约的种类繁多，并处于不断演进扩展过程中。狭义的互换交易仅指利率互换和货币互换两大类，而广义的互换交易不仅包括利率互换和货币互换，也包括商品互换、产权互换等。互换的对象可以是货币，也可以是利率或息票，或者是其他的金融工具。

（一）货币互换

货币互换，是指交易双方相互交换不同币种、相同期限的等值借款，到期支付本金和利息以回避汇率风险的一种业务。比如甲公司具有筹集美元的优势，但需要英镑资金，乙公司具有筹集英镑的优势，但需要美元资金，二者即可通过银行等金融中介机构进行货币互换，甲公司替乙公司筹集美元资金并为其支付美元利息，乙公司替甲公司筹集英镑资金并为其支付英镑利息，双方都可得到各自所需的资金，并回避汇率风险。

（二）利率互换

利率互换又称利率掉期，是交易双方将同种货币不同利率形式的资产或者债务相互交换。它是一项常用的债务保值工具，用于管理中长期利率风险。债务人根据国际资本市场利率走势，通过运用利率互换，将其自身的浮动利率债务转换为固定利率债务，或将固定利率债务转换为浮动利率债务。一般地说，当利率看涨时，将浮动利率债务转换成固定利率债务较为理想，而当利率看跌时，将固定利率债务转换为浮动利率债务较好。

(三)其他互换

随着金融市场的日益发达,互换交易种类也日益丰富,其他互换主要有商品互换、信用互换、权益互换等。

(1)商品互换。商品互换是一种特殊类型的金融交易,交易双方为了管理商品价格风险,同意交换与商品价格有关的现金流。它包括固定价格及浮动价格的商品价格互换和商品价格与利率的互换等。

(2)信用互换。信用互换是对违约风险进行交换及委托管理的一种金融互换类别,其交换对象是信用以及信用这种特定事物之上所产生的支付义务。例如,在B与C交易中C存在违约的信用风险,A的信用良好并愿意以自己的信用来对外交换他人的违约信用风险,那么A与B之间就可以针对C的信用达成一项信用互换。

(3)权益互换。权益互换又称股权互换,是与股票收益相关联的互换,包括股票收益与利息(包括固定和浮动)的互换,以及两个不同股票市场的收益互换。股权互换可以被看作一组股票远期协议的组合。股权互换是有效的全球投资和风险分散工具,可以避开控制权纠纷、税务监管、资本流动监管,实现风险对冲和降低成本的作用。常见的股权互换有股票指数收益与固定利息之间的互换。例如,一个固定收益与浮动收益互换的权益互换合约,约定中国平安保险(集团)股份有限公司(以下简称"中国平安")A股为挂钩标的物,互换名义本金为1 000万元,合作期限为3个月,固定收益利率为7%,浮动收益为中国平安A股的上涨幅度。固定收益利率支付方的最大损失为7%,其盈利理论上是无上限的;浮动收益支付方则需要通过另外的金融工具锁定收益。

四、互换合约的会计处理

当互换合约不满足套期保值会计要求时,以衍生工具处理的互换合约应按照公允价值进行初始计量和后续计量。我们主要以货币互换和利率互换为例介绍相关的会计处理。

(一)货币互换的会计处理

货币互换的基本原理是利用不同当事人在不同的金融市场上拥有的比较优势,进行金融债权债务的相互交换。货币互换的主要目的是规避汇率风险,比如,A公司能够较便利地获取美元贷款,但主要使用人民币进行投资,获取的收益也是人民币。如果使用美元贷款,则需要先将美元兑换为人民币使用,贷款到期后再将人民币收益兑换为美元。这期间的汇率波动风险可能吞噬掉整个投资收益。如果使用货币互换业务,A公司可以通过货币互换业务锁定相关货币本金的名义金额,回避汇率波动风险。由于直接寻找交易对手的难度较大,现行的货币互换业务往往是与金融中介签订的。金融中介利用自身信息优势对相关风险头寸进行匹配管理。

货币互换包含初始本金交换、期中利息定期支付以及到期本金的换回三大步骤。初始本金交换即为期初交易层级,是指各自的本金在互换双方之间的第一次相互交换;期中利息定期支付即为期中交易层级,是指在货币互换存续的过程中,互换双方按照约定的利率相互支付因占有管理本金财产而产生的利息,具有按期持续履行的特点;到期本金的换回即为期末交易层级,是指互换双方将期初所换入的、原本属于对方所有的本金再次相互交换回复至对方的交易过程。可见,货币互换包含期初、期中与期末三大交易层级;这三大层级紧密相连,不可分割,共同构成一项完整的货币互换。

例 7-11 假设 H 公司于 2021 年 1 月 1 日筹集到 100 万美元的借款,利率为 8%,期限为 2 年,利息按年支付,付息日为每年 12 月 31 日。H 公司只有人民币收入,没有美元收入,公司为避免汇率变化的风险,与某银行签订了货币互换合约,将 100 万美元以即期汇率 100 美元=740.00 元人民币转化为人民币,利率为 7%,利息按年支付。其间汇率变动如下:2021 年 1 月 1 日的即期汇率为 100 美元=740.00 元人民币,2021 年 12 月 31 日的即期汇率为 100 美元=730.00 元人民币,2022 年 12 月 31 日的即期汇率为 100 美元=750.00 元人民币。

货币互换合约签订后,交易双方互换本金、期间利息交易和换回本金的情况如图 7-1 所示。

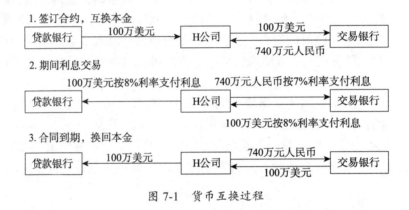

图 7-1 货币互换过程

假设该货币互换合约与美元借款之间不满足套期保值的条件,并且不考虑衍生工具的时间价值因素。H 公司应编制的有关会计分录如下。

1. 有关外币借款的账务处理

(1) 2021 年 1 月 1 日,从银行取得美元。

借:银行存款——美元　　　　　　　　　　　　　　7 400 000
　　贷:长期借款——美元　　　　　　　　　　　　　　　　7 400 000
　　　　(1 000 000×7.40)

(2) 2021 年 12 月 31 日,对公司的外币借款进行调整,确认汇兑损益。

借:长期借款——美元　　　　　　　　　　　　　　100 000
　　贷:财务费用——汇兑损益　　　　　　　　　　　　　　100 000
　　　　[1 000 000×(7.30−7.40)]

(3) 2021 年 12 月 31 日,支付外币借款利息。

借:财务费用——利息费用　　　　　　　　　　　　584 000
　　贷:银行存款——美元　　　　　　　　　　　　　　　　584 000
　　　　(1 000 000×8%×7.30)

(4) 2022 年 12 月 31 日,对公司的外币借款进行调整,确认汇兑损益。

借:财务费用——汇兑损益　　　　　　　　　　　　200 000
　　贷:长期借款——美元　　　　　　　　　　　　　　　　200 000

[1 000 000×（7.50－7.30）]

（5）2022年12月31日，支付外币借款利息。

借：财务费用——利息费用　　　　　　　　　　　　　　　　600 000
　　贷：银行存款——美元　　　　　　　　　　　　　　　　　　　　600 000
　　　（1 000 000×8%×7.50）

（6）2022年12月31日，偿还外币借款本金。

借：长期借款——美元　　　　　　　　　　　　　　　　　7 500 000
　　贷：银行存款——美元　　　　　　　　　　　　　　　　　　　7 500 000
　　　（1 000 000×7.50）

2. 有关货币互换的账务处理

（1）2021年1月1日，签订货币互换合约，进行本金互换。

借：银行存款——人民币　　　　　　　　　　　　　　　　7 400 000
　　贷：银行存款——美元　　　　　　　　　　　　　　　　　　　7 400 000
　　　（1 000 000×7.40）

（2）2021年12月31日，确认货币互换合约损失。

借：公允价值变动损益　　　　　　　　　　　　　　　　　　100 000
　　贷：衍生工具——货币互换　　　　　　　　　　　　　　　　　　100 000
　　　[1 000 000×（7.30－7.40）]

（3）2021年12月31日，互换利息结算。

借：银行存款——美元　　　　　　　　　　　　　　　　　　584 000
　　贷：财务费用——利息费用　　　　　　　　　　　　　　　　　　584 000
　　　（1 000 000×8%×7.30）

借：财务费用——利息费用　　　　　　　　　　　　　　　　518 000
　　贷：银行存款——人民币　　　　　　　　　　　　　　　　　　　518 000
　　　（7 400 000×7%）

（4）2022年12月31日，确认货币互换合约收益。

借：衍生工具——货币互换　　　　　　　　　　　　　　　　200 000
　　贷：公允价值变动损益　　　　　　　　　　　　　　　　　　　　200 000
　　　[1 000 000×（7.50－7.30）]

（5）2022年12月31日，互换利息结算。

借：银行存款——美元　　　　　　　　　　　　　　　　　　600 000
　　贷：财务费用——利息费用　　　　　　　　　　　　　　　　　　600 000
　　　（1 000 000×8%×7.50）

借：财务费用——利息费用　　　　　　　　　　　　　　　　518 000
　　贷：银行存款——人民币　　　　　　　　　　　　　　　　　　　518 000
　　　（7 400 000×7%）

（6）2022年12月31日，合约到期，换回本金。

借：银行存款——美元　　　　　　　　　　　　　　　　　7 500 000
　　　（1 000 000×7.50）
　　贷：银行存款——人民币　　　　　　　　　　　　　　　　　　7 400 000

衍生工具——货币互换　　　　　　　　　　　　　　　　　　　　100 000

分析：H 公司的外汇借款通过货币互换避免了汇率波动造成的 100 000 元的汇兑损失（被 100 000 元的公允价值变动收益抵销），规避了汇率变动的风险。同时由于进行了货币互换节约了利息费用 148 000（584 000－518 000＋600 000－518 000）元。

（二）利率互换的会计处理

利用利率互换，可以防范和转嫁利率变动风险，减少利率变动损失；帮助投资者维持收益稳定；帮助筹资者和融资者改善财务结构，降低资金成本。在利率互换中，互换交易额被称为名义本金，互换双方不必进行实际的本金交换，因为双方互换相同金额的同种货币毫无意义，名义本金的作用仅在于计算交换的利息。在互换中，互换与实际发生的借款是相互独立的交易行为，该借款的本金、利率、偿还方式等与互换不存在任何直接的联系。

例 7-12　假设 I 公司于 2021 年 1 月 1 日与银行签订了一笔 1 000 000 元两年期的固定利率借款协议，利率 5%，每半年支付一次利息。由于公司预测利率下跌的可能性比较大，所以该公司又在同日签订了一笔两年期的利率互换合约，名义本金为 1 000 000 元，每半年收付一次利息，收入利息为 5%，支付利息为 LIBOR＋1.2%。通过互换合约把固定利率借款转换成浮动利率借款。该公司向银行支付了 1 000 元手续费。该期限内的 LIBOR 利率变动如下：2021 年 1 月 1 日 3.8%，2021 年 6 月 30 日 3.9%，2021 年 12 月 31 日 3.5%，2022 年 6 月 30 日 3.7%，2022 年 12 月 31 日 3.4%。I 公司利率互换合约应收付利息如表 7-3 所示。

表 7-3　I 公司利率互换合约应收付利息　　　　　　　　　　　　单位：元

日　期	应收利息	应付利息	收付净额
2021 年 6 月 30 日	25 000	25 500	－500
2021 年 12 月 31 日	25 000	23 500	1 500
2022 年 6 月 30 日	25 000	24 500	500
2022 年 12 月 31 日	25 000	23 000	2 000

假设该利率互换合约与借款协议之间不满足套期保值的条件，并且不考虑衍生工具的时间价值因素。I 公司应编制的有关会计分录如下。

1. 2021 年 1 月 1 日账务处理

（1）签订借款协议时。

借：银行存款　　　　　　　　　　　　　　　　　　　　　　1 000 000
　　贷：长期借款　　　　　　　　　　　　　　　　　　　　　　1 000 000

（2）签订利率互换合约时，因固定利率等于浮动利率，合约本身不确认为资产和负债，不需要做会计分录。支付的银行手续费如下。

借：投资收益　　　　　　　　　　　　　　　　　　　　　　　1 000
　　贷：银行存款　　　　　　　　　　　　　　　　　　　　　　　1 000

2. 2021 年 6 月 30 日账务处理

（1）支付贷款利息。

借：财务费用　　　　　　　　　　　　　　　　　　　　　　　25 000

贷：银行存款 25 000
（2）结算利率互换协议。
借：投资收益 500
　　贷：银行存款 500
（3）确认利率互换合约公允价值变动1 500（500×3）元。
借：公允价值变动损益 1 500
　　贷：衍生工具——利率互换 1 500

3. 2021年12月31日账务处理
（1）支付贷款利息。
借：财务费用 25 000
　　贷：银行存款 25 000
（2）结算利率互换协议。
借：银行存款 1 500
　　贷：投资收益 1 500
（3）确认利率互换合约公允价值变动4 500（1 500×2+1 500）元。
借：衍生工具——利率互换 4 500
　　贷：公允价值变动损益 4 500

4. 2022年6月30日账务处理
（1）支付贷款利息。
借：财务费用 25 000
　　贷：银行存款 25 000
（2）结算利率互换协议。
借：银行存款 500
　　贷：投资收益 500
（3）确认利率互换合约公允价值变动2 500（3 000－500）元。
借：公允价值变动损益 2 500
　　贷：衍生工具——利率互换 2 500

5. 2022年12月31日账务处理
（1）支付贷款利息。
借：财务费用 25 000
　　贷：银行存款 25 000
（2）结算利率互换协议。
借：银行存款 2 000
　　贷：投资收益 2 000
（3）确认利率互换合约公允价值变动500元。
借：公允价值变动损益 500
　　贷：衍生工具——利率互换 500

分析：I公司通过利率互换合约盈利2 500（－1 000－500＋1 500＋500＋2 000）元，将固定利率借款转换成浮动利率借款，从而规避了利率风险。

本章小结

衍生工具的会计处理是当前国际会计界最为复杂的问题之一。本章对这一复杂问题进行了基础性的解释和说明。

首先，本章界定了衍生工具的定义，明确了衍生工具的主要特征，指出了衍生工具的主要功能，并区分了衍生工具的基本种类：远期合约、期货合约、互换合约和期权合约。

其次，本章重点介绍了市场中交易最活跃的远期、期货、互换、期权等衍生工具的具体会计处理。

远期合约是指交易双方在场外市场上通过协商约定在未来的某一确定时间（交割日）按照事先商定的价格买卖一定数量的某种标的物的合约。在远期合约的会计处理中，以最常见的远期外汇合约为例，讲解了买入远期外汇和卖出远期外汇合约的会计处理。

互换合约包括货币互换、利率互换和其他互换三种基本类型。货币互换，是指交易双方相互交换不同币种、相同期限的等值借款，到期支付本金和利息以回避汇率风险的一种业务。利率互换又称利率掉期，是交易双方将同种货币不同利率形式的资产或者债务相互交换。其他互换主要有商品互换、信用互换、权益互换等。

期权是一种选择权性质的合同，期权的买方向卖方支付一定金额的期权费后，就拥有在一定时间内以一定的价格出售或购买一定数量标的物的选择权。它可以分为看涨期权、看跌期权和看涨看跌双向期权。本章对看涨期权、看跌期权分别介绍了不同的会计处理方法。

期货合约是指由期货交易所统一制定、规定在将来某一特定的时间和地点交割一定数量和质量商品的标准化合同。在期货的会计处理中，主要介绍了商品期货买入和卖出的会计处理，以及包含利率期货、外汇期货和股指期货在内的金融期货的会计处理。

思考题

1. 什么是衍生工具？为什么要在财务报表中披露衍生工具合约的价值变动？
2. 衍生工具的主要特征有哪些？
3. 衍生工具的主要功能有哪些？
4. 衍生工具的基本类型有哪些？
5. 远期合约的会计核算方法是怎样的？
6. 远期合约与期货合约的异同点有哪些？
7 期货合约与期权合约的异同点有哪些？
8. 简述互换交易及其作用。
9. 互换交易的种类有哪些？
10 如何利用利率互换回避利率波动风险？

练习题

1.A 公司和 B 公司于 2021 年 10 月 1 日签订了远期合约，约定 A 公司将于 2022 年

3月30日向B公司购买1 000吨铜，协议价格是每吨28 000元，到期按净额结算。在远期合约期间，铜的价格变动如表7-4所示。

表 7-4 铜的价格变动　　　　　　　　　　　　　　单位：元

日　　期	即期价格	远期价格
2021年10月1日	26 000	28 000
2021年12月31日	27 500	30 000
2022年3月30日	28 600	28 600

要求：对A公司的远期合约业务进行会计处理。此题中假设年折现率为6%。

2. 假设202×年度新隆公司发生以下期货投资业务：①10月1日买入大豆期货10手，每手10吨，2 100元/吨，交易保证金为合约价值的10%，交易手续费4元/手；②10月31日结算价2 070元/吨；③11月30日将上述大豆期货全部平仓，平仓成交价2 050元/吨，交易手续费4元/手。

要求：编制新隆公司的有关会计分录。

3. A公司于202×年7月1日向B公司发行以自身普通股为标的的看涨期权。根据该期权合约，如果B公司行权（行权价为106元），B公司有权以每股106元的价格从A公司购入普通股1 000股。其他有关资料如下：①合约签订日202×年7月1日；②行权日（欧式期权）202Y年6月30日；③202×年7月1日每股市价100元；④202×年12月31日每股市价106元；⑤202Y年6月30日每股市价111元；⑥202Y年6月30日应支付的固定行权价格每股106元；⑦期权合约中的普通股数量1 000股；⑧202×年7月1日期权的公允价值2 000元；⑨202×年12月31日期权的公允价值3 000元；⑩202Y年6月30日期权的公允价值5 000元；⑪期权以现金净额结算。

要求：编制A公司和B公司的有关会计分录。

4. 假设T公司于2021年1月1日与银行签订了一笔1 000 000元两年期的浮动利率借款协议，利率为LIBOR+1%，每半年支付一次利息。为了规避利率风险，该公司又在同日签订了一笔两年期的利率互换合约，名义本金为1 000 000元，每半年收付一次利息，收入利息为LIBOR+1%，支付利息为5%。通过利率互换合约把浮动利率借款转换成固定利率借款。为此，该公司向银行支付了1 000元手续费。该期限内的LIBOR利率变动情况如下：2021年1月1日4.0%，2021年6月30日4.1%，2021年12月31日4.2%，2022年6月30日4.3%，2022年12月31日4.4%。不考虑衍生工具的时间价值及其他因素。

练习题参考答案

要求：编制T公司的有关会计分录。

第八章

套 期 工 具

随着金融市场的发展,套期保值成为颇受欢迎的风险管理方法。本章主要介绍套期(hedging)的会计处理,包括公允价值套期、现金流量套期和境外经营净投资套期的会计处理。本部分的内容主要遵循《企业会计准则第 24 号——套期会计》(2017 年 3 月 31 日颁布)的相关规定。

第一节 套期会计概述

套期的概念源于人们运用远期交易或者期货交易控制商品价格波动风险的活动,即通过跨期工具锁定价格实现保值目的。这里"套期"的含义在于,当生产经营者在现货市场上买进或者卖出一定数量的现货商品时,在期货市场上卖出或者买进与现货品种相同、数量相当但方向相反的期货商品(期货合约),以期在现货市场发生不利的价格变动时,达到规避价格风险的目的。但是,随着金融工具的丰富化和金融风险的复杂化,套期活动更强调"保值"概念,即通过使用各种工具对冲未来的风险,实现保值目的的活动。

一、套期会计的相关概念

《企业会计准则第 24 号——套期会计》中将套期界定为:企业为管理外汇风险、利率风险、价格风险、信用风险等特定风险引起的风险敞口,指定金融工具为套期工具,以使套期工具的公允价值或现金流量变动,预期抵销被套期项目全部或部分公允价值或现金流量变动的风险管理活动。

套期作为一种风险管理手段,是由被套期项目和套期工具共同组成的组合体,单一工具无法被认定为套期活动,也就无法运用套期会计进行处理。企业往往是先存在需要进行风险管理的项目,然后选择合适的金融工具对冲该风险以实现风险管理目的,这两个事项组成套期事项。一般企业主要运用商品期货进行套期时,其套期策略通常是,买入(卖出)与现货市场数量相当但交易方向相反的期货合约,以期在未来某一时间通过卖出(买入)期货合约来补偿现货市场价格变动所带来的实际价格风险。金融企业由于面临较多的金融风险,如利率风险、外汇风险、信用风险等,对套期活动有更多的需求。例如,某上市银行为规避汇率变动风险,与某金融机构签订外币期权合约对现存数额较大的美元敞口进行套期保值。

(一)被套期项目

被套期项目,是指使企业面临公允价值或现金流量变动风险,且被指定为被套期对象的、能够可靠计量的下列单个项目、项目组合或其组成部分:①已确认资产或负债;②尚未确认的确定承诺;③极有可能发生的预期交易;④境外经营净投资。其中,确定承诺,是指在未来某特定日期或期间,以约定价格交换特定数量资源、具有法律约束力的协议;预期交易,是指尚未承诺但预期会发生的交易。

除此之外,企业还可以将符合条件的以下项目指定为被套期项目。

(1)非金融项目的组成部分。非金融项目风险敞口的某一风险成分(如铜线价格中的铜基准价格风险)或某一层级(如库存原油中最先实现销售的100桶原油的价格风险)均可以被指定为被套期项目。

(2)包括衍生工具的汇总风险敞口。企业可以将符合被套期项目条件的风险敞口与衍生工具组合形成的汇总风险敞口指定为被套期项目。

(3)一组项目的风险总敞口。当企业出于风险管理目的对一组项目进行组合管理,且组合中的每一个项目(包括其组成部分)单独都属于符合条件的被套期项目时,可以将该项目组合指定为被套期项目。

(4)一组项目的风险净敞口。在现金流量套期中,企业对一组项目的风险净敞口进行套期时,仅可以将外汇风险净敞口指定为被套期项目。

(5)一组项目名义金额的组成部分。在符合套期条件的情况下,企业可以将一组项目的一定比例或某一层级部分指定为被套期项目。

被套期项目是企业需要进行风险管理的对象,其本身存在着公允价值或现金流动状况的波动。广义上被套期项目包含的范围相当大,狭义上被套期项目仅指套期会计准则规定的满足相关条件的项目。

(二)套期工具

套期工具,是指企业为进行套期而指定的、其公允价值或现金流量变动预期可抵销被套期项目的公允价值或现金流量变动的金融工具,包括:①以公允价值计量且其变动计入当期损益的衍生工具。②以公允价值计量且其变动计入当期损益的非衍生金融资产或非衍生金融负债(指定为以公允价值计量且其变动计入当期损益,且其自身信用风险变动引起的公允价值变动计入其他综合收益的金融负债除外)。对外汇风险进行套期还可以将非衍生金融资产或非衍生金融负债的外汇风险成分作为套期工具。

企业在风险管理过程中可使用的工具非常多,能作为套期工具的基本条件是其公允价值能够可靠地计量,同时套期工具必须能够对冲或抵销被套期项目具有的公允价值或现金流动状况波动风险,发挥风险管理作用。衍生工具通常可以作为套期工具。但是,某项衍生工具无法有效地对冲被套期项目风险的,不能作为套期工具。例如,企业发行的期权就不能作为套期工具,因为该期权的潜在损失可能大大超过被套期项目的潜在利得,从而不能有效地对冲被套期项目的风险。但是,购入期权的一方可能承担的损失最多就是期权费,而可能拥有的利得通常等于或大大超过被套期项目的潜在损失,因而购入期权的一方可以将购入的期权作为套期工具。

二、套期的分类

按套期活动的会计处理方式,套期可分为公允价值套期、现金流量套期和境外经营净投资套期。

（一）公允价值套期

公允价值套期是指对已确认资产或负债、尚未确认的确定承诺，或该资产或负债以及尚未确认的确定承诺中可辨认部分的公允价值变动风险进行的套期。该类价值变动源于某类特定风险，且将影响企业的损益或其他综合收益。其中，影响其他综合收益的情形，仅限于企业对指定以公允价值计量且其变动计入其他综合收益的非交易性权益工具投资的公允价值变动风险敞口进行的套期。

例如，某公司持有 100 吨原油，预计在 6 个月后出售。假设现在原油价格为每桶 70 美元，为控制原油公允价值在未来的波动，该公司签订了原油远期卖出合约，约定 6 个月后按每桶 68 美元（这是目前的 6 个月原油期货价格）的价格售出 100 吨原油。公司持有的原油现货和原油远期合约就构成一个公允价值套期，其中原油远期合约所控制的风险是原油公允价值的波动。

（二）现金流量套期

现金流量套期是指对现金流量变动风险进行的套期。该类现金流量变动源于与已确认资产或负债、很可能发生的预期交易或与上述项目组成部分有关的某类特定风险，且将影响企业的损益。对确定承诺的外汇风险进行套期时，企业既可将其作为现金流量套期，也可选择将其作为公允价值套期。

现金流量套期的风险控制对象是某事项导致的企业未来现金流量的波动。例如，某航空公司 3 个月后因购买飞机需支付一定金额外币，为回避汇率风险导致的现金流量波动风险，另外签订了远期外汇购入合约。这一远期外汇购入合约与未来现金流量波动构成一个现金流量套期，其中远期外汇购入合约控制的是汇率变动导致的现金支付金额波动的风险。

（三）境外经营净投资套期

境外经营净投资套期是指对境外经营净投资外汇风险进行的套期，境外经营净投资是企业在境外经营净资产中的权益份额。企业既无计划也无可能于可预见的未来会计期间结算的长期外币货币性应收项目（含贷款），应当视同境外经营净投资的组成部分。因销售商品或提供劳务等形成的期限较短的应收账款不构成境外经营净投资。

例如，甲公司于 202×年 1 月 1 日取得境外某美国公司 45%的股权，净投资为 US$10 000 000，当日人民币兑美元汇率为 US$1 = RMB8.20。预期人民币长期处于升值状态。为了避免人民币升值可能带来的损失，甲公司于 202×年 1 月 1 日与汇丰银行签订一项远期外汇合约，约定于 12 个月后卖出 10 000 000 美元。这一远期外汇合约与境外经营净投资额构成一个境外经营净投资套期，其中远期外汇合约控制的是汇率变动导致的境外经营净投资额的波动风险。

三、套期保值交易须遵循的原则

（一）交易方向相反

交易方向相反是指被套期项目和套期工具买卖标的物的方向是相反的。当企业在现货市场上买入某商品时,其选择的套期工具应该是在期货市场上卖出该商品;如果企业在现货市场上卖出了某商品,其选择的套期工具应该是在期货市场上购入该商品。然后选择一个适当的时机,将期货合约予以平仓,以对冲在手合约。通过期货交易和现货交易之间的联动与盈亏互补性抵销商品价格变动所带来的风险,达到保值目的。

(二)交易标的物种类相同(相近)

交易标的物种类相同(相近)是指被套期项目和套期工具买卖标的物的种类是相同(相近)的。只有标的物种类相同(相近),其期货价格和现货价格之间才有可能形成密切的关系,从而通过套期交易实现风险控制。否则,套期交易不仅不能达到规避价格风险的目的,反而可能会增加价格波动的风险。

(三)交易数量相等(相近)

交易数量相等(相近)是指被套期项目和套期工具买卖标的物的数量相等(相近)。只有保持两个市场上买卖标的物的数量相等(相近),才能使一个市场上的盈利额与另一个市场上的亏损额相等或最接近,从而保证两个市场盈亏互补的有效性,也即套期的有效性。

(四)交易期限或时点相同(相近)

以商品期货套期保值为例,在做套期交易时,所选用的期货合约的交割月份最好与交易者将来在现货市场上交易商品的时间相同或相近。因为两个市场出现的盈亏金额受两个市场上价格变动的影响,只有使两者所选定的时间相同(相近),才能使期货价格和现货价格之间的联系更加紧密,达到增强套期保值的效果。

第二节 套期会计方法

一、运用套期会计方法的前提条件

套期会计方法,是指企业将套期工具和被套期项目产生的利得或损失在相同会计期间计入当期损益(或其他综合收益)以反映风险管理活动影响的方法。根据《企业会计准则第 24 号——套期会计》的规定,公允价值套期、现金流量套期或境外经营净投资套期同时满足下列条件的,才能运用套期会计方法进行处理。

(1)套期关系仅由符合条件的套期工具和被套期项目组成。

(2)在套期开始时,企业正式指定套期工具和被套期项目,并准备了关于套期关系和企业从事套期的风险管理策略与风险管理目标的书面文件。该文件至少载明套期工具、被套期项目、被套期风险的性质以及套期有效性评估方法(包括套期无效部分产生的原因分析以及套期比率确定方法)等内容。

(3)套期关系符合套期有效性的要求。套期有效性,是指套期工具的公允价值或现金流量变动能够抵销被套期风险引起的被套期项目公允价值或现金流量变动的程度。套期工具的公允价值或现金流量变动大于或小于被套期项目的公允价值或现金流量变动的部分为套期无效部分。企业应当在套期开始日及以后期间持续地对套期关系是否符合套期有效性要求进行评估,尤其应当分析在套期剩余期限内预期将影响套期关系的套期无效部分产生的原因。企业至少应当在资产负债表日及相关情形发生重大变化将影响套期有效性要求时对套期关系进行评估。

以下依次具体解释被套期项目、套期工具、套期有效性问题。

二、被套期项目的认定

作为被套期项目,应当是使企业面临公允价值或现金流量变动风险(即被套期风险),在本期或未来期间会影响企业损益的项目。库存商品、持有至到期投资、可供出售金融资产、贷款、长期借款、预期商品销售、预期商品购买、对境外经营净投资等项目使企业面临公允价值或现金流量风险变动的,均可被指定为被套期项目。

(一)可以作为被套期项目的项目

可以作为被套期项目的项目包括下列单个项目、项目组合或其组成部分。

(1)已确认资产或负债。

(2)尚未确认的确定承诺。

(3)极可能发生的预期交易。

(4)境外经营净投资。

(二)指定被套期项目的注意事项

(1)被套期风险通常包括外汇风险、利率风险、价格变动风险、信用风险等。企业一般的经营风险不能作为被套期风险,因为这些风险不能具体辨认和单独计量。基于同样的原因,与购买另一个企业的确定承诺相关的风险(外汇风险除外)也不能作为被套期风险。

(2)只有可能影响损益的风险敞口才可以被指定为被套期项目。然而,唯一例外的是,企业指定为以公允价值计量且其变动计入其他综合收益的非交易性权益工具投资也可以作为被套期项目。但是,一旦采用该选择,该权益投资中的利得或损失永远不能计入损益。

(3)衍生工具一般不能作为被套期项目的一部分。但是,一项符合被套期项目条件的风险敞口和一项衍生工具组合形成的汇总风险敞口可以被指定为被套期项目。

(4)采用权益法核算的股权投资和对子公司的投资都不能作为被套期项目,但是境外经营净投资可以作为被套期项目,因为相关的套期针对的是外汇风险,而非境外经营净投资的公允价值变动风险。

(5)在金融资产或金融负债组合的利率风险公允价值套期中,可以将某货币金额(如人民币、美元或欧元金额)的资产或负债指定为被套期项目。

(6)企业可以将金融资产或金融负债的全部或部分指定为被套期项目。但金融资产或金融负债现金流量的一部分被指定为被套期项目的,被指定部分的现金流量应当少于该金融资产或金融负债现金流量总额。

(7)项目名义金额的组成部分,包括项目整体的一定比例部分(例如,1亿欧元固定利率贷款的60%)或项目整体的某一层级部分(例如,1亿欧元固定利率贷款底层的0.6亿欧元),均可以被指定为被套期项目。但是,若某一层级部分包括提前还款权,只有当提前还款权的公允价值变动包含在被套期项目的公允价值计量中,该层级才可以被指定为被套期项目。

(8)在风险成分可单独识别且能可靠计量的前提下,非金融资产或非金融负债的风险成分可以被指定为被套期项目。例如,在一项合约中,合约条款明确电线价格部分与铜基准价格挂钩,部分与反映能源成本的可变设施费用挂钩。那么,根据《企业会计准则》的规定,电线价格与铜基准价格挂钩的风险成分就可以被指定为被套期项目。

(9)当企业出于风险管理的目的对一组项目进行组合管理,且组合中的每一个项目(包括其组成部分)单独都属于符合条件的被套期项目时,可以将该项目组合指定为被套期项目。

(10)在现金流量套期中,企业对风险净敞口的套期只能够将外汇风险敞口指定为被套期项目,并且在套期指定中应当明确预期交易预计影响损益的报告期间,以及预期交易的性质和数量。例如,一个主体在6个月内预计卖出100外币并买进80外币,则该主体可以使用单一的在6个月内卖出20外币的外汇远期合约对净敞口进行套期。

(11)在满足一定条件的情况下,企业可以将净敞口为零的项目组合(即各项目之间的风险完全相互抵销)指定为被套期项目。

(12)企业集团内的各组成企业或分部之间发生的套期活动,只能在各组成企业的财务报表或分部的报告中运用套期会计方法,而不能在企业集团合并财务报表中对其予以反映。但是,发生在企业集团内两个组成企业或两个分部之间的外币交易形成的外币货币性项目(例如,外币应收款项),如果其外币汇兑损益不能相互抵销,则可以在企业集团合并财务报表中运用套期会计方法。

三、套期工具的认定

作为套期工具的基本条件就是其公允价值能够可靠地计量,并且能够有效地对冲被套期项目的相关风险。套期工具既可以是衍生工具,也可以是非衍生金融资产或非衍生金融负债,但是指定为以公允价值计量且其变动计入当期损益,且其自身信用风险变动引起的公允价值变动计入其他综合收益的金融负债除外。

(一)可以作为套期工具的项目

可以作为套期工具的项目如下。

(1)衍生工具通常可以作为套期工具,但签出期权除外。衍生工具包括远期合约、期货合约、互换和期权,以及具有远期合约、期货合约、互换和期权中一种或一种以上特征的工具。例如,某企业为规避原材料铜价格上升的风险,可以买入一定数量的铜期货合约,其中,铜期货合约即是套期工具。另外,企业只有在对购入期权进行套期时,签出期权才可以作为套期工具,嵌入在混合合约中但未分拆的衍生工具不能作为单独的套期工具。

(2)非衍生金融资产或非衍生金融负债也可以作为套期工具,但是指定为以公允价值计量且其变动计入当期损益,且其自身信用风险变动引起的公允价值变动计入其他综合收益的金融负债除外。这是因为,金融负债整体的公允价值变动没有被计入损益,这将导致主体在评价和计量套期无效性时忽视其自身的信用风险,与套期会计的概念相矛盾。另外，对于外汇风险套期，企业可以将非衍生金融资产（以公允价值计量且其变动计入其他综合收益的非交易性权益工具投资除外）或非衍生金融负债的外汇风险成分指定为套期工具。同样，以公允价值计量且其变动计入其他综合收益的非交易性权益工具投资的公允价值变动不影响损益，这与套期的作用机制不符，因此该权益投资不能作为套期工具。

（3）企业可以将两项或两项以上金融工具的组合或该组合的一定比例指定为套期工具。

（二）指定套期工具时的注意事项

（1）企业在确立套期关系时，应当将符合条件的衍生工具整体或整体的一定比例（例如，其名义金额的50%）指定为套期工具。不能对套期工具的组成部分进行拆分，但下列情况除外：①对于期权，由于期权的内在价值和时间价值是可以明确区分计算的，企业可以只将期权的内在价值变动部分指定为套期工具；②对于远期合约，企业可以将远期合约的利息和即期价格分开，因此可以只将远期合约中即期价格变动部分指定为套期工具；③对于金融工具，企业可以将金融工具的外汇基差单独分拆，只将排除外汇基差后的金融工具指定为套期工具。

（2）企业虽然可以将整体套期工具的一定比例指定为套期工具，但不能将属于套期工具剩余期限内的某一时段作为套期工具。例如，某公司拥有一项支付固定利息、收取浮动利息的4年期的互换合约，打算把它作为发行的2年期浮动利率债券的套期工具。在这种情况下，该公司不能将互换合约剩余期限中的某2年指定为套期工具。

（3）单项衍生工具往往只被指定为对一种风险进行套期，但同时满足下列条件的，也可以同时对多种风险进行套期：①各项被套期风险可以清晰辨认；②套期有效性可以证明；③可以确保该衍生工具与不同风险头寸之间存在具体指定关系。其中，套期有效性，是指套期工具的公允价值或现金流量变动能够抵销被套期风险引起的被套期项目公允价值或现金流量变动的程度。例如，甲企业的记账本位币是人民币，在借入一笔5年期美元浮动利率贷款后，又与某金融机构签订一项交叉货币利率互换合约。该互换合约约定甲企业在5年内可以定期收取按美元浮动利率计算确定的利息，同时支付按人民币固定利率计算确定的利息。该互换合约被指定为套期工具，对该贷款合约中利息部分的汇率风险和利率风险进行了套期。

（4）企业自身的权益工具既非企业的金融资产也非金融负债，因而不能作为套期工具。在活跃市场上没有报价的权益工具投资，以及与该权益工具挂钩并须通过交付该权益工具进行结算的衍生工具，由于其公允价值难以可靠地计量，不能作为套期工具。

（5）在分部或集团内各企业的财务报表中，只有涉及这些分部或企业以外的主体的工具及相关套期指定，才能在符合套期保值准则规定条件时运用套期会计方法，而在集团合并财务报表中，如果这些套期工具及相关套期指定并不涉及集团外的主体，则不能对其运用套期会计方法进行处理。

四、套期有效性的评价

套期保值会计的运用要以对套期关系有效性的评价为基础。与2006年的《企业会计准则》相比，现行《企业会计准则》不再要求套期关系 80%～125%的定量标准，而是采取一种预期性的评价方法，不涉及任何的界限，有效性的判断取决于不同的情况甚至也有可能是定性的。

（一）有效套期的认定

套期关系只有满足下列全部条件时，企业才能认定其符合套期有效性的要求。

（1）被套期项目和套期工具之间存在经济关系。这意味着，被套期风险的变化将使被套期项目和套期工具的价值面临相反方向的变化。

（2）被套期项目和套期工具经济关系产生的价值变动中，信用风险的影响不占主导地位。当确定信用风险在何时"主导"公允价值的变化时，需要运用管理层的主观判断，只有当信用风险对被套期项目或套期工具的公允价值产生重大影响时，才会被认为"主导"了价值变动。

（3）套期关系的套期比率，应当等于企业实际套期的被套期项目数量与对其进行套期的套期工具实际数量之比，但不应当反映被套期项目和套期工具相对权重的失衡，这种失衡会导致套期无效，并可能产生与套期会计目标不一致的会计结果。例如，企业确定拟采用的套期比率是为了避免确认现金流量套期的套期无效部分，或是为了创造更多的被套期项目进行公允价值调整以达到增加使用公允价值会计的目的，可能会产生与套期会计目标不一致的会计结果。

企业在认定套期关系是否符合套期有效性要求时，应当同时考虑以上三个条件，不得僵化地将套期工具和被套期项目的公允价值或现金流量变动的抵销程度的一定量化指标（如 80%～125%）作为认定套期有效性的硬性标准。

（二）套期有效性的评价方法

套期有效性的评价方法应当与企业的风险管理策略相吻合，并在套期开始时就在风险管理有关的正式文件中加以详细说明。在这些正式文件中，企业应当就套期有效性评价的程序和方法、评价时是否包括套期工具的全部利得或损失、是否包括套期工具的时间价值等作出说明。常见的套期有效性评价方法有三种：①主要条款比较法；②回归分析法；③比率分析法。主要条款比较法和回归分析法主要适用于经济关联的评价，比率分析法适用于套期比率的评价。

1. 主要条款比较法

主要条款比较法，是通过比较套期工具和被套期项目的主要条款，以确定套期是否有效的方法。如果套期工具和被套期项目的所有主要条款均能准确地匹配，可认定由被套期风险引起的套期工具和被套期项目公允价值或现金流量变动能相互抵销。套期工具和被套期项目的"主要条款"包括名义金额或本金、到期期限、内含变量、定价日期、商品数量、货币单位等。

值得注意的是，采用这种定性的方法对套期有效性进行评价通常用于证实经济关联的存在。然而当套期工具和被套期项目的主要条款不能基本匹配时，企业可能只采用定量评价方法（例如下文提到的回归分析法）来验证经济关系的存在。

2. 回归分析法

回归分析法是在掌握一定数量观察数据的基础上,利用数理统计方法建立自变量和因变量之间回归关系函数的方法。将此方法运用到套期有效性评价中,需要分析套期工具和被套期项目价值变动之间是否具有高度相关性,进而判断套期是否有效。运用回归分析法,自变量反映被套期项目公允价值变动或预计未来现金流量现值变动,因变量反映套期工具公允价值变动。相关回归模型如下:$y = kx + b + e$。其中,y 为因变量,即套期工具的公允价值变动;k 为回归直线的斜率,反映套期工具价值变动/被套期项目价值变动的比率;b 为 y 轴上的截距;x 为被套期风险引起的被套期项目价值变动;e 为均值为零的随机变量,服从正态分布。企业运用回归分析法确定套期有效性时,套期只有满足以下全部条件才能认为是高度有效的:①回归直线的斜率必须为负数。②决定系数(R^2)应大于 0.96,该系数反映 y 和 x 之间的相关性,其数值越大,表明回归模型对观察数据的拟合越好,用回归模型进行预测效果也就越好。③整个回归模型的统计有效性必须是显著的。F 值也称置信程度,表示自变量 x 与因变量 y 之间线性关系的强度。F 值越大,置信程度越高。但是,我们必须注意,这种统计上的负相关性本身并不足以证明经济关系的存在,仍然需要结合定性分析综合判断。

3. 比率分析法

比率分析法,是通过比较被套期风险引起的套期工具和被套期项目公允价值或现金流量变动比率,以确定套期是否有效的方法。运用比率分析法时,企业可以根据自身风险管理政策的特点选择以累积变动数(即自套期开始以来的累积变动数)为基础比较,或以单个期间变动数为基础比较。如果上述比率与企业出于风险管理目的的套期比率保持一致(例外情况除外),就可以认为套期关系是有效的。

(三)套期有效性评价应注意的问题

(1)对于利率风险,企业可以通过编制金融资产和金融负债的到期时间表,标明每期的利率净风险,据此对套期有效性进行评价。

(2)在评价套期的有效性时,企业通常要考虑货币的时间价值。

(3)企业应当在套期开始日及以后的期间持续地对套期关系的有效性进行评估,尤其在资产负债表日及相关情形发生重大变化将影响套期有效性时对套期关系进行再评估。

(4)某企业由于套期比率的原因不再满足套期有效性的要求,如果该套期关系的风险管理目标并未发生改变,企业应该进行套期关系再平衡。这里的套期关系再平衡,是指对已经存在的套期关系中的被套期项目或套期工具的数量进行调整,以使套期比率重新符合套期有效性的要求。

(5)当企业的套期关系出于套期比率之外的原因不符合套期有效性标准时,该企业应该从符合套期有效性的最后日期开始停止运用套期会计。但是,如果企业能够识别引起套期关系不符合有效性标准的事件或环境变化,并且能证明在该事件或环境变化之前套期是有效的,企业应从该事件或环境变化之日起停止运用套期会计。

五、套期保值会计处理原则

套期保值会计处理的总体原则是把企业回避风险这件事情恰当地反映在会计报表上。为了核算套期保值业务,企业应设置"套期工具"和"被套期项目"两个科目。对套期保值关系中套期工具与被套期项目产生的利得或损失,要根据套期类别区分公允价值套期、现金流量套期、境外经营净投资套期,分别通过"公允价值变动损益"计入当期损益,或者通过"其他综合收益"计入所有者权益。这种区别将在接下来的章节详细解释。

(一)"套期工具"科目

"套期工具"科目核算企业开展套期保值业务(包括公允价值套期、现金流量套期和境外经营净投资套期)套期工具公允价值变动形成的资产或负债。该科目可按套期工具类别进行明细核算。

套期工具的主要账务处理如下:①企业将已确认的衍生工具、以公允价值计量且其变动计入当期损益的非衍生金融资产或非衍生金融负债等金融资产或金融负债指定为套期工具的,应当按照其账面价值,借记或贷记该科目,贷记或借记"衍生工具""交易性金融资产"等科目。②资产负债表日,对于公允价值套期,应当按照套期工具产生的利得借记该科目,贷记"套期损益""其他综合收益——套期损益"等科目,套期工具产生损失做相反的会计分录;对于现金流量套期,应当按照套期工具产生的利得,借记该科目,按照套期有效部分的变动额,贷记"其他综合收益——套期储备"等科目,按照套期工具产生的利得和套期有效部分变动额的差额,贷记"套期损益"科目,套期工具产生损失做相反的会计分录。③金融资产或金融负债不再作为套期工具核算的,应当按照套期工具形成的资产或负债,借记或贷记有关科目,贷记或借记该科目。该科目期末借方余额反映企业套期工具形成资产的公允价值,该科目期末贷方余额反映企业套期工具形成负债的公允价值。

(二)"被套期项目"科目

"被套期项目"科目核算企业开展套期保值业务被套期项目公允价值变动形成的资产或负债。该科目可按被套期项目类别进行明细核算。

被套期项目的主要账务处理如下:①企业将已确认的资产、负债或其组成部分指定为被套期项目的,应当按照其账面价值借记或贷记该科目,贷记或借记"原材料""债权投资""长期借款"等科目。已计提跌价准备或减值准备的,还应当同时结转跌价准备或减值准备。②资产负债表日,对于公允价值套期,应当按照被套期项目因被套期风险敞口形成的利得,借记该科目,贷记"套期损益""其他综合收益——套期损益"等科目;被套期项目因被套期风险敞口形成损失做相反的会计分录。③资产或负债不再作为被套期项目核算的,应当按照被套期项目形成的资产或负债,借记或贷记有关科目,贷记或借记该科目。该科目期末借方余额反映企业被套期项目形成的资产,该科目期末贷方余额反映企业被套期项目形成的负债。

(三)"套期损益"科目

"套期损益"科目核算套期工具和被套期项目价值变动形成的利得与损失。该科目可按套期关系进行明细核算。

套期损益的主要账务处理如下：①资产负债表日，对于公允价值套期，应当按照套期工具产生的利得借记"套期工具"科目，贷记该科目；套期工具产生损失做相反的会计分录。对于现金流量套期，套期工具的利得中属于套期无效的部分，借记"套期工具"科目，贷记该科目；套期工具的损失中属于套期无效的部分，做相反的会计分录。②资产负债表日，对于公允价值套期，应当按照被套期项目因被套期风险敞口形成的利得，借记"被套期项目"科目，贷记该科目；被套期项目因被套期风险敞口形成损失做相反的会计分录。期末，应当将该科目余额转入"本年利润"科目，结转后该科目无余额。

（四）"净敞口套期损益"科目

"净敞口套期损益"科目核算净敞口套期下被套期项目累计公允价值变动转入当期损益的金额或现金流量套期储备转入当期损益的金额。该科目可按套期关系进行明细核算。

净敞口套期损益的主要账务处理如下：①对于净敞口公允价值套期，应当在被套期项目影响损益时，将被套期项目因被套期风险敞口形成的累计利得或损失转出，贷记或借记"被套期项目"等科目，借记或贷记该科目。②对于净敞口现金流量套期，应当在将相关现金流量套期储备转入当期损益时，借记或贷记"其他综合收益——套期储备"科目，贷记或借记该科目；将相关现金流量套期储备转入资产或负债的，当资产和负债影响损益时，借记或贷记资产（或其备抵科目）、负债科目，贷记或借记该科目。期末，应当将该科目余额转入"本年利润"科目，结转后该科目无余额。

（五）在"其他综合收益"科目下设置"套期储备"明细科目

"其他综合收益——套期储备"科目核算现金流量套期下套期工具累计公允价值变动中的套期有效部分。该明细科目可按套期关系进行明细核算。

其他综合收益——套期储备的主要账务处理如下：①资产负债表日，套期工具形成的利得或损失中属于套期有效部分的，借记或贷记"套期工具"科目，贷记或借记该明细科目；属于套期无效部分的，借记或贷记"套期工具"科目，贷记或借记"套期损益"科目。②企业将套期储备转出时，借记或贷记该明细科目，贷记或借记有关科目。

（六）在"其他综合收益"科目下设置"套期损益"明细科目

"其他综合收益——套期损益"科目核算公允价值套期下对指定为以公允价值计量且其变动计入其他综合收益的非交易性权益工具投资或其组成部分进行套期时，套期工具和被套期项目公允价值变动形成的利得和损失。该明细科目可按套期关系进行明细核算。

其他综合收益——套期损益的主要账务处理如下：①资产负债表日，应当按照套期工具产生的利得借记"套期工具"科目，贷记该明细科目；套期工具产生损失做相反的会计分录。②资产负债表日，应当按照被套期项目因被套期风险敞口形成的利得，借记"被套期项目"科目，贷记该明细科目；被套期项目因被套期风险敞口形成损失做相反的会计分录。当套期关系终止时，应当借记或贷记该明细科目，贷记或借记"利润分配——未分配利润"等科目。

（七）在"其他综合收益"科目下设置"套期成本"明细科目

"其他综合收益——套期成本"科目核算企业将期权的时间价值、远期合同的远期要素或金融工具的外汇基差排除在套期工具之外时，期权的时间价值等产生的公允价值变动。该明细科目可按套期关系进行明细核算。

其他综合收益——套期成本的主要账务处理如下：①资产负债表日，对于期权的时间价值等的公允价值变动中与被套期项目相关的部分，应当借记或贷记"衍生工具"等科目，贷记或借记该明细科目。②企业在将相关金额从其他综合收益中转出时，借记或贷记该明细科目，贷记或借记有关科目。

六、企业终止运用套期会计的情形

企业发生下列情形之一的，应当终止运用套期会计：①风险管理目标发生变化，导致套期关系不再符合风险管理目标。②套期工具已到期、被出售、合同终止或已行使。③被套期项目与套期工具之间不再存在经济关系，或者被套期项目和套期工具经济关系产生的价值变动中，信用风险的影响开始占主导地位。④套期关系不再满足套期会计准则所规定的运用套期会计方法的其他条件。在适用套期关系再平衡的情况下，企业应当首先考虑套期关系再平衡，然后评估套期关系是否满足套期会计准则所规定的运用套期会计方法的条件。终止套期会计可能会影响套期关系的整体或其中一部分，在仅影响其中一部分时，剩余未受影响的部分仍适用套期会计。

第三节 公允价值套期的会计处理

一、公允价值套期会计处理的基本规定

公允价值套期满足运用套期会计方法条件的，应当按照下列规定处理。

（1）套期工具公允价值变动形成的利得或损失应当计入当期损益；套期工具是对选择以公允价值计量且其变动计入其他综合收益的非交易性权益工具投资进行套期的，套期工具形成的利得或损失应当计入其他综合收益。

（2）被套期项目因被套期风险形成的利得或损失应当计入当期损益，同时调整为以公允价值计量的已确认被套期项目的账面价值。被套期项目为按成本与可变现净值孰低进行后续计量的存货、按摊余成本进行后续计量的金融资产或以公允价值计量且其变动计入其他综合收益的金融资产的，也应当按此规定处理。

这意味着，套期工具与被套期项目的相关利得或损失同时被计入当期损益，其抵销后的净利得或净损失才会对报告期间的利润产生影响。当套期有效性为100%时，被套期风险完全被抵销，套期工具和被套期项目的价值波动不会影响报告期利润，从而在财务报表中正确披露套期保值活动的经济实质。

二、被套期项目利得或损失的后续处理

基于上述原因,在公允价值套期中对被套期项目利得或损失进行后续处理时,还需注意以下问题。

(1)被套期项目为尚未确认的确定承诺的,该确定承诺由被套期风险引起的公允价值变动累计额应当确认为一项资产或负债,相关的利得或损失应当计入当期损益。而在没有进行套期保值活动时,该类业务是不需要在财务报表中披露的,直到确定承诺被履行,财务报表中才会披露相关事项。

(2)在购买资产或承担负债的确定承诺的公允价值套期中,该确定承诺由被套期风险引起的公允价值变动累计额(已确认为资产或负债),应当调整履行该确定承诺所取得的资产或承担的负债的初始确认金额。这意味着相关资产或负债的初始确认金额是需要反映套期保值活动的影响的,即是否进行了套期保值这一事项会导致相关资产或负债入账价值产生差异,从而全面披露套期保值活动的经济后果。

(3)同理,被套期项目是以摊余成本计量的金融工具的,对被套期项目账面价值所做的调整,应当按照开始摊销日重新计算的实际利率在开始摊销日至到期日进行摊销,计入当期损益。该摊销日可以自调整日开始,但不应晚于终止对被套期项目进行利得和损失调整的时点。被套期项目为以公允价值计量且其变动计入其他综合收益的金融资产,企业应按照相同的方式对累计确认的套期利得或损失进行摊销,并计入当期损益,但是不需要调整金融资产的账面价值。

(4)金融资产或金融负债组合中的利率风险剥离出来单独进行公允价值套期时,企业对被套期项目形成的利得或损失可按下列方法处理:①被套期项目在重新定价期间是资产的,在资产负债表中资产项下单列项目反映,待终止确认时转销;②被套期项目在重新定价期间是负债的,在资产负债表中负债项下单列项目反映,待终止确认时转销。

三、终止运用公允价值套期会计方法的条件

套期满足下列条件之一的,企业应终止运用公允价值套期会计方法。

(1)风险管理目标发生变化导致套期关系不再符合风险管理目标。

(2)套期工具已到期、被出售、合同终止或已行使。

套期工具展期或被另一项套期工具替换时,展期或替换是企业正式书面文件所载明的套期策略组成部分的,不作为已到期或合同终止处理。

(3)被套期项目与套期工具之间不再存在经济关系,或者被套期项目与套期工具经济关系产生的价值变动中,信用风险的变动占据主导地位。

(4)该套期不再满足运用套期会计方法的其他条件。

四、公允价值套期会计处理举例

(一)对库存商品价格的下降风险进行套期

例 8-1 假设 202×年 11 月 1 日,C 公司为规避所持有 20 吨铜存货公允价值变动风险,卖出铜期货 4 手,每手 5 吨,39 000 元/吨,交易保证金为合约价值的 10%,并

将其指定为 202×年 11 月和 12 月铜存货价格变化引起的公允价值变动风险的套期。C 公司预期该套期完全有效。11 月 1 日,被套期项目(铜存货)的账面价值和成本均为 35 000 元/吨,公允价值是 39 000 元/吨;11 月 30 日,公允价值 38 800 元/吨;12 月 31 日,公允价值 38 500 元/吨。11 月 30 日,上述铜期货结算价 38 800 元/吨。12 月 31 日,C 公司将铜存货出售,并将上述铜期货全部平仓,平仓成交价 38 500 元/吨。假定不考虑衍生工具的时间价值、商品销售相关的增值税及其他因素。C 公司应编制的有关会计分录如下。

1. 202×年 11 月 1 日的账务处理
(1)卖出铜期货 4 手,交纳交易保证金 78 000(4×5×39 000×10%)元。

借:衍生工具——铜期货　　　　　　　　　　　　　　　　78 000
　　贷:银行存款　　　　　　　　　　　　　　　　　　　　　　78 000

(2)将铜存货指定为被套期项目。

借:被套期项目——铜存货　　　　　　　　　　　　　　700 000
　　贷:库存商品——铜存货　　　　　　　　　　　　　　　　700 000

(3)将铜期货指定为套期工具。

借:套期工具——铜期货　　　　　　　　　　　　　　　　78 000
　　贷:衍生工具——铜期货　　　　　　　　　　　　　　　　78 000

2. 202×年 11 月 30 日的账务处理
(1)确认套期工具公允价值变动 4 000[4×5×(39 000-38 800)]元。

借:套期工具——铜期货　　　　　　　　　　　　　　　　4 000
　　贷:套期损益　　　　　　　　　　　　　　　　　　　　　4 000

(2)确认被套期项目公允价值变动 4 000[20×(39 000-38 800)]元。

借:套期损益　　　　　　　　　　　　　　　　　　　　　4 000
　　贷:被套期项目——铜存货　　　　　　　　　　　　　　　4 000

3. 202×年 12 月 31 日的账务处理
(1)确认套期工具公允价值变动 6 000[4×5×(38 800-38 500)]元。

借:套期工具——铜期货　　　　　　　　　　　　　　　　6 000
　　贷:套期损益　　　　　　　　　　　　　　　　　　　　　6 000

(2)确认被套期项目公允价值变动 6 000[20×(38 800-38 500)]元。

借:套期损益　　　　　　　　　　　　　　　　　　　　　6 000
　　贷:被套期项目——铜存货　　　　　　　　　　　　　　　6 000

(3)确认铜存货销售收入 770 000(20×38 500)元。

借:银行存款　　　　　　　　　　　　　　　　　　　　770 000
　　贷:主营业务收入　　　　　　　　　　　　　　　　　　770 000

(4)结转铜存货销售成本 690 000(700 000-4 000-6 000)元。

借:主营业务成本　　　　　　　　　　　　　　　　　　690 000
　　贷:被套期项目——铜存货　　　　　　　　　　　　　　690 000

(5)将上述铜期货全部平仓。

借:银行存款　　　　　　　　　　　　　　　　　　　　88 000
　　贷:套期工具——铜期货　　　　　　　　　　　　　　　88 000

（二）对确定承诺的外汇风险进行套期

例 8-2 假设202×年10月2日我国的A公司与美国的B公司签订一项购货合约，拟购入100 000美元的商品一批。合约约定于202×年11月30日交货，并以美元办理货款结算。同日，A公司与银行签订一项远期外汇合约，按照100美元=720.00元人民币的价格向银行买进为期60天的100 000美元远期外汇。假定有关的汇率情况如下：202×年10月2日60天远期汇率，100美元=720.00元人民币；202×年10月31日30天远期汇率，100美元=730.00元人民币；202×年11月30日即期汇率，100美元=740.00元人民币。A公司将该远期外汇合约指定为对由汇率变动可能引起的、确定承诺公允价值变动风险的套期工具，且通过比较远期合约公允价值总体变动和确定承诺公允价值变动评价套期有效性。202×年11月30日，A公司履行确定承诺并以净额结算了远期外汇合约。假定年折现率为6%，则月折现率为0.5%。A公司套期有效性分析如表8-1所示。

表 8-1 A公司套期有效性分析

（1）202×年10月31日

远期外汇合约		确定承诺	
远期汇率	7.30	远期汇率	7.30
美元金额	100 000	美元金额	100 000
远期卖价	730 000	远期支付价格	730 000
合约买价	720 000	初始远期支付价格	720 000
以上两项差额	10 000	以上两项差额	（10 000）
公允价值（上述差额的现值）	9 950	公允价值（上述差额的现值）	（9 950）
本期公允价值变动	9 950	本期公允价值变动	（9 950）

（2）202×年11月30日

远期外汇合约		确定承诺	
即期汇率	7.40	即期汇率	7.40
美元金额	100 000	美元金额	100 000
即期卖价	740 000	即期支付价格	740 000
合同买价	720 000	初始远期支付价格	720 000
以上两项差额	20 000	以上两项差额	（20 000）
公允价值（上述差额）	20 000	公允价值（上述差额）	（20 000）
本期公允价值变动	10 050	本期公允价值变动	（10 050）

由表8-1可以看出，套期有效性为100%。因此，A公司应编制的有关会计分录如下。

1. 202×年10月2日的账务处理

202×年10月2日，因远期外汇合约和确定承诺当日的公允价值均为零，不需要做会计分录。

2. 202×年10月31日的账务处理

（1）确认远期外汇合约公允价值变动约为9 950[（730 000－720 000）/1.005]元。

借：套期工具——远期合约　　　　　　　　　　　　　　　　　　9 950
　　贷：套期损益　　　　　　　　　　　　　　　　　　　　　　　　9 950

（2）确认确定承诺公允价值变动约为9 950[（730 000－720 000）/1.005]元。

借：套期损益 9 950
　　贷：被套期项目——确定承诺 9 950

3. 202×年11月30日的账务处理

（1）确认远期外汇合约公允价值变动约为10 050 [（740 000-720 000）-9 950]元。

借：套期工具——远期合约 10 050
　　贷：套期损益 10 050

（2）确认确定承诺公允价值变动约为10 050 [（740 000-720 000）-9 950]元。

借：套期损益 10 050
　　贷：被套期项目——确定承诺 10 050

（3）确认远期外汇合约结算。

借：银行存款 20 000
　　贷：套期工具——远期合约 20 000

（4）确认履行确定承诺购入商品。

借：库存商品 720 000
　　被套期项目——确定承诺 20 000
　　贷：银行存款 740 000

A公司通过运用套期进行风险管理，使所购商品的成本锁定在确定承诺的购买价格100 000美元按100美元=720.00元人民币（套期开始日的远期合约汇率）进行折算确定的金额，即人民币720 000元。

（三）对股票价格下降风险进行套期

例8-3 2020年1月1日，E公司以每股50元的价格，从市场上购入F公司股票10 000股，且将其划分为其他权益工具投资。为规避该股票价格下降风险，E公司于2020年12月31日支付期权费60 000元购入一项看跌期权。该期权的行权价格为每股65元，行权日期为2022年12月31日。E公司购入的F股票和卖出期权的公允价值如表8-2所示。

表8-2　E公司购入的F股票和卖出期权的公允价值　　　　　　单位：元

项　　目	2020年12月31日	2021年12月31日	2022年12月31日
F股票			
每股价格	65	60	57
总价	650 000	600 000	570 000
卖出期权			
时间价值	60 000	35 000	0
内在价值	0	50 000	80 000
总价	60 000	85 000	80 000

期权的公允价值（价格）包括内在价值（立即执行期权时现货价格与行权价格之差所带来的收益）和时间价值（期权的价格与内在价值之差）。随着期权临近到期，期权的时间价值不断减少直至为零。

E公司将该卖出期权的内在价值指定为对其他权益工具投资（对F股票投资）的套

期工具，在进行套期有效性评价时将期权的时间价值排除在外，即不考虑期权的时间价值变化。假定E公司于2022年12月31日行使了卖出期权，同时不考虑税费等其他因素的影响。据此，E公司套期有效性分析如表8-3所示。

表8-3　E公司套期有效性分析

日　期	期权内在价值变化利得（损失）	F股票市价变化利得（损失）	套期有效性
2021年12月31日	50 000元	（50 000）元	100%
2022年12月31日	30 000元	（30 000）元	100%

E公司应编制的有关会计分录如下。

1. 2020年1月1日的账务处理

确认购买F公司股票。

借：其他权益工具投资　　　　　　　　　　　　　　　　　　　　500 000
　　贷：银行存款　　　　　　　　　　　　　　　　　　　　　　　500 000

2. 2020年12月31日的账务处理

（1）确认F股票价格上涨。

借：其他权益工具投资　　　　　　　　　　　　　　　　　　　　150 000
　　贷：其他综合收益——公允价值变动　　　　　　　　　　　　　150 000

（2）指定其他权益工具投资为被套期项目。

借：被套期项目——其他权益工具投资　　　　　　　　　　　　　650 000
　　贷：其他权益工具投资　　　　　　　　　　　　　　　　　　　650 000

（3）购入卖出期权并指定其内在价值为套期工具。

借：衍生工具　　　　　　　　　　　　　　　　　　　　　　　　 60 000
　　贷：银行存款　　　　　　　　　　　　　　　　　　　　　　　 60 000

3. 2021年12月31日的账务处理

（1）确认套期工具公允价值变动。

借：套期工具——卖出期权　　　　　　　　　　　　　　　　　　 50 000
　　贷：其他综合收益——套期损益　　　　　　　　　　　　　　　 50 000

借：其他综合收益——套期成本　　　　　　　　　　　　　　　　 25 000
　　贷：衍生工具　　　　　　　　　　　　　　　　　　　　　　　 25 000

（2）确认被套期项目公允价值变动。

借：其他综合收益——套期损益　　　　　　　　　　　　　　　　 50 000
　　贷：被套期项目——其他权益工具投资　　　　　　　　　　　　 50 000

4. 2022年12月31日的账务处理

（1）确认套期工具公允价值变动。

借：套期工具——卖出期权　　　　　　　　　　　　　　　　　　 30 000
　　贷：其他综合收益——套期损益　　　　　　　　　　　　　　　 30 000

借：其他综合收益——套期成本　　　　　　　　　　　　　　　　 35 000
　　贷：衍生工具　　　　　　　　　　　　　　　　　　　　　　　 35 000

（2）确认被套期项目公允价值变动。

借：其他综合收益——套期损益 30 000
　　贷：被套期项目——其他权益工具投资 30 000

（3）确认卖出期权行权。

借：银行存款 650 000
　　贷：套期工具——卖出期权 80 000
　　　　被套期项目——其他权益工具投资 570 000

（4）将计入其他综合收益（其他权益工具投资形成）的公允价值变动、套期成本转出，计入留存收益。

借：其他综合收益——公允价值变动 150 000
　　贷：其他综合收益——套期成本 60 000
　　　　利润分配——未分配利润 90 000

第四节　现金流量套期的会计处理

一、现金流量套期会计处理的基本规定

现金流量套期满足运用套期会计方法条件的，应当按照下列规定处理。

（1）套期工具利得或损失中属于有效套期的部分，应当直接确认为所有者权益，并单列项目反映（计入"其他综合收益"）。出于谨慎性原则，该有效套期部分的金额，按照下列两项的绝对额中较低者确定：①套期工具自套期开始的累计利得或损失；②被套期项目自套期开始的预计未来现金流量现值的累计变动额。

（2）套期工具利得或损失中属于无效套期的部分（即扣除直接确认为所有者权益后的其他利得或损失），应当计入当期损益。

（3）在风险管理策略的正式书面文件中，载明了在评价套期有效性时将排除套期工具的某部分利得或损失或相关现金流量影响的，被排除的该部分利得或损失的处理适用《企业会计准则第22号——金融工具确认和计量》。

二、直接计入所有者权益中的有效套期部分的后续处理要求

在现金流量套期中，在套期有效期间直接计入所有者权益中的套期工具利得或损失不应当转出，直至预期交易实际发生时再根据被套期项目的差异遵循以下要求处理。

（1）被套期项目为预期交易，且该预期交易使企业随后确认一项金融资产或金融负债的，原直接确认为所有者权益的相关利得或损失，应当在该金融资产或金融负债影响企业损益的相同期间转出，计入当期损益。但是，出于谨慎性原则，企业预期原直接在所有者权益中确认的净损失全部或部分在未来会计期间不能弥补时，应当在预计不能弥补时将不能弥补的部分转出，计入当期损益。

（2）被套期项目为预期交易，且该预期交易使企业随后确认一项非金融资产或非金融负债的，企业应当将原直接在所有者权益中确认的相关利得或损失转出，计入该非金融资产或非金融负债的初始确认金额（该处理与公允价值套期类似）。

非金融资产或非金融负债的预期交易形成一项确定承诺时，该确定承诺满足运用套期保值准则规定的套期会计方法条件的，也应当按照上述方法进行处理。

（3）不属于以上（1）或（2）所指情况的，原直接计入所有者权益中的套期工具利得或损失，应当在被套期预期交易影响损益的相同期间转出，计入当期损益。

（4）预期交易预计不会发生时，原直接计入所有者权益中的套期工具利得或损失应当立刻转出，计入当期损益。

（5）企业撤销对套期关系的指定时，对于预期交易套期，在套期有效期间直接计入所有者权益中的套期工具利得或损失不应当转出，直至预期交易实际发生或预计不会发生。预期交易实际发生的，应按上述（1）、（2）、（3）的规定处理；预期交易预计不会发生的，应按上述（4）的规定处理。

特别要注意的是，上述五项要求并不全部是在终止运用现金流量套期会计方法时处理直接计入所有者权益部分的价值，绝大部分要求预期交易实际发生后处理。

三、终止运用现金流量套期会计方法的条件

套期满足下列条件之一的，企业应终止运用现金流量套期会计方法。
（1）风险管理目标发生变化导致套期关系不再满足风险管理目标。
（2）套期工具已到期、被出售、合同终止或已行使。

套期工具展期或被另一项套期工具替换时，展期或替换是企业正式书面文件所载明的套期策略组成部分的，不作为已到期或合同终止处理。

（3）被套期项目与套期工具之间不再存在经济关系，或者被套期项目与套期工具经济关系产生的价值变动中，信用风险的变动占据主导地位。

（4）该套期不再满足运用套期会计方法的其他条件。

四、现金流量套期与公允价值套期会计处理方法的主要差异

现金流量套期与公允价值套期会计处理方法的最大差异体现在套期工具利得或损失的披露项目上，在公允价值套期中相关波动同时计入当期损益的"公允价值变动损益"项目，在现金流量套期中仅套期工具的有效套期部分被直接计入所有者权益中的"其他综合收益"项目。

导致这种区别的原因是，公允价值套期中，套期工具与被套期工具的利得或损失都是同步确认，由于有效套期保值存在风险抵销作用，将这些利得或损失披露在当期损益中不会造成当期利润的较大波动，能够体现套期保值活动的经济实质。而在现金流量套期中的套期对象是现金流量的波动，在套期期间被套期项目往往是不予确认的，因此，若单独将套期工具的利得或损失全部计入当期损益，会造成当期利润的较大波动，扭曲了套期保值活动对冲风险的经济实质，这会使财务报表使用者误认为企业暴露于风险之下。故《企业会计准则》要求将现金流量套期中套期工具价值波动中有效套期部分直接计入所有者权益，仅将套期无效部分计入当期损益。现金流量套期中的套期工具有效套期部分确认为所有者权益后，要等到被套期的预期交易影响损益的期间再转入损益，从而实现被套期项目和套期工具的价值变化对损益的影响在同一会计期间确认的目的，在财务报表中正确反映套期保值活动对冲风险的经济实质。

五、现金流量套期会计处理举例

（一）对确定承诺的外汇风险进行套期

按照《企业会计准则第 24 号——套期会计》的规定，对确定承诺的外汇风险进行的套期，企业可以将其作为公允价值套期或现金流量套期处理。

例 8-4 沿用例 8-2 资料，假设 202×年 10 月 2 日我国的 A 公司与美国的 B 公司签订一项购货合约，拟购入 100 000 美元的商品一批。合约约定于 202×年 11 月 30 日交货，并以美元办理货款结算。同日，A 公司与银行签订一项远期外汇合约，按照 100 美元 = 720.00 元人民币的价格向银行买进为期 60 天的 100 000 美元远期外汇。假定有关的汇率情况如下：202×年 10 月 2 日 60 天远期汇率，100 美元 = 720.00 元人民币；202×年 10 月 31 日 30 天远期汇率，100 美元 = 730.00 元人民币；202×年 11 月 30 日即期汇率，100 美元 = 740.00 元人民币。A 公司将该远期外汇合约指定为对由汇率变动可能引起的、确定承诺现金流量变动风险的套期工具，并预期该套期完全有效。202×年 11 月 30 日，A 公司履行确定承诺并以净额结算了远期外汇合约。假定年折现率为 6%，则月折现率为 0.5%。A 公司应编制的有关会计分录如下：

1. 202×年 10 月 2 日的账务处理

因远期外汇合约当日的公允价值为零，不需要做会计分录。

2. 202×年 10 月 31 日的账务处理

确认远期外汇合约公允价值变动约为 9 950 [（730 000 − 720 000）/1.005]元。

借：套期工具——远期合约   9 950
  贷：其他综合收益——套期储备   9 950

3. 202×年 11 月 30 日的账务处理

（1）确认远期外汇合约公允价值变动 10 050 [（740 000 − 720 000）− 9 950]元。

借：套期工具——远期合约   10 050
  贷：其他综合收益——套期储备   10 050

（2）确认远期外汇合约结算。

借：银行存款   20 000
  贷：套期工具——远期合约   20 000

（3）确认履行确定承诺购入商品。

借：库存商品   720 000
  其他综合收益——套期储备   20 000
    贷：银行存款   740 000

或者

履行确定承诺购入商品时，

借：库存商品   740 000
  贷：银行存款   740 000

待该批商品出售时，

借：主营业务成本   720 000
  其他综合收益——套期储备   20 000
    贷：库存商品   740 000

（二）对销售有关的现金流量变动风险进行套期

例 8-5 2021年11月1日，D公司预期在2021年12月31日将销售商品20吨铜，为规避该预期销售有关的现金流量变动风险，卖出铜期货4手，每手5吨，39 000元/吨，交易保证金为合约价值的10%，并将其指定为该预期商品销售的套期工具。D公司预期该套期完全有效。11月30日，铜期货结算价38 800元/吨。12月31日，D公司按38 500元/吨出售20吨铜，并将上述铜期货全部平仓，平仓成交价38 500元/吨。假定不考虑衍生工具的时间价值、商品销售相关的增值税及其他因素。D公司应编制的有关会计分录如下：

1. 2021年11月1日的账务处理

（1）卖出铜期货4手，交纳交易保证金78 000（4×5×39 000×10%）元。

借：衍生工具——铜期货	78 000
贷：银行存款	78 000

（2）将铜期货指定为套期工具。

借：套期工具——铜期货	78 000
贷：衍生工具——铜期货	78 000

2. 2021年11月30日的账务处理

确认套期工具公允价值变动4 000[4×5×（39 000－38 800）]元。

借：套期工具——铜期货	4 000
贷：其他综合收益——套期储备	4 000

3. 2021年12月31日的账务处理

（1）确认套期工具公允价值变动6 000[4×5×（38 800－38 500）]元。

借：套期工具——铜期货	6 000
贷：其他综合收益——套期储备	6 000

（2）确认销售收入770 000（20×38 500）元。

借：银行存款	770 000
贷：主营业务收入	770 000

（3）将上述铜期货全部平仓。

借：银行存款	88 000
贷：套期工具——铜期货	88 000

（4）将现金流量套期储备金额转出，调整销售收入。

借：其他综合收益——套期储备	10 000
贷：主营业务收入	10 000

第五节　境外经营净投资套期的会计处理

一、境外经营净投资套期会计处理的基本规定

对境外经营净投资的套期，企业应按类似于现金流量套期会计的规定处理。

（1）套期工具形成的利得或损失中属于有效套期的部分，应当直接确认为所有者权

益（其他综合收益），并单列项目反映。处置境外经营时，上述在所有者权益中单列项目反映的套期工具利得或损失应当转出，计入当期损益。

（2）套期工具形成的利得或损失中属于无效套期的部分，应当计入当期损益。与现金流量套期会计不同的是，境外经营净投资的套期仅指对境外经营净投资的外汇风险进行套期，其会计处理中要将被套期项目因汇率变动产生的外币报表折算差额予以确认，现金流量套期中在套期期间是不对被套期项目的变化予以确认的。

二、境外经营净投资套期会计处理举例

例 8-6 2021 年 10 月 1 日，G 公司（记账本位币为人民币）在其境外子公司 H 公司有一项境外净投资 10 000 000 美元。为规避境外经营净投资外汇风险，G 公司与某境外金融机构签订了一项远期外汇合约，约定于 2022 年 4 月 1 日卖出 10 000 000 美元。G 公司每季度对境外净投资余额进行检查，且依据检查结果调整对净投资价值的套期。其他有关资料如表 8-4 所示。

表 8-4 有关汇率及远期合约公允价值　　　　　　　　单位：元

日　　期	即期汇率（美元/人民币）	远期汇率（美元/人民币）	远期合约的公允价值
2021 年 10 月 1 日	7.31	7.30	0
2021 年 12 月 31 日	7.24	7.23	686 000
2022 年 3 月 31 日	7.20	不适用	1 000 000

G 公司在评价套期有效性时，将远期合约的时间价值排除在外。假定 G 公司的上述套期满足运用套期会计方法的所有条件。G 公司应编制的会计分录如下。

1. 2021 年 10 月 1 日的账务处理

远期外汇合约的公允价值为零，不做账务处理。

2. 2021 年 12 月 31 日的账务处理

（1）确认远期外汇合约的公允价值变动。

借：套期工具——远期外汇合约　　　　　　　　　　　　　686 000
　　贷：其他综合收益——外币报表折算差额　　　　　　　　　　　686 000

（2）确认对子公司净投资的汇兑损益。

借：其他综合收益——外币报表折算差额　　　　　　　　　700 000
　　贷：长期股权投资　　　　　　　　　　　　　　　　　　　　　700 000

3. 2022 年 3 月 31 日的账务处理

（1）确认远期外汇合约的公允价值变动。

借：套期工具——远期外汇合约　　　　　　　　　　　　　314 000
　　贷：其他综合收益——外币报表折算差额　　　　　　　　　　　314 000

（2）确认对子公司净投资的汇兑损益。

借：其他综合收益——外币报表折算差额　　　　　　　　　400 000
　　贷：长期股权投资　　　　　　　　　　　　　　　　　　　　　400 000

（3）确认远期外汇合约的结算。

借：银行存款　　　　　　　　　　　　　　　　　　　　 1 000 000

贷：套期工具——远期外汇合约　　　　　　　　　　　　　　　1 000 000

　　境外经营净投资中套期工具形成的利得在其他综合收益中列示，直至子公司被处置。

本章小结

　　企业在经营活动中会面临各类风险，其中涉及外汇风险、利率风险、价格风险、信用风险等，对于此类风险敞口，企业可能会选择利用金融工具产生反向的风险敞口（即开展套期业务）来进行风险管理活动。套期会计的目标是在财务报告中反映企业采用金融工具管理因特定风险引起的风险敞口的风险管理活动的影响。

　　本章所称的套期是指企业为管理外汇、利率、价格、信用等特定风险引起的风险敞口，指定一项或一项以上套期工具，以使套期工具的公允价值或现金流量变动，预期抵销被套期项目全部或部分公允价值或现金流量变动的风险管理活动。

　　套期工具与被套期项目，是一项套期关系的两个组成要素。只有当企业特定的风险管理策略将这两个要素有机地连接起来，才构成一项套期关系。套期关系可以分为以下三类：公允价值套期、现金流量套期和境外经营净投资套期，本章主要介绍了上述三类套期的会计处理。

　　公允价值套期是指对已确认资产或负债、尚未确认的确定承诺，或该资产或负债以及尚未确认的确定承诺中可辨认部分的公允价值变动风险进行的套期。该类价值变动源于某类特定风险，且将影响企业的损益或其他综合收益。其中，影响其他综合收益的情形，仅限于企业对指定以公允价值计量且其变动计入其他综合收益的非交易性权益工具投资的公允价值变动风险敞口进行的套期。

　　现金流量套期是指对现金流量变动风险进行的套期。该类现金流量变动源于与已确认资产或负债、很可能发生的预期交易或上述项目组成部分有关的某类特定风险，且将影响企业的损益。

　　境外经营净投资套期是指对境外经营净投资外汇风险进行的套期，境外经营净投资是企业在境外经营净资产中的权益份额。企业既无计划也无可能于可预见的未来会计期间结算的长期外币货币性应收项目（含贷款），应当视同境外经营净投资的组成部分。因销售商品或提供劳务等形成的期限较短的应收账款不构成境外经营净投资。

思考题

1. 什么是套期保值？套期保值分为哪几类？
2. 作为套期工具和被套期项目的基本条件是什么？
3. 简述判断套期有效性的三种方法。
4. 简述套期会计方法的概念和应用条件。
5. 公允价值套期与现金流量套期的会计处理方法有何区别？
6. 对确定承诺的外汇风险进行套期，企业可以作为什么类型的套期处理？
7. 对境外经营净投资的套期，应当如何进行会计处理？

练习题

1. 假设 20×8 年 12 月 2 日我国的 J 公司与美国的 K 公司签订一项销货合约，拟销售 100 000 美元的商品一批。合约约定于 20×9 年 1 月 30 日销货收款，并以美元办理货款结算。同日，J 公司与银行签订一项远期外汇合约，按照 100 美元 = 740.00 元人民币的价格向银行卖出为期 60 天的 100 000 美元远期外汇。假定有关的汇率情况如下：20×8 年 12 月 2 日 60 天远期汇率，100 美元 = 740.00 元人民币；20×8 年 12 月 31 日 30 天远期汇率，100 美元 = 730.00 元人民币；20×9 年 1 月 30 日即期汇率，100 美元 = 720.00 元人民币。J 公司将该远期外汇合约指定为对由汇率变动可能引起的、销货合约公允价值变动风险的套期工具，并预期该套期完全有效。20×9 年 1 月 30 日，J 公司履行销货合约并以净额结算了远期外汇合约。假定年折现率为 6%，则月折现率为 0.5%。

要求：

（1）按照公允价值套期对 J 公司的上述业务进行会计处理。

（2）按照现金流量套期对 J 公司的上述业务进行会计处理。

2. 假设 20×7 年 1 月 1 日，M 公司以每股 65 元的价格，从市场上购入 N 公司股票 20 000 股，且将其划分为其他权益工具投资。20×7 年 12 月 31 日，每股价格 60 元。为规避该股票价格下降风险，M 公司于 20×7 年 12 月 31 日卖出沪深 300 指数股指期货合约 1 手，当天的沪深 300 指数为 4 000 点，每手沪深 300 指数期货合约的价值为指数乘以 300 元，即 4 000×300 = 1 200 000（元），交易保证金为合约价值的 12%。M 公司将该股指期货指定为对其他权益工具投资（对 N 股票投资）的套期工具，并预期该套期完全有效。20×8 年 12 月 31 日，沪深 300 指数下跌为 3 600 点，每股价格下跌为 54 元；20×9 年 12 月 31 日，沪深 300 指数下跌为 3 200 点，每股价格下跌为 48 元。20×9 年 12 月 31 日，M 公司将上述其他权益工具投资（对 N 股票投资）出售，并将上述股指期货合约全部平仓。假定不考虑衍生工具的时间价值因素。

要求：编制 M 公司的有关会计处理分录。

练习题参考答案

第九章

企业所得税会计

在经济领域，会计和税收是两个不同的分支，分别遵循不同的原则，规范不同的对象。会计遵循的是《企业会计准则》，税收遵循的是国家制定的税收法规。由此，往往资产、负债的账面价值与其计税基础之间产生差异。对于这种差异应如何处理？这是所得税会计要研究和解决的基本问题。本章第一节简要介绍企业所得税会计的相关概念，第二节阐述我国现行所得税会计处理方法——资产负债表债务法，第三节主要介绍所得税会计处理方法的演变，第四节主要介绍合并财务报表中的所得税会计问题。

第一节　所得税会计概述

一、会计收益和应税收益

会计收益是指根据会计准则和制度所确认的收入和费用的差额，应税收益是根据税法的规定所确认的收入总额和准予扣除的费用的差额，又称为应纳税所得额，是企业应纳所得税的计税依据。由于会计和税收是经济领域中的两个不同分支，会计准则和税法规定在收入和费用的确认范围、确认时间上都有可能不同，这样就使税前会计利润与应纳税所得额之间产生差异。这种差异主要有两类：永久性差异和暂时性差异。

永久性差异是指某一会计期间，由于会计准则和税法在计算收益、费用或损失时的口径不同，所产生的税前会计利润与纳税所得之间的差异。永久性差异主要有以下几种类型：①会计核算时作为收入计入税前会计利润，在计算纳税所得时不作为收入处理。例如，国债利息收入。②会计核算时不作为收入处理，而在计算纳税所得时作为收入，需要交纳所得税。例如，企业建造固定资产领用本企业生产的库存商品。③会计上作为费用或支出在计算税前会计利润时予以扣除，而在计算应纳税所得时不予扣除。例如，各种罚款、罚金、税收滞纳金。

暂时性差异是资产负债表债务法下的概念，是指资产、负债的账面价值与计税基础不同产生的差异。由于财务会计和税法目的不同，因此往往对相同的资产和负债采用不同的计量属性，会计政策、会计估计导致资产和负债项目的账面价值与计税基础产生差异，这些差异随着时间的推移会逐渐消除。暂时性差异的存在，产生了在未来收回资产或清偿债务期间，应纳税所得额增加或减少并导致未来期间应交所得税增加或减少的情况，形成企业的资产和负债。暂时性差异主要有以下几种类型：①企业获得的某项收益，按照会计准则规定应当确认为当期收益，但按照税法规定须待以后期间确认为应纳税所得，从而形成应纳税暂时性差异。例如，权益法核算长期股权投资时，按照会计准则应当于当期按照应享有的份额确认投资收益，税法规定在被投资方将盈利分配时做投资收益。②企业发生的某项费用或损失,按照会计准则规定应当作为当期费用或损失,但按照税法规定须待以后期间从应纳税所得中扣减,从而形成可抵扣暂时性差异。例如,资产减值损失。③企业获得的某项收益,按照会计准则应于以后期间确认收益,但按照税法规定须计入当期应纳税所得,从而形成可抵扣暂时性差异。例如,房地产企业的预收款项。④企业发生的某项费用或损失,按照会计准则规定应于以后期间确认为费用或损失,但按照税法规定可以从当期应纳税所得中扣减,从而形成应纳税暂时性差异。例如,某些类型的固定资产折旧,税法规定可采用加速折旧法计提折旧,而会计采用年限平均法。

二、当期所得税费用的计算

企业在计算应纳所得税时,应以税前会计利润为基础,按照税法规定调整计算出纳税所得。计算公式为

应纳税所得额=税前会计利润±永久性差异±暂时性差异-弥补以前年度亏损

应纳税额=应纳税所得额×适用税率-减免税额-抵免税额

例 9-1 某企业20×2年罚款支出50 000元,非公益性捐赠支出200 000元;管理用固定资产折旧采用年限平均法,年折旧额500 000元,按照税法规定可采用双倍余额递减法,年折旧额为650 000元。该企业20×8年利润表上反映的税前会计利润为1 500 000元,所得税税率为25%。有关计算及编制的会计分录如下。

应纳税所得额=1 500 000+50 000+200 000+500 000-650 000=1 600 000(元)

应纳税额=1 600 000×25%=400 000(元)

借:所得税费用——当期所得税费用   400 000
  贷:应交税费——应交所得税   400 000

第二节 资产负债表债务法下的所得税会计处理

我国所得税会计采用资产负债表债务法。该方法从企业资产负债表出发,通过比较资产负债表上列示的资产、负债按照会计准则规定确定的账面价值与按照税法规定确定的计税基础之间的差异,分别确定应纳税暂时性差异与可抵扣暂时性差异,并确认相关的递延所得税资产与递延所得税负债,并在此基础上确定每一会计期间利润表中的所得税费用。

一、所得税会计的一般程序

采用资产负债表债务法核算所得税的情况下,企业一般应于每一资产负债表日进行所得税的核算,应遵循以下程序。

(1)按照会计准则确定资产负债表中除递延所得税资产和递延所得税负债以外的其他资产和负债的账面价值。

(2)按照会计准则中资产和负债计税基础的确定方法,以税收法规为基础,确定资产和负债项目的计税基础。

（3）比较资产、负债的账面价值与计税基础，对于两者之间存在的差异，除特殊情况外，分别确定应纳税暂时性差异与可抵扣暂时性差异，并根据此差异确定期末递延所得税资产和递延所得税负债的余额。将该期末余额与期初递延所得税资产和递延所得税负债的余额进行比较，以确定本期递延所得税资产和递延所得税负债的发生额，计入"递延所得税资产"和"递延所得税负债"，同时确定"所得税费用——递延所得税费用"。

（4）就企业当期发生的交易或事项，按照税法规定计算当期应纳税所得额，并确认当期所得税费用，分别计入"应交税费——应交所得税""所得税费用——当期所得税费用"科目。

（5）确定利润表列示的所得税费用。利润表中的所得税费用包括当期应交所税费用和递延所得税费用两部分。

二、资产、负债的计税基础及暂时性差异

所得税会计是以企业的资产负债表及其附注为依据，结合相关账簿资料，分析计算各项资产、负债的计税基础，通过比较资产、负债的账面价值与其计税基础之间的差异，确定应纳税暂时性差异和可抵扣暂时性差异，在此基础上确认递延所得税资产、递延所得税负债以及递延所得税费用。

（一）资产的计税基础

资产的计税基础，是指企业收回资产账面价值过程中，计算应纳税所得额时按照税法规定可以自应税经济利益中抵扣的金额，即某一项资产在未来期间计税时按照税法规定可以税前抵扣的金额。

资产在初始确认时，其计税基础一般为取得成本，即企业为取得某项资产支付的成本在未来期间准予税前扣除的金额。在资产持续持有的过程中，其计税基础是指资产的取得成本减去以前期间按照税法规定已经税前扣除的金额后的余额。现举例说明部分资产项目计税基础的确定。

1. 固定资产

以各种方式取得的固定资产，初始确认都是按照会计准则的规定确定其入账价值，该账面价值一般是税法认可的，即取得时固定资产的账面价值一般等于计税基础。

固定资产在持有期间进行后续计量时，由于会计准则和税法规定的折旧方法、折旧年限以及减值准备的提取等处理的不同，可能出现固定资产账面价值与计税基础的差异。

（1）折旧方法、折旧年限的差异。会计准则规定，企业应当根据与固定资产有关的经济利益的预期实现方式选择折旧方法，如年限平均法、双倍余额递减法、年数总和法等计提折旧。税法中除某些按照规定可以加速折旧的情况外，一般规定采用年限平均法计提折旧。另外，税法还就每一类固定资产的最低折旧年限作出规定，而会计准则规定折旧年限是企业根据固定资产的性质和使用情况合理确定的。

（2）因计提固定资产减值准备产生的差异。持有固定资产期间，在对固定资产计提减值准备后，因税法规定企业计提的资产减值准备在发生实质性损失前不允许税前扣除，也会出现固定资产的账面价值和计税基础的差异。

例 9-2 A 企业于 20×2 年 12 月 20 日取得某项固定资产,原价为 750 万元,使用年限为 10 年,会计上采用年限平均法计提折旧,净残值为零。税法规定该类固定资产采用加速折旧法计提的折旧可予税前扣除。该企业在计税时采用双倍余额递减法计提折旧,净残值为零。20×4 年 12 月 31 日,企业估计的该项固定资产的可收回金额为 550 万元。

分析:20×4 年 12 月 31 日,计提减值准备前该项固定资产账面余额 = 750 - 75×2 = 600(万元),账面余额大于可收回金额 550 万元,两者之间的差额计提 50 万元的固定资产减值准备。因此 20×4 年 12 月 31 日,该项固定资产账面价值 = 750 - 75×2 - 50 = 550(万元),计税基础 = 750 - 750×20% - 600×20% = 480(万元)。

该项固定资产账面价值 550 万元与其计税基础 480 万元之间的差额,将于未来期间对企业应纳税所得额产生影响。

2. 无形资产

除内部研究开发形成的无形资产以外,以其他方式取得的无形资产,其初始确认时按照会计准则规定确认的入账金额与按照税法规定确认的计税基础之间一般不存在差异。无形资产的差异主要产生于内部研究开发形成的无形资产以及使用寿命不确定的无形资产。

(1)会计准则规定,内部研究开发形成的无形资产,其成本为开发阶段符合资本化条件以后至达到预定用途前发生的支出。除此之外,研究开发过程中发生的其他支出应予费用化计入损益。税法规定企业为开发新技术、新产品、新工艺发生的研究开发费用,未形成无形资产计入当期损益的,在按照规定据实扣除的基础上,按照研究开发费用的 50% 加计扣除;形成无形资产的,按照无形资产成本的 150% 摊销。

例 9-3 A 企业当期为开发新技术发生研究开发支出共计 2 000 万元,其中研究阶段支出 400 万元,开发阶段符合资本化条件前发生的支出为 400 万元,符合资本化条件后至达到预定用途前发生的支出为 1 200 万元。假定开发形成的无形资产在当期期末已达到预定用途(尚未开始摊销)。

分析:A 企业当期发生的研究开发支出中,按照会计准则规定应予费用化的金额为 800 万元,形成无形资产的成本为 1 200 万元,即期末所形成无形资产的账面价值为 1 200 万元。A 企业当期发生的 2 000 万元研发支出中,按照税法规定可在当期税前扣除的金额为 1 200(800 + 800×50%)万元。形成的无形资产在未来期间可予税前扣除的金额为 1 800(1 200×150%)万元,其计税基础为 1 800 万元,形成暂时性差异 600 万元。

(2)无形资产后续计量时。会计与税法的差异主要产生于是否需要摊销及无形资产减值准备的提取。会计准则规定,应根据无形资产的使用寿命情况,区分为使用寿命有限的无形资产和使用寿命不确定的无形资产。对于使用寿命不确定的无形资产,不要求进行摊销,但持有期间每年应进行减值测试。税法规定,企业取得的无形资产应在一定期限内摊销。对于使用寿命不确定的无形资产,会计处理时不予摊销,但计税时按照税法规定确定的摊销额允许税前扣除,这造成无形资产账面价值和计税基础的差异。

在对无形资产计提减值准备的情况下,税法规定计提的无形资产价值准备在转为实质性损失前不允许税前扣除,无形资产的计税基础不会随减值准备的计提发生变化,从而造成无形资产的账面价值与计税基础的差异。

例 9-4 乙企业于 20×2 年 1 月 1 日取得某项无形资产，取得成本为 1 500 万元，取得该项无形资产后，乙企业将其作为使用寿命不确定的无形资产。20×2 年 12 月 31 日，对该项无形资产进行减值测试表明未发生减值。企业在计税时，对该项无形资产按照 10 年的期限采用直线法摊销，摊销金额允许税前扣除。

分析：该项无形资产作为使用寿命不确定的无形资产，因未发生减值，其在 20×2 年 12 月 31 日的账面价值为 1 500 万元。该项无形资产在 20×2 年 12 月 31 日的计税基础 = 1 500 - 150 = 1 350（万元）。该项无形资产的账面价值 1 500 万元与其计税基础 1 350 万元之间的差额将在未来期间继续影响企业应纳税所得额。

3. 以公允价值计量且其变动计入当期损益的金融资产

税法规定，企业以公允价值计量的金融资产、金融负债以及投资性房地产等，持有期间公允价值的变动不计入应纳税所得额；在实际处置时，处置取得的价款扣除其历史成本后的差额应计入处置期间的应纳税所得额。因此，以公允价值计量的金融资产在持有期间的计税基础为初始计量的成本，从而造成在公允价值变动的情况下，其账面价值和计税基础之间的差异。

例 9-5 20×2 年 10 月 15 日，A 企业取得一项权益性投资，支付价款 2 000 万元，作为交易性金融资产核算。20×2 年 12 月 31 日，该投资的市价为 2 200 万元。

分析：该项金融资产的期末市价为 2 200 万元，其按照会计准则进行核算，在 20×2 年末资产负债表上的账面价值为 2 200 万元。按照税法规定，其计税基础仍为取得时支付的对价金额 2 000 万元。

4. 其他资产

由于会计准则规定与税法规定的差异，企业持有的其他资产也可能存在账面价值与计税基础之间的差异，如：①投资性房地产。企业对持有的投资性房地产进行后续计量时，会计准则规定可以采用两种模式：一是成本模式，其账面价值和计税基础的确定与固定资产、无形资产的相同；二是公允价值模式，在投资性房地产公允价值发生变动时，其账面价值按公允价值调整，但其计税基础不反映公允价值的波动，按类似于固定资产与无形资产计税基础的确定方式确定。②其他计提了资产减值准备的各项资产，如应收账款、存货等。按照税法规定，资产的计税基础不会因为减值准备的提取而发生变化，从而造成在计提资产减值准备之后，资产账面价值与计税基础之间的差异。

（二）负债的计税基础

"负债的计税基础"是指负债的账面价值减去未来期间计算应纳税所得额时按照税法规定可予抵扣的金额。负债的确认与偿还一般不会影响企业的损益，也不会影响其应纳税所得额，即未来期间计算应纳税所得额时按照税法规定可予抵扣的金额为零，那么这类负债的计税基础即为账面价值。但在某些情况下，负债的确认可能影响企业的税前收益，进而影响不同期间的应纳税所得额，使得计税基础与账面价值之间产生差额。

1. 企业因销售商品提供售后服务等确认的预计负债

按照或有事项准则规定，企业对于预计提供售后服务将发生的支出在满足相关确认条件时，在销售当期即应确认为费用，同时确认预计负债。但税法规定，与销售相关的支出应于实际发生时在税前扣除，那么该类事项产生的预计负债在期末的计税基础为其账面价值与未来期间可税前扣除的金额之间的差额，即为零。某些情况下，因有些事项确认的预计负债按税法规定其支出无论是否实际发生均不允许税前扣除，即未来期间按照税法规定可予抵扣的金额为零，此类预计负债的账面价值等于计税基础。

例 9-6 A 企业 20×2 年因销售产品承诺提供 3 年的保修服务，在当年度利润表中确认了 500 万元的销售费用，同时确认为预计负债，当年度未发生任何保修支出。假定按照税法规定，与产品售后服务相关的费用在实际发生时允许税前扣除。

分析：该项预计负债在 A 企业 20×2 年 12 月 31 日资产负债表中的账面价值为 500 万元。该项预计负债的计税基础 = 账面价值 - 未来期间计算应纳税所得额时按照税法规定可予扣除的金额 = 500 - 500 = 0，该项预计负债存在账面价值和计税基础的差异。

2. 合同负债

企业在收到客户预付的款项时，因不符合收入确认条件，会计上将其确认为负债。税法中对于收入的确认原则一般与会计准则相同，该部分经济利益在未来期间计税时可予税前扣除的金额为零，计税基础等于账面价值。某些情况下，因不符合会计准则规定的收入确认条件，未确认为收入而确认为合同负债的，在按税法规定应计入当期应纳税所得额时，有关合同负债的计税基础为零，即因其产生时已经计算交纳所得税，未来实现期间可全额税前扣除。

例 9-7 A 企业于 20×2 年 12 月 20 日从客户手中收到一笔合同预付款，金额为 2 500 万元，作为合同负债核算。按照适用税法规定，该款项应计入取得当期应纳税所得额计算交纳所得税。

分析：该合同负债在 A 企业 20×2 年 12 月 31 日资产负债表中的账面价值为 2 500 万元。该合同负债的计税基础 = 2 500 - 2 500 = 0。该负债的账面价值 2 500 万元与其计税基础零之间的暂时性差异会影响企业未来期间的应纳税所得额。

3. 应付职工薪酬

会计准则规定，企业给职工提供的各种形式的报酬以及其他相关支出均作为企业的成本费用，在支付之前确认为负债。税法中对于合理的职工薪酬基本允许税前扣除，但税法中如果规定了税前扣除标准，按照会计准则规定计入成本费用支出的金额超过规定标准部分，应进行纳税调整。超过部分在发生当期不允许税前扣除，在以后期间也不允许税前扣除，即该部分差额对未来期间计税不产生影响，所产生应付职工薪酬负债的账面价值等于计税基础。

例 9-8 A 企业 20×2 年 12 月计入成本费用的应付职工薪酬为 400 万元，至 20×2 年 12 月 31 日尚未支付。按照税法规定，当期计入成本费用的 400 万元工资支出中，可予税前扣除的合理部分为 300 万元。

分析：该项应付职工薪酬负债于 20×2 年 12 月 31 日的账面价值为 400 万元。该项应付职工薪酬负债于 20×2 年 12 月 31 日的计税基础 = 400 - 0 = 400（万元）。该项负债的账面价值 400 万元与其计税基础 400 万元相同，不形成暂时性差异。

4. 其他负债

其他负债如企业应交的罚款和滞纳金等，在支付之前按照会计准则规定确认为费用,同时作为负债反映。税法规定,罚款和滞纳金不能税前扣除,即该部分费用无论是在发生当期还是在以后期间均不允许税前扣除,其计税基础为账面价值减去未来期间计税时可予税前扣除的金额零之间的差额,即计税基础等于账面价值。

例9-9 A公司20×2年12月因违反当地有关环保法规的规定,接到环保部门的处罚通知,要求其支付罚款500万元。税法规定,企业因违反国家有关法律法规支付的罚款和滞纳金,计算应纳税所得额时不允许税前扣除。至20×2年12月31日,该项罚款尚未支付。

分析:应支付罚款产生的负债账面价值为500万元。该项负债的计税基础=500-0=500(万元)。该项负债的账面价值500万元与其计税基础500万元相同,不形成暂时性差异。

另外,还有一些项目在资产负债表中没有反映,其账面价值为零。但是,按照税法的规定,这些事项对未来报告期间的应纳税所得额会产生影响,该等项目的计税基础并非为零(如企业的开办费),那么,这些项目会形成暂时性差异。

例9-10 A企业20×3年1月发生开办费250万元,按照会计准则的规定,企业筹建期间发生的开办费于发生时一次性计入管理费用。按照税法的有关规定,开办费应在企业开始生产经营当月起5年内摊销。那么20×3年12月31日,该项开办费的账面余额为零,但其计税基础为200(250-250/5)万元,形成暂时性差异200万元。

(三)暂时性差异

暂时性差异,是指资产或负债的账面价值与其计税基础之间的差额。按照对未来期间应纳税所得额的影响,暂时性差异可分为应纳税暂时性差异和可抵扣暂时性差异。除因资产、负债账面价值与其计税基础不同产生的暂时性差异以外,按照税法规定可以结转以后年度的未弥补亏损和税款抵减,也视同可抵扣暂时性差异处理。

应纳税暂时性差异,是指在确定未来收回资产或清偿负债期间的应纳税所得额时,将产生应税金额的暂时性差异。应纳税暂时性差异通常产生于以下情况:①资产的账面价值大于其计税基础。资产的账面价值代表的是企业在持续使用及最终出售该项资产时将取得的经济利益的总额,而计税基础代表的是资产在未来期间可予税前扣除的总金额。资产的账面价值大于其计税基础,该项资产未来期间产生的经济利益对应的成本不能全部税前扣除,两者之间的差额需要交税,产生应纳税暂时性差异。②负债的账面价值小于其计税基础。负债的账面价值为企业预计在未来期间清偿该项负债时的经济利益流出,负债的计税基础与账面价值不同产生的暂时性差异,实质上是税法规定就该项负债在未来期间可以税前扣除的金额。负债的账面价值小于其计税基础,就意味着就该项负债在未来期间可以税前扣除的金额为负数,增加未来期间应纳税所得额和应交所得税金额,产生应纳税暂时性差异。

可抵扣暂时性差异,是指在确定未来收回资产或清偿负债期间的应纳税所得额时,将产生可抵扣金额的暂时性差异。该差异在未来期间转回时会减少转回期间的应纳税所得额,减少未来期间的应交所得税。可抵扣暂时性差异一般产生于以下情况:①资产的账面价值小于计税基础。这意味着资产在未来期间产生的经济利益少,按照税法允许税前扣除的金额多,两者之间的差额可以减少企业在未来期间的应纳税所得额并减少应交所得税。②负债的账面价值大于计税基础。这意味着未来期间按照税法规定与负债相关的全部或部分支出可以自未来应税收益中扣除，减少未来期间的应纳税所得额。

特殊项目产生的暂时性差异。①未作为资产、负债的项目产生的暂时性差异。某些交易或事项发生以后，因为不符合资产、负债确认条件而未体现为资产负债表中的资产或负债，但按照税法规定能够确定计税基础的，其账面价值与计税基础之间的差异也构成暂时性差异。②可抵扣亏损及税款抵减产生的暂时性差异。这些项目与可抵扣暂时性差异具有同样的作用，均能够减少未来期间的应纳税所得额，进而减少未来期间的应交所得税，会计处理上视同可抵扣暂时性差异处理。

例 9-11　20×2 年 A 企业实现销售收入 1 000 万元，发生了 200 万元广告费支出。

分析：按照会计准则规定，广告费在发生时作为销售费用全额计入当期损益，不做资产或负债确认，相关账面价值为零。按照税法规定，当期可予税前扣除的广告费支出限额为 150 万元，未予税前扣除的 50 万元可以结转到以后年度扣除，其计税基础为 50 万元。产生可抵扣暂时性差异 50 万元。

例 9-12　A 企业 20×2 年发生经营亏损 2 000 万元，按照税法规定，该亏损可用于抵减以后 5 个年度的应纳税所得额。该企业预计其在未来 5 年期间能够产生足够的应纳税所得额弥补该亏损。

分析：该经营亏损不被单独确认为资产或负债，但可以减少未来期间企业的应纳税所得额，因此属于可抵扣暂时性差异。

三、所得税费用的确认与计量

（一）递延所得税负债的确认与计量

递延所得税负债产生于应纳税暂时性差异。应纳税暂时性差异在转回期间将增加企业的应纳税所得额和应交所得税，导致企业经济利益流出，在其发生当期，构成企业应支付税金的义务，应作为负债确认。

除下列交易中产生的递延所得税负债以外，企业应当确认所有应纳税暂时性差异产生的递延所得税负债：①商誉的初始确认。非同一控制下的企业合并，企业合并成本大于合并中取得的被购买方可辨认净资产公允价值份额的差额，按照会计准则规定应确认为商誉。会计上作为非同一控制下的企业合并，但如果按照税法规定计税时作为免税合并的情况下，商誉的计税基础为零。对于商誉的账面价值与其计税基础不同产生的该应纳税暂时性差异，会计准则规定不确认与其相关的递延所得税负债。②除企业合并以外的其他交易或事项中，如果该项交易或事项发生时既不影响会计利润，也不影响应纳税所得额，则所产生的资产、负债的初始确认金额与其计税基础不同，形成应纳税暂时性差异的，交易或事项发生时不确认相应的递延所得税负债。该规定主要是考虑到由于交易发生时既不影响会计利润也不影响应纳税所得额，确认递延所得税负债的直接结果是增加有关资产的账面价值或是降低所确认负债的账面价值，使得资产、负债在初始确认时，违背历史成本原则，影响会计信息的可靠性。

企业对与子公司、联营企业及合营企业投资相关的应纳税暂时性差异，同时应当确认相应的递延所得税负债。但是，同时满足下列条件的除外：①投资企业能够控制应纳税暂时性差异转回的时间；②该应纳税暂时性差异在可预见的未来很可能不会转回。

所得税准则规定，资产负债表日，对于递延所得税负债，应当根据适用税法规定，按照预期收回该资产或清偿该负债期间的适用税率计量，即递延所得税负债应以相关应纳税暂时性差异转回期间按照税法规定适用的所得税税率计量。在我国，除享受优惠政策的情况以外，企业适用的所得税税率在不同年度之间一般不会发生变化，企业在确认递延所得税负债时，可以现行适用税率为基础计算确定。对于享受优惠政策的企业，如经国家批准的经济技术开发区内的企业，享受一定期间的税率优惠，则所产生的暂时性差异应以预计其转回期间的适用所得税税率为基础计量。无论应纳税暂时性差异的转回期间在什么时候，会计准则中规定递延所得税负债的计量不要求折现。

（二）递延所得税资产的确认与计量

递延所得税资产产生于可抵扣暂时性差异。因资产、负债的账面价值与其计税基础不同而产生可抵扣暂时性差异的，在估计未来期间能够取得足够的应纳税所得额用以利用该可抵扣暂时性差异时，应当以很可能取得用来抵扣可抵扣暂时性差异的应纳税所得额为限，确认相关的递延所得税资产。

但是，若企业发生的某项交易或事项不属于企业合并，并且交易发生时既不影响会计利润也不影响应纳税所得额，且该项交易中产生的资产、负债的初始确认金额与其计税基础不同，产生可抵扣暂时性差异的，所得税准则中规定在交易或事项发生时不确认相应的递延所得税资产。

资产负债表日，有确凿证据表明未来期间很可能获得足够的应纳税所得额用来抵扣可抵扣暂时性差异的，应当确认以前期间未确认的递延所得税资产。

企业对与子公司、联营企业及合营企业投资相关的可抵扣暂时性差异，同时满足下列条件的,应当确认相应的递延所得税资产：①暂时性差异在可预见的未来很可能转回；②未来很可能获得用来抵扣可抵扣暂时性差异的应纳税所得额。

在判断企业于可抵扣暂时性差异转回的未来期间是否能够产生足够的应纳税所得额时，应考虑以下两个方面的影响：①通过正常的生产经营活动能够实现的应纳税所得额，如企业通过销售商品、提供劳务等所实现的收入，扣除有关的成本费用等支出后的金额。该部分情况的预测应当以经企业管理层批准的最近财务预算或预测数据以及该预算或者预测期之后年份稳定的或者递减的增长率为基础。②以前期间产生的应纳税暂时性差异在未来期间转回时将增加的应纳税所得额。考虑到可抵扣暂时性差异转回的期间内可能取得应纳税所得额的限制，因无法取得足够的应纳税所得额而未确认相关的递延所得税资产的，应在会计报表附注中进行披露。

对于按照税法规定可以结转以后年度的未弥补亏损和税款抵减,应视同可抵扣暂时性差异处理。在有关的亏损或税款抵减金额得到税务部门认可或预计能够得到税务部门认可且预计可利用未弥补亏损或税款抵减的未来期间内能够取得足够的应纳税所得额时，除会计准则中规定不予确认的情况外，应当以很可能取得的应纳税所得额为限，确认相应的递延所得税资产，同时减少确认当期的所得税费用。

同递延所得税负债的计量原则相一致，确认递延所得税资产时，应当以预期收回该资产期间的适用所得税税率为基础计算确定。另外，无论相关的可抵扣暂时性差异转回期间如何，递延所得税资产均不要求折现。

递延所得税资产和递延所得税负债的确认如图9-1所示。

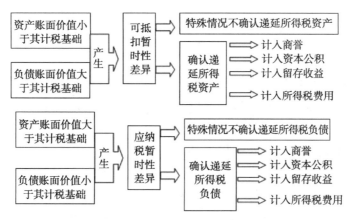

图9-1 递延所得税资产和递延所得税负债的确认

例9-13 A企业对B企业进行吸收合并,以增发市场价值为15 000万元的自身普通股作为支付对价购入B企业100%的净资产,合并前A企业与B企业不存在任何关联方关系。该项合并符合税法规定的免税条件,交易各方选择免税处理,B企业适用的所得税税率为25%。购买日B企业各项可辨认资产、负债的公允价值及其计税基础如表9-1所示。

表9-1 购买日B企业各项可辨认资产、负债的公允价值及其计税基础　　　单位:万元

项　目	公允价值	计税基础	应纳税暂时性差异	可抵扣暂时性差异
固定资产	6 750	3 875	2 875	
应收账款	5 250	5 250		
存货	4 350	3 100	1 250	
其他应付款	(750)	0		750
应付账款	(3 000)	(3 000)		
不包括递延所得税的可辨认资产、负债的公允价值	12 600	9 225	4 125	750

分析:可辨认净资产公允价值=12 600(万元);递延所得税资产=750×25%=187.5(万元);递延所得税负债=4 125×25%=1 031.25(万元);考虑递延所得税后可辨认资产、负债的公允价值=12 600+187.5-1 031.25=11 756.25(万元);商誉=企业合并成本-考虑递延所得税后可辨认资产、负债的公允价值=15 000-11 756.25=3 243.75(万元)。

因为该项合并符合税法规定的特殊性税务处理条件,购买方在合并中取得的被购买方有关资产、负债维持其原计税基础不变。按照会计准则规定,不再对该商誉确认相关的所得税影响。

例9-14 A企业进行内部研究开发形成的无形资产成本为1 200万元,按照税法规定可予未来期间税前扣除的金额为1 800万元,其计税基础为1 800万元。

分析:该项无形资产并非产生于企业合并,同时在初始确认时既不影响会计利润也不影响应纳税所得额,若确认其账面价值与计税基础之间产生暂时性差异的所得税影

响,需要调整该项资产的初始入账成本,影响对其历史成本的反映。会计准则规定在这种情况下,因该资产并非产生于企业合并,同时在初始确认时既不影响会计利润也不影响应纳税所得额,不应确认相关的递延所得税资产。

(三)特殊交易或事项中涉及递延所得税的确认和计量

1. 与直接计入所有者权益的交易或事项相关的所得税

与当期及以前期间直接计入所有者权益的交易或事项相关的当期所得税及递延所得税应当计入所有者权益。直接计入所有者权益的交易或事项主要有:会计政策变更采用追溯调整法或对前期差错更正采用追溯重述法调整期初留存收益、以公允价值计量且其变动计入其他综合收益的金融资产公允价值的变动金额、同时包含负债及权益成分的金融工具在初始确认时计入所有者权益、自用房地产转为采用公允价值模式计量的投资性房地产时公允价值大于原账面价值的差额计入其他综合收益等。

2. 与企业合并相关的递延所得税

在企业合并中,购买方取得的可抵扣暂时性差异,例如,购买日取得的被购买方在以前期间发生的未弥补亏损等可抵扣暂时性差异,按照税法规定可以用于抵减以后年度应纳税所得额,但在购买日不符合递延所得税资产确认条件而不予以确认。购买日后12个月内,如取得新的或进一步的信息表明购买日的相关情况已经存在,预期被购买方在购买日可抵扣暂时性差异带来的经济利益能够实现的,应当确认相关的递延所得税资产,同时减少商誉,商誉不足冲减的,差额部分确认为当期损益;除上述情况以外,确认与企业合并相关的递延所得税资产,应当计入当期损益。

3. 与股份支付相关的当期及递延所得税

与股份支付相关的支出在按照会计准则规定确认为成本费用时,其相关的所得税影响应区别于税法的规定进行处理:如果税法规定与股份支付相关的支出不允许税前扣除,则不形成暂时性差异;如果税法规定与股份支付相关的支出允许税前扣除,在按照会计准则规定确认成本费用的期间,企业应当根据会计期末取得的信息估计可税前扣除的金额计算确定其计税基础及由此产生的暂时性差异,符合确认条件的情况下,应当确认相关的递延所得税。

根据相关税法规定,对于附有业绩条件或服务条件的股权激励计划,企业按照会计准则的相关规定确认的成本费用在等待期内不得税前抵扣,待股权激励计划可行权时方可抵扣,可抵扣的金额为实际行权时的股票公允价值与激励对象支付的行权金额之间的差额。因此,企业未来可以在税前抵扣的金额与等待期内确认的成本费用金额很可能存在差异。企业应根据期末的股票价格估计未来可以税前抵扣的金额,以未来期间很可能取得的应纳税所得额为限确认递延所得税资产。此外,如果预计未来期间可抵扣的金额超过等待期内确认的成本费用,超出部分形成的递延所得税资产应直接计入所有者权益,而不是计入当期损益。

4. 与单项交易相关的递延所得税

对于不是企业合并、交易发生时既不影响会计利润也不影响应纳税所得额(或可抵扣亏损),且初始确认的资产和负债导致产生等额应纳税暂时性差异和可抵扣暂时性差异的单项交易(包括承租人在租赁期开始日初始确认租赁负债并计入使用权资产的租赁交易,以及因固定资产等存在弃置义务而确认预计负债并计入相关资产成本的交易等,以下简称单项交易),不适用上述关于豁免初始确认递延所得税负债和递延所得税资产的规定。企业对该单项交易因资产和负债的初始确认所产生的应纳税暂时性差异和可抵扣暂时性差异,应当在交易发生时分别确认相应的递延所得税负债和递延所得税资产。

例9-15 20×2年1月1日,承租人甲公司与出租人乙公司签订为期7年的商铺租赁合同。每年的租赁付款额为450 000元(不含税),在每年年末支付。甲公司无法确定租赁内含利率,其增量借款利率为5.04%。在租赁期开始日(即20×2年1月1日,下同),甲公司按租赁付款额的现值所确认的租赁负债为2 600 000元,甲公司已支付与该租赁相关的初始直接费用50 000元。甲公司在租赁期内按照直线法对使用权资产计提折旧。假定按照适用税法规定,该交易属于税法上的经营租赁,甲公司支付的初始直接费用于实际发生时一次性税前扣除,每期支付的租金允许在支付当期进行税前抵扣,甲公司适用的所得税税率为25%。假设甲公司未来期间能够取得足够的应纳税所得额用以抵扣可抵扣暂时性差异,不考虑其他因素。

分析: 在租赁期开始日,甲公司租赁负债的账面价值为2 600 000元,计税基础(即账面价值减去未来期间计算应纳税所得额时按照税法规定可予抵扣的金额)为0,产生可抵扣暂时性差异2 600 000元;甲公司使用权资产的账面价值为2 650 000(2 600 000 + 50 000)元,其中按照与租赁负债等额确认的使用权资产部分(2 600 000元)的计税基础(即收回资产账面价值过程中计算应纳税所得额时按照税法规定可以自应税经济利益中抵扣的金额)为0,产生应纳税暂时性差异2 600 000元。

按照会计准则的规定,甲公司在上述租赁交易中,租赁负债及按照与租赁负债等额确认的使用权资产部分,其账面价值与计税基础之间的暂时性差异,均满足递延所得税确认条件,因此应当分别确认递延所得税资产及递延所得税负债。

本例中,计入甲公司使用权资产的租赁初始直接费用的账面价值为50 000元,计税基础为0(根据税法规定初始直接费用已从支付当年应纳税所得额中全额扣除,因此未来收回资产账面价值过程中计算应纳税所得额时按照税法规定可以自应税经济利益中进一步抵扣的金额为0),产生应纳税暂时性差异50 000元;同时,由于该初始直接费用影响交易发生时的应纳税所得额,因此不适用豁免初始确认递延所得税负债的规定,甲公司应当就该初始直接费用相关的暂时性差异确认相应的递延所得税负债。

租赁期开始日甲公司确认的使用权资产与租赁负债及其递延所得税情况如表9-2所示。

表9-2 租赁期开始日甲公司确认的使用权资产与租赁负债及其递延所得税情况　　单位:元

项目	账面价值	计税基础	可抵扣暂时性差异/ (应纳税暂时性差异)	递延所得税资产/ (递延所得税负债)
使用权资产:	2 650 000	0	(2 650 000)	(662 500)
租赁负债等额部分	2 600 000	0	(2 600 000)	(650 000)
初始直接费用	50 000	0	(50 000)	(12 500)
租赁负债:	2 600 000	0	2 600 000	650 000

(1)租赁期开始日,甲公司关于递延所得税影响的账务处理。

借：递延所得税资产　　　　　　　　　　650 000（2 600 000×25%）
　　所得税费用　　　　　　　　　　　　 12 500
　贷：递延所得税负债　　　　　　　　　　662 500[（2 600 000＋50 000）×25%]

注：甲公司关于租赁交易等账务处理略，下同。

（2）租赁期第1年，甲公司计提租赁负债利息131 040（2 600 000×5.04%）元，甲公司向乙公司支付第1年的租赁付款额450 000元，甲公司租赁期第1年年末租赁负债账面价值为2 281 040（2 600 000＋131 040－450 000）元，与年初相比，租赁负债账面价值减少318 960元，相关的可抵扣暂时性差异亦减少318 960元。甲公司相应调整递延所得税资产的账面价值，账务处理如下。

借：所得税费用　　　　　　　　　　　　79 740（318 960×25%）
　贷：递延所得税资产　　　　　　　　　　79 740

同时，甲公司使用权资产在初始确认时的账面价值（未计提折旧前）为2 650 000元，按直线法在7年内计提折旧，年折旧费为378 571元。租赁期第1年年末，使用权资产的账面价值减少378 571元，相关的应纳税暂时性差异亦减少378 571元。甲公司相应调整递延所得税负债的账面价值，账务处理如下。

借：递延所得税负债　　　　　　　　　　94 643（378 571×25%）
　贷：所得税费用　　　　　　　　　　　　94 643

（3）租赁期第2年及以后年度，甲公司比照第1年进行账务处理，具体账务处理略。

甲公司关于该租赁交易产生的所得税相关项目应当按照《企业会计准则第18号——所得税》等有关规定在财务报表中进行列示和披露。

注：450 000×（P/A，5.04%，7）＝2 600 098（元），为便于计算，本例中做尾数调整，取2 600 000元。

5. 发行方分类为权益工具的金融工具相关股利的所得税影响

对于企业（指发行方）按照《企业会计准则第37号——金融工具列报》等规定分类为权益工具的金融工具，相关股利支出按照税收政策相关规定在企业所得税前扣除的，企业应当在确认应付股利时，确认与股利相关的所得税影响。该股利的所得税影响通常与过去产生可供分配利润的交易或事项更为直接相关，企业应当按照与过去产生可供分配利润的交易或事项时所采用的会计处理相一致的方式，将股利的所得税影响计入当期损益或所有者权益项目（含其他综合收益项目）。对于所分配的利润来源于以前产生损益的交易或事项，该股利的所得税影响应当计入当期损益；对于所分配的利润来源于以前确认在所有者权益中的交易或事项，该股利的所得税影响应当计入所有者权益项目。

（四）适用税率化对已确认递延所得税资产和递延所得税负债的影响

因税收法规的变化，企业在某一会计期间适用的所得税税率发生变化的，企业应对已确认的递延所得税资产和递延所得税负债按照新的税率进行重新计量。除直接计入所有者权益的交易或事项产生的递延所得税资产及递延所得税负债，相关的调整金额应计入所有者权益以外，其他情况下因税率变化产生的调整金额应确认为税率变化当期的所得税费用（或收益）。

(五)递延所得税费用的确认与计量

一般情况下,企业在确认递延所得税资产和递延所得税负债时,对应会产生递延所得税费用。递延所得税是指按照所得税准则规定应予确认的递延所得税资产和递延所得税负债金额,即递延所得税资产及递延所得税负债当期发生额的综合结果,但不包括直接计入所有者权益的交易或事项对所得税的影响,即

递延所得税费用=(递延所得税负债的期末余额-递延所得税负债的期初余额)-(递延所得税资产的期末余额-递延所得税资产的期初余额)

应予说明的是,企业因确认递延所得税资产和递延所得税负债产生的递延所得税,一般应当计入所得税费用,但以下两种情况除外:①某项交易或事项按照会计准则规定应计入所有者权益的,由该交易或事项产生的递延所得税资产或递延所得税负债及其变化亦应计入所有者权益,不构成利润表中的递延所得税费用(或收益)。②企业合并中取得的资产、负债,其账面价值与计税基础不同,应确认相关递延所得税的,该递延所得税的确认影响合并中产生的商誉或是计入合并当期损益的金额,不影响所得税费用。

(六)当期所得税费用

当期所得税是指企业按照税法规定计算确定的针对当期发生的交易和事项,应交纳给税务部门的所得税金额,即当期应交所得税。企业在确定当期应交所得税时,对于当期发生的交易或事项,会计处理与税法处理不同,应在会计利润的基础上,按照适用税收法规的规定进行调整,计算出当期应纳税所得额,按照应纳税所得额与适用所得税税率计算当期应交所得税。一般情况下,应纳税所得额可在会计利润的基础上,考虑会计与税收之间的差异,按照以下公式计算确定。

应纳税所得额=会计利润+按照会计准则规定计入利润表但计税时不允许税前扣除的费用±计入利润表的费用与按照税法规定可予税前抵扣的金额之间的差额±计入利润表的收入与按照税法规定应计入应纳税所得额的收入之间的差额-税法规定的不征税收入±其他需要调整的因素

当期所得税费用=当期应交所得税=应纳税所得额×适用的所得税税率

(七)所得税费用

计算确定了当期所得税及递延所得税以后,利润表中应予确认的所得税费用为两者之和,即所得税费用=当期所得税+递延所得税。

例 9-16 某企业 20×3 年 12 月 31 日资产负债表中有关项目金额及其计税基础如表 9-3 所示。

表 9-3 有关项目金额及其计税基础   单位:元

项目	账面价值	计税基础	暂时性差异	
			应纳税暂时性差异	可抵扣暂时性差异
以公允价值计量且其变动计入其他综合收益的金融资产	4 000 000	3 000 000	1 000 000	
固定资产	3 000 000	3 400 000		400 000
合计			1 000 000	400 000

除上述项目外，该企业其他资产、负债的账面价值与其计税基础不存在差异，且递延所得税资产和递延所得税负债不存在期初余额，适用的所得税税率为25%。假定当期按照税法规定计算确定的应交所得税为1 000 000元。该企业预计在未来期间能够产生足够的应纳税所得额用来抵扣可抵扣暂时性差异。

分析：该企业计算确认的递延所得税负债、递延所得税资产、递延所得税费用以及所得税费用如下。

递延所得税负债＝1 000 000×25%＝250 000（元）

递延所得税资产＝400 000×25%＝100 000（元）

递延所得税费用＝－100 000（元）

所得税费用＝1 000 000－100 000＝900 000（元）

该企业所编制的所得税会计分录为

借：所得税费用——当期所得税费用　　　　　　　　　　　　　　1 000 000
　　贷：应交税费——应交所得税　　　　　　　　　　　　　　　　　　　1 000 000
借：递延所得税资产　　　　　　　　　　　　　　　　　　　　　　　100 000
　　贷：所得税费用——递延所得税费用　　　　　　　　　　　　　　　　　 100 000
借：其他综合收益　　　　　　　　　　　　　　　　　　　　　　　　250 000
　　贷：递延所得税负债　　　　　　　　　　　　　　　　　　　　　　　　250 000

例9-17　某企业20×2年12月31日资产负债表中资产、负债的账面价值与其计税基础不存在差异，且递延所得税资产和递延所得税负债不存在期初余额，适用的所得税税率为33%。该企业20×2年发生亏损2 000 000元。假定该企业预计在未来5年期间每年能够产生1 000 000元的应纳税所得额，20×3年适用的所得税税率为33%，20×4年及以后适用的所得税税率为25%。该企业计算确认的递延所得税资产如下。

递延所得税资产＝1 000 000×33%＋1 000 000×25%＝580 000（元）

20×2年该企业的所得税会计分录为

借：递延所得税资产　　　　　　　　　　　　　　　　　　　　　　　580 000
　　贷：所得税费用——递延所得税费用　　　　　　　　　　　　　　　　　 580 000

假定20×3年该企业应纳税所得额为800 000元，该企业预计在未来4年期间每年能够产生800 000元的应纳税所得额，则

年末递延所得税资产＝1 200 000×25%＝300 000（元）

年初递延所得税资产＝580 000（元）

当年递延所得税资产减少额＝580 000－300 000＝280 000（元）

20×3年该企业的所得税会计分录为

借：所得税费用——递延所得税费用　　　　　　　　　　　　　　　　280 000
　　贷：递延所得税资产　　　　　　　　　　　　　　　　　　　　　　　　280 000

假定20×4年该企业应纳税所得额为200 000元，该企业预计在未来3年期间每年能够产生200 000元的应纳税所得额，则

年末递延所得税资产＝600 000×25%＝150 000（元）

年初递延所得税资产＝300 000（元）

当年递延所得税资产减少额＝300 000－150 000＝150 000（元）

20×4年该企业的所得税会计分录为

借：所得税费用——递延所得税费用 150 000
  贷：递延所得税资产 150 000

假定20×5年该企业应纳税所得额为300 000元，该企业预计在未来2年期间每年能够产生400 000元的应纳税所得额，则

年末递延所得税资产 = 700 000 × 25% = 175 000（元）
年初递延所得税资产 = 150 000（元）
当年递延所得税资产增加额 = 175 000 - 150 000 = 25 000（元）

20×5年该企业的所得税会计分录为

借：递延所得税资产 25 000
  贷：所得税费用——递延所得税费用 25 000

例9-18 A企业于20×2年12月底购入一台机器设备，成本为525 000元，预计使用年限为6年，预计净残值为零。会计上采用直线法计提折旧，因该设备符合税法规定的税收优惠条件，计税时可采用年数总和法计提折旧，假定税法规定的使用年限及净残值与会计相同。除该项固定资产产生的会计与税法之间的差异外，不存在其他会计与税收的差异。

该企业每年因固定资产账面价值与计税基础不同应予确认的递延所得税情况如表9-4所示。

表9-4   20×3年至20×8年A企业递延所得税情况   单位：元

项目	20×3年	20×4年	20×5年	20×6年	20×7年	20×8年
取得成本	525 000	525 000	525 000	525 000	525 000	525 000
会计折旧	87 500	87 500	87 500	87 500	87 500	87 500
税法折旧	150 000	125 000	100 000	75 000	50 000	25 000
账面价值	437 500	350 000	262 500	175 000	87 500	0
计税基础	375 000	250 000	150 000	75 000	25 000	0
暂时性差异余额	62 500	100 000	112 500	100 000	62 500	0
适用税率	25%	25%	25%	25%	25%	25%
递延所得税负债余额	15 625	25 000	28 125	25 000	15 625	0

分析：本期递延所得税负债发生额 = 期末递延所得税负债 - 期初递延所得税负债

（1）20×3年。

借：所得税费用——递延所得税费用 15 625
  贷：递延所得税负债 15 625

（2）20×4年。

借：所得税费用——递延所得税费用 9 375
  贷：递延所得税负债 9 375

（3）20×5年。

借：所得税费用——递延所得税费用 3 125
  贷：递延所得税负债 3 125

（4）20×6年。

借：递延所得税负债 3 125
  贷：所得税费用——递延所得税费用 3 125

（5）20×7年。
借：递延所得税负债　　　　　　　　　　　　　　　　　　　9 375
　　贷：所得税费用——递延所得税费用　　　　　　　　　　　　9 375
（6）20×8年。
借：递延所得税负债　　　　　　　　　　　　　　　　　　　15 625
　　贷：所得税费用——递延所得税费用　　　　　　　　　　　　15 625

例9-19　A企业20×2年利润表中的利润总额为3 000万元，该公司适用的所得税税率为25%。递延所得税资产及递延所得税负债不存在期初余额。与所得税核算有关的情况如下。

（1）20×2年1月开始计提折旧的一项固定资产，成本为1 500万元，使用年限为10年，净残值为0，会计处理按双倍余额递减法计提折旧，税收处理按直线法计提折旧。假定税法规定的使用年限及净残值与会计规定相同。

（2）向关联企业捐赠现金500万元。按照税法规定，企业向关联方的捐赠不允许税前扣除。

（3）当期取得作为交易性金融资产核算的股票投资成本为800万元，20×2年12月31日的公允价值为1 200万元。根据税法规定，以公允价值计量的金融资产持有期间市价变动不计入应纳税所得额。

（4）违反环保法规应支付罚款250万元。

（5）期末对持有的存货计提了75万元的存货跌价准备。

分析：A企业20×2年资产负债表相关项目金额及计税基础如表9-5所示。

表9-5　A企业20×2年资产负债表相关项目金额及计税基础　　　　单位：万元

项　目	账面价值	计税基础	应纳税暂时性差异	可抵扣暂时性差异
存货	2 000	2 075		75
固定资产	1 200	1 350		150
交易性金融资产	1 200	800	400	
其他应付款	250	250		
总计			400	225

（1）20×2年应纳税所得额＝3 000＋150＋500－400＋250＋75＝3 575（万元）。

当期应交所得税＝3 575×25%＝893.75（万元）。

（2）递延所得税。

递延所得税资产＝225×25%＝56.25（万元）。

递延所得税负债＝400×25%＝100（万元）。

递延所得税＝100－56.25＝43.75（万元）。

（3）所得税费用＝当期所得税费用＋递延所得税费用＝893.75＋43.75＝937.5（万元），确认所得税费用的账务处理如下。

借：所得税费用　　　　　　　　　　　　　　　　　　　　9 375 000
　　递延所得税资产　　　　　　　　　　　　　　　　　　　562 500
　　贷：应交税费——应交所得税　　　　　　　　　　　　　　8 937 500
　　　　递延所得税负债　　　　　　　　　　　　　　　　　　1 000 000

例 9-20 承例 9-19，假定 A 企业 20×3 年当期应交所得税为 1 155 万元。资产负债表中有关资产、负债的账面价值与其计税基础资料如表 9-6 所示，除所列项目外，其他资产、负债项目不存在会计和税收的差异。

表 9-6 资产负债表中有关资产、负债的账面价值与其计税基础资料　　单位：万元

项　目	账面价值	计税基础	应纳税暂时性差异	可抵扣暂时性差异
存货	4 000	4 200		200
固定资产	910	1 200		290
交易性金融资产	1 675	1 000	675	
预计负债	250	0		250
总计			675	740

分析：

（1）当期应交所得税：1 155 万元。

（2）递延所得税。

期末递延所得税负债 = 675 × 25% = 168.75（万元）。

期初递延所得税负债：100 万元。

递延所得税负债增加：68.75 万元。

期末递延所得税资产 = 740 × 25% = 185（万元）。

期初递延所得税资产：56.25 万元。

递延所得税资产增加：128.75 万元。

递延所得税 = 68.75 - 128.75 = -60 万元（收益）。

（3）所得税费用 = 当期所得税费用 + 递延所得税费用 = 1 155 - 60 = 1 095（万元），确认所得税费用的账务处理如下。

借：所得税费用　　　　　　　　　　　　　　　　　　　　　10 950 000
　　递延所得税资产　　　　　　　　　　　　　　　　　　　　1 287 500
　　贷：应交税费——应交所得税　　　　　　　　　　　　　　　11 550 000
　　　　递延所得税负债　　　　　　　　　　　　　　　　　　　　687 500

第三节　所得税会计处理方法的演变

我国所得税会计的处理方法主要经历了从应付税款法到利润表递延法和利润表债务法以及正在实行的资产负债表债务法的演进，这一演进过程揭示了会计准则从利润表到资产负债表的重心转移，加强了会计信息的可比性，提高了会计信息质量，也与国际会计准则保持了趋同。了解这些所得税会计处理方法的差别，能帮助我们更深刻地理解现行会计准则按资产负债表债务法处理所得税会计问题的经济含义。

应付税款法要求企业按税法规定计算的纳税所得为依据计算应缴纳所得税，并列作所得税费用处理。

利润表递延法要求把本期由于时间性差异而产生的影响纳税的金额，保留到这一差异发生相反变化的以后期间予以转销。当税率变更或开征新税，不需要调整税率的变更

或新税的征收对"递延税款"余额的影响。

利润表债务法首先计算当期所得税费用,然后根据当期所得税费用与当期应纳税额之间的差额,倒挤出本期发生的递延税款。

资产负债表债务法以资产负债表为基础,根据暂时性差异首先计算出资产负债表期末递延所得税资产和递延所得税负债,然后根据当期应纳税额剔除直接计入权益部分后,倒挤出利润表的当期所得税。

图 9-2 展示了上述方法间的分类关系。

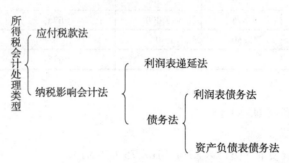

图 9-2 所得税会计处理方法

一、应付税款法

应付税款法对所得税不进行跨期分摊,对会计收益与应纳税所得额之间的暂时性差异和永久性差异不做明确的区分,将它们都放在当期进行确认。应付税款法的特点是:①本期所得税费用就是按照应税所得与适用的所得税税率计算的应交所得税;②本期从净利润中扣除的所得税费用等于本期应交的所得税;③暂时性差异产生的影响所得税的金额均在当期确认所得税费用,在财务报表中不反映为一项负债或一项资产。企业要以按税法规定计算的纳税所得为依据计算应缴纳的所得税,借记"所得税费用",贷记"应交税费——应交所得税"。

例 9-21 某企业核定的全年计税工资总额为 200 000 元,20×2 年实际发放的工资总额为 240 000 元。该企业固定资产折旧采用直线法,本年折旧额为 100 000 元。按照税法规定采用双倍余额递减法,本年折旧额为 130 000 元。该企业 20×2 年的税前会计利润为 300 000 元,所得税税率为 25%。有关计算及编制的会计分录如下。

应纳税所得额 = 300 000 + 40 000 - 30 000 = 310 000(元)。

本期应交所得税 = 310 000 × 25% = 77 500(元)。

本期所得税费用 = 77 500(元)。

借:所得税费用　　　　　　　　　　　　　　　　　　　　　　　77 500
　　贷:应交税费——应交所得税　　　　　　　　　　　　　　　　　　77 500

二、利润表递延法和利润表债务法

应付税款法不确认时间性差异对所得税的影响金额,但是在利润表的递延法和债务法下,则需要确认时间性差异的所得税影响,并将确认的时间性差异计入"递延税款"的借方或贷方,同时确认所得税费用。时间性差异概念是在收益表递延法和债务法会计处理中的基本概念。时间性差异是指税法与会计准则确认收益、费用或损失的时间不同而产生的税前会计利润与应纳税所得额之间的差异。暂时性差异概念出现在资产负债表债务法的处理中。此外,这两种处理方法主要强调"配比"原则,以利润表为导向。只有影响当期利润总额的时间性差异才会影响应纳税所得额,不影响当期利润总额的时间性差异不确认为递延税款的借方或贷方。

例 9-22 某公司每年税前利润总额为 1 000 万元,20×1 年预计了 200 万元的产品保修费用,实际支付发生于 20×2 年,适用的所得税税率为 25%。分析在应付税款法下和递延法下的所得税会计处理。

分析:在会计处理方面,产品保修费用计入销售费用,能在当期利润中扣除,但税法规定保修费用于实际发生时税前扣除,因此产生会计和税法上的差异。

(1) 应付税款法下的所得税处理。

应付税款法下的所得税处理如表 9-7 所示。

表 9-7 应付税款法下的所得税处理　　　　　　　　　单位:万元

项　目	20×1 年	20×2 年
(会计) 保修费用	200	0
(会计) 利润总额	1 000	1 000
(税务) 保修费用	0	200
应纳税所得额	1 000 + 200 = 1 200	1 000 − 200 = 800
当期应纳税额	1 200 × 25% = 300	800 × 25% = 200
所得税费用	300	200
净利润	1 000 − 300 = 700	1 000 − 200 = 800

(2) 利润表递延法下的所得税处理。

利润表递延法下的所得税处理如表 9-8 所示。

表 9-8 利润表递延法下的所得税处理　　　　　　　　单位:万元

项　目	20×1 年	20×2 年
(会计) 保修费用	200	0
(会计) 利润总额	1 000	1 000
(税务) 保修费用	0	200
应纳税所得额	1 000 + 200 = 1 200	1 000 − 200 = 800
当期应纳税额	1 200 × 25% = 300	800 × 25% = 200
递延所得税	200 × 25% = 50	−200 × 25% = −50
所得税费用	300 − 50 = 250	200 + 50 = 250
净利润	1 000 − 250 = 750	1 000 − 250 = 750

利润表递延法是将本期暂时性差异产生的影响所得税的金额,递延和分配到以后各期,并同时转回原已确认的暂时性差异对本期所得税的影响金额。在递延法下,企业的所得税费用由两部分组成:第一部分是本期应交所得税,本期应交所得税等于应纳税所得额乘以所得税税率;第二部分是本期发生的暂时性差异产生的递延税款或本期转回的暂时性差异产生的递延税款。本期发生的暂时性差异的所得税影响额按照现行税率计

算，而在本期转回的暂时性差异的所得税影响额，无论税率是否发生变化，都按照前期确认递延税款的历史税率进行计算。

在利润表债务法下，本期的所得税费用包括：第一，本期应交所得税；第二，本期发生或转回的暂时性差异所产生的递延税款；第三，税率变更导致的，按照现行税率对前期确认的递延税款账面余额进行调整的金额。因此，在债务法下，不论是本期产生的暂时性差异还是前期暂时性差异的所得税影响金额，都必须按照现行的税率进行计算——包括前期暂时性差异导致的所得税影响金额按照现行的税率进行调整。

可见，在所得税税率不发生变化的情况下，利润表递延法和利润表债务法的做法是相同的，而当所得税税率发生变化时，两者的做法是不同的。

1. 税率不变情况下的会计处理

例 9-23 某企业 2005 年 12 月 25 日购入一台设备，原价为 60 000 元，预计净残值 300 元。按照税法规定可按年数总和法计提折旧，折旧年限 4 年，会计上采用直线法计提折旧，折旧年限 5 年。在其他因素不变的情况下，假设该企业每年实现的税前会计利润为 25 000 元（无其他纳税调整事项），企业适用的所得税税率为 33%。2006—2010 年会计折旧和税法折旧如表 9-9 所示。

表 9-9　2006—2010 年会计折旧和税法折旧　　　　　　　单位：元

项目	2006 年	2007 年	2008 年	2009 年	2010 年
会计折旧	11 940	11 940	11 940	11 940	11 940
税法折旧	23 880	17 910	11 940	5 970	0

根据表 9-9 的资料，分别采用利润表递延法和利润表债务法对企业的所得税进行处理。

（1）利润表递延法。

利润表递延法如表 9-10 所示。

表 9-10　利润表递延法　　　　　　　单位：元

项目	2006 年	2007 年	2008 年	2009 年	2010 年
税前会计利润	25 000	25 000	25 000	25 000	25 000
会计折旧	11 940	11 940	11 940	11 940	11 940
税法折旧	23 880	17 910	11 940	5 970	0
账面价值	48 060	36 120	24 180	12 240	300
计税基础	36 120	18 210	6 270	300	300
时间性差异	(11 940)	(5 970)	0	5 970	11 940
累计时间性差异	(11 940)	(17 910)	(17 910)	(11 940)	0
应税所得额	13 060	19 030	25 000	30 970	36 940
所得税税率	33%	33%	33%	33%	33%
当期应交所得税	(4 309.8)	(6 279.9)	(8 250)	(10 220.1)	(12 190.2)
递延税款	(3 940.2)	(1 970.1)	0	1 970.1	3 940.2
所得税费用	8 250	8 250	8 250	8 250	8 250

注：当期应交所得税和递延税款项目的金额加括号的金额表示贷方。

(2)利润表债务法。

在税率不变的情况下,利润表债务法的做法同上。

2. 税率发生变动情况下的会计处理

例 9-24 沿用例 9-23 的资料,另外假设 2006—2007 年所得税税率为 33%,从 2008 年起所得税税率改为 25%。根据本例资料,分别采用收益表递延法和收益表债务法对企业的所得税进行处理。

(1)利润表递延法。

利润表递延法如表 9-11 所示。

表 9-11 利润表递延法 元

项目	2006 年	2007 年	2008 年	2009 年	2010 年
税前会计利润	25 000	25 000	25 000	25 000	25 000
会计折旧	11 940	11 940	11 940	11 940	11 940
税法折旧	23 880	17 910	11 940	5 970	0
账面价值	48 060	36 120	24 180	12 240	300
计税基础	36 120	18 210	6 270	300	300
时间性差异	(11 940)	(5 970)	0	5 970	11 940
应税所得额	13 060	19 030	25 000	30 970	36 940
所得税税率	33%	33%	25%	25%	25%
本期应交所得税	(4 309.8)	(6 279.9)	(6 250)	(7 742.5)	(9 235)
本期递延税款发生额	(3 940.2)	(1 970.1)	0	1 970.1	3 940.2
所得税费用	8 250	8 250	6 250	5 772.4	5 294.8

① 2006 年。

本期发生的递延税款 = 时间性差异 × 33% = 11 940 × 33% = 3 940.2(元)。

借:所得税费用 8 250
  贷:应交税费——应交所得税 4 309.8
    递延税款 3 940.2

② 2007 年。

本期发生的递延税款 = 时间性差异 × 33% = 5 970 × 33% = 1 970.1(元)。

借:所得税费用 8 250
  贷:应交税费——应交所得税 6 279.9
    递延税款 1 970.1

③ 2008 年。

本期发生的递延税款 = 时间性差异 × 25% = 0 × 25% = 0(元)。

借:所得税费用 6 250
  贷:应交税费——应交所得税 6 250

④ 2009 年。

本期转回的递延税款 = 时间性差异 × 33% = 5 970 × 33% = 1 970.1(元)。

借：所得税费用	5 772.4
递延税款	1 970.1
贷：应交税费——应交所得税	7 742.5

⑤2010年。

本期转回的递延税款＝时间性差异×33%＝11 940×33%＝3 940.2（元）。

借：所得税费用	5 294.8
递延税款	3 940.2
贷：应交税费——应交所得税	9 235

分析：2006年和2007年时间性差异形成时的税率为33%，2008年时间性差异形成时的税率为25%，而时间性差异转回的临界点是2009年，那么从2009年开始前期转回的时间性差异按照33%的税率进行转回。

（2）利润表债务法。

利润表债务法如表9-12所示。

表9-12　利润表债务法　　　　　　　　　　　　　　　　　　　　单位：元

项　目	2006年	2007年	2008年	2009年	2010年
税前会计利润	25 000	25 000	25 000	25 000	25 000
会计折旧	11 940	11 940	11 940	11 940	11 940
税法折旧	23 880	17 910	11 940	5 970	0
账面价值	48 060	36 120	24 180	12 240	300
计税基础	36 120	18 210	6 270	300	300
时间性差异	（11 940）	（5 970）	0	5 970	11 940
累计时间性差异余额	（11 940）	（17 910）	（17 910）	（11 940）	0
应税所得额	13 060	19 030	25 000	30 970	36 940
所得税税率	33%	33%	25%	25%	25%
本期应交所得税	（4 309.8）	（6 279.9）	（6 250）	（7 742.5）	（9 235）
递延税款余额	（3 940.2）	（5 910.3）	（4 477.5）	（2 985）	0
本期递延税款发生额	（3 940.2）	（1 970.1）	1 432.8	1 492.5	2 985
所得税费用	8 250	8 250	4 817.2	6 250	6 250

①2006年。

本期发生的递延税款＝时间性差异×33%＝11 940×33%＝3 940.2（元）

借：所得税费用	8 250
贷：应交税费——应交所得税	4 309.8
递延税款	3 940.2

②2007年。

本期发生的递延税款＝时间性差异×33%＝5 970×33%＝1 970.1（元）

借：所得税费用	8 250
贷：应交税费——应交所得税	6 279.9
递延税款	1 970.1

③2008 年。

本期发生的递延税款 = 0 × 25% = 0（元）。

由于所得税税率变动调减递延税款 = （11 940 + 5 970）×（33% − 25%）= 17 910 × 8% = 1 432.8（元）。

递延税款贷方发生额 = 0 − 1 432.8 = − 1 432.8（元）。

  借：所得税费用   4 817.2
    递延税款   1 432.8
    贷：应交税费——应交所得税   6 250

④2009 年。

本期转回的递延税款 = 时间性差异 × 25% = 5 970 × 25% = 1 492.5（元）。

  借：所得税费用   6 250
    递延税款   1 492.5
    贷：应交税费——应交所得税   7 742.5

⑤2010 年。

本期转回的递延税款 = 时间性差异 × 25% = 11 940 × 25% = 2 985（元）。

  借：所得税费用   6 250
    递延税款   2 985
    贷：应交税费——应交所得税   9 235

在债务法下，期末递延税款的余额一定等于累计时间性差异的余额与现行税率的乘积，因此在税率变化的当年，本期递延税款的变动额可以直接采用期末递延税款与期初递延税款的差额，而不需要分成本期产生的时间性差异对所得税影响金额以及所得税税率变动影响递延税款的金额两部分。因此在本例中，2008 年递延税款变动额 = 17 910 × 25% − 17 910 × 33% = 4 477.5 − 5 910.3 = − 1 432.8（元），其他各年度递延税款的变动额也可参照此做法。但在递延法下，由于期末递延税款的余额不一定等于累计时间性差异的余额与现行税率的乘积，因此不能使用此方法。

三、资产负债表债务法

  我国所得税会计处理方法采用的是资产负债表债务法，在这种做法中用暂时性差异替代前面几种处理方法中的时间性差异概念。

四、四种处理方法的比较

  应付税款法与其余三种会计处理方法的主要区别是所得税无跨期分摊，不确认递延所得税。利润表递延法和利润表债务法的主要区别在于所得税税率发生变化时，是否需要对递延税款余额进行调整。

  2006 年颁布的《企业会计准则第 18 号——所得税》规定，企业的所得税会计处理采用资产负债表债务法，放弃了先前的利润表债务法。资产负债表债务法与利润表债务法的共同点在于，两者都是纳税影响《中华人民共和国会计法》的具体运用，都遵循权责发生制的核算要求。两者的不同点主要有以下几点。

  （1）关注的财务报表不同。利润表债务法关注所得税对利润表的影响，当会计和税法对同一经济事项的规定有差异，而这一差异对利润表产生影响时需确认递延税款。资产负债表债务法主要关注所得税对资产负债表的影响，当会计规定的资产和负债的账面价值和税法规定的计税基础产生差异时，则需要确认递延所得税资产或递延所得税负债（特殊情况除外）。

（2）核算递延所得税的出发点不同。利润表债务法是通过利润表项目的时间性差异，倒挤递延所得税费用，具有间接性。资产负债表债务法从资产和负债账面价值与计税基础的暂时性差异出发核算递延所得税，具有直接性。

（3）核算递延所得税的范围不同。利润表债务法核算时间性差异，资产负债表债务法核算暂时性差异。时间性差异是指由于会计和税法制度在确认费用或损失时的时间不同而产生的税前会计收益与应税收益之间的差异，在以后的一个或多个期间内可以转回。暂时性差异是指资产负债表内某项资产或负债账面价值与其按照税法规定的计税基础之间的差额，该差异在以后年度资产收回或负债清偿时，会产生应税利润或可抵扣金额。暂时性差异除了包括时间性差异外，还包括非时间性差异。非时间性差异主要包括：①资产评估增值或减值，会计上做了相应处理，但计税时不做相应调整。②可抵扣亏损。利润表债务法无法处理非时间性差异。

例 9-25 假设 A 公司 20×1 年 12 月购入一台先进生产设备，价值 15 000 元，无残值，会计按 3 年计提折旧，税法按 5 年计提折旧（均为直线法）。假设该公司无任何其他纳税调整事项。计算如表 9-13 和表 9-14 所示。

表 9-13　时间性差异计算　　　　　　　　　　　　　单位：元

年　度	20×2	20×3	20×4	20×5	20×6
会计折旧	5 000	5 000	5 000	0	0
税法折旧	3 000	3 000	3 000	3 000	3 000
时间性差异	(2 000)	(2 000)	(2 000)	3 000	3 000

表 9-14　暂时性差异计算　　　　　　　　　　　　　单位：元

年　度	20×2	20×3	20×4	20×5	20×6
账面价值	10 000	5 000	0	0	0
计税基础	12 000	9 000	6 000	3 000	0
暂时性差异	(2 000)	(4 000)	(6 000)	(3 000)	0

从例 9-25 中，我们可以看出：①时间性差异着重于某一会计期间税前会计利润与应纳税所得额之间的差额，反映的是一个时间段内产生或转回的差异；暂时性差异强调到某一时点为止累计的资产或负债的账面价值与计税基础之间的差额。②时间性差异体现的是"收入"概念，其差异指的是针对"会计收益"而言的差异，静态地反映了差异形成这一现象，本质上是以利润表的思路和分析方法来确认差异；暂时性差异是站在资产负债表的立场根据资产、负债的动态变化来确认差异，是一个动态的过程。③暂时性差异是时间性差异的延伸，所有的时间性差异都是暂时性差异，因为所有影响会计收益的因素事实上都会影响到资产负债表中的资产和负债。

（4）在财务报表上披露的信息不同。利润表债务法中在资产负债表上列示"递延税款"项目,该项目的资产或负债属性不明。资产负债表债务法采用符合资产和负债定义的"递延所得税资产"和"递延所得税负债"分别列示,与其他资产和负债合并列表,能更为清晰地反映企业的财务状况。

四种企业所得税的会计处理方法如表 9-15 所示。

表 9-15 四种企业所得税的会计处理方法

项 目	应付税款法	利润表递延法	利润表债务法	资产负债表债务法
是否永久性差异	√	√	√	√
是否确认时间性差异对未来所得税的影响	×	√	√	√
税率变动或开征新税时是否调整递延税款账面余额	—	×	√	√
是否按暂时性差异确认递延税款	—	—	×	√

第四节 所得税会计对企业合并的影响

企业合并,是指将两个或者两个以上单独的企业合并形成一个报告主体的交易或事项。企业合并分为同一控制下的企业合并和非同一控制下的企业合并。按照企业合并的方式,企业合并可分为吸收合并、新设合并和控股合并三种。

一、同一控制下企业合并的所得税会计处理

根据现行《企业会计准则》的规定,同一控制下合并方在企业合并中取得的资产和负债,应当按照合并日在被合并方的账面价值计量。合并方取得的净资产账面价值与支付的合并对价账面价值(或发行股份面值总额)的差额,应当调整资本公积(资本溢价或股本溢价);资本公积(资本溢价或股本溢价)不足冲减的,调整留存收益。

根据《财政部 国家税务总局关于企业重组业务企业所得税处理若干问题的通知》(财税〔2009〕59号)和《财政部 国家税务总局关于促进企业重组有关企业所得税处理问题的通知》(财税〔2014〕109号)(财税〔2014〕109号主要对股权收购和资产收购的资产比例进行了修订)规定,企业的重组包括企业法律形式改变、债务重组、股权收购、资产收购、合并以及分立。企业重组的税务处理分为一般性税务处理规定和特殊性税务处理规定。

企业重组同时符合下列条件的,适用特殊性税务处理规定:①具有合理的商业目的,且不以减少、免除或者推迟缴纳税款为主要目的。②被收购、合并或分立部分的资产或股权比例不低于被收购企业全部资产或全部股权的50%。(该比例由财税〔2009〕59号文的75%调整为财税〔2014〕109号文规定的50%)③企业重组后的连续12个月内不改变重组资产原来的实质性经营活动。④重组交易对价中涉及股权支付金额符合本通知规定比例,支付对价中的股权支付金额不低于其支付总额的85%。⑤企业重组中取得股权支付的原主要股东,在重组后连续12个月内,不得转让所取得的股权。

按照《财政部 国家税务总局关于企业重组业务企业所得税处理若干问题的通知》(财税〔2009〕59号)一般性税务处理规定,对于企业合并,当事各方应按下列规定处理:①合并企业应按公允价值确定接受被合并企业各项资产和负债的计税基础。

②被合并企业及其股东都应按清算进行所得税处理。③被合并企业的亏损不得在合并企业结转弥补。

对于企业股权收购、资产收购重组交易,相关交易应按以下规定处理:①被收购方应确认股权、资产转让所得或损失。②收购方取得股权或资产的计税基础应以公允价值为基础确定。③被收购企业的相关所得税事项原则上保持不变。

在一般性税务处理中,①吸收合并形式的企业重组,合并企业应按公允价值确定接受被合并企业各项资产和负债的计税基础。②控股合并形式的企业重组,收购方应按公允价值确定接受被收购方各项的股权或资产;被收购企业的相关所得税事项原则上保持不变。也就是说,被收购方各项可辨认资产、负债及或有负债的计税基础,税务机关是按被收购方的公允价值确定的;收购方和被收购方均应按相关资产或股权的账面价值与公允价值的差额确认资产、股权转让所得或损失,并计入应税收益中。

按照《财政部 国家税务总局关于企业重组业务企业所得税处理若干问题的通知》(财税〔2009〕59号)特殊性税务处理规定:

(1)在企业合并业务中,企业股东在该企业合并发生时取得的股权支付金额不低于其交易支付总额的85%,以及同一控制下且不需要支付对价的企业合并,可以选择按以下规定处理:①合并企业接受被合并企业资产和负债的计税基础,以被合并企业的原有计税基础确定。②被合并企业合并前的相关所得税事项由合并企业承继。③可由合并企业弥补的被合并企业亏损的限额=被合并企业净资产公允价值×截至合并业务发生当年年末国家发行的最长期限的国债利率。④被合并企业股东取得合并企业股权的计税基础,以其原持有的被合并企业股权的计税基础确定。

(2)在股权收购业务中,收购企业购买的股权不低于被收购企业全部股权的50%,且收购企业在该股权收购发生时的股权支付金额不低于其交易支付总额的85%,可以选择按以下规定处理:①被收购企业的股东取得收购企业股权的计税基础,以被收购股权的原有计税基础确定。②收购企业取得被收购企业股权的计税基础,以被收购股权的原有计税基础确定。③收购企业、被收购企业的原有各项资产和负债的计税基础和其他相关所得税事项保持不变。

也就是说,在特殊性税务处理中,①吸收合并形式的企业重组,合并企业接受被合并企业资产和负债的计税基础,以被合并企业的原有计税基础确定。②控股合并形式的企业重组,被收购企业资产和负债的计税基础保持不变。即不论在吸收合并还是在控股合并中,合并/收购企业和被合并/被收购企业的账面价值和计税基础之间均不存在差异,且不需确认股权/资产转让所得或损失。

同一控制下,合并方取得的被合并方各项资产和负债的账面价值与其计税基础之间存在差额时,应确认相应的递延所得税资产或递延所得税负债,相关的递延所得税费用或收益,调整资本公积(资本溢价或股本溢价)。

(一)同一控制下吸收合并所得税会计处理

例9-26 假定20×2年1月1日,在企业合并前A公司和B公司的资产负债表及B公司资产和负债的公允价值如表9-16所示,且A公司和B公司属于同一控制下的公司。

表 9-16　A 公司与 B 公司合并前资产负债表及 B 公司公允价值　　单位：元

项　目	A 公司账面价值	B 公司账面价值	B 公司公允价值
货币资金（银行存款）	300 000	0	0
应收票据	0	30 000	30 000
存货（库存商品）	300 000	50 000	60 000
固定资产	300 000	40 000	50 000
资产总计	900 000	120 000	140 000
短期借款	100 000	20 000	20 000
股本（每股面值 1 元）	200 000	50 000	
资本公积（股本溢价）	200 000	20 000	
盈余公积	200 000	20 000	
未分配利润	200 000	10 000	
负债和股东权益总计	900 000	120 000	

（1）假定 A 公司为了吸收合并 B 公司，发出 90 000 股面值 1 元、市价 2 元的普通股，换取 B 公司的全部普通股。在 A 公司账上记录这一合并业务的会计分录为

借：应收票据　　　　　　　　　　　　　　　　　　　　　　　　　30 000
　　库存商品　　　　　　　　　　　　　　　　　　　　　　　　　50 000
　　固定资产　　　　　　　　　　　　　　　　　　　　　　　　　40 000
　　贷：短期借款　　　　　　　　　　　　　　　　　　　　　　　20 000
　　　　股本　　　　　　　　　　　　　　　　　　　　　　　　　90 000
　　　　资本公积——股本溢价　　　　　　　　　　　　　　　　　10 000

（2）假定 A 公司为了吸收合并 B 公司，支付的代价为现金 180 000 元。在 A 公司账上记录这一合并业务的会计分录为

借：应收票据　　　　　　　　　　　　　　　　　　　　　　　　　30 000
　　库存商品　　　　　　　　　　　　　　　　　　　　　　　　　50 000
　　固定资产　　　　　　　　　　　　　　　　　　　　　　　　　40 000
　　递延所得税资产　　　　　　　　　　　　　　　　　　　　　　 5 000
　　资本公积——股本溢价　　　　　　　　　　　　　　　　　　　75 000
　　贷：短期借款　　　　　　　　　　　　　　　　　　　　　　　20 000
　　　　银行存款　　　　　　　　　　　　　　　　　　　　　　　180 000

分析：由于此为同一控制下的吸收合并，A 公司应按账面价值 100 000（120 000 - 20 000）元确认 B 公司的净资产。问题（1）属于特殊性税务处理，税务机关按原有计税基础确认 B 公司净资产，故二者不存在差异；问题（2）属于一般性税务处理，税务机关按公允价值 120 000（140 000 - 20 000）元确认 B 公司的净资产，故存在暂时性差异 20 000 元，确认 5 000 元递延所得税资产。

（二）同一控制下控股合并所得税会计处理

例 9-27　假设 A 公司和 B 公司是同一母公司下的两家子公司。20×2 年 1 月 5 日，A 公司发行了 75 000 股每股面值 1 元、市价 2 元的普通股换取了 B 公司 90% 的股份。合并前两家公司的资产负债表及 B 公司公允价值如表 9-17 所示。

表 9-17　A 公司与 B 公司合并前资产负债表及 B 公司公允价值　　　单位：元

项　目	A 公司账面价值	B 公司账面价值	B 公司公允价值
货币资金	150 000	40 000	40 000
应收票据	50 000	40 000	40 000
存货	100 000	70 000	70 000
固定资产	100 000	50 000	60 000
资产总计	400 000	200 000	210 000
短期借款	100 000	50 000	50 000
股本	225 000	75 000	
资本公积	15 000	30 000	
盈余公积	40 000	30 000	
未分配利润	20 000	15 000	
负债和股东权益总计	400 000	200 000	

在编制合并日的合并资产负债表时，应编制如下两笔调整与抵销分录。

（1）将 A 公司对 B 公司的长期股权投资与 B 公司的股东权益相互抵销，同时确认少数股东权益。

借：股本　　　　　　　　　　　　　　　　　　　　　　　　　75 000
　　资本公积　　　　　　　　　　　　　　　　　　　　　　　30 000
　　盈余公积　　　　　　　　　　　　　　　　　　　　　　　30 000
　　未分配利润　　　　　　　　　　　　　　　　　　　　　　15 000
　　贷：长期股权投资　　　　　　　　　　　　　　　　　　　135 000
　　　　少数股东权益　　　　　　　　　　　　　　　　　　　15 000

（2）B 公司盈余公积 30 000 元中归属于 A 公司的部分为 27 000 元，未分配利润 15 000 元中归属于 A 公司的部分为 13 500 元。将 40 500 元的资本公积分别转入盈余公积 27 000 元和未分配利润 13 500 元。

借：资本公积　　　　　　　　　　　　　　　　　　　　　　　40 500
　　贷：盈余公积　　　　　　　　　　　　　　　　　　　　　27 000
　　　　未分配利润　　　　　　　　　　　　　　　　　　　　13 500

二、非同一控制下企业合并的所得税会计处理

按照《企业会计准则》的规定，非同一控制下的企业合并，购买方在购买日应当按照合并中取得的被购买方各项可辨认资产、负债及或有负债的公允价值确定其入账价值。

而税法对非同一控制下的企业合并的规定，仍然是按照前述《财政部 国家税务总局关于企业重组业务企业所得税处理若干问题的通知》(财税〔2009〕59 号)的规定，即税法规定中并没有区分同一控制和非同一控制，税法规定区分的是一般性税务处理和特殊性税务处理两种情况。

因此，按照《企业会计准则》的规定，非同一控制下，若购买方取得的被购买方各项可辨认资产、负债及或有负债的公允价值与其计税基础之间存在差异的，应当确认相

应的递延所得税资产或递延所得税负债。在确认递延所得税负债或递延所得税资产的同时,相关的递延所得税费用(或收益),通常应调整企业合并中所确认的商誉。也就是说,在合并工作底稿中,需要判断在购买日各项可辨认资产或负债的公允价值与计税基础是否存在差额,如果存在差额则需要确认相应的递延所得税负债或递延所得税资产。

(一)非同一控制下吸收合并所得税会计处理

例 9-28 假定 20×2 年 1 月 1 日,在企业合并前 A 公司和 B 公司的资产负债表以及 B 公司资产和负债的公允价值如表 9-18 所示,且 A 公司和 B 公司属于非同一控制下的两家公司。

表 9-18　A 公司与 B 公司合并前资产负债表及 B 公司公允价值　　　　单位:元

项 目	A 公司账面价值	B 公司账面价值	B 公司公允价值
货币资金(银行存款)	300 000	0	0
应收票据	0	30 000	30 000
存货(库存商品)	300 000	50 000	60 000
固定资产	300 000	40 000	50 000
资产总计	900 000	120 000	140 000
短期借款	100 000	20 000	20 000
股本(每股面值1元)	200 000	50 000	
资本公积(股本溢价)	200 000	20 000	
盈余公积	200 000	20 000	
未分配利润	200 000	10 000	
负债和股东权益总计	900 000	120 000	

(1)假定 A 公司为了吸收合并 B 公司,发出 90 000 股面值 1 元、市价 2 元的普通股,换取 B 公司的全部普通股。在 A 公司账上记录这一合并业务的会计分录为

借:应收票据　　　　　　　　　　　　　　　　　　　　　　　　30 000
　　库存商品　　　　　　　　　　　　　　　　　　　　　　　　60 000
　　固定资产　　　　　　　　　　　　　　　　　　　　　　　　50 000
　　商誉　　　　　　　　　　　　　　　　　　　　　　　　　　65 000
　　贷:短期借款　　　　　　　　　　　　　　　　　　　　　　20 000
　　　　股本　　　　　　　　　　　　　　　　　　　　　　　　90 000
　　　　资本公积——股本溢价　　　　　　　　　　　　　　　　90 000
　　　　递延所得税负债　　　　　　　　　　　　　　　　　　　5 000

(2)假定 A 公司为了吸收合并 B 公司,支付的代价为现金 180 000 元。在 A 公司账上记录这一合并业务的会计分录为

借:应收票据　　　　　　　　　　　　　　　　　　　　　　　　30 000
　　库存商品　　　　　　　　　　　　　　　　　　　　　　　　60 000
　　固定资产　　　　　　　　　　　　　　　　　　　　　　　　50 000
　　商誉　　　　　　　　　　　　　　　　　　　　　　　　　　60 000
　　贷:短期借款　　　　　　　　　　　　　　　　　　　　　　20 000
　　　　银行存款　　　　　　　　　　　　　　　　　　　　　　180 000

分析：由于此为非同一控制下的吸收合并，A公司应按公允价值120 000元确认B公司的净资产。问题（1）属于特殊性税务处理，税务机关按原有计税基础100 000（120 000－20 000）元确认B公司净资产，故存在暂时性差异20 000元，确认5 000元递延所得税负债；问题（2）属于一般性税务处理，税务机关按公允价值120 000（140 000－20 000）元确认B公司的净资产，故二者不存在暂时性差异。

（二）非同一控制下控股合并所得税会计处理

例9-29 假设A公司和B公司是两家无关的公司。20×2年1月30日，A公司发行了75 000股每股面值1元、市价2元的普通股换取了B公司90%的股份。合并前两家公司的资产负债表及B公司资产、负债的公允价值如表9-19所示。

表9-19 A公司与B公司合并前资产负债表及B公司公允价值　　　　单位：元

项目	A公司账面价值	B公司账面价值	B公司公允价值
货币资金	150 000	40 000	40 000
应收票据	50 000	40 000	40 000
存货	100 000	70 000	70 000
固定资产	100 000	50 000	60 000
资产总计	400 000	200 000	210 000
短期借款	100 000	50 000	50 000
股本	225 000	75 000	
资本公积	15 000	30 000	
盈余公积	40 000	30 000	
未分配利润	20 000	15 000	
负债和股东权益总计	400 000	200 000	

（1）在编制购买日的合并资产负债表时，应将A公司对B公司的长期股权投资与B公司的股东权益相互抵销，同时确认B公司固定资产的公允价值与账面价值的价差以及少数股东权益，差额列示为商誉。在合并工作底稿中，调整与抵销分录为

　　借：股本　　　　　　　　　　　　　　　　　　　　　　　　75 000
　　　　资本公积　　　　　　　　　　　　　　　　　　　　　　30 000
　　　　盈余公积　　　　　　　　　　　　　　　　　　　　　　30 000
　　　　未分配利润　　　　　　　　　　　　　　　　　　　　　15 000
　　　　固定资产　　　　　　　　　　　　　　　　　　　　　　10 000
　　　　商誉　　　　　　　　　　　　　　　　　　　　　　　　 6 000
　　　贷：长期股权投资　　　　　　　　　　　　　　　　　　　150 000
　　　　　少数股东权益　　　　　　　　　　　　　　　　　　　 16 000

（2）就固定资产公允价值与账面价值的价差确认相应的递延所得税负债。假设所得税税率为25%，则确认的递延所得税负债为2 500（10 000×25%）元。在合并工作底稿中，调整与抵销分录为

　　借：商誉　　　　　　　　　　　　　　　　　　　　　　　　 2 500
　　　贷：递延所得税负债　　　　　　　　　　　　　　　　　　 2 500

三、合并财务报表中抵销内部交易产生的递延所得税

企业在编制合并财务报表时,抵销内部交易导致的合并资产负债表中资产、负债的账面价值与其纳入合并范围的企业按照适用税法规定的计税基础之间产生暂时性差异的,在合并资产负债表中应当确认递延所得税资产或递延所得税负债,同时调整合并利润表中的所得税费用,但与直接计入所有者权益的交易或事项及企业合并相关的递延所得税除外。

企业在编制合并财务报表时,按照合并财务报表的编制原则,应将纳入合并范围的企业之间发生的未实现内部交易损益予以抵销。因此,在合并资产负债表中列示的价值与其所属的企业个别资产负债表中的价值会不同,从而产生与个别纳税主体计税基础的不同,从合并财务报表作为一个完整经济主体的角度,应当确认该暂时性差异的所得税影响。

例 9-30 A 公司拥有 B 公司 80% 的表决权,能够控制 B 公司的生产经营决策。20×2 年 9 月,A 公司以 400 万元将自产产品一批销售给 B 公司,该批产品在 A 公司的生产成本为 200 万元。至 20×2 年 12 月 31 日,B 公司尚未对外销售该批商品。A 公司和 B 公司适用的所得税税率为 25%,且在未来期间预计不会发生变化。

分析:A 公司在编制合并财务报表时,对于与 B 公司发生的内部交易进行以下抵销处理。

借:营业收入　　　　　　　　　　　　　　　　　　　4 000 000
　　贷:营业成本　　　　　　　　　　　　　　　　　　2 000 000
　　　　存货　　　　　　　　　　　　　　　　　　　　2 000 000

在合并财务报表中,存货的账面价值为 200 万元,但是其计税基础为 400 万元,两者之间产生 200 万元的暂时性差异,同时确认递延所得税资产。

借:递延所得税资产　　　　　　　　　　　　　　　　　500 000
　　贷:所得税费用　　　　　　　　　　　　　　　　　　500 000

本章小结

在经济领域,会计和税收是两个不同的分支,分别遵循不同的原则,规范不同的对象。会计遵循的是《企业会计准则》,税收遵循的是国家制定的税收法规。因此,税前会计利润与应纳税所得额之间会产生差异。这种差异主要有两类:永久性差异和暂时性差异。所得税会计要研究和解决的基本问题就是如何处理这种差异。

我国所得税会计采用资产负债表债务法。该方法从企业资产负债表出发,通过比较资产负债表上列示的资产、负债,按照会计准则规定确定的账面价值与税法规定确定的计税基础之间的差异,分别确定应纳税暂时性差异与可抵扣暂时性差异,并确认相关的递延所得税资产与递延所得税负债,并在此基础上确定每一会计期间利润表中的所得税费用。

我国所得税会计的处理方法主要经历了从应付税款法到利润表递延法和利润表债务法,以及现行准则采纳的资产负债表债务法的演进。这一演进过程揭示了会计准则从利润表到资产负债表的重心转移,加强了会计信息的可比性,提高了会计信息质量,也

与国际会计准则保持了趋同。

最后，本章还介绍了合并财务报表中的所得税会计问题，主要包括：同一控制下企业合并的所得税会计处理，非同一控制下企业合并的所得税会计处理，合并财务报表中抵销内部交易产生的递延所得税问题。

思考题

1. 会计收益与应税收益之间的差异包括哪些？
2. 比较应付税款法和纳税影响会计法的异同。
3. 比较利润表递延法和利润表债务法的异同。
4. 比较利润表债务法和资产负债表债务法的异同。
5. 什么是暂时性差异和时间性差异？两者的相同点和不同点有哪些？
6. 现行我国所得税会计的处理方法是什么？其主要核算程序是什么？

练习题

1. 甲企业 20×4 年利润表中的利润总额为 1 000 万元，预计该企业持续经营，能够获得足够的应纳税所得额。适用的税率为 25%，且 3 年内所得税不变，有关资料如下：①收到被投资单位分来的现金股利 30 万元，被投资单位通用的所得税税率与甲企业相同。②企业因违法经营已支付罚款 50 万元。③20×4 年 11 月 31 日取得的交易性金融资产成本为 240 万元，20×4 年 12 月 31 日的公允价值为 300 万元。④20×1 年 12 月购入一项设备，成本为 800 万元，会计上规定的使用年限是 8 年，净残值为零，采用直线法计提折旧。税法规定按照 10 年计提折旧。⑤企业因计提售后服务费用确认的预计负债期初余额为 40 万元，本年计提售后服务费用 20 万元，本期实际发生售后服务费用 40 万元。税法规定售后服务费用实际发生时准许税前扣除。⑥期末对存货计提了 20 万元的存货跌价准备。未计提减值前存货的余额为 100 万元。假设该企业期初递延所得税资产和递延所得税负债无余额。根据以上资料，分别运用资产负债表债务法与利润表债务法进行核算。

2. 假设 M 公司 20×1 年发生亏损 100 000 元，所得税税率为 0%；20×2 年实现税前利润 50 000 元，所得税税率为 15%；20×3 年实现税前利润 100 000 元，所得税税率为 25%。假定无其他纳税调整因素，20×1 年 1 月 1 日递延所得税资产和递延所得税负债余额为零。

要求：编制 M 公司各年的所得税会计分录。

3. K 公司 20×1 年、20×2 年所得税税率为 0%，20×3 年、20×4 年所得税税率为 25%。20×1 年 1 月 1 日，该公司某项固定资产的原价 1 000 000 元（不考虑净残值因素），折旧年限 4 年，会计采用年数总和法计提折旧，税收采用直线法计提折旧。该公司每年实现税前会计利润 1 000 000 元。假定无其他纳税调整因素，20×1 年 1 月 1 日，递延所得税资产和递延所得税负债余额为零。要求：编制 K 公司各年的所得税会计分录。

4. 甲公司适用的企业所得税税率为 25%。甲公司申报 20×3 年度企业所得税时，涉及以下事项。

（1）20×3年，甲公司应收账款年初余额为3 000万元，坏账准备年初余额为零；应收账款年末余额为24 000万元，坏账准备年末余额为2 000万元。税法规定，企业计提的各项资产减值损失在未发生实质性损失前不允许税前扣除。

（2）20×3年9月5日，甲公司以2 400万元购入某公司股票，作为其他权益工具投资处理。至12月31日，该股票尚未出售，公允价值为2 600万元。税法规定，资产在持有期间公允价值的变动不计入当期应纳税所得税额，待处置时一并计算应计入应纳税所得额的金额。

（3）甲公司于20×1年1月购入的对乙公司股权投资的初始投资成本为2 800万元，采用成本法核算。20×3年10月3日，甲公司从乙公司分得现金股利200万元，计入投资收益。至12月31日，该项投资未发生减值。甲公司、乙公司均为设在我国境内的居民企业。税法规定，我国境内居民企业之间取得的股息、红利免税。

（4）20×3年，甲公司将业务宣传活动外包给其他单位，当年发生业务宣传费4 800万元，至年末尚未支付。甲公司当年实现销售收入30 000万元。税法规定，企业发生的业务宣传费支出，不超过当年销售收入15%的部分，准予税前扣除；超过部分，准予结转以后年度税前扣除。

（5）其他相关资料。

①20×2年12月31日，甲公司存在可于3年内税前弥补的亏损2 600万元，甲公司对这部分未弥补亏损已确认递延所得税资产650万元。

②甲公司20×3年实现利润总额3 000万元。

③除上述各项外，甲公司会计处理与税务处理不存在其他差异。

④甲公司预计未来期间能够产生足够的应纳税所得额用于抵扣可抵扣暂时性差异，预计未来期间适用所得税税率不会发生变化。

⑤甲公司对上述交易或事项已按《企业会计准则》规定进行处理。

要求：

（1）确定甲公司20×3年12月31日有关资产、负债的账面价值及其计税基础，并计算相应的暂时性差异。

（2）计算甲公司20×3年应确认的递延所得税费用（或收益）。

（3）编制甲公司20×3年与所得税相关的会计分录。

练习题参考答案

第十章

股 份 支 付

企业向其雇员支付期权作为薪酬或奖励措施的行为，是目前具有代表性的股份支付交易，我国部分企业目前实施的职工期权激励计划即属于这一范畴。2005年12月31日，中国证监会发布《上市公司股权激励管理办法（试行）》；2006年9月30日，国务院国资委和财政部发布《国有控股上市公司（境内）实施股权激励试行办法》。这些法规的出台，为企业实施股权激励创造了条件。《企业会计准则第11号——股份支付》规范了企业按规定实施的职工期权激励计划的会计处理和相关信息披露要求。本章主要论述股份支付的相关概念、分类、确认和计量原则、具体的会计处理方法等。

第一节 股份支付概述

一、股份支付的概念与特征

股份支付，是指企业为获取职工和其他方提供服务而授予权益工具或者承担以权益工具为基础确定的负债的交易。其中的权益工具是指企业自身权益工具，包括企业本身、企业的母公司或同集团其他会计主体的权益工具。

股份支付具有以下特征：①股份支付是指企业与职工或其他方之间发生的交易。以股份为基础的支付一般包括企业与股东之间、合并交易中的合并方与被合并方之间或者企业与其职工之间发生的支付，其中只有发生在企业与其职工或向企业提供服务的其他方之间的交易，才可能符合股份支付准则对股份支付的定义。②股份支付是以获取职工或其他方服务为目的的交易。企业在股份支付交易中意在获取其职工或其他方提供的服务（费用）或取得这些服务的权利（资产）。企业获取这些服务或权利的目的在于激励企业职工更好地从事生产经营以达到业绩条件，而不是转手获利等。③股份支付交易的对价或其定价与企业自身权益工具未来的价值密切相关。股份支付交易与企业与其职工间其他类型交易的最大不同，是交易对价或其定价与企业自身权益工具未来的价值密切相关。在股份支付中，企业要么向职工支付其自身权益工具，要么向职工支付一笔现金，而其金额高低取决于结算时企业自身权益工具的公允价值。

二、股份支付的四个主要环节

以薪酬性股票期权为例，典型的股份支付通常涉及四个主要环节：授予日、可行权日、行权日和出售日，示意如图10-1所示。

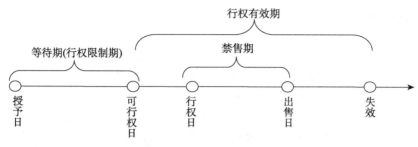

图 10-1　典型股份支付交易环节示意

（1）授权日、授予日是指股份支付协议获得批准的日期。其中"获得批准"是指企业与职工或其他方就股份支付的协议条款和条件已达成一致，该协议获得股东大会或类似机构的批准。这里的"达成一致"是指双方在对该计划或协议内容充分形成一致理解的基础上，均接受其条款和条件。如果按照相关法规的规定，在提交股东大会或类似机构之前存在必要程序或要求，则应履行该程序或满足该要求。

例 10-1　上市公司甲公司通过二级市场回购股份的方式实施股权激励方案。20×1 年 10 月 15 日，甲公司股东大会审议通过股权激励方案，并确定了授予价格，但未确定拟授予股份的激励对象及股份数量，股东大会授权董事会确定具体激励对象及股份数量。20×1 年 12 月 1 日，甲公司董事会确定了具体激励对象及股份数量，并将经批准的股权激励方案与员工进行了沟通并达成一致。

分析：甲公司股权激励方案虽于 20×1 年 10 月 15 日获得股东大会批准，但该日并未确定拟授予股份的激励对象及授予股份数量，不满足授予日定义中"获得批准"的要求，即"企业与职工就股份支付的协议条款或条件已达成一致"。20×1 年 12 月 1 日，甲公司董事会确定了股权激励对象及授予股份数量，该日企业与职工就股份支付的协议条款或条件已达成一致。因此，该股份支付交易的授予日应为 20×1 年 12 月 1 日。授予股份的公允价值应当以授予日授予股份的市场价格为基础，同时考虑授予股份所依据的条款和条件（不包括市场条件之外的可行权条件）进行调整，但不应考虑在等待期内转让的限制，因为该限制是可行权条件中的非市场条件规定的。

（2）可行权日。可行权日是指可行权条件得到满足、职工或其他方具有从企业取得权益工具或现金权利的日期。有的股份支付协议是一次性可行权，有的则是分批可行权。一次性可行权和分批可行权类似购买合同一次性付款和分期付款，只有达到可行权条件的股票期权，才是职工真正拥有的"财产"，才能去择机行权。从授予日至可行权日的时段，是可行权条件得到满足的期间，因此称为"等待期"，又称"行权限制期"。

（3）行权日。行权日是指职工和其他方行使权利、获取现金或权益工具的日期。例如，持有股票期权的职工行使了以特定价格购买一定数量本公司股票的权利，该日期即为行权日。行权是按期权的约定价格实际购买股票，一般是在可行权日之后到期权到期日之前的可选择时段内行权。

（4）出售日。出售日是指股票的持有人将行使期权所取得的期权股票出售的日期。按照我国法规规定，用于期权激励的股份支付协议，应在行权日与出售日之间设立禁售期，其中国有控股上市公司的禁售期不得低于 2 年。

三、股份支付的主要类型

按照股份支付的方式和工具类型，股份支付主要划分为两大类、四小类。

(1) 以权益结算的股份支付。其即企业为获取服务而以股份或其他权益工具为对价进行结算的交易。其通常又具体分为两类。

①限制性股票。其即职工或其他方按照股份支付协议规定的条款和条件，从企业获得一定数量的本企业股票。企业授予职工一定数量的股票，在一个确定的等待期内或在达到特定业绩指标之前，职工出售股票要受到持续服务期限条款或业绩条件的限制。

②股票期权。其即企业授予职工或其他方在未来一定期限内以预先确定的价格和条件购买本企业一定数量股票的权利。

例 10-2 甲公司于 20×1 年 7 月向公司高级管理人员、技术骨干等激励对象授予 500 万股限制性股票，授予价格为 5 元/股，锁定期为 3 年。激励对象如果自授予日起为公司服务满 3 年，且公司年度净利润增长率不低于 10%，可申请一次性解锁限制性股票。

情形一，第一类限制性股票。激励对象在授予日按照授予价格出资购买限制性股票；待满足可行权条件后，解锁限制性股票；若未满足可行权条件，甲公司按照授予价格 5 元/股回购限制性股票。

情形二，第二类限制性股票。激励对象在授予日无须出资购买限制性股票；待满足可行权条件后，激励对象可以选择按授予价格 5 元/股购买公司增发的限制性股票，也可以选择不缴纳认股款，放弃取得相应股票。

分析：对于第一类限制性股票，甲公司为获取激励对象的服务而以其自身股票为对价进行结算，属于以权益结算的股份支付交易。甲公司应当在授予日确定授予股份的公允价值。在等待期内的每个资产负债表日，甲公司应当以对可行权的股权数量的最佳估计为基础，按照授予日授予股份的公允价值，将当期取得的服务计入相关成本或费用和资本公积。授予日授予股份的公允价值应当以其当日的市场价格为基础，同时考虑授予股份所依据的条款和条件（不包括市场条件之外的可行权条件）进行调整，但不应考虑在等待期内转让的限制，因为该限制是可行权条件中的非市场条件规定的。对于因回购产生的义务确认的负债，应当按照《企业会计准则第 22 号——金融工具确认和计量》相关规定进行会计处理。

第二类限制性股票的实质是公司赋予员工在满足可行权条件后以约定价格（授予价格）购买公司股票的权利，员工可获取行权日股票价格高于授予价格的上行收益，但不承担股价下行风险，与第一类限制性股票存在差异，为一项股票期权，属于以权益结算的股份支付交易。在等待期内的每个资产负债表日，甲公司应当以对可行权的股票期权数量的最佳估计为基础，按照授予日股票期权的公允价值，计算当期需确认的股份支付费用，计入相关成本或费用和资本公积。采用期权定价模型确定授予日股票期权的公允价值的，该公允价值包括期权的内在价值和时间价值，通常高于同等条件下第一类限制性股票对应股份的公允价值。

(2) 以现金结算的股份支付。其即企业为获取服务而承担的以股份或其他权益工具为基础计算的支付现金或其他资产的义务的交易。其通常又具体分为两类：模拟股票和现金股票增值权。这两种形式是用现金支付模拟的股权激励机制，即与股票挂钩但用现金支付。除不需实际授予股票和持有股票之外，模拟股票的运作原理与限制性股票是一样的；除不需实际行权和持有股票之外，现金股票增值权的运作原理与股票期权是一样的，都是一种增值权形式的与股票价值挂钩的薪酬工具。

例10-3 甲公司实施一项股权激励计划，甲公司按照公允价值从二级市场回购甲公司股票并授予自愿参与该计划的员工，授予价格为授予日股票的公允价值，激励对象在甲公司服务满3年后可以一次性解锁所授予的股份。该股权激励计划同时约定，甲公司控股股东对员工因解锁日前股票价格变动产生的损失进行兜底，即甲公司股票价格上涨的收益归员工所有，甲公司股票价格下跌的损失由甲公司控股股东承担且以现金支付损失。

分析：甲公司控股股东承担了甲公司员工因股票价格下跌而产生的损失，属于企业集团与职工之间发生的交易；该交易安排要求员工为获得收益（享有股票增值收益且不承担贬值损失）连续3年为公司提供服务，因此该交易以获取员工服务为目的；该交易的对价与公司股票未来价值密切相关。综上，该交易符合股份支付的定义，适用股份支付准则。控股股东交付现金的金额与甲公司股票价格下行风险相关，该股份支付属于为获取服务承担以股份为基础计算确定的交付现金的交易，在控股股东合并报表中，应当将该交易作为现金结算的股份支付处理。甲公司作为接受服务企业，没有结算义务，应当将该交易作为权益结算的股份支付处理。

第二节 股份支付的确认和计量

一、股份支付的确认和计量原则

（一）以权益结算的股份支付的确认和计量原则

1. 换取职工服务的权益结算的股份支付的确认和计量原则

应按授予日权益工具的公允价值计量，不确认其后续公允价值变动。

对于换取职工服务的股份支付，企业应当以股份支付所授予的权益工具的公允价值计量。企业应在等待期内的每个资产负债表日，以对可行权权益工具数量的最佳估计为基础，按照权益工具在授予日的公允价值，将当期取得的服务计入相关资产成本或当期费用，同时计入资本公积中的其他资本公积。对于授予后立即可行权的换取职工提供服务的权益结算的股份支付（如授予限制性股票的股份支付），应在授予日按照权益工具的公允价值，将取得的服务计入相关资产成本或当期费用，同时计入资本公积中的股本溢价。

2. 换取其他方服务的权益结算的股份支付的确认和计量原则

对于换取其他方服务的股份支付，企业应当以股份支付所换取的服务的公允价值计量。一般而言，职工以外的其他方提供的服务能够可靠计量的，应当优先采用其他方提供服务在取得日的公允价值；如果其他方服务的公允价值不能可靠计量，但权益工具的公允价值能够可靠计量，应当按照权益工具在服务取得日的公允价值计量。企业应当根据所确定的公允价值计入相关资产成本或费用。

3. 权益工具公允价值无法可靠确定时的处理

在极少数情况下，授予权益工具的公允价值无法可靠计量。在这种情况下，企业应当在获取对方提供服务的时点、后续的每个报告日以及结算日，以内在价值计量该权益工具，内在价值变动计入当期损益。同时，企业应当以最终可行权或实际行权的权益工具数量为基础，确认取得服务的金额。其中，内在价值是指交易对方有权认购或取得的股份的公允价值，与其按照股份支付协议应当支付的价格的差额。企业对上述内在价值计量的已授予权益工具进行结算，应当满足以下要求：①结算发生在等待期内的，企业应当将结算作为加速可行权处理，即立即确认本应于剩余等待期内确认的服务金额；②结算时支付的款项应当作为回购该权益工具处理，即减少所有者权益，结算支付的款项高于该权益工具在回购日内在价值的部分，计入当期损益。

（二）以现金结算的股份支付的确认和计量原则

企业应当在等待期内的每个资产负债表日，以对可行权情况的最佳估计为基础，按照企业承担负债的公允价值，将当期取得的服务计入相关资产成本或当期费用，同时计入负债，并在结算前的每个资产负债表日和结算日对负债的公允价值重新计量，将其变动计入损益。对于授予后立即可行权的现金结算的股份支付（如授予虚拟股票或业绩股票的股份支付），企业应当在授予日按照企业承担负债的公允价值计入相关资产成本或费用，同时计入负债，并在结算前的每个资产负债表日和结算日对负债的公允价值重新计量，将其变动计入损益（公允价值变动损益）。

例 10-4 上市公司甲公司设立员工持股平台（有限合伙企业）用于实施股权激励计划，甲公司实际控制人为持股平台的普通合伙人，该实际控制人同时为甲公司核心高管，除实际控制人以外的其他激励对象为有限合伙人。20×1 年 4 月，持股平台合伙人以 5 元/股的价格认购甲公司向该平台增发的股份，股份设有 3 年限售期。协议约定，自授予日起，持股平台合伙人为公司服务满 3 年后可一次性解锁股份；有限合伙人于限售期内离职的，应当以 6 元/股的价格将其持有股份转让给普通合伙人，普通合伙人受让有限合伙人股份后，不享有受让股份对应的投票权和股利分配等受益权，普通合伙人须在股权激励计划 3 年限售期内将受让股份以 6 元/股的价格再次分配给员工持股平台的其他有限合伙人。

分析：普通合伙人受让有限合伙人股份后，不享有受让股份对应的投票权和股利分配等受益权，且其必须在约定的时间（3 年限售期内）、以受让价格（6 元/股）将受让股份再次分配给员工持股平台的合伙人，上述事实表明普通合伙人未从受让股份中获得收益，仅以代持身份暂时持有受让股份，该交易不符合股份支付的定义，不构成新的股份支付。实务中，判断普通合伙人受让股份属于代持行为通常需要考虑下列证据：①受让前应当明确约定受让股份将再次授予其他激励对象；②对再次授予其他激励对象有明确合理的时间安排；③在再次授予其他激励对象之前的持有期间，受让股份所形成合伙份额相关的利益安排（如股利等）与代持未形成明显的冲突。

二、可行权条件的种类和修改

可行权条件指能够确定企业是否得到职工或其他方提供的服务，且该服务使职工或其他方具有获取股份支付协议规定的权益工具或现金等权利的条件。反之,则为非可行权条件。

(一)可行权条件的种类

可行权条件通常包括服务期限条件和业绩条件。在满足这些条件之前,职工或其他方无法获得股份。

(1)服务期限条件。服务期限条件指职工或其他方完成规定服务期限才可行权的条件。

(2)业绩条件。业绩条件指职工或其他方完成规定服务期限且企业已达到特定业绩目标才可行权的条件,具体包括市场条件和非市场条件。①市场条件是指行权价格、可行权条件以及行权可能性与权益工具的市场价格相关的业绩条件,如股份支付协议中关于股价上升至何种水平职工或其他方可相应取得多少股份的规定。②非市场条件是指除市场条件之外的其他业绩条件,如股份支付协议中关于达到最低盈利目标或销售目标才可行权的规定。企业在确定权益工具在授予日的公允价值时,应考虑股份支付协议中规定的市场条件和非可行权条件的影响;市场条件和非可行权条件是否得到满足,不影响企业对预计可行权情况的估计。对于可行权条件为业绩条件的股份支付,在确定权益工具的公允价值时,应考虑市场条件的影响,只要职工满足其他所有非市场条件,企业就应当确认已取得的服务。

例10-5 甲公司实际控制人设立员工持股平台(有限合伙企业)以实施一项股权激励计划。实际控制人作为该持股平台的普通合伙人将其持有的部分甲公司股份以名义价格转让给持股平台,甲公司员工作为该持股平台的有限合伙人以约定价格(认购价)认购持股平台份额,从而间接持有甲公司股份。该股权激励计划及合伙协议未对员工的具体服务期限作出专门约定,但明确约定如果自授予日至甲公司成功完成首次公开募股时员工主动离职,员工不得继续持有持股平台份额,实际控制人将以自有资金按照员工认购价回购员工持有的持股平台份额,回购股份是否再次授予其他员工由实际控制人自行决定。

分析:甲公司实际控制人通过持股平台将其持有的部分甲公司股份授予甲公司员工,属于企业集团内发生的股份支付交易。接受服务企业(甲公司)没有结算义务,应当将该交易作为权益结算的股份支付处理。根据该股权激励计划的约定,甲公司员工须服务至甲公司成功完成首次公开募股,否则其持有的股份将以原认购价回售给实际控制人。该约定表明,甲公司员工须完成规定的服务期限方可从股权激励计划中获益,属于可行权条件中的服务期限条件,而甲公司成功完成首次公开募股属于可行权条件中业绩条件的非市场条件。甲公司应当合理估计未来成功完成首次公开募股的可能性及完成时点,将授予日至该时点的期间作为等待期,并在等待期内每个资产负债表日对预计可行权数量作出估计,确认相应的股权激励费用。等待期内甲公司估计其成功完成首次公开募股的时点发生变化的,应当根据重估时点确定等待期,截至当期累计应确认的股权激励费用扣减前期累计已确认金额,作为当期应确认的股权激励费用。

(二)可行权条件的修改

通常情况下,股份支付协议生效后,不应对其条款和条件随意修改。但在某些情况下，可能需要修改授予权益工具的股份支付协议中的条款和条件。例如，股票除权、除息或其他原因需要调整行权价格或股票期权数量。此外，为取得更佳的激励效果，有关法规允许企业依据股份支付协议的规定，调整行权价格或股票期权数量，但应当由董事会作出决议并经股东大会审议批准，或者由股东大会授权董事会决定。《上市公司股权激励管理办法》对此作出了严格的限定，必须按照批准股份支付计划的原则和方式进行调整。

在会计核算上，无论已授予的权益工具的条款和条件如何修改，甚至取消权益工具的授予或结算该权益工具，企业都应至少确认按照所授予的权益工具在授予日的公允价值来计量获取的相应服务，除非因不能满足权益工具的可行权条件（除市场条件外）而无法行权。

1. 条款和条件的有利修改

企业应当分别以下情况，确认导致股份支付公允价值总额升高以及其他对职工有利的修改的影响。

（1）如果修改增加了所授予的权益工具的公允价值，企业应按照权益公允价值的增加相应地确认取得服务的增加。权益工具公允价值的增加，是指修改前后的权益工具在修改日的公允价值之间的差额。

（2）如果修改增加了所授予的权益工具的数量，企业应将增加的权益工具的公允价值相应地确认为取得服务的增加。

（3）如果企业按照有利于职工的方式修改可行权条件，如缩短等待期、变更或取消业绩条件（非市场条件），企业在处理可行权条件时，应当考虑修改后的可行权条件。

2. 条款和条件的不利修改

如果企业以减少股份支付的公允价值总额的方式或其他不利于职工的方式修改条款和条件，企业仍应继续对取得的服务进行会计处理，如同该变更从未发生，除非企业取消了部分或全部已授予的权益工具。其具体包括如下几种情况。

（1）如果修改减少了授予的权益工具的公允价值，企业应当继续以权益工具在授予日的公允价值为基础，确认取得服务的金额，而不应考虑权益工具公允价值的减少。

（2）如果修改减少了授予的权益工具的数量，企业应当将减少部分作为已授予的权益工具的取消来进行处理。

（3）如果企业以不利于职工的方式修改了可行权条件，如延长等待期、增加或变更业绩条件（非市场条件），企业在处理可行权条件时，不应考虑修改后的可行权条件。

3. 取消或结算

如果企业在等待期内取消了所授予的权益工具或结算了所授予的权益工具（因未满足可行权条件而被取消的除外），企业应当做到以下几点。

（1）将取消或结算作为加速可行权处理，立即确认原本应在剩余等待期内确认的金额。

（2）在取消或结算时支付给职工的所有款项均应作为权益的回购处理，回购支付的金额高于该权益工具在回购日公允价值的部分，计入当期费用。

（3）如果向职工授予新的权益工具，并在新的权益工具授予日认定所授予的新权益工具是用于替代被取消的权益工具的，企业应以与处理原权益工具条款和条件修改相同的方式，对所授予的替代权益工具进行处理。权益工具公允价值的增加，是指在替代权益工具的授予日，替代权益工具公允价值与被取消的权益工具净公允价值之间的差额。被取消的权益工具的净公允价值，是指在取消前立即计量的公允价值减去因取消原权益工具而作为权益回购支付给职工的款项。如果企业未将新授予的权益工具认定为替代权益工具，则应将其作为一项新授予的股份支付进行处理。

企业如果回购其职工已可行权的权益工具，应当借记所有者权益，回购支付的金额高于该权益工具在回购日公允价值的部分，计入当期费用。

例 10-6 某企业对职工实行股权激励计划，并约定了服务期和业绩条件。在等待期内，某已参加该激励计划的职工认为激励计划约定的行权价较高，向企业声明不再继续参与该计划，并与企业签订退出协议，收回前期预付的行权资金。在该情形下，原已确认的与该名职工相关的股份支付费用能否冲回？

分析：职工自愿退出股权激励计划不属于未满足可行权条件的情况，而属于股权激励计划的取消，因此，企业应当作为加速行权处理，将剩余等待期内应确认的金额立即计入当期损益，同时确认资本公积，不应当冲回以前期间确认的成本或费用。

三、权益工具公允价值的确定

股份支付中权益工具的公允价值的确定，应当以市场价格为基础。一些股份和股票期权并没有一个活跃的交易市场，在这种情况下，应当考虑估值技术。通常情况下，企业应当按照《企业会计准则第 22 号——金融工具确认和计量》的有关规定确定权益工具的公允价值，并根据股份支付协议的条款的条件进行调整。

（一）股份

对于授予职工的股份，其公允价值应按企业股份的市场价格计量，同时考虑授予股份所依据的条款和条件（不包括市场条件之外的可行权条件）进行调整。如果企业股份未公开交易，则应按估计的市场价格计量，并考虑授予股份所依据的条款和条件进行调整。

有些授予条款和条件规定职工无权在等待期内取得股份的，则在估计所授予股份的公允价值时就应予以考虑。有些授予条款和条件规定股份的转让在可行权日后受到限制，则在估计所授予股份的公允价值时，也应考虑此因素，但不应超出熟悉情况并自愿的市场参与者愿意为该股份支付的价格受到可行权限制的影响程度。在估计所授予股份在授予日的公允价值时，不应考虑在等待期内转让的限制和其他限制，因为这些限制是可行权条件中的非市场条件规定的。

（二）股票期权

对于授予职工的股票期权，其通常受到一些不同于交易期权的条款和条件的限制，因而在许多情况下难以获得其市场价格。如果不存在条款和条件相似的交易期权，就应通过期权定价模型估计所授予的期权的公允价值。

在选择适用的期权定价模型时，企业应考虑熟悉情况和自愿的市场参与者将会考虑的因素。对于一些企业来说，这将限制"布莱克-斯科尔斯-默顿"期权定价公式的适用性。因为该公式未考虑在期权到期日之前行权的可能性，故无法充分反映预计提前行权对授予职工的期权在授予日公允价值的影响。类似地，该公式也未考虑在期权期限内企业股价预计波动率和该模型其他输入变量发生变动的可能性。

对于期限相对较短的期权以及那些在授予日后很短时间内就行权的期权来说，一般不用考虑上面的限制因素。在此类情况下，采用"布莱克-斯科尔斯-默顿"公式能得出与采用其他期权定价模型基本相同的公允价值结果。所有适用于估计授予职工期权的定价模型至少应考虑以下因素：期权的行权价格；期权期限；基础股份的现行价格；股价的预计波动率；股份的预计股利；期权期限内的无风险利率。

此外，企业选择的期权定价模型还应考虑熟悉情况和自愿的市场参与者在确定期权价格时考虑的其他因素，但不包括那些在确定期权公允价值时不考虑的可行权条件和再授予特征因素。确定授予职工的股票期权的公允价值，还需要考虑提前行权的可能性。有时，因为期权不能自由转让，或因为职工必须在终止劳动合同关系前行使所有可行权期权，在这种情况下必须考虑预计提前行权的影响。

在估计授予的期权（或其他权益工具）的公允价值时，不应考虑熟悉情况和自愿的市场参与者在确定股票期权（或其他权益工具）价格时不会考虑的其他因素。例如，对于授予职工的股票期权，那些仅从单个职工的角度影响期权价值的因素，并不影响熟悉情况和自愿的市场参与者确定期权的价格。

下面进一步具体说明估计授予职工的期权价格所应考虑的因素。

1. 期权定价模型的输入变量的估计

在估计基础股份的预计波动率和股利时，目标是尽可能接近当前市场或协议交换价格所反映的价格预期。类似地，在估计职工股票期权提前行权时，目标是尽可能接近外部人基于授予日所掌握信息作出的预期，这些信息包括职工行权行为的详细信息。在通常情况下，对于未来波动率、股利和行权行为的预期存在一个合理的区间。这时，应将区间内的每项可能数额乘以其发生概率，加权计算上述输入变量的期望值。

2. 预计提早行权

出于各种原因，职工经常在期权失效日之前提早行使股票期权。考虑提早行权对期权公允价值的影响的具体方法，取决于所采用的期权定价模型的类型。但无论采用何种方法，预计提早行权时都要考虑以下因素：等待期的长度；以往发行在外的类似期权的平均存续时间；基础股份的价格（有时根据历史经验，职工在股价超过行权价格达到特定水平时倾向于行使期权）；职工在企业中所处的层次（有时根据历史经验，高层职工倾向于较晚行权）；基础股份的预计波动率（一般而言，职工倾向于更早地行使高波动率的股份的期权）。

3. 预计波动率

预计波动率是对预期股份价格在一个期间可能发生的波动金额的度量。期权定价模型中所用的波动率的度量，是一段时间内股份的连续复利回报率的年度标准差。波动率通常以年度表示，而不管计算时使用的是何种时间跨度基础上的价格，如每日、每周或每月的价格。

一个期间股份的回报率（可能是正值，也可能是负值）衡量股东从股份的股利和价格涨跌中受益的多少。股份的预计年度波动率是指一个范围（置信区间），连续复利年回报率预期所处这个范围内的概率大约为2/3（置信水平）。估计预计波动率要考虑以下因素。

（1）如果企业有股票期权或其他包含期权特征的交易工具（如可转换公司债券）的买卖，则应考虑这些交易工具所内含的企业股价波动率。

（2）在与期权的预计期限（考虑期权剩余期限和预计提早行权的影响）大体相当的最近一个时期内企业股价的历史波动率。

（3）企业股份公开交易的时间。与上市时间更久的类似企业相比，新上市企业的历史波动率可能更大。

（4）波动率向其均值（即长期平均水平）回归的趋势，以及表明预计未来波动率可能不同于以往波动率的其他因素。有时，企业股价在某一特定期间出于特定原因剧烈波动，例如，收购要约或重大重组失败，则在计算历史平均年度波动率时，可剔除这个特殊期间。

（5）获取价格要有恰当且规则的间隔。价格的获取在各期应保持一贯性。例如，企业可用每周收盘价或每周最高价，但不应在某些周用收盘价、某些周用最高价。再如，获取价格时应使用与行权价格相同的货币来表示。

除了考虑上述因素，如果企业因新近上市而没有历史波动率的充分信息，应按可获得交易活动数据的最长期间计算历史波动率，也可考虑类似企业在类似阶段可比期间的历史波动率。如果企业是非上市企业，在估计预计波动率时没有历史信息可循，可考虑以下替代因素。

（1）在某些情况下，定期向其职工（或其他方）发行期权或股份的非上市企业，可能已为其股份设立了一个内部"市场"。估计预计波动率时可以考虑这些"股价"的波动率。

（2）如果上面的方法不适用，而企业以类似上市企业股价为基础估计自身股份的价值，企业可考虑类似上市企业股价的历史或内含波动率。

（3）如果企业未以类似上市企业股价为基础估计自身股份的价值，而是采用了其他估价方法对自身股份进行估价，则企业可推导出一个与该估价方法基础一致的预计波动率估计数。例如，企业以净资产或净利润为基础对其股份进行估价，那么可以考虑以净资产或净利润的预计波动率为基础对其股份价格的波动率进行估计。

4. 预计股利

计量所授予的股份或期权的公允价值是否应当考虑预计股利，取决于被授予方是否有权取得股利或股利的等价物。

如果职工被授予期权，并有权在授予日和行权日之间取得基础股份的股利或股利的等价物（可现金支付，也可抵减行权价格），所授予的期权应当像不支付基础股份的股利那样进行估价，即预计股利的输入变量应为零。类似地，如果职工有权取得在等待期内支付的股利，估计授予职工的股份在授予日的公允价值时，也不应考虑因预计股利而进行调整。相反，如果职工对等待期内或行权前的股利或股利的等价物没有要求权，对股份或期权在授予日公允价值的估计就应考虑预计股利因素，在估计所授予期权的公允价值时，期权定价模型的输入变量中应包含预计股利，即从估价中扣除预计在等待期内支付的股利现值。期权定价模型通常使用预计股利率，但也可能对模型进行修正后使用预计股利金额。如果企业使用股利金额，应根据历史经验考虑股利的增长模式。一般来说，预计股利应以公开可获取的信息为基础。不支付的股利且没有支付股利计划的企业应假设预计股利收益率为零。如果无股利支付历史的新企业被预期在其职工股票期权期限内开始支付股利，可使用历史股利收益率（零）与大致可比的同类企业的股利收益率均值的平均数。

5. 无风险利率

无风险利率一般是指期权行权价格以该货币表示的、剩余期限等于被估价期权的预计期限（基于期权的剩余合同期限，并考虑预计提早行权的影响）的零息国债当前可获得的内含收益率。如果没有此类国债，或环境表明零息国债的内含收益率不能代表无风险利率，应使用适当的替代利率。同样，在估计一份有效期与被估价期权的预计期限相等的其他期权的公允价值时，如果市场参与者一般使用某种适当的替代利率而不是零息国债的内含收益率来确定无风险利率，则企业也应使用这个适当的替代利率。

6. 资本结构的影响

通常情况下，交易期权是由第三方而不是企业签出的。当这些股票期权行权时，签出人将股份支付给期权持有者。这些股份是从现在的股东手中取得的。因此，交易期权的行权不会有稀释效应。

如果股票期权是企业签出的，在行权时需要增加已发行在外的股份数量（要么正式增发，要么使用先前回购的库存股）。假定股份将按行权日的市场价格发行，这种现实或潜在的稀释效应可能会降低股价，因此期权持有者行权时，无法获得像行使其他类似但不稀释股价的交易期权一样多的利益。这一问题能否对企业授予股票期权的价值产生显著影响，取决于各种因素，包括行权时增加的股份数量（相对于已发行在外的股份数量）。如果市场已预期企业会授予期权，则可能已将潜在的稀释效应体现在了授予日的股价中，企业应考虑所授予的股票期权未来行权的潜在稀释效应，是否可能对股票期权在授予日的公允价值产生影响。企业可能修改期权定价模型，以将潜在稀释效应纳入考虑范围。

四、股份支付的会计处理

股份支付的会计处理必须以完整、有效的股份支付协议为基础。

（一）授予日

除了立即可行权的股份支付外，无论是权益结算的股份支付还是现金结算的股份支付，企业在授予日均不做会计处理。

（二）等待期内每个资产负债表日

企业应当在等待期内的每个资产负债表日，将取得职工或其他方提供的服务计入成本费用，同时确认所有者权益或负债。对于附有市场条件的股份支付，只要职工满足了其他所有非市场条件，企业就应当确认已取得的服务。等待期长度确定后，业绩条件为非市场条件的，如果后续信息表明需要调整对可行权情况的估计的，应对前期估计进行修改。

在等待期内每个资产负债表日，企业应将取得的职工提供的服务计入成本费用，计入成本费用的金额应当按照权益工具的公允价值计量。对于授予的存在活跃市场的期权等权益工具，应当按照活跃市场中的报价确定其公允价值。对于授予的不存在活跃市场的期权等权益工具，应当采用期权定价模型等确定其公允价值，选用的期权定价模型至少考虑以下因素：①期权的行权价格；②期权的有效期；③标的股份的现行价格；④股价预计波动率；⑤股份的预计股利；⑥期权有效期内的无风险利率。在等待期内每个资产负债表日，企业应当根据最新取得的可行权职工人数变动等后续信息作出最佳估计，修正预计可行权的权益工具数量。在可行权日，最终预计可行权权益工具的数量应当与实际可行权权益工具的数量一致。根据上述权益工具的公允价值和预计可行权的权益工具数量，计算截至当期累计应确认的成本费用金额，再减去前期累计已确认金额，作为当期应确认的成本费用金额。

（1）对于权益结算的涉及职工的股份支付，应当按照授予日权益工具的公允价值计入成本费用和资本公积（其他资本公积），不确认其后续公允价值变动。

借：管理费用等
　　贷：资本公积——其他资本公积

（2）对于现金结算的涉及职工的股份支付，应当按照每个资产负债表日权益工具的公允价值重新计量，确定成本费用和应付职工薪酬。

借：管理费用等
　　贷：应付职工薪酬

（三）可行权日之后

（1）对于权益结算的股份支付，在可行权日之后不再对已确认的成本费用和所有者权益总额进行调整。企业应在行权日根据行权情况，确认股本和股本溢价，同时结转等待期内确认的资本公积（其他资本公积）。

（2）对于现金结算的股份支付，企业在可行权日之后不再确认成本费用，负债（应付职工薪酬）公允价值的变动应当计入当期损益（公允价值变动损益）。

（四）回购股份进行职工期权激励

企业以回购股份形式奖励本企业职工的，属于权益结算的股份支付。企业回购股份时，应按照回购股份的全部支出作为库存股处理，同时进行备查登记。按照《企业会计准则第11号——股份支付》对职工权益结算股份支付的规定，企业应当在等待期内每个资产负债表日按照权益工具在授予日的公允价值，将取得的职工服务计入成本费用，同时增加资本公积（其他资本公积）。在职工行权购买本企业股份时，企业应转销交付职工的库存股成本和等待期内资本公积（其他资本公积）累计金额，同时，按照其差额调整资本公积（资本溢价或股本溢价）。

(1) 回购股份，按照回购股份的全部支出。
借：库存股
　　贷：银行存款
(2) 确认成本费用，按照《企业会计准则第 11 号——股份支付》对职工权益结算股份支付的规定。
借：成本或费用类科目
　　贷：资本公积——其他资本公积
(3) 职工行权。
借：银行存款（企业收到的股票价款）
　　资本公积——其他资本公积（等待期内资本公积累计确认的金额）
　　贷：库存股（交付给职工的库存股成本）
　　　　资本公积——股本溢价（差额）

（五）企业集团内涉及不同企业的股份支付交易的处理

企业集团（由母公司和其全部子公司构成）内发生的股份支付交易，应当进行以下处理。

(1) 结算企业以其本身权益工具结算的，应当将该股份支付交易作为权益结算的股份支付处理；除此之外，应当作为现金结算的股份支付处理。

结算企业是接受服务企业的投资者的，应当按照授予日权益工具的公允价值或应承担负债的公允价值确认为对接受服务企业的长期股权投资，同时确认资本公积（其他资本公积）或负债。

(2) 接受服务企业没有结算义务或授予本企业职工的是其自身权益工具的，应当将该股份支付交易作为权益结算的股份支付处理；接受服务企业负有结算义务且授予本企业职工的是企业集团内其他企业权益工具的，应当将该股份支付交易作为现金结算的股份支付处理。

母公司向子公司高管授予股份支付，在合并财务报表中计算子公司少数股东损益时，虽然子公司的股权激励全部由母公司结算，子公司少数股东损益中应包含按照少数股东持股比例分享的子公司股权激励费用。

如果受到激励的高管在集团内调动导致接受服务的企业变更，但高管人员应取得的股权激励并未发生实质性变化，则应根据受益情况，在等待期内按照合理的标准（如按服务时间）在原接受服务的企业与新接受服务的企业间分摊该高管的股权激励费用即谁受益、谁确认费用。

集团内股份支付，包括集团内任何主体的任何股东，并未限定结算的主体为控股股东；非控股股东授予职工公司的权益工具满足股份支付条件时，也应当视同集团内股份支付进行处理。

在 2010 年 7 月 14 日《企业会计准则解释第 4 号》发布前的股份支付交易未按上述规定处理的，应当进行追溯调整，追溯调整不切实可行的除外。

第三节 股份支付的应用举例

一、附服务年限条件的权益结算股份支付

例 10-7 A 公司为一上市公司，20×1 年 1 月 1 日，公司向其 200 名管理人员每人授予 100 股股票期权，这些管理人员从 20×2 年 1 月 1 日起在该公司连续服务 3 年，即可以 5 元每股购买 100 股 A 公司股票从而获益。公司估计该期权在授予日的公允价值为 18 元。

第 1 年有 20 名管理人员离开 A 公司，A 公司估计 3 年中离开的管理人员的比例将达到 20%；第 2 年又有 10 名管理人员离开公司，公司将估计的管理人员离开比例修正为 15%；第 3 年又有 15 名管理人员离开。

（1）费用和资本公积计算过程（表 10-1）。

表 10-1 费用和资本公积计算过程   单位：元

年份	计算	当期费用	累计费用
20×1	200×100×（1−20%）×18×1/3	96 000	96 000
20×2	200×100×（1−15%）×18×2/3−96 000	108 000	204 000
20×3	155×100×18−204 000	75 000	279 000

（2）账务处理。

① 20×1 年 1 月 1 日。

授予日不做账务处理。

② 20×1 年 12 月 31 日。

借：管理费用   96 000
    贷：资本公积——其他资本公积   96 000

③ 20×2 年 12 月 31 日。

借：管理费用   108 000
    贷：资本公积——其他资本公积   108 000

④ 20×3 年 12 月 31 日。

借：管理费用   75 000
    贷：资本公积——其他资本公积   75 000

⑤ 假设全部 155 名管理人员都在 20×3 年 12 月 31 日行权，A 公司股份面值为 1 元。

借：银行存款   77 500
    资本公积——其他资本公积   279 000
    贷：股本   15 500
        资本公积——股本溢价   341 000

二、附非市场业绩条件的权益结算股份支付

例 10-8 20×1 年 1 月 1 日，A 公司为其 100 名管理人员每人授予 100 份股票期

权,其可行权条件为:20×1年末,公司当年净利润增长率达到20%;20×2年末,公司20×1年至20×2年两年净利润平均增长率达到15%;20×3年末,公司20×1年至20×3年3年净利润平均增长率达到10%。每份期权在20×1年1月1日的公允价值为24元。

20×1年12月31日,A公司净利润增长了1%,同时有8名管理人员离开,公司预计20×2年将以同样速度增长,即20×1年至20×2年两年净利润平均增长率能够达到18%,因此预计20×2年12月31日可行权。另外,预计第2年又将有8名管理人员离开公司。

20×2年12月31日,公司净利润仅增长10%,但公司预计20×1年至20×3年3年净利润平均增长率可达到12%,因此预计20×3年12月31日可行权。另外,实际有10名管理人员离开,预计第3年将有12名管理人员离开公司。

20×3年12月31日,公司净利润增长了8%,3年平均增长率为12%,满足了可行权条件(即3年净利润平均增长率达到10%)。当年有8名管理人员离开。

(1)按照股份支付会计准则,本例中的可行权条件是一项非市场业绩条件。

第1年末,虽然没能实现净利润增长20%的要求,但公司预计第2年将以同样的速度增长。因此能实现两年平均增长15%的要求。所以公司将其预计等待期调整为2年。由于有8名管理人员离开,公司同时调整了期满(2年)后预计可行权期权的数量(100-8-8)。

第2年末,虽然两年实现15%增长的目标再次落空,但公司仍然估计能够在第3年取得较理想的业绩,从而实现3年平均增长10%的目标。所以公司将其预计等待期调整为3年。由于第2年有10名管理人员离开,高于预计数字,因此公司相应调整了第3年离开的人数(100-8-10-12)。

第3年末,目标实现,实际离开人数为8人。公司根据实际情况确定累计费用,并据此确认了第3年费用和调整。

(2)费用和资本公积计算过程(表10-2)。

表10-2 费用和资本公积计算过程

单位:元

年 份	计 算	当期费用	累计费用
20×1	(100-8-8)×100×24×1/2	100 800	100 800
20×2	(100-8-10-12)×100×24×2/3-100 800	11 200	112 000
20×3	(100-8-10-8)×100×24-112 000	65 600	177 600

(3)账务处理。

①20×1年1月1日。

授予日不做账务处理。

②20×1年12月31日。

借:管理费用 100 800
　　贷:资本公积——其他资本公积 100 800

③20×2年12月31日。

借:管理费用 11 200
　　贷:资本公积——其他资本公积 11 200

④20×3年12月31日。

借：管理费用　　　　　　　　　　　　　　　　　　　65 600
　　贷：资本公积——其他资本公积　　　　　　　　　　　　　65 600

⑤假设全部74名管理人员都在20×3年12月31日行权，A公司股份面值为1元。

借：资本公积——其他资本公积　　　　　　　　　　　177 600
　　贷：股本　　　　　　　　　　　　　　　　　　　　　　　 7 400
　　　　资本公积——股本溢价　　　　　　　　　　　　　　 170 200

三、附服务年限及非市场业绩条件的权益结算股份支付

例10-9 20×1年1月1日，经股东大会批准，甲上市公司与50名高级管理人员签署股份支付协议。协议规定：甲公司向50名高级管理人员每人授予10万股股票期权，行权条件为这些高级管理人员从授予股票期权之日起连续服务3年，公司3年平均净利润增长率达到12%；符合行权条件后，每持有1股股票期权可以自20×4年1月1日起1年内，以每股5元的价格购买甲公司1股普通股股票，在行权期间未行权的股票期权将失效。甲公司估计授予日每股股票期权的公允价值为15元。20×1年至20×4年，甲公司与股票期权有关的资料如下。

20×1年，甲公司有1名高级管理人员离开公司，本年净利润增长率为10%。该年末，甲公司预计未来两年将有1名高级管理人员离开公司，预计3年平均净利润增长率将达到12%；每股股票期权公允价值为16元。

20×2年，甲公司没有高级管理人员离开公司，本年净利润增长率为14%。该年末，甲公司预计未来1年将有2名高级管理人员离开公司，预计3年平均净利润增长率为12.5%；每股股票期权公允价值为18元。

20×3年，甲公司有1名高级管理人员离开公司，本年净利润增长率为15%。该年末，每股股票期权的公允价值为20元。

20×4年3月，48名高级管理人员全部行权，甲公司共收到款项2 400万元，相关股票的变更登记手续已办理完成。

（1）费用和资本公积计算过程（表10-3）。

表10-3　费用和资本公积计算过程　　　　　　　　　　　　单位：万元

年份	计算	当期费用	累计费用
20×1	（50-1-1）×10×15×1/3	2 400	2 400
20×2	（50-1-2）×10×15×2/3-2 400	2 300	4 700
20×3	（50-1-1）×10×15-2 400-2 300	2 500	7 200

（2）账务处理。

①20×1年1月1日。

授予日不做账务处理。

②20×1年12月31日。

借：管理费用　　　　　　　　　　　　　　　　　　　2 400
　　贷：资本公积——其他资本公积　　　　　　　　　　　　　 2 400

③20×2年12月31日。

借：管理费用 2 300
　　贷：资本公积——其他资本公积 2 300

④20×3年12月31日。

借：管理费用 2 500
　　贷：资本公积——其他资本公积 2 500

⑤20×4年3月。

借：银行存款 2 400
　　资本公积——其他资本公积 7 200
　　贷：股本 4 800
　　　　资本公积——股本溢价 4 800

四、现金结算的股份支付

例10-10 2×21年初，A公司为其200名中层以上职员每人授予100份现金股票增值权，这些职员从2×21年1月1日起在该公司连续服务3年，即可按照当时股价的增长幅度获得现金，该增值权应在2×25年12月31日之前行使。A公司估计，该增值权在负债结算之前的每一资产负债表日以及结算日的公允价值和可行权后的每份增值权现金支出额见表10-4。

表10-4 每份增值权现金支出额　　　　　　　　　　　　　　　单位：元

年　份	公允价值	支付现金
2×21	14	
2×22	15	
2×23	18	16
2×24	21	20
2×25		25

第1年有20名职员离开A公司，A公司估计3年中还将有15名职员离开；第2年又有10名职员离开公司，公司估计还将有10名职员离开；第3年又有15名职员离开。第3年末，有70人行使股份增值权取得了现金。第4年末，有50人行使了股份增值权。第5年末，剩余35人也行使了股份增值权。

（1）费用和应付职工薪酬计算过程（表10-5）。

表10-5 费用和应付职工薪酬计算过程　　　　　　　　　　　单位：元

年　份	负债计算（1）	支付现金计算（2）	负债（3）	支付现金（4）	当期费用（5）
2×21	（200－35）×100×14×1/3		77 000		77 000
2×22	（200－40）×100×15×2/3		160 000		83 000
2×23	（200－45－70）×100×18	70×100×16	153 000	112 000	105 000
2×24	（200－45－70－50）×100×21	50×100×20	73 500	100 000	20 500
2×25	0	35×100×25	0	87 500	14 000
总　额				299 500	299 500

其中，
（1）计算得（3），（2）计算得（4）；
当期（3）－前一期（3）＋当期（4）＝当期（5）
（2）账务处理。

①2×21年12月31日。

借：管理费用　　　　　　　　　　　　　　　77 000
　　贷：应付职工薪酬——股份支付　　　　　　　　　77 000

②2×22年12月31日。

借：管理费用　　　　　　　　　　　　　　　83 000
　　贷：应付职工薪酬——股份支付　　　　　　　　　83 000

③2×23年12月31日。

借：管理费用　　　　　　　　　　　　　　105 000
　　贷：应付职工薪酬——股份支付　　　　　　　　 105 000

借：应付职工薪酬——股份支付　　　　　　112 000
　　贷：银行存款　　　　　　　　　　　　　　　　112 000

④2×24年12月31日。

借：公允价值变动损益　　　　　　　　　　 20 500
　　贷：应付职工薪酬——股份支付　　　　　　　　　20 500

借：应付职工薪酬——股份支付　　　　　　100 000
　　贷：银行存款　　　　　　　　　　　　　　　　100 000

⑤2×25年12月31日。

借：公允价值变动损益　　　　　　　　　　 14 000
　　贷：应付职工薪酬——股份支付　　　　　　　　　14 000

借：应付职工薪酬——股份支付　　　　　　 87 500
　　贷：银行存款　　　　　　　　　　　　　　　　 87 500

五、集团股份支付

例10-11　2×22年1月20日，甲公司股东大会批准了一项股权激励方案，向集团内的60名管理人员每人授予10万份股票期权，这些人员2×22年1月1日起为集团连续服务3年，每人即可以每股2元的价格购买甲公司普通股10万股。甲公司估计该期权在授予日的公允价值为每份6元。

2×22年，授予期权的60名管理人员，有40名在甲公司任职，20名在甲公司的子公司乙公司任职。假定3年内授予期权的管理人员没有离职。

（1）该股份支付为甲公司以自身权益工具结算的集团内股份支付，甲公司个别财务报表应当作为权益结算的股份支付进行会计处理，乙公司作为接受服务企业没有结算义务应当作为权益结算的股份支付进行会计处理。甲公司和乙公司应根据受益情况，按照享有受益员工所提供的服务分别确认费用；结算企业（甲公司）作为接受服务企业（乙公司）的母公司，应按照授予乙公司员工的股票期权在授予日的公允价值确认对乙公司的长期股权投资，同时确认资本公积。

甲公司 2×22 年个别财务报表应确认的股份支付费用 = 40×10×6/3 = 800（万元）

乙公司 2×22 年个别财务报表应确认的股份支付费用 = 20×10×6/3 = 400（万元）

（2）甲公司 2×22 年个别财务报表的相关账务处理如下。

借：管理费用　　　　　　　　　　　　　　　　　　　　8 000 000
　　长期股权投资——乙公司　　　　　　　　　　　　　4 000 000
　　　贷：资本公积——其他资本公积　　　　　　　　　　　　　12 000 000

（3）乙公司 2×22 年个别财务报表的相关账务处理如下。

借：管理费用　　　　　　　　　　　　　　　　　　　　4 000 000
　　　贷：资本公积——其他资本公积　　　　　　　　　　　　　4 000 000

（4）甲公司在编制 2×22 年合并财务报表时，从合并财务报表的角度出发，由于甲公司的权益工具也属于自身权益工具，即授予集团内员工自身权益工具以换取员工服务，应当作为权益结算的股份支付进行会计处理，其抵销分录为

借：资本公积——其他资本公积　　　　　　　　　　　　4 000 000
　　　贷：长期股权投资——乙公司　　　　　　　　　　　　　　4 000 000

六、企业将以现金结算的股份支付修改为以权益结算的股份支付

例 10-12　2×21 年初，A 公司向其 500 名中层以上职工每人授予 100 份现金股票增值权，这些职工从 2×21 年 1 月 1 日起在该公司连续服务 4 年即可按照股价的增长幅度获得现金。A 公司估计，该增值权在 2×21 年末和 2×22 年末的公允价值分别为 10 元和 12 元。2×22 年 12 月 31 日，A 公司将向职工授予 100 份现金股票增值权修改为授予 100 股股票期权，这些职工从 2×23 年 1 月 1 日起在该公司连续服务 3 年，即可以每股 5 元购买 100 股 A 公司股票。每份期权在 2×22 年 12 月 31 日的公允价值为 16 元。A 公司预计所有的职工都将在服务期限内提供服务。假设 A 公司 500 名职工都在 2×25 年 12 月 31 日行权，股份面值为 1 元。假定不考虑其他因素。

分析：企业将以现金结算的股份支付修改为以权益结算的股份支付，修改日为 2×22 年 12 月 31 日。

（1）2×21 年 12 月 31 日，A 公司按照承担负债的公允价值，将当期取得的服务计入相关费用和相应的负债，金额为 100×500×10×1/4 = 125 000（元）。

借：管理费用　　　　　　　　　　　　　　　　　　　　　125 000
　　　贷：应付职工薪酬——股份支付　　　　　　　　　　　　　　125 000

（2）2×22 年 12 月 31 日，A 公司将以现金结算的股份支付修改为以权益结算的股份支付，等待期由 4 年延长至 5 年。A 公司应当按照权益工具在修改日的公允价值，将当期取得的服务计入资本公积，金额为 100×500×16×2/5 = 320 000（元），同时终止确认已确认的负债，两者的差额计入当期损益，金额为 320 000 - 125 000 = 195 000（元）。

借：管理费用　　　　　　　　　　　　　　　　　　　　　195 000
　　应付职工薪酬——股份支付　　　　　　　　　　　　　125 000
　　　贷：资本公积——其他资本公积　　　　　　　　　　　　　　320 000

（3）2×23 年 12 月 31 日，按照权益工具在修改日的公允价值将当期取得的服务计入相关费用和资本公积，金额为 100×500×16×3/5 - 320 000 = 160 000（元）。

借：管理费用 160 000
　　贷：资本公积——其他资本公积 160 000

（4）2×24年12月31日，按照权益工具在修改日的公允价值将当期取得的服务计入相关费用和资本公积，金额为100×500×16×4/5-320 000-160 000=160 000（元）。

借：管理费用 160 000
　　贷：资本公积——其他资本公积 160 000

（5）2×25年12月31日，按照权益工具在修改日的公允价值将当期取得的服务计入相关费用和资本公积，金额为 100×500×16-320 000-160 000-160 000=160 000（元）。

借：管理费用 160 000
　　贷：资本公积——其他资本公积 160 000

当日，职工行权。

借：银行存款 250 000
　　资本公积——其他资本公积 800 000
　　贷：股本 50 000
　　　　资本公积——股本溢价 1 000 000

本章小结

《企业会计准则第11号——股份支付》规范了企业按规定实施的职工期权激励计划的会计处理和相关信息披露要求。本章主要论述了股份支付的相关概念、分类、确认和计量原则、具体的会计处理方法和应用举例。

股份支付是指企业为获取职工和其他方提供服务而授予权益工具或者承担以权益工具为基础确定的负债的交易，通常涉及四个主要环节：授予日、可行权日、行权日和出售日。按照股份支付的方式和工具类型，其主要可分为两大类：以权益结算的股份支付和以现金结算的股份支付。以权益结算的股份支付即企业为获取服务而以股份或其他权益工具作为对价进行结算的交易，通常具体分为限制性股票和股票期权两类。以现金结算的股份支付即企业为获取服务而承担的以股份或其他权益工具为基础计算的支付现金或其他资产的义务的交易，通常也具体分为模拟股票和现金股票增值权两类。

以权益结算的股份支付的会计处理要求：①授予日。不需要进行会计处理。②等待期内每个资产负债表日。企业根据授予日权益工具的公允价值乘以预计可行权的权益工具数量，按照职工所付出服务的性质，借记"生产成本""制造费用""管理费用""销售费用""研发支出""在建工程"等科目，贷记"资本公积——其他资本公积"科目。③可行权日。与等待期内的资产负债表日处理一致。④行权日。根据行权时收到的款项，借记"银行存款"等科目，结转等待期内确认的资本公积，借记"资本公积——其他资本公积"科目，根据转换成的股本数，贷记"股本"科目，按其差额，贷记"资本公积——股本溢价"科目。

以现金结算的股份支付的会计处理要求：①授予日。不需要进行会计处理。②等待期内每个资产负债表日。企业根据某一资产负债表日预计可行权工具的数量乘以当日权益工具的公允价值，借记"生产成本""制造费用""管理费用""研发支出""在建工程""销售费用"等科目，贷记"应付职工薪酬——股份支付"科目。③可行权日。与等待期内的资产负债表日处理一致。④可行权日之后。企业在可行权日之后不再确认成本费用，负债（应付职工薪酬）公允价值的变动应当计入当期损益（公允价值变动损益）。⑤行权日。根据行权情况，按照所支付的现金，借记"应付职工薪酬——股份支付"科目，贷记"银行存款"等科目。

企业集团（由母公司和其全部子公司构成）内发生的股份支付交易，结算企业以其本身权益工具结算的，应当将该股份支付交易作为以权益结算的股份支付处理；除此之外，应当作为以现金结算的股份支付处理。结算企业是接受服务企业的投资者的，应当按照授予日权益工具的公允价值或应承担负债的公允价值确认为对接受服务企业的长期股权投资，同时确认资本公积（其他资本公积）或负债。此外，接受服务企业没有结算义务或授予本企业职工的是其自身权益工具的，应当将该股份支付交易作为以权益结算的股份支付处理；接受服务企业负有结算义务且授予本企业职工的是企业集团内其他企业权益工具的，应当将该股份支付交易作为以现金结算的股份支付处理。集团内股份支付包括集团内任何主体的任何股东，并未限定结算的主体为控股股东。非控股股东授予职工公司的权益工具满足股份支付条件时，也应当视同集团内股份支付进行处理。

思考题

1. 什么是股份支付？
2. 以现金结算的股份支付和以权益结算的股份支付在会计处理上有什么差别？
3. 集团股份支付如何进行会计处理？

练习题

1. A公司为上市公司。20×1年1月1日，公司向其200名管理人员每人授予100份股份期权，这些人员从20×1年1月1日起必须在该公司连续服务3年，服务期满时才能以每股5元购买100股A公司股票，A公司股票面值为1元。每份期权在授予日公允价值为12元。

20×1年，有20名管理人员离开A公司，A公司估计3年中离开的管理人员比例将达到20%。

20×2年，又有10名管理人员离开公司，公司将3年中管理人员比例修正为18%。

20×3年，又有8名管理人员离开公司。20×3年末未离开公司的管理人员全部行权。

请编制A公司的会计分录。

2. 甲公司2×22年发生了下列交易事项。

1月5日，甲公司股东大会通过向高管人员授予限制性股票的方案，50名高管人员每人以每股10元的价格购买甲公司定向发行的10万股普通股。自方案通过之日起，高管人员在甲公司服务满3年且3年内公司净资产收益率平均为12%或以上，3年期满即有权利拥有相关股票，服务期未满或未达到业绩条件的，3年期满后，甲公司将以每股

10元的价格回购有关高管人员持有的股票。3年等待期内，高管人员不享有相关股份的股东权利。

1月5日，甲公司的普通股的市场价格为每股20元。当日，被授予股份的高管人员向甲公司支付价款并登记为相关股票的持有人。

当年，该计划涉及的50名高管人员中有2人离开甲公司，预计未来期间还有3名高管人员离开，2×22年甲公司净资产收益率为13%，预计未来期间仍有上升空间，在3年期间平均净资产收益率达到12%的可能性较大。

不考虑其他因素。要求：根据上述资料，说明甲公司2×22年进行的会计处理并编制会计分录。

3. A公司为B公司的母公司，20×1年1月1日，A公司以其本身权益工具为B公司的100名管理人员每人授予100份股票期权，每份期权在20×1年1月1日的公允价值为24元。第1年末能够行权的条件为B公司净利润增长率达到20%，第2年末能够行权的条件是B公司的净利润两年平均增长率达到15%，第3年末行权的条件是B公司3年的净利润平均增长率达到10%。

20×1年B公司净利润增长率为18%，有8名管理人员离开，预计第2年净利润增长率达到18%，预计20×2年12月31日可行权，预计有8名管理人员离开。

20×2年B公司净利润增长率只有10%，未达到2年平均增长率为15%，当年又有10名管理人员离开，预计20×3年12月31日可以行权，预计第3年有12名管理人员离开。

20×3年B公司净利润增长率为8%，3年平均增长率为12%，当年有8名管理人员离开。20×3年12月31日剩余管理人员全部行权，行权价格为5元。

请分别编制A公司和B公司个别财务报表中的会计分录。

练习题参考答案

第十一章

企业年金基金会计

企业年金不仅是一种企业福利、激励制度，也是一种社会制度，对调动企业职工的劳动积极性，增强企业的凝聚力和竞争力，完善国家多层次养老保障体系，提高和改善企业职工退休后的养老待遇水平等具有积极的促进作用。本章主要介绍企业年金基金的会计处理，本部分的内容主要遵循《企业会计准则第 10 号——企业年金基金》及其应用指南。这些规定明确了企业年金基金是独立的会计主体，规范了企业年金基金的确认、计量和报告的方法，以真实反映企业年金基金的财务状况、投资运营情况、净资产变动情况，及时揭示企业年金基金的管理风险等信息。

第一节 企业年金与企业年金基金概述

一、企业年金

企业年金，即企业补充养老保险，是指企业及其职工在依法参加基本养老保险的基础上，依据国家政策和本企业经济状况建立的、旨在提高职工退休后生活水平、对国家基本养老保险进行重要补充的一种养老保险形式，是社会保障体系的重要组成部分。

（一）企业年金的分类

1. 根据法律规范的程度划分

根据法律规范的程度，企业年金可分为自愿性和强制性两类。

（1）自愿性企业年金。其以美国、日本为代表，国家通过立法，制定基本规则和基本政策，企业自愿参加；企业一旦决定实行补充保险，必须按照既定的规则运作；具体实施方案、待遇水平、基金模式由企业制定或选择；雇员可以缴费，也可以不缴费。

（2）强制性企业年金。其以澳大利亚、法国为代表，国家立法，强制实施，所有雇主都必须为其雇员投保；待遇水平、基金模式、筹资方法等完全由国家规定。

2. 根据企业对员工补充养老保险承担的义务划分

根据企业对员工补充养老保险承担的义务，企业年金可分为设定提存计划和设定受益计划两类。

（1）设定提存计划，是指企业向独立年金基金缴存约定的固定费用后，企业不再承担进一步支付义务的企业年金。其基本特征是：①简便易行，透明度较高；②缴费水平可以根据企业经济状况做适当调整；③企业与职工缴纳的保险费免予征税，其投资收入予以减免税优惠；④职工个人承担有关投资风险，企业原则上不负担超过定期缴费以外的保险金给付义务。

(2)设定受益计划,是指企业向独立年金基金缴存的费用会根据相关经济预测及年金的投资回报水平而动态调整的企业年金,其调整标准是保证员工的养老金水平达到合同约定的保障水平。其基本特征是:①通过确定一定的收入替代率,保障职工获得较稳定的养老金;②基金的积累规模和水平随工资增长幅度进行调整;③企业承担无法预测的社会经济变化引起的企业年金收入波动风险。

(二)企业年金的作用

(1)为职工提供多层次的养老保障,增强企业在人力资源市场的竞争力。企业建立良好的员工福利保障制度,充分解决员工的医疗、养老、工伤及死亡抚恤等问题,有利于落实人力资源管理制度,树立良好的企业形象,增加市场竞争力,从而吸引优秀人才加盟。

(2)为企业提供一种激励方式。企业年金不同于其他养老保险的地方在于,企业有权根据员工的贡献,设计具有差异性的年金计划。在设计年金计划时,企业可以充分利用年金保险的灵活性特点,打破传统薪酬福利的"平均主义"原则,对不同贡献的员工提供不同的保障计划,充分调动员工的工作积极性。

(3)有可能为企业和职工提供一种合理节税的途径。建立企业年金制度,在提高员工福利的同时,可以合理利用国家有关税收政策为企业和个人节税。在年金缴费、增值期间,企业为职工支付的年金费用,无须缴纳该部分的企业所得税。对职工个人而言,将部分当期收入转换为养老金,也可以减少当期税费的支出,使个人收入在一生中均匀化。

但是,这一避税作用能否发挥作用,最终要视各国税法规定判断。比如我国对企业年金在企业所得税方面,《财政部 国家税务总局关于补充养老保险费 补充医疗保险费有关企业所得税政策问题的通知》(财税〔2009〕27号)规定:"自2008年1月1日起,企业根据国家有关政策规定,为在本企业任职或者受雇的全体员工支付的补充养老保险费、补充医疗保险费,分别在不超过职工工资总额5%标准内的部分,在计算应纳税所得额时准予扣除;超过的部分,不予扣除。"在个人所得税方面,《财政部 人力资源和社会保障部 国家税务总局关于企业年金 职业年金个人所得税有关问题的通知》(财税〔2013〕103号)规定:"1.企业和事业单位(以下统称单位)根据国家有关政策规定的办法和标准,为在本单位任职或者受雇的全体职工缴付的企业年金或职业年金(以下统称年金)单位缴费部分,在计入个人账户时,个人暂不缴纳个人所得税。2.个人根据国家有关政策规定缴付的年金个人缴费部分,在不超过本人缴费工资计税基数的4%标准内的部分,暂从个人当期的应纳税所得额中扣除。"

二、企业年金基金

企业年金基金,是指根据依法制定的企业年金计划筹集的资金及其投资运营收益形成的企业补充养老保险基金。企业年金基金由基金本金和基金投资运营收益两大部分组成,其中基金本金又分为企业缴费部分和职工个人缴费部分。

（一）企业年金基金的分类

一般来说，企业年金基金可分为设定缴存基金和设定受益基金。采用不同的基金类型时，企业的会计处理方法不同，但年金基金作为独立会计主体时的会计核算则是类似的。

1. 设定缴存基金

设定缴存基金对应的是设定提存计划型企业年金。设定缴存基金为每个计划参与者提供一个个人账户，按照既定的公式决定参与者的缴存金额，但是不规定其将收到的养老金金额。将来在参与者有资格领取养老金时，其所收到的养老金福利仅仅取决于其个人账户的缴存金额、这些缴存金额的投资收益以及可被分摊到该参与者账户的其他参与者罚没的福利。这样基金的主办者（企业）承担了按预先的协议向职工个人账户缴费的责任。当职工离开企业时，其个人账户的资金可以随之转移，进入其他企业的企业年金账户，这在一定程度上降低了职工更换工作的成本，促进了人力资源的流动。

采用设定缴存基金时，企业只承担按期向基金账户缴费的义务，不承担职工退休后向职工支付确定养老金的义务，也就不承担与企业年金基金有关的风险，这些风险将由企业年金基金的托管机构或基金参与者（职工个人）自行承担。因此，企业向基金管理者缴存的资产不再确认为企业的资产，企业当期应予确认的养老金成本是企业当期应支付的企业年金缴存金，确认的养老金负债是按照基金规定，当期及以前各期累计的应缴未缴企业年金缴存金。

2. 设定受益基金

设定受益基金对应的是设定受益计划型企业年金。设定受益基金是基金主办者（企业）按既定的金额提供养老金福利的企业年金。最终支付的养老金金额通常是一个或多个因素的函数，如参加者的年龄、服务年数或工资水平。支付的方式既可以是一系列年金，也可以是一次性支付。

在这种基金下，按期足额支付养老金的责任由企业承担，如果到期不能按照原先约定的水平支付养老金，则违约责任亦应由企业承担。换言之，企业承担了不能足额支付养老金的风险、投资失败风险、通货膨胀风险等一系列风险；该基金的参与者（职工）如果提前离开企业，则他过去服务所赚得的养老金福利很有可能部分甚至全部丧失。

由于设定受益基金涉及大量的精算假设和会计估计，如职工未来养老金水平、领取养老金的年数、剩余服务年限、未来工资水平、能够领取养老金的职工人数和折现率等，故企业对该业务的会计处理比较复杂。企业当期应确认的养老金成本除当期服务成本外，还涉及过去服务成本、精算利得和损失、利息费用等项目。企业对职工的养老金义务符合负债的定义，因此，理应将其确认为企业的一项养老金负债。该负债是企业采用一定的精算方法、估计合适的折现率所计算出的未来需要支付的养老金总额的折现值。

（二）企业年金基金管理各方当事人

我国的企业年金采用信托型管理模式，实行以信托关系为核心，以委托代理关系为补充的治理结构。企业年金基金管理各方当事人包括委托人、受托人、账户管理人、托管人、投资管理人和中介服务机构等。在这种安排下，企业年金委托人扮演着股东的角色，负责资本投入并分享收益；基金受托人扮演着经理的角色，是年金基金运作的主要管理者和信息披露者，既对基金运作负责，也对基金财务信息负责；基金账户管理人扮演着会计的角色，主要对基金财务信息负责；基金托管人扮演着出纳的角色，掌控基金的资金流入流出，对资产安全负责；基金投资管理人则是具体投资策略的执行人。

1. 企业年金基金委托人

企业年金基金委托人，是指设立企业年金基金的企业及其职工。企业和职工是企业年金计划参与者，作为缴纳企业年金计划供款主体，按规定缴纳企业年金供款，并作为委托人与受托人签订书面合同，将企业年金基金财产委托给受托人管理运作。

2. 企业年金基金受托人

企业年金基金受托人，是指受托管理企业年金基金的企业年金理事会或符合国家规定的养老金管理公司等法人受托机构，是编制企业年金基金财务报表的法定责任人。本章主要介绍企业年金基金受托人的会计账务处理，受托人是年金基金运作的主要管理者和信息披露者。

受托人主要职责是：选择、监督、更换账户管理人、托管人、投资管理人以及中介服务机构；制定企业年金基金战略资产配置策略；编制企业年金基金管理和财务会计报告；根据合同对企业年金基金管理进行监督；根据合同收取企业和职工缴费，并向受益人支付企业年金待遇；接受委托人查询，定期向委托人提交企业年金基金管理和财务会计报告；定期向有关监管部门提交开展企业年金基金受托管理业务情况的报告；发生重大事件时，及时向委托人和有关监管部门报告；按照国家规定保存与企业年金基金管理有关的记录自合同终止之日起至少15年。

3. 企业年金基金账户管理人

企业年金基金账户管理人，是指受托管理企业年金基金账户的专业机构。账户管理人主要负责相关明细账户的信息记录，是企业年金基金的账户信息处理中心，与基金受托人相互核对信息记录，实现相互监督作用，并通过双重核算保证信息处理的准确性。

账户管理人主要职责是：建立企业年金基金企业账户和个人账户；记录企业、职工缴费以及企业年金基金投资收益；定期与托管人核对缴费数据以及企业年金基金账户财产变化状况，及时将核对结果提交受托人；计算企业年金待遇；向企业及受益人提供企业年金基金企业账户和个人账户信息查询服务；向受益人提供年度权益报告；定期向受托人提交账户管理数据等信息及企业年金基金账户管理报告；定期向有关监管部门提交开展企业年金基金账户管理业务情况的报告；按照国家规定保存企业年金基金账户管理档案自合同终止之日起至少15年等。

4. 企业年金基金托管人

企业年金基金托管人，是指受托保管企业年金基金财产的商业银行或专业机构。基金托管人主要保证年金基金的财产安全。年金基金通过这种设置，实现了不相容职责的分离，以此保证基金财产的安全。

托管人主要职责是：安全保管企业年金基金财产；以企业年金基金名义开设基金财产的资金账户和证券账户；对所托管的不同企业年金基金财产分别设置账户，确保基金财产的完整和独立；根据受托人指令，向投资管理人分配企业年金基金财产；根据投资管理人投资指令，及时办理清算、交割事宜；负责企业年金基金会计核算和估值，复核、审查和确认投资管理人计算的基金财产净值；根据受托人指令，向受益人发放企业年金待遇；定期与账户管理人、投资管理人核对有关数据，按照规定监督投资管理人的投资运作；定期向受托人提交企业年金基金托管报告和财务会计报告；定期向有关监管部门提交开展企业年金基金托管业务情况的报告；按照国家规定保存企业年金基金托管业务活动记录、账册、报表和其他相关资料自合同终止之日起至少15年等。

5. 企业年金基金投资管理人

企业年金基金投资管理人，是指受托管理企业年金基金投资的专业机构。

投资管理人主要职责是：对企业年金基金财产进行投资；及时与托管人核对企业年金基金会计核算和估值结果；建立企业年金基金投资管理风险准备金；定期向受托人提交企业年金基金投资管理报告；定期向有关监管部门提交开展企业年金基金投资管理业务情况的报告；按照国家规定保存企业年金基金财产会计凭证、会计账簿、年度财务会计报告和投资记录自合同终止之日起至少15年等。

6. 企业年金基金中介服务机构

企业年金基金中介服务机构，是指为企业年金基金管理提供服务的投资顾问公司、信用评估公司、精算咨询公司、会计师事务所、律师事务所等专业机构。

三、我国企业年金及年金基金的规定

《中华人民共和国劳动法》规定，国家鼓励用人单位根据本单位实际情况为劳动者建立补充保险。《国务院关于印发完善城镇社会保障体系试点方案的通知》（国发〔2000〕42号）中将补充养老保险统一称为企业年金。2004年1月6日，中华人民共和国劳动和社会保障部令第20号发布《企业年金试行办法》，并于2004年5月1日正式实施。原劳动部1995年12月29日发布的《关于印发〈关于建立企业补充养老保险制度的意见〉的通知》同时废止。这标志着中国正式推进企业年金制度。人力资源和社会保障部2022年发布的《2021年度全国企业年金基金业务数据摘要》显示，截至2021年底，全国有11.75万户企业建立企业年金，参加职工2 875万人，企业年金投资运营规模2.61万亿元，当年投资收益1 242亿元，加权平均收益率为5.33%，企业年金基金累积结余为26 406亿元。

（一）中国的企业年金制度属于自愿性企业年金

根据前述的分类，中国的企业年金制度属于自愿性企业年金，即企业年金采取自愿原则，国家给予税收政策支持，实行完全积累制，采用个人账户管理和市场化运作，其费用由企业和职工个人共同缴纳。

（二）我国的企业年金采用信托型管理模式

企业年金基金一般有契约型和信托型两种运作模式，前者是指企业从保险公司直接

购买年金产品,后者是指企业及其职工个人出资设立企业年金基金并将其作为信托财产交由受托人进行管理运作。根据 2016 年人力资源和社会保障部和财政部通过的《企业年金办法》,我国企业年金管理的法律形式应为信托型基金管理模式,实行以信托关系为核心、以委托代理关系为补充的治理结构。企业和职工作为委托人将企业年金基金财产委托给受托人管理运作,是一种信托行为。企业年金基金作为一种信托财产,必须存入企业年金基金专户,独立于委托人、受托人、账户管理人、托管人、投资管理人和其他为企业年金基金提供服务的自然人、法人或其他组织的固有财产及其管理的其他财产,并作为独立的会计主体进行确认、计量和列报。

第二节 企业年金基金会计制度设计简述

企业年金基金是一个独立的会计主体。《企业会计准则第 10 号——企业年金基金》及其应用指南规范了企业年金基金的确认、计量和报告,以真实反映企业年金基金的财务状况、投资运营情况、净资产变动情况,及时揭示企业年金基金的管理风险等信息。

一、企业年金基金的会计信息提供者

作为一个独立的会计主体,企业年金基金会计信息的提供者主要是企业年金基金受托人。但是,由于企业年金采用信托型管理模式,基金托管人、基金账户管理人、投资管理人都应当根据各自的职责,按照企业年金基金准则及其应用指南的规定,设置相应会计科目和会计账簿,对企业年金基金发生的有关交易或者事项进行会计处理和报告。

根据《企业年金基金管理办法》(人力资源社会保障部令第 11 号)的规定,基金受托人负责编制和对外报告企业年金基金财务报表,受托人应当在每季度结束后 30 日内向委托人提交企业年金基金管理季度报告;并应当在年度结束后 60 日内向委托人提交企业年金基金管理和财务会计年度报告。

此外,为了保证企业年金基金财务报表的真实和完整,托管人、账户管理人和投资管理人还要定期向受托人提供相关信息。现行相关法规规定,托管人应当在每季度结束后 15 日内向受托人提交企业年金基金托管和财务会计季度报告,并应当在年度结束后 45 日内向受托人提交企业年金基金托管和财务会计年度报告。投资管理人应当在每季度结束后 15 日内向受托人提交经托管人确认财务管理数据的企业年金基金投资组合季度报告,并应当在年度结束后 45 日内向受托人提交经托管人确认财务管理数据的企业年金基金投资管理年度报告。账户管理人应当在每季度结束后 15 日内向受托人提交企业年金基金账户管理季度报告,并应当在年度结束后 45 日内向受托人提交企业年金基金账户管理年度报告。

二、企业年金基金会计科目

作为独立的会计主体,企业年金基金需要设置自己的会计账户。由于其业务类型的特殊性,《企业会计准则第 10 号——企业年金基金》对会计科目的设置做了统一规定。企业年金基金会计科目名称见表 11-1。

表 11-1　企业年金基金会计科目名称

顺序号	编　号	会计科目名称
一、资产类		
1	101	银行存款
2	102	结算备付金
3	104	交易保证金
4	113	应收利息
5	114	应收股利
6	115	应收红利
7	118	买入返售证券
8	125	其他应收款
9	128	交易性金融资产
10	131	其他资产
二、负债类		
11	201	应付受益人待遇
12	204	应付受托人管理费
13	205	应付托管人管理费
14	216	应付投资管理人管理费
15	215	应交税费
16	218	卖出回购证券款
17	221	应付利息
18	223	应付佣金
19	229	其他应付款
三、共同类		
20	301	证券清算款
四、基金净值类		
21	401	企业年金基金
		个人账户结余
		企业账户结余
		净收益
		个人账户转入
		个人账户转出
		支付受益人待遇
22	410	本期收益
五、损益类		
23	501	存款利息收入
24	503	买入返售证券收入
25	505	公允价值变动收益
26	531	投资收益
27	533	其他收入
28	534	交易费用
29	539	受托人管理费
30	540	托管人管理费
31	541	投资管理人管理费
32	552	卖出回购证券支出
33	566	其他费用
34	570	以前年度损益调整

三、企业年金基金的财务报表

企业年金基金的财务报表,是指企业年金基金对外提供的反映基金某一特定日期财务状况和一定会计期间的经营成果、净资产变动情况的书面文件。企业年金基金的财务报表主要包括资产负债表、净资产变动表和附注。

(一)资产负债表

资产负债表,是指反映企业年金基金在某一特定日期的财务状况的会计报表,应当按资产、负债和净资产分类列示。其具体内容如表 11-2 所示。

表 11-2 资产负债表
会年金 01 表

编制单位: 年 月 日 单位:元

资产	行次	年初数	期末数	负债和净资产	行次	年初数	期末数
资产:				负债:			
货币资金				应付证券清算款			
应收证券清算款				应付受益人待遇			
应收利息				应付受托人管理费			
买入返售证券				应付托管人管理费			
其他应收款				应付投资管理人管理费			
债券投资				应交税费			
基金投资				卖出回购证券款			
股票投资				应付利息			
其他投资				应付佣金			
其他资产				其他应付款			
				负债合计			
				净资产:			
				企业年金基金净值			
资产总计				负债和净资产总计			

(二)净资产变动表

净资产变动表,是指反映企业年金基金在一定会计期间的净资产增减变动情况的会计报表。净资产变动表的列示如表 11-3 所示。

表 11-3 净资产变动表
会年金 02 表

编制单位: 年 月 日 单位:元

项 目	行 次	本月数	本年累计数
一、期初净资产			
二、本期净资产增加数			
(一)本期收入			
1. 存款利息收入			

续表

项　目	行　次	本月数	本年累计数
2. 买入返售证券收入			
3. 公允价值变动损益			
4. 投资处置收益			
5. 其他收入			
（二）收取企业缴费			
（三）收取职工个人缴费			
（四）个人账户转入			
三、本期净资产减少数			
（一）本期费用			
1. 交易费用			
2. 受托人管理费			
3. 托管人管理费			
4. 投资管理人管理费			
5. 卖出回购证券支出			
6. 其他费用			
（二）支付受益人待遇			
（三）个人账户转出			
四、期末净资产			

（三）附注

附注是指对资产负债表、净资产变动表中列示项目的文字描述或明细资料，以及对未能在报表中列示的其他业务和事项进行的说明。根据企业年金基金准则及其应用指南的规定，企业年金基金在附注中应当披露下列内容。

（1）企业年金计划的主要内容及重大变化。

（2）财务报表的编制基础。

（3）重要会计政策和会计估计变更及差错更正的说明。

（4）投资种类、金额及公允价值的确定方法。

（5）各类投资占投资总额的比例。

（6）报表重要项目的说明，包括货币资金、买入返售证券、债券投资、基金投资、股票投资、其他投资、卖出回购证券款、收取企业缴费、收取职工个人缴费、个人账户转入、支付受益人待遇、个人账户转出等。

（7）企业年金基金净收益，包括本期收入、本期费用的构成。

（8）资产负债表日后事项、关联方关系及其交易的说明等。

（9）企业年金基金投资组合情况、风险管理政策，以及可能使投资价值受到重大影响的其他事项。

第三节 企业年金基金的会计处理

一、企业年金基金收到缴费的账务处理

企业年金基金缴费一般流程如图 11-1 所示。

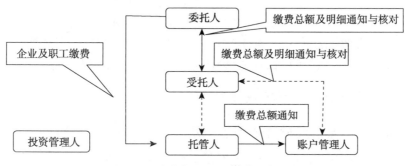

图 11-1 企业年金基金缴费一般流程

（1）企业年金计划开始时，委托人将相关职工缴费总额及明细情况通知受托人，受托人将相关信息提供给账户管理人。账户管理人据此进行系统设置和信息录入。

（2）缴费日前，账户管理人计算缴费总额及明细情况，生成企业缴费和职工个人缴费账单，报受托人确认。

（3）受托人收到账户管理人提供的缴费账单后，与委托人核对确认，核对无误后，将签字确认的缴费账单反馈给账户管理人。

（4）缴费日，受托人向委托人下达缴费指令，委托人向托管人划转缴费账单所列缴款总额，并通知受托人。

（5）受托人向托管人送达收账通知及企业缴费总额账单。托管人收到款项后，核对实收金额与受托人提供的缴费总额账单，并向受托人和账户管理人送达缴费到账通知单。

（6）受托人核对托管人转来数据后，通知账户管理人进行缴费的财务处理。账户管理人将缴费明细数据和托管人通知的缴费总额核对无误后，根据企业年金计划的约定在已建立的个人账户之间进行分配。

为了核算企业年金基金收到缴费的业务，企业年金基金作为独立的会计主体，应当设置"企业年金基金""银行存款"等科目。"企业年金基金"科目核算企业年金基金资产的来源和运用，应按个人账户结余、企业账户结余、净收益、个人账户转入、个人账户转出，以及支付受益人待遇等设置相应明细科目，本科目期末贷方余额反映企业年金基金净值。企业年金基金银行账户主要有资金账户、证券账户等。资金账户包括银行存款账户、结算备付金账户等，其中银行存款账户又包括受托财产托管账户、委托投资资产托管账户；证券账户包括证券交易所证券账户和全国银行间市场债券托管账户等。

收到企业及职工个人缴费时，按实际收到的金额，借记"银行存款"科目，贷记"企业年金基金——个人账户结余""企业年金基金——企业账户结余"科目。

例 11-1 202×年 1 月 6 日，某企业年金基金收到缴费 550 万元，其中企业缴费 350 万元、职工个人缴费 200 万元，存入企业年金账户，实收金额与提供的缴费总额账单核对无误。按该企业年金计划约定，企业缴费 350 万元中，归属个人账户金额为 240 万元，另 110 万元的权益归属条件尚未实现。该企业年金基金账务处理如下。

借：银行存款   5 500 000
  贷：企业年金基金——个人账户结余（个人缴费） 2 000 000
      ——个人账户结余（企业缴费） 2 400 000
      ——企业账户结余（企业缴费） 1 100 000

企业年金基金收到缴费后，如需账户管理人核对后确认，可先通过"其他应付款——企业年金基金供款"科目核算，确认后再转入"企业年金基金"科目。

二、企业年金基金投资运营的账务处理

（一）对企业年金基金投资范围的限定

企业年金基金的养老金性质决定了该基金在投资中要求安全性强、流动性高。投资运营应当遵循谨慎、分散风险的原则，充分考虑企业年金基金财产的安全性、收益性和流动性，实行专业化管理，严格按照国家相关规定进行投资运营。

根据《人力资源社会保障部关于调整年金基金投资范围的通知》（人社部发〔2020〕95 号）的规定，企业年金基金财产限于境内投资和香港市场投资。

境内投资范围包括银行存款、标准化债权类资产、债券回购、信托产品、债权投资计划、公开募集证券投资基金、股票、股指期货、国债期货、养老金产品。香港市场投资指年金基金通过股票型养老金产品或公开募集证券投资基金，投资内地与香港股票市场交易互联互通机制下允许买卖的香港联合交易所上市股票（简称"港股通标的股票"）。

《人力资源社会保障部关于调整年金基金投资范围的通知》（人社部发〔2020〕95 号）规定，年金基金财产以投资组合为单位，按照公允价值计算应当符合下列规定。

（1）投资一年期以内（含一年）的银行存款、中央银行票据，同业存单，剩余期限在一年期以内（含一年）的国债，剩余期限在一年期以内（含一年）的政策性、开发性银行债券，债券回购，货币市场基金，货币型养老金产品等流动性资产的比例，合计不得低于投资组合委托投资资产净值的 5%。清算备付金、证券清算款以及一级市场证券申购资金视为流动性资产。

（2）投资一年期以上的银行存款、标准化债权类资产、信托产品、债权投资计划、债券基金、固定收益型养老金产品、混合型养老金产品等固定收益类资产的比例，合计不得高于投资组合委托投资资产净值的 135%。债券正回购的资金余额在每个交易日均不得高于投资组合委托投资资产净值的 40%。已计入流动性资产的不再重复计入固定收益类资产。

（3）投资股票、股票基金、混合基金、股票型养老金产品（含股票专项型养老金产品）等权益类资产的比例，合计不得高于投资组合委托投资资产净值的 40%。其中，投资港股通标的产品的比例，不得高于投资组合委托投资资产净值的 20%；投资单只股票专项型养老金产品的比例，不得高于投资组合委托投资资产净值的 10%。

年金基金不得直接投资于权证，但因投资股票、分离交易可转换债等投资品种而衍生获得的权证，应当在权证上市交易之日起 10 个交易日内卖出。

（4）投资信托产品、债权投资计划，以及信托产品型、债权投资计划型养老金产品的比例，合计不得高于投资组合委托投资资产净值的 30%。其中，投资信托产品以及信托产品型养老金产品的比例，合计不得高于投资组合委托投资资产净值的 10%。

（5）专门投资组合是指将 80%以上非现金资产投资于银行存款、信托产品、债权投资计划或者存款型、信托产品型、债权投资计划型养老金产品中的一类产品而专门设立的投资组合。专门投资组合可以不受第（1）款 5%流动性限制。投资信托产品、债权投资计划或信托产品型、债权投资计划型养老金产品的专门投资组合，可以不受第（4）款 30%和 10%规定的限制。

企业年金基金有关监管部门将根据金融市场变化和投资运营情况，适时对企业年金基金投资产品和比例等进行调整。如 2020 年 12 月 30 日，人力资源和社会保障部经与财政部、中国银行保险监督管理委员会、中国证券监督管理委员会协商后印发《人力资源社会保障部关于调整年金基金投资范围的通知》（人社部发〔2020〕95 号），在《企业年金基金管理办法》（人力资源社会保障部令第 11 号）的基础上，对企业年金基金的投资范围做了相应调整。

（二）企业年金基金投资运营流程

企业年金基金投资运营一般流程如图 11-2 所示。

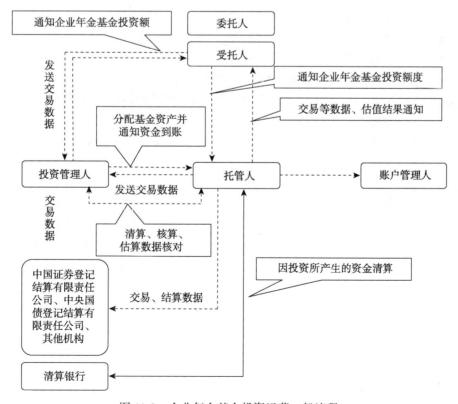

图 11-2　企业年金基金投资运营一般流程

（1）受托人通知托管人和投资管理人企业年金基金投资额度。

（2）托管人根据受托人指令，向投资管理人分配基金资产，并将资金到账情况通知投资管理人。

（3）投资管理人进行投资运作，并将交易数据发送托管人；同时，对企业年金基金投资进行会计核算、估值。

（4）托管人将投资管理人发送的数据和交易所及中国证券登记结算有限责任公司发送的数据进行核对无误后，进行清算、会计核算、估值和投资运作监督，并将清算及估值结果反馈给投资管理人，托管人将交易数据、账务数据和估值数据发送受托人。如果发现投资管理人的违规行为，应立即通知投资管理人，并及时向受托人和有关监管部门报告。

（5）托管人复核投资管理人的估值结果，以书面形式通知投资管理人。

（6）托管人将估值结果（企业年金基金净值和净值增长率）通知受托人和账户管理人。

（7）账户管理人根据企业年金基金净值和净值增长率，将基金投资运营收益按日或按周足额记入企业年金基金企业账户和个人账户。

（三）相关账务处理

企业年金基金在投资运营中根据国家规定的投资范围取得的国债、信用等级在投资级以上的金融债和企业债、可转换债、投资性保险产品、证券投资基金、股票等具有良好流动性的金融产品，其初始取得和后续估值应当以公允价值计量。企业年金基金投资公允价值的确定，适用《企业会计准则第22号——金融工具确认和计量》。

企业年金基金投资运营的会计核算一般需要设置"债券投资""基金投资""股票投资""其他投资""公允价值变动损益""应收/应付证券清算款""投资收益""交易费用""应收利息""应收股利"等科目。

企业年金基金初始取得投资的交易日，以支付的价款（不含支付的价款中所包含的、已到付息期但尚未领取的利息或已宣告但尚未发放的现金股利、基金红利）计入投资的成本，借记"债券投资""基金投资""股票投资""其他投资"等科目，按发生的交易费用及相关税费直接计入当期损益，借记"交易费用"科目，按支付的价款中所包含的、已到付息期但尚未领取的利息或已宣告但尚未发放的现金股利、红利，借记"应收利息""应收股利"科目，贷记"应付证券清算款""银行存款"等科目。资金交收日，按实际清算的金额，借记"应付证券清算款"科目，贷记"银行存款"等科目。

企业年金基金投资持有期间，被投资单位宣告发放的现金股利，或资产负债表日按债券票面利率计算的利息收入，应确认为投资收益，借记"应收股利""应收利息"科目，贷记"投资收益"科目。期末，将"投资收益"科目余额转入"本期收益"科目。

根据企业年金基金准则的规定，企业年金基金的投资应当按日估值，或至少按周进行估值。也就是说，每个工作日结束时，或者每周四或周五工作日结束时为估值日。估值日对投资进行估值时，应当以估值日的公允价值计量。公允价值与上一估值日公允价值的差额，计入当期损益，并以此调整相关资产的账面价值。借记或贷记"债券投资（公允价值变动）""基金投资（公允价值变动）""股票投资（公允价值变动）""其他投资（公允价值变动）"等科目，贷记或借记"公允价值变动损益"。在估值日和资产负债表日，企业年金基金持有的上市流通的债券、基金、股票等金融资产，以其估值日在证券交易所挂牌的市价（平均价或收盘价）估值；估值日无交易的以最近交易日的市价估值。

处置企业年金基金的投资时，处理原则遵循《企业会计准则第22号——金融工具确认和计量》的规定。出售股票时，按应收金额，借记"应收证券清算款"科目，同时贷记"债券投资""基金投资""股票投资""其他投资"等相关资产科目，差额贷记或借记"投资收益"科目。因债券、基金、股票的交易比较频繁，出售证券成本的计算方法可采用加权平均法、移动加权平均法、先进先出法等，成本计算方法一经确定，不得随意变更。

例11-2 某企业年金基金在202×年2、3月期间进行的一笔股票投资信息如下：①202×年2月1日，某企业年金基金通过证券交易所以每股10元的价格购入A公司股票10万股，成交金额100万元，另发生券商佣金、印花税等2万元，当日均以银行存款结算。②202×年2月3日，A公司宣告每股发放的现金股利0.2元，2月5日发放股利，企业年金基金收到股利合计2万元。③202×年2月12日，企业年金基金持有的A股票证券交易所收盘价为每股11元。假设其他估值日，该股票公允价值无变动。④202×年3月30日，该企业年金基金出售A股5万股，每股市价13元，成交总额为65万元，另发生券商佣金、印花税等1 800元。

基金受托人对该企业年金基金的账务处理如下。

1. 初始取得投资时的账务处理

借：股票投资——成本（A股票）　　　　　　　　　　1 000 000
　　交易费用　　　　　　　　　　　　　　　　　　　　20 000
　　贷：银行存款　　　　　　　　　　　　　　　　　　　　1 020 000

2. 投资持有期间损益的账务处理

（1）2月3日，A公司宣告每股发放的现金股利0.2元时。

借：应收股利　　　　　　　　　　　　　　　　　　　　20 000
　　贷：投资收益　　　　　　　　　　　　　　　　　　　　20 000

（2）2月5日发放股利，企业年金基金收到股利合计2万元时。

借：银行存款　　　　　　　　　　　　　　　　　　　　20 000
　　贷：应收股利　　　　　　　　　　　　　　　　　　　　20 000

3. 估值日的账务处理

分析：由于假设其他估值日股票公允价值无变动，仅2月12日估值日公允价值与上一估值日（2月1日）公允价值有差额=（11-10）×100 000=100 000（元）

借：股票投资——公允价值变动（A股票）　　　　　　100 000
　　贷：公允价值变动损益　　　　　　　　　　　　　　　100 000

4. 投资处置的账务处理

分析：3月30日仅处置了该批股票的一半，相关成本结转一半。收到的银行存款是成交总额扣减佣金、印花税等共计648 200（650 000-1 800）元。

借：银行存款　　　　　　　　　　　　　　　　　　　　648 200
　　交易费用　　　　　　　　　　　　　　　　　　　　　1 800
　　贷：股票投资——成本（A股票）　　　　　　　　　　500 000
　　　　　　　　——公允价值变动（A股票）　　　　　　50 000
　　　　投资收益　　　　　　　　　　　　　　　　　　　100 000

三、企业年金基金收入的账务处理

企业年金基金收入，是指企业年金基金在投资营运中所形成的经济利益的流入。企业年金基金收入由以下项目构成：①存款利息收入；②买入返售证券收入；③公允价值变动损益；④投资收益；⑤风险准备金补亏等其他收入。其中公允价值变动损益和投资收益在基金投资运营环节已做讲解，以下主要介绍除此之外收入的账务处理。

（一）存款利息收入的账务处理

存款利息收入包括活期存款、定期存款、结算备付金、交易保证金等利息收入。根据会计准则规定，企业年金基金应按日或至少按周确认存款利息收入，并按存款本金和适用利率计提的金额入账。按日或按周计提银行存款、结算备付金存款等利息时，借记"应收利息"科目，贷记"存款利息收入"科目。

例 11-3 202×年 6 月 1 日，某企业年金基金在商业银行的存款本金为 2 100 000 元，假设一年按 365 天计算，银行存款年利率为 3%，每季末结息，该企业年金基金逐日估值。每日银行存款应计利息＝存款本金×年利率÷365＝2 100 000×3%÷365≈172.60（元）。

该企业年金基金账务处理如下。

（1）每日计提存款利息时。

借：应收利息　　　　　　　　　　　　　　　　　　　　　172.60
　　贷：存款利息收入　　　　　　　　　　　　　　　　　　172.60

（2）每季收到存款利息时（假设每季收息为 2 100 000×3%÷4）。

借：银行存款　　　　　　　　　　　　　　　　　　　　　15 750
　　贷：应收利息　　　　　　　　　　　　　　　　　　　　15 750

（二）买入返售证券收入的账务处理

买入返售证券收入业务，是指企业年金基金与其他企业以合同或协议的方式，按一定价格买入证券，到期日再按合同规定的价格将该批证券返售给其他企业，以获取利息收入的证券业务。该交易与在公开市场上买卖股票的投资行为有明显差异，其收益是固定的，而后者收益是不确定的。因此，相关准则规定，企业年金基金应于买入证券时，按实际支付的价款确认为一项资产，在融券期限内按照买入返售证券价款和协议约定的利率逐日或每周计提的利息确认买入返售证券收入。

企业年金基金应设置"买入返售证券""买入返售证券收入"等科目，对买入返售证券业务进行账务处理。买入证券付款时，按实际支付的款项，借记"买入返售证券——××证券"科目，贷记"银行存款""结算备付金"科目。计提利息时，借记"应收利息"科目，贷记"买入返售证券收入"科目。买入返售证券到期时，按实际收到的金额，借记"银行存款""结算备付金"科目；按买入时的价款，贷记"买入返售证券"科目；按已计未收利息，贷记"应收利息"科目；按最后一期应计利息，贷记"买入返售证券收入"科目。期末将"买入返售证券收入"科目余额转入"本期收益"科目。

例 11-4 某企业年金基金与某投资公司协议按 1 000 000 元金额购入投资公司持有的市值 1 200 000 元的甲公司股票，60 日后按 1 060 000 元返售该股票给该投资公司。

该企业年金基金对该笔买入返售证券业务处理如下。

（1）买入证券付款时。

借：买入返售证券——甲公司证券　　　　　　　　　　1 000 000
　　贷：结算备付金　　　　　　　　　　　　　　　　　　　1 000 000
借：结算备付金　　　　　　　　　　　　　　　　　　1 000 000
　　贷：银行存款　　　　　　　　　　　　　　　　　　　　　1 000 000

（2）每日计提应支付利息（1 060 000－1 000 000）÷60＝0.1（万元）。

借：应收利息　　　　　　　　　　　　　　　　　　　　1 000
　　贷：买入返售证券收入　　　　　　　　　　　　　　　　　　1 000

（3）到期日返售证券时。

借：结算备付金　　　　　　　　　　　　　　　　　　1 060 000
　　贷：应收利息　　　　　　　　　　　　　　　　　　　　　　59 000
　　　　买入返售证券收入　　　　　　　　　　　　　　　　　　1 000
　　　　买入返售证券——甲公司证券　　　　　　　　　　　　1 000 000
借：银行存款　　　　　　　　　　　　　　　　　　　1 060 000
　　贷：结算备付金　　　　　　　　　　　　　　　　　　　　1 060 000

（三）其他收入的账务处理

其他收入，是指除上述收入以外的收入，如风险准备金补亏。根据《企业年金基金管理办法》（人力资源社会保障部令第 11 号）的规定，投资管理人应当从当期收取的管理费中提取20%作为企业年金基金投资管理风险准备金，专项用于弥补合同终止时所管理投资组合的企业年金基金当期委托投资资产的投资亏损。企业年金基金投资管理风险准备金应当存放于投资管理人在托管人处开立的专用存款账户，余额达到投资管理人所管理投资组合基金财产净值的10%时可以不再提取。当合同终止时，如所管理投资组合的企业年金基金财产净值低于当期委托投资资产的，投资管理人应当用风险准备金弥补该时点的当期委托投资资产亏损，直至该投资组合风险准备金弥补完毕；如所管理投资组合的企业年金基金当期委托投资资产没有发生投资亏损或者风险准备金弥补后有剩余的，风险准备金划归投资管理人所有。该提取业务属于投资管理人的会计业务处理，不属于企业年金基金的会计业务处理。但是，企业年金基金取得投资管理风险准备金用于弥补亏损时，应当按照实际收到的金额计入其他收入。

例 11-5　202×年 1 月 10 日，某企业年金基金估值时确认当期亏损35 万元。按规定，将企业年金基金投资管理风险准备金 35 万元用于补亏。已知：该企业年金基金按日估值；投资管理人提取的风险准备金结余为 60 万元。

该企业年金基金账务处理如下。

借：银行存款　　　　　　　　　　　　　　　　　　　350 000
　　贷：其他收入——风险准备金补亏　　　　　　　　　　　　350 000

四、企业年金基金费用的账务处理

企业年金基金费用，是指企业年金基金在投资营运等日常活动中所发生的经济利益的流出。企业年金基金费用由以下项目构成：①交易费用；②受托人管理费；③托管人管理费；④投资管理人管理费；⑤卖出回购证券支出；⑥其他费用。

（一）交易费用

交易费用，是指企业年金基金在投资运营中发生的手续费、佣金以及相关税费，包括支付给代理机构、咨询机构、券商的手续费和佣金以及相关税费等其他必要支出。企业年金基金应设置"交易费用"科目，按照实际发生的金额，借记"交易费用"科目，贷记"应付证券清算款""银行存款"等科目。该部分的具体举例参见本节"二、企业年金基金投资运营的账务处理"部分。

（二）受托人管理费、托管人管理费和投资管理人管理费

受托人管理费、托管人管理费和投资管理人管理费，是指根据企业年金计划或合同文件规定的比例，提取的相应管理费。根据《企业年金基金管理办法》（人力资源社会保障部令第11号）的规定，受托人、托管人提取的管理费均不得高于企业年金基金财产净值的0.2%，投资管理人提取的管理费不得高于企业年金基金财产净值的1.2%。但账户管理人的管理费（每户每月不超过5元）不属于企业年金基金费用，由建立企业年金计划的企业另行缴纳。

企业年金基金应当设置"受托人管理费""托管人管理费""投资管理人管理费""应付受托人管理费""应付托管人管理费""应付投资管理人管理费"等科目，对发生的上述管理费，分别进行账务处理。期末，将"受托人管理费""托管人管理费""投资管理人管理费"科目的借方余额全部转入"本期收益"科目。

例11-6 某企业年金基金的受托管理合同和托管合同中均约定：受托人管理费和托管人管理费年费率均为基金净值（市值）的0.2%；假设一年按365天计算，按日估值。该基金的投资管理合同中约定：投资管理费年费率为基金净值（市值）的1.2%；一年按365天计算，按日估值。202×年7月1日，该企业年金基金市值为20 000 000元。

（1）计算相关管理费202×年7月1日的计提金额。

当日应计提的受托人管理费＝基金净值×年费率÷当年天数＝20 000 000×0.2%÷365≈109.59（元）

当日应计提的托管人管理费＝基金净值×年费率÷当年天数＝20 000 000×0.2%÷365≈109.59（元）

当日应计提的投资管理费＝基金净值×年费率÷当年天数＝20 000 000×1.2%÷365≈657.53（元）

（2）该企业年金基金账务处理如下。

借：受托人管理费——××受托人　　　　　　　　　　　　　　109.59
　　　贷：应付受托人管理费　　　　　　　　　　　　　　　　　109.59
借：托管人管理费——××托管人　　　　　　　　　　　　　　109.59
　　　贷：应付托管人管理费　　　　　　　　　　　　　　　　　109.59
借：投资管理人管理费——××投资管理人　　　　　　　　　　657.53
　　　贷：应付投资管理人管理费　　　　　　　　　　　　　　　657.53

(三) 卖出回购证券支出

卖出回购证券业务，是指企业年金基金与其他企业以合同或协议的方式，按照一定价格卖出证券，到期日再按合同约定的价格买回该批证券，以获得在一定时期内资金的使用权的证券融资业务。根据企业年金基金准则及其应用指南的规定，企业年金基金应在融资期限内，按照卖出回购证券价款和协议约定的利率每日或每周确认、计算卖出回购证券支出。

企业年金基金应设置"卖出回购证券支出""卖出回购证券款"等科目，对卖出回购证券业务进行账务处理。卖出证券收到款时，按实际收到价款，借记"银行存款""结算备付金"科目，同时确认一笔负债，贷记"卖出回购证券款——××证券"科目。证券持有期内计提利息时，按计提的金额，借记"卖出回购证券支出"科目，贷记"应付利息"科目。到期回购时，按卖出证券时实际收款金额，借记"卖出回购证券款——××证券"科目，按应计提未到期的卖出回购证券利息，借记"应付利息"科目，按借贷方差额，借记"卖出回购证券支出"科目，按实际支付的款项，贷记"银行存款""结算备付金"科目。期末将"卖出证券支出"科目余额转入"本年收益"科目。

例11-7 某企业年金基金与某投资公司协议按1 000 000元金额向该投资公司出售基金持有的市值1 200 000元的甲公司股票，60日后按1 060 000元从该投资公司回购该批股票。该企业年金基金对该笔卖出回购证券业务处理如下。

（1）卖出证券收款时。

借：结算备付金　　　　　　　　　　　　　　　　　　　1 000 000
　　贷：卖出回购证券款——甲公司证券　　　　　　　　　　　1 000 000
借：银行存款　　　　　　　　　　　　　　　　　　　　1 000 000
　　贷：结算备付金　　　　　　　　　　　　　　　　　　　　1 000 000

（2）每日计提应支付利息（1 060 000－1 000 000）÷60＝0.1（万元）。

借：卖出回购证券支出　　　　　　　　　　　　　　　　　1 000
　　贷：应付利息　　　　　　　　　　　　　　　　　　　　　1 000

（3）到期日回购证券时。

借：卖出回购证券款——甲公司证券　　　　　　　　　　1 000 000
　　应付利息　　　　　　　　　　　　　　　　　　　　　　59 000
　　卖出回购证券支出　　　　　　　　　　　　　　　　　　1 000
　　贷：结算备付金　　　　　　　　　　　　　　　　　　　　1 060 000
借：结算备付金　　　　　　　　　　　　　　　　　　　1 060 000
　　贷：银行存款　　　　　　　　　　　　　　　　　　　　　1 060 000

(四) 其他费用

其他费用，是指除上述（一）、（二）、（三）费用以外的其他各项费用，包括注册登记费、上市年费、信息披露费、审计费用、律师费用等。根据现行法律制度的规定，基金管理各方当事人未履行义务导致的费用支出或资产的损失以及处理与基金运作无关的事项发生的费用不得列入企业年金基金费用。

企业年金基金应当设置"其他费用"等科目，按费用种类设置明细账，对发生的其他费用进行账务处理。发生其他费用时，应按实际发生的金额，借记"其他费用"科目，贷记"银行存款"等科目。如发生的其他费用金额较大，比如大于基金净值十万分之一，也可以采用待摊或预提的方法，待摊或预提计入基金损益，但一经采用，不得随意变更，且年末一般无余额。

例 11-8 202×年 7 月 1 日，某企业年金基金市值为 4.8 亿元，该日发生信息披露费 3 500 元。

该企业年金基金账务处理如下。

借：其他费用　　　　　　　　　　　　　　　　　　　　　　　　　3 500
　　贷：银行存款　　　　　　　　　　　　　　　　　　　　　　　　　3 500

五、企业年金待遇给付及其账务处理

企业年金待遇给付一般流程如图 11-3 所示。

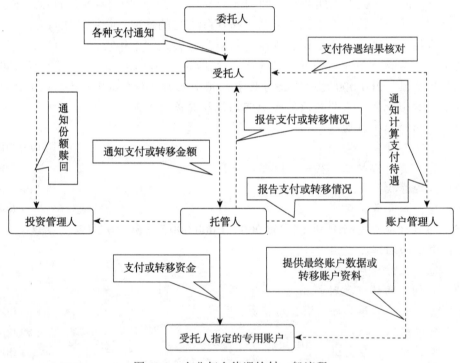

图 11-3　企业年金待遇给付一般流程

（1）委托人向受托人发送企业年金待遇支付或转移的通知。

（2）受托人通知账户管理人计算支付企业年金待遇。

（3）账户管理人将计算支付企业年金待遇结果反馈给受托人，并与受托人核对。

（4）受托人核对后通知托管人和投资管理人进行份额赎回。

（5）受托人根据账户管理人提供的待遇支付表，通知托管人支付或转移金额，托管人将相应资金划入受托人指定的专用账户，并向受托人和账户管理人报告。

（6）受托人指令账户管理人进行待遇支付的账户处理，账户管理人与托管人提供的支付结果核对，扣减个人账户资产，并向受益人提供年金基金的最终账户数据或向新年金计划移交账户资料。

账户管理人应当采用份额计量方式进行账户管理,根据企业年金基金单位净值,按周或者按日足额记入企业年金基金企业账户和个人账户。

企业年金基金应设置"企业年金基金——支付受益人待遇""应付受益人待遇"等科目,按受益人设置明细账进行账务处理。给付企业年金待遇时,按应付金额,借记"企业年金基金——支付受益人待遇"科目,贷记"应付受益人待遇"科目;支付款项时,借记"应付受益人待遇"科目,贷记"银行存款"科目。

例 11-9 202×年8月5日,某企业年金基金根据企业年金计划和委托人指令,支付退休人员企业年金待遇,金额共计80 000元,假设此处不考虑个人所得税。该企业年金基金账务处理如下。

(1)计算、确认给付企业年金待遇时。

借:企业年金基金——支付受益人待遇　　　　　　　　　　　80 000
　　贷:应付受益人待遇　　　　　　　　　　　　　　　　　　　80 000

(2)向受益人支付待遇时。

借:应付受益人待遇　　　　　　　　　　　　　　　　　　　　80 000
　　贷:银行存款　　　　　　　　　　　　　　　　　　　　　　80 000

此外,根据企业年金基金准则的规定,因职工调离企业而发生的个人账户转出金额,相应减少基金净资产。因职工调入企业而发生的个人账户转入金额,相应增加基金净资产。企业年金基金应设置"企业年金基金——个人账户转入""企业年金基金——个人账户转出"等科目,按受益人设置明细账进行账务处理。

六、企业年金基金净资产、净收益及其账务处理

企业年金基金净资产,又称年金基金净值,是指企业年金基金受益人在企业年金基金财产中享有的经济利益,其金额等于企业年金基金资产减去基金负债后的余额。其计算公式为

企业年金基金净资产=期初净资产+本期净收益+收取企业缴费+收取职工个人缴费+个人账户转入-支付受益人待遇-个人账户转出

企业年金基金净收益,是指企业年金基金在某一会计期间已实现的经营成果,其金额等于本期收入减本期费用的余额。企业年金基金净收益直接影响基金净值的变动。

根据企业年金基金准则的规定,资产负债表日应当将当期企业年金基金各项收入和费用结转至净资产,并根据企业年金计划按期将运营收益分配计入企业和职工个人账户。

企业年金基金应设置"本期收益"等科目,其运用类似于企业会计中的"本年利润"账户。"本期收益"科目核算本期实现的基金净收益(或净亏损)。期末,结转企业年金基金净收益时,将"存款利息收入""买入返售证券收入""公允价值变动损益""投资收益""其他收入"等科目的余额转入"本期收益"科目贷方;将"交易费用""受托人管理费""托管人管理费""投资管理人管理费""卖出回购证券支出""其他费用"等科目的余额转入"本期收益"科目借方。"本期收益"科目余额,即为企业年金基金净收益(或净亏损)。当实现净收益,转入企业年金基金时,借记"本期收益"科目,贷记"企业年金基金——净收益"科目;如为净亏损,做相反分录。将净收益按企业年金计

划约定的比例分配转入个人账户和企业账户时，借记"企业年金基金——净收益"，贷记"企业年金基金——个人账户结余""企业年金基金——企业账户结余"科目。

本章小结

企业年金基金应当作为独立的会计主体对相关业务进行确认、计量和列报。委托人、受托人、托管人、账户管理人、投资管理人应当将企业年金基金与其固有资产和其他资产严格区分，确保企业年金基金的安全。

在《国际会计准则第26号——退休福利计划的会计和报告》中，退休福利计划可以是设定提存计划，也可以是设定受益计划，国际准则侧重对财务报表列报的规范，只规定养老金计划所持投资应以公允价值计价。《企业会计准则第10号——企业年金基金》考虑到我国的实际情况，对企业年金基金的资产、负债、收入、费用和净资产的会计处理均进行了具体规范，实务操作性更强。

投资是企业年金基金的重要资产，企业年金基金的保值增值取决于投资的风险与报酬。《企业会计准则第10号——企业年金基金》规定，企业年金基金在运营中根据国家规定的投资范围取得的国债、信用等级在投资级以上的金融债和企业债、可转换债、投资性保险产品、证券投资基金、股票等具有良好流动性的金融产品，其初始取得和后续估值应当以公允价值计量，发生的交易费用直接计入当期损益。投资公允价值的确定，适用《企业会计准则第22号——金融工具确认和计量》的规定，公允价值变动计入当期损益。《企业会计准则第10号——企业年金基金》分别对企业年金基金资产、负债、收入、费用和净资产的确认与计量进行了详细的规定。

最后，《企业会计准则第10号——企业年金基金》对企业年金基金资产负债表和净资产变动表及其附注的内容做了详细规定，并以附录的形式提供了报表的具体格式。

思考题

1. 什么是企业年金？企业年金可以分为哪几类？
2. 什么是企业年金基金？企业年金基金可以分为哪几类？
3. 企业年金基金的当事人有哪些？各自职责是什么？
4. 负责编制和对外报告企业年金基金财务报表的是企业年金基金的当事人中的哪一位？
5. 我国现行法规对企业年金基金的投资范围有何限定？
6. 企业年金基金收入有哪几类？
7. 企业年金基金费用有哪些？

练习题

1. 202×年12月31日，宏昌公司委托投资管理人按年金计划向企业和员工收取年金缴费，合计200万元，其中企业缴费部分140万元（属于个人部分为120万元，归属条件尚未实现的有20万元）。请编制企业年金基金相关会计分录。

2. 202×年3月1日，某企业年金基金的投资管理人用企业年金购买华达公司股票

1万股，每股价格10.6元（含已宣布但尚未发放的现金股利0.60元），同时支付相关税费1 000元。3月8日收到股利。3月31日，华达公司股票价格涨到每股12元。4月25日，投资管理人以每股14元将股票全部售出。请编制企业年金基金相关会计分录。

3. 某企业年金基金的受托管理合同和托管合同中均约定：受托人管理费和托管人管理费年费率均为基金净值（市值）的0.15%；假设一年按365天计算，按日估值。该基金的投资管理合同中约定：投资管理费年费率为基金净值（市值）的1.0%；一年按365天计算，按日估值。202×年7月1日，某企业年金基金市值为200 000 000元。请编制企业年金基金相关会计分录。

4. 202×年12月5日，某企业年金基金根据企业年金计划和委托人指令，支付退休人员企业年金待遇，金额共计120 000元。请编制企业年金基金相关会计分录。

练习题参考答案

第十二章

租 赁

租赁作为一项经济活动，最早兴起于 20 世纪 50 年代的美国，80 年代初传入我国，并在我国得到了迅速的发展。越来越多的企业开始通过租赁的形式来获取相关资产的使用权。租赁，特别是融资租赁，已在投资、融资、促销和资产管理方面起着十分重要的作用。本章主要根据《企业会计准则第 21 号——租赁》（2018 年）的内容介绍与租赁相关业务的会计处理，同时简单介绍 1982 年发布的国际租赁会计准则《国际会计准则第 17 号——租赁》（以下简称"IAS 17"）与 2016 年发布的新国际准则《国际财务报告准则第 16 号——租赁》（以下简称"IFRS 16"）的相关内容，通过对比，帮助初学者深入理解租赁业务的会计处理方法。

第一节 租赁的相关概念及其分类

一、租赁的概念及识别

租赁，是指在一定期间内，出租人将资产使用权让与承租人，以获取对价的合同。租赁作为一种经济行为，习惯上被称为租赁业务。在这种业务活动中，出租人出租设备等资产，向承租人提供便利，并将收取租金作为报酬；承租人可不购买而直接借入设备等资产，取得设备的使用权。租赁最主要的特征是在交易中仅转移资产的使用权，而不转移资产的所有权，并且这种使用权的转移是有偿的，即取得使用权是以支付租金为代价的。租赁的这一特征将租赁区别于资产购置和不把资产的使用权从合同的一方转移给另一方的服务性合同，如劳务合同、运输合同、保管合同、仓储合同以及无偿提供使用权的借用合同等。

某些情况下，企业签署的合同所包含的交易虽然未采取租赁的法律形式，但该交易或交易的组成部分就经济实质而言属于租赁业务。一项合同要被分类为租赁，必须满足以下三个要素：一是合同中约定了一定期间；二是履行该合同依赖于某项已识别资产；三是合同中转移了已识别资产的使用权。合同中同时包含多项单独租赁的，承租人和出租人应当将合同予以分拆，并分别对各项单独租赁进行会计处理。合同中同时包含租赁和非租赁部分的，承租人和出租人应当将租赁与非租赁部分分拆，除非按会计准则进行简化处理。分拆时，各租赁部分应当分别按照本准则进行会计处理，非租赁部分应当按照其他适用的企业会计准则进行会计处理。

合同只有在涉及已识别资产时才包含租赁。该资产既可能在合同中被明确指定，也可能在资产可供承租人使用的时间中被隐含指定。然而，即使资产是指明的，若出租人在租赁期内拥有替换该资产的实质性权利，则承租人对可识别资产的使用没有控制权。

若符合下列条件,则出租人拥有"实质性"的替换权:①出租人拥有替换资产的实际能力;②出租人通过行使替换资产的权利可获得经济利益,即替换资产的预期经济利益将超过替换资产所需成本。企业应在合同初始时评估替换权利是否具有实质性。评估时,企业要考虑所有的事实和情况,但不包括不太可能发生的未来事件。需要注意的是,如果合同仅赋予资产供应方在特定日期或者特定事件发生日或之后拥有替换资产的权利或义务,考虑到资产供应方没有在整个使用期间替换资产的实际能力,资产供应方的替换权不具有实质性。

为确定合同是否让渡了在一定期间控制已识别资产使用的权利,企业应当评估合同中的客户是否有权获得在使用期间因使用已识别资产所产生的几乎全部经济利益,并有权在该使用期间主导已识别资产的使用。

(一)客户是否有权获得因使用已识别资产所产生的几乎全部经济利益

在评估客户是否有权获得因使用已识别资产所产生的几乎全部经济利益时,企业应当在约定的客户权利范围内考虑其所产生的经济利益。例如,①如果合同规定企业在使用期间仅限在某一特定区域使用,则企业应当仅考虑在该区域内使用汽车所产生的经济利益,而不包括在该区域外使用汽车所产生的经济利益;②如果合同规定客户在使用期间仅能在特定里程范围内驾驶汽车,则企业应当仅考虑在允许的里程范围内使用汽车所产生的经济利益,而不包括超出该里程范围使用汽车所产生的经济利益。

为了控制已识别资产的使用,客户应当有权获得整个期间使用该资产所产生的几乎全部经济利益(例如,在整个使用期间独家使用该资产)。客户可以通过多种方式直接或间接获得使用资产所产生的经济利益,例如,通过使用、持有或转租资产。使用资产所产生的经济利益包括资产的主要产出和副产品(包括来源于这些项目的潜在现金流量)以及通过与第三方之间的商业交易实现的其他经济利益。

如果合同规定客户应向资产供应方或另一方支付因使用资产所产生的部分现金流量作为对价,该现金流量仍应视为客户因使用资产而获得的经济利益的一部分。例如,如果客户因使用零售区域需向供应方支付零售收入的一定比例作为对价,该条款本身并不妨碍客户拥有获得使用零售区域所产生的几乎全部经济利益的权利。因为零售收入所产生的现金流量是客户使用零售区域而获得的经济利益,而客户支付给零售区域供应方的部分现金流量是使用零售区域的权利的对价。

(二)客户是否有权主导资产的使用

存在下列情形之一的,可视为客户有权主导对已识别资产在整个使用期间的使用。

(1)客户有权在整个使用期间主导已识别资产的使用目的和使用方式。

(2)已识别资产的使用目的和使用方式在使用期间前已预先确定,并且客户有权在整个使用期间自行或主导他人按照其确定的方式运营该资产,或者客户设计了已识别资产(或资产的特定方面)并在设计时已预先确定了该资产在整个使用期间的使用目的和使用方式。

关于上述第一种情况,如果客户有权在整个使用期间在合同界定的使用权范围内改变资产的使用目的和使用方式,则视为客户有权在该使用期间主导资产的使用目的和使用方式。在判断客户是否有权在整个使用期间主导已识别资产的使用目的和使用方式时，企业应当考虑在该使用期间与改变资产的使用目的和使用方式最为相关的决策权。相关决策权是指对使用资产所产生的经济利益产生影响的决策权。最为相关的决策权可能因资产性质、合同条款和条件的不同而不同。此类例子包括：①变更资产产出类型的权利。例如，决定将集装箱是用于运输商品还是用于储存商品，或者决定在零售区域销售的产品组合。②变更资产的产出时间的权利。例如，决定机器或发电厂的运行时间。③变更资产的产出地点的权利。例如，决定卡车或船舶的目的地，或者决定设备的使用地点。④变更资产是否产出及产出数量的权利。例如，决定是否使用发电厂发电以及发电量的多少。

某些决策权并未授予客户改变资产的使用目的和使用方式的权利，例如，在资产的使用目的和使用方式未预先确定的情况下，客户仅拥有运行或维护资产的权利。这些决策权对于资产的高效使用通常是必要的，但它们往往取决于资产使用目的和使用方式，而并非主导资产的使用目的和使用方式的权利。

关于上述第二种情况，与资产使用目的和使用方式相关的决策可以通过很多方式预先确定。例如，通过设计资产或在合同中对资产的使用作出限制来预先确定相关决策。

在评估客户是否有权主导资产的使用时，除非资产（或资产的特定方面）由客户设计，企业应当仅考虑在使用期间对资产使用作出决策的权利。例如，如果客户仅能在使用期间之前指定资产的产出而没有与资产使用相关的任何其他决策权，则该客户享有的权利与任何购买该项商品或服务的其他客户享有的权利并无不同。

合同可能包含一些旨在保护资产供应方在已识别资产或其他资产中的权益、保护资产供应方的工作人员或者确保资产供应方不因客户使用租赁资产而违反法律法规的条款和条件。例如，合同可能规定资产使用的最大工作量，限制客户使用资产的地点或时间，要求客户遵守特定的操作惯例，或者要求客户在变更资产使用方式时通知资产供应方。这些权利虽然对客户使用资产权利的范围作出了限定，但是其本身不足以否定客户拥有主导资产使用的权利。评估合同是否为租赁或是否包括租赁如图 12-1 所示。

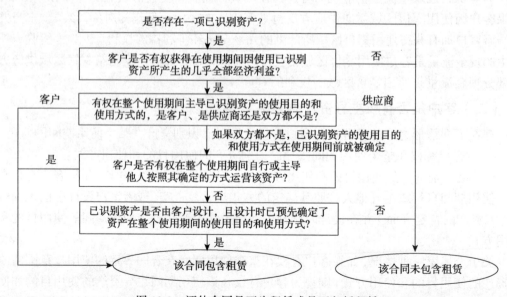

图 12-1　评估合同是否为租赁或是否包括租赁

二、其他相关概念

（1）租赁期，是指承租人有权使用租赁资产且不可撤销的期间。承租人有权选择续租该资产，且合理确定将行使该选择权的，租赁期还应当包含续租选择权涵盖的期间；承租人有权选择终止租赁该资产，但合理确定将不会行使该选择权的，租赁期应当包含终止租赁选择权涵盖的期间。

（2）租赁开始日，是指租赁合同签署日与租赁各方就主要租赁条款作出承诺日中的较早者。在租赁开始日，出租人应当将租赁分为融资租赁和经营租赁，并确定在租赁期开始日应确认的金额。

（3）租赁期开始日，是指出租人提供租赁资产使其可供承租人使用的起始日期，即承租人实际获得已识别资产使用权的起始日期。因此，租赁合同中对起租日或租金支付时间的约定，并不影响对租赁期开始日的判断。

（4）担保余值，是指与出租人无关的一方向出租人提供担保，保证在租赁结束时租赁资产的价值至少为某指定的金额。其中，资产余值是指在租赁开始日估计的租赁期届满时租赁资产的公允价值。为了促使承租人谨慎地使用租赁资产，尽量减小出租人自身的风险和损失，租赁协议有时要求承租人或与其有关的第三方对租赁资产的余值进行担保，此时的担保余值是针对承租人而言的。除此以外，担保人还可能是独立于承租人和出租人的第三方，如担保公司，此时的担保余值是针对出租人而言的。

（5）未担保余值，是指租赁资产余值中，出租人无法保证能够实现或仅由与出租人有关的一方予以担保的部分。对出租人而言，如果租赁资产余值中包含未担保余值，表明这部分余值的风险和报酬并没有转移，其风险应由出租人承担。因此，未担保余值不能作为应收融资租赁款的一部分。

三、租赁的分类

（1）出租人应当在租赁开始日将租赁分为融资租赁和经营租赁。承租人无须对租赁进行上述分类，而是采用单一会计处理模型。

（2）融资租赁，是指对出租人而言实质上转移了与租赁资产所有权有关的几乎全部风险和报酬的租赁。其所有权最终可能转移，也可能不转移。一项租赁是融资租赁还是经营租赁取决于交易的实质，而不是合同的形式。如果一项租赁实质上转移了与租赁资产所有权有关的几乎全部风险和报酬，出租人应当将该项租赁分类为融资租赁。一项租赁存在下列一种或多种情形的，通常分类为融资租赁。

①在租赁期届满时，租赁资产的所有权转移给承租人。也就是说，如果在租赁协议中已经约定，或者根据其他条件，在租赁开始日就可以合理地判断，租赁期届满时出租人会将资产的所有权转移给承租人，那么该项租赁通常分类为融资租赁。

②承租人有购买租赁资产的选择权，所订立的购买价款与预计行使选择权时租赁资产的公允价值相比足够低，因而在租赁开始日就可以合理确定承租人将行使该选择权。

③资产的所有权虽然不转移，但租赁期占租赁资产使用寿命的大部分。实务中，这里的"大部分"一般指租赁期占租赁开始日租赁资产使用寿命的75%以上（含75%）。需要说明的是，这里的量化标准只是指导性标准，企业在具体运用时，必须以会计准则

规定的相关条件进行综合判断。这条标准强调的是租赁期占租赁资产使用寿命的比例，而非租赁期占该项资产全部可使用年限的比例。如果租赁资产是旧资产，在租赁前已使用年限超过资产自全新时起算可使用年限的75%以上的，则这条判断标准不适用，不能使用这条标准确定租赁的分类。

④在租赁开始日，租赁收款额的现值几乎相当于租赁资产的公允价值。实务中，这里的"几乎相当于"通常掌握在90%以上。需要说明的是，这里的量化标准只是指导性标准，企业在具体运用时，必须以会计准则规定的相关条件进行综合判断。

⑤租赁资产性质特殊，如果不做较大改造，只有承租人才能使用。租赁资产由出租人根据承租人对资产型号、规格等方面的特殊要求专门购买或建造的，具有专购、专用性质。这些租赁资产如果不做较大的重新改制，其他企业通常难以使用。这种情况下，通常也将其分类为融资租赁。

一项租赁存在下列一项或多项迹象的，也可能分类为融资租赁。

①若承租人撤销租赁，撤销租赁对出租人造成的损失由承租人承担。

②资产余值的公允价值波动所产生的利得或损失归属于承租人。例如，租赁结束时，出租人将相当于资产销售收益的绝大部分金额作为对租金的退还，说明承租人承担了租赁资产余值的几乎所有风险和报酬。

③承租人有能力以远低于市场水平的租金继续租赁至下一期间。此经济激励政策与购买选择权类似，如果续租选择权行使价远低于市场水平，可以合理确定承租人将继续租赁至下一期间。

值得注意的是，出租人判断租赁类型时，上述情形和迹象并非总是决定性的，而是应综合考虑经济激励的有利方面和不利方面。若其他特征充分表明，租赁实质上没有转移与租赁资产所有权相关的几乎全部风险和报酬，则该租赁应分类为经营租赁。例如，若租赁资产的所有权在租赁期结束时是以相当于届时其公允价值的可变付款额转让至承租人，或者存在可变租赁付款额导致出租人实质上没有转移几乎全部风险和报酬，就可能出现这种情况。

（3）经营租赁，会计准则并未专门定义经营租赁，而是规定出租人应当将除融资租赁以外的其他租赁分类为经营租赁。

第二节 租赁业务的会计处理规定

一、承租人会计处理

（一）基本处理原则

在租赁期开始日，承租人应当对租赁确认使用权资产和租赁负债，应用短期租赁和低价值资产租赁简化处理的除外。

（二）相关概念

（1）租赁付款额，是指承租人向出租人支付的与在租赁期内使用租赁资产的权利相关的款项，包括：①固定付款额及实质固定付款额，存在租赁激励的，扣除租赁激励相关金额；②指数或比率的可变租赁付款额（包括与消费者价格指数挂钩的款项、与基准利率挂钩的款项和为反映市场租金费率而变动的款项等），该款项在初始计量时根据租赁期开始日的指数或比率确定；③购买选择权的行权价格，前提是承租人合理确定将行使该选择权；④行使终止租赁选择权需支付的款项，前提是租赁期反映出承租人将行使终止租赁选择权；⑤根据承租人提供的担保余值预计应支付的款项。

例 12-1 承租人 A 公司与出租人 B 公司签订了游艇租赁合同，租赁期为 5 年。合同中就担保余值的规定为：如果标的游艇在租赁期结束时的公允价值低于 50 000 元，则 A 公司需向 B 公司支付 50 000 元与游艇公允价值之间的差额，因此，A 公司在该担保余值下的最大敞口为 50 000 元。此业务中，在租赁期开始日，A 公司预计标的游艇在租赁期结束时的公允价值为 50 000 元，即 A 公司预计在担保余值下将支付的金额为零。因此，A 公司在计算租赁负债时，与担保余值相关的付款额为零。

（2）初始直接费用，是指为达成租赁所发生的增量成本。增量成本是指若企业不取得该租赁，则不会发生的成本，如佣金、印花税等。

（3）租赁内含利率，是指使出租人的租赁收款额的现值与未担保余值的现值之和等于租赁资产公允价值与出租人的初始直接费用之和的利率。租赁内含利率，可看作出租人出租资产所要求索取的最低回报率。

（4）承租人增量借款利率，是指承租人在类似经济环境下为获得与使用权资产价值接近的资产，在类似期间以类似抵押条件借入资金须支付的利率。

（三）初始计量

1. 租赁负债的初始计量

租赁负债应当按照租赁期开始日尚未支付的租赁付款额的现值进行初始计量。租赁付款额，是指承租人向出租人支付的与在租赁期内使用租赁资产的权利相关的款项。

租赁付款额包括以下四项内容。

（1）固定付款额及实质固定付款额，存在租赁激励的，扣除租赁激励相关金额。实质固定付款额是指在形式上可能包含变量但实质上无法避免的付款额。例如：

①付款额设定为可变租赁付款额，但该可变条款几乎不可能发生，没有真正的经济实质。例如，付款额仅需在租赁资产经证实能够在租赁期间正常运行时支付，或者仅需在不可能不发生的事件发生时支付。又如，付款额初始设定为与租赁资产使用情况相关的可变付款额，但其潜在可变性将于租赁期开始日之后的某个时点消除，在可变性消除时，该类付款额成为实质固定付款额。

②承租人有多套付款额方案，但其中仅有一套是可行的。在此情况下，承租人应采用可行的付款额方案作为租赁付款额。

③承租人有多套可行的付款额方案，但必须选择其中一套。在此情况下，承租人应采用总折现金额最低的一套作为租赁付款额。

租赁激励，是指出租人为达成租赁向承租人提供的优惠，包括出租人向承租人支付的与租赁有关的款项、出租人为承租人偿付或承担的成本等。存在租赁激励的，承租人在确定租赁付款额时，应扣除租赁激励相关金额。

（2）取决于指数或比率的可变租赁付款额。可变租赁付款额，是指承租人为取得在租赁期内使用租赁资产的权利，而向出租人支付的因租赁期开始日后的事实或情况发生变化（而非时间推移）而变动的款项。可变租赁付款额可能与下列各项指标或情况挂钩。

①市场比率或指数数值变动导致的价格变动。例如，基准利率或消费者价格指数变动可能导致租赁付款额调整。

②承租人源自租赁资产的绩效。例如，零售业不动产租赁可能会要求基于使用该不动产取得的销售收入的一定比例确定租赁付款额。

③租赁资产的使用。例如，车辆租赁可能要求承租人在超过特定里程数时支付额外的租赁付款额。

需要注意的是，可变租赁付款额中，仅取决于指数或比率的可变租赁付款额纳入租赁负债的初始计量中，包括与消费者价格指数挂钩的款项、与基准利率挂钩的款项和为反映市场租金费率变化而变动的款项等。此类可变租赁付款额应当根据租赁期开始日的指数或比率确定。除了取决于指数或比率的可变租赁付款额之外，其他可变租赁付款额均不纳入租赁负债的初始计量中。

（3）行使终止租赁选择权需支付的款项，前提是租赁期反映出承租人将行使终止租赁选择权。在租赁期开始日，承租人应评估是否合理确定将行使终止租赁的选择权。在评估时，承租人应考虑对其行使或不行使终止租赁选择权产生经济激励的所有相关事实和情况。如果承租人合理确定将行使终止租赁选择权，则租赁付款额中应包含行使终止租赁选择权需支付的款项，并且租赁期不应包含终止租赁选择权涵盖的期间。

（4）根据承租人提供的担保余值预计应支付的款项。如果承租人提供了对余值的担保，则租赁付款额应包含该担保下预计应支付的款项，它反映了承租人预计将支付的金额，而不是承租人担保余值下的最大敞口。

在计算租赁付款额的现值时，承租人应当采用租赁内含利率作为折现率；无法确定租赁内含利率的，应当采用承租人增量借款利率作为折现率。

例 12-2 承租人甲公司与出租人乙公司签订了一份车辆租赁合同，租赁期为 5 年。在租赁开始日，该车辆的公允价值为 100 000 元，乙公司预计在租赁结束时其公允价值（即未担保余值）将为 10 000 元。租赁付款额为每年 23 000 元，于年末支付。乙公司发生的初始直接费用为 5 000 元。请计算租赁内含利率 r，以及甲公司租赁负债的初始确认金额。

（1）明确租赁收款额的现值与未担保余值的现值之和、租赁资产在租赁开始日的公允价值、初始直接费用，计算租赁内含利率 r。

租赁收款额现值 = $23\,000 \times (P/A, r, 5)$；未担保余值的现值 = $10\,000 \times (P/F, r, 5)$

租赁资产在租赁开始日的公允价值为 100 000 元；初始直接费用为 5 000 元。

计算租赁内含利率 r：

$$23\,000 \times (P/A, r, 5) + 10\,000 \times (P/F, r, 5) = 100\,000 + 5\,000$$

本例中，计算得出的租赁内含利率 r 为 5.79%。

（2）计算租赁负债的初始金额：23 000×（P/A,5.79%,5）= 103 100.57（元）。

2. 使用权资产的初始计量

使用权资产，是指承租人可在租赁期内使用租赁资产的权利。在租赁期开始日，承租人应当按照成本对使用权资产进行初始计量。该成本包括下列四项。

（1）租赁负债的初始计量金额。

（2）在租赁期开始日或之前支付的租赁付款额，存在租赁激励的，扣除已享受的租赁激励相关金额。

（3）承租人发生的初始直接费用。

（4）承租人为拆卸及移除租赁资产、复原租赁资产所在场地或将租赁资产恢复至租赁条款约定状态预计将发生的成本。前述成本属于为生产存货而发生的，适用《企业会计准则第1号——存货》。对于此项成本，承租人有可能在租赁期开始日就承担了上述成本的支付义务，也可能在特定期间因适用标的资产而承担了相关义务。承租人应在其有义务承担上述成本时，将这些成本确认为使用权资产成本的一部分。但是，承租人由于在特定期间将使用权资产用于生产存货而发生的上述成本，应按照《企业会计准则第1号——存货》的规定进行会计处理。承租人应当按照或有事项准则对上述成本的支付义务进行确认和计量。

例12-3 2020年1月1日，承租人甲公司就某栋建筑物的某一层楼与出租人乙公司签订了为期10年的租赁协议，并拥有5年的续租选择权。有关资料如下：

（1）初始租赁期内的不含税租金为每年50 000元，续租期间为每年55 000元，所有款项应于每年初支付；

（2）为获得该项租赁，甲公司为向该楼层前任租户支付15 000元，向促成此租赁交易的房地产中介支付5 000元佣金；

（3）作为对甲公司的激励，乙公司同意补偿甲公司5 000元的佣金；

（4）在租赁期开始日，甲公司评估后认为，不能合理确定将行使续租选择权，因此，将租赁期确定为5年；

（5）甲公司无法确定租赁内含利率，其增量借款利率为每年5%,该利率反映的是甲公司以类似抵押条件借入期限为10年、与使用权资产等值的相同币种的借款而必须支付的利率。

为简化处理，假设先不考虑税费影响。请计算甲公司的租赁负债与使用权资产的初始确认金额。

分析：

（1）本例中，租赁约定承租人应于年初支付租金，故在租赁开始日（2020年1月1日），尚未支付的融资租赁款有9期（年）；

（2）甲公司为获得该项租赁，所产生的初始直接费用为20 000元，应纳入使用权资产的初始入账价值中；

（3）作为对甲公司的激励，乙公司补偿甲公司5 000元的佣金，应视为租赁激励，应从使用权资产的初始入账价值中扣除；

（4）本项租赁合同所约定的租赁期为10年，计算租赁负债的折现率应采用甲公司的增量借款利率5%。

① 计算租赁期开始日租赁付款额的现值，并确认租赁负债与租赁资产。

尚未支付的租赁付款额 = 50 000 × 9 = 450 000（元）

租赁负债 = 50 000 × $(P/A,5\%,9)$ ≈ 355 391（元）

未确认融资费用 = 450 000 - 355 391 = 94 609（元）

借：使用权资产　　　　　　　　　　　　　　405 391
　　租赁负债——未确认融资费用　　　　　　 94 609
　　贷：租赁负债——租赁付款额　　　　　　450 000（未折现的原值）
　　　　银行存款　　　　　　　　　　　　　 50 000（第一期支付额）

② 将初始直接费用计入使用权资产的初始成本。

借：使用权资产　　　　　　　　　　　　　　 20 000
　　贷：银行存款　　　　　　　　　　　　　 20 000

③ 将已收的租赁激励金额从使用权资产的入账价值中扣除。

借：银行存款　　　　　　　　　　　　　　　 5 000
　　贷：使用权资产　　　　　　　　　　　　 5 000

故，甲公司的使用权资产的初始成本 = 405 391 + 20 000 - 5 000 = 420 391（元）

（四）后续计量

1. 租赁负债的后续计量

1）计量基础

在租赁期开始日后，承租人应当按以下原则对租赁负债进行后续计量。

（1）确认租赁负债的利息时，增加租赁负债的账面金额。

（2）支付租赁付款额时，减少租赁负债的账面金额。

（3）重估或租赁变更等原因导致租赁付款额发生变动时，重新计量租赁负债的账面价值。

承租人应当按照固定的周期性利率计算租赁负债在租赁期内各期间的利息费用，并计入当期损益。

按照《企业会计准则第17号——借款费用》等其他准则的规定应当计入相关资产成本的，从其规定。

未纳入租赁负债计量的可变租赁付款额应当在实际发生时计入当期损益。按照《企业会计准则第1号——存货》等其他准则规定应当计入相关资产成本的，从其规定。

该周期性利率是指承租人对租赁负债进行初始计量时所采用的折现率，或者指因租赁付款额发生变动或因租赁变更而需按照修订后的折现率对租赁负债进行重新计量时，承租人所采用的修订后的折现率。

2）会计处理

（1）承租人支付租赁付款额时。

借：租赁负债——租赁付款额等　　（减少租赁负债的账面金额）
　　贷：银行存款等

（2）承租人确认租赁负债利息时。

借：财务费用/在建工程　　　　　　（未付的本金×固定的周期性利率）
　　贷：租赁负债——未确认融资费用　（增加租赁负债的账面金额）

3）租赁负债的重新计量。

在租赁期开始日后，当发生下列四种情形时，承租人应当按照变动后的租赁付款额的现值重新计量租赁负债，并相应调整使用权资产的账面价值。使用权资产的账面价值已调减至零，但租赁负债仍需进一步调减的，承租人应当将剩余金额计入当期损益。

（1）实质固定付款额发生变动。如果租赁付款额最初是可变的，但在租赁期开始日后的某一时点转为固定，那么，在潜在可变性消除时，该付款额成为实质固定付款额，应纳入租赁负债的计量中。承租人应当按照变动后租赁付款额的现值重新计量租赁负债。在该情形下，承租人采用的折现率不变，即采用租赁期开始日确定的折现率。

例 12-4　承租人 A 公司签订了一份为期 10 年的机器租赁合同。租金于每年末支付，并按以下方式确定：第 1 年，租金是可变的，根据该机器在第 1 年下半年的实际产能确定；第 2 年至第 10 年，每年的租金根据该机器在第 1 年下半年的实际产能确定，即租金将在第 1 年末转变为固定付款额。在租赁期开始日，A 公司无法确定租赁内含利率，其增量借款利率为 5%。假设在第 1 年末，根据该机器在第 1 年下半年的实际产能所确定的租赁付款额为每年 20 000 元。

分析：在租赁期开始时，由于未来的租金尚不确定，因此 A 公司的租赁负债为零。在第 1 年末，租金的潜在可变性消除，成为实质固定付款额（即每年 20 000 元），因此 A 公司应基于变动后的租赁付款额重新计量租赁负债，并采用不变的折现率（即 5%）进行折现。在支付第 1 年的租金之后，A 公司后续年度需支付的租赁付款额为 180 000（即 20 000×9）元，租赁付款额在第 1 年末的现值为 142 156 [即 20 000×（P/A，5%，9）]元，未确认融资费用为 37 844（即 180 000－142 156）元。A 公司在第 1 年末的相关账务处理如下。

（1）支付第 1 年租金。

借：制造费用等　　　　　　　　　　　　　　　　　　　　20 000
　　贷：银行存款　　　　　　　　　　　　　　　　　　　　　20 000

（2）确认使用权资产和租赁负债。

借：使用权资产　　　　　　　　　　　　　　　　　　　142 156
　　租赁负债——未确认融资费用　　　　　　　　　　　　37 844
　　贷：租赁负债——租赁付款额　　　　　　　　　　　　　180 000

（2）担保余值预计的应付金额发生变动。在租赁期开始日后，承租人应对其在担保余值下预计支付的金额进行估计。该金额发生变动的，承租人应当按照变动后租赁付款额的现值重新计量租赁负债。在该情形下，承租人采用的折现率不变。

例 12-5　沿用例 12-1，在租赁期开始日后，承租人 A 公司对该游艇在租赁期结束时的公允价值进行检测。假设在第 1 年末，A 公司预计该游艇在租赁期结束时的公允价值为 40 000 元。那么，A 公司应将该担保余值下预计应付的金额 10 000（即 50 000－40 000）元纳入租赁付款额，并使用不变的折现率来重新计量租赁负债。

（3）用于确定租赁付款额的指数或比率发生变动。在租赁付款额开始日后，浮动利率的变动导致未来租赁付款额发生变动的，承租人应当按照变动后租赁付款额的现值重新计量租赁负债。在该情形下，承租人应采用反映利率变动的修订后的折现率进行折现。

在租赁期开始日后，用于确定租赁付款额的指数或比率（浮动利率除外）的变动而导致未来租赁付款额发生变动的，承租人应当按照变动后租赁付款额的现值重新计量租赁负债。在该情形下，承租人采用的折现率不变。

需要注意的是，仅当现金流量发生变动时，即租赁付款额的变动生效时，承租人才应重新计量租赁负债，以反映变动后的租赁付款额。承租人应基于变动后的合同付款额，确定剩余租赁期内的租赁付款额。

（4）购买选择权、续租选择权或终止租赁选择权的评估结果或实际行使情况发生变化。租赁期开始日后，发生下列情形的，承租人应采用修订后的折现率对变动后的租赁付款额进行折现，以重新计量租赁负债。

①发生承租人可控范围内的重大事件或变化，且影响承租人是否合理确定将行使续租选择权或终止租赁选择权的，承租人应当对其是否合理确定将行使相应选择权进行重新评估。上述选择权的评估结果发生变化的，承租人应当根据新的评估结果重新确定租赁期和租赁付款额。前述选择权的实际行使情况与原评估结果不一致等导致租赁期变化的，也应当根据新的租赁期重新确定租赁付款额。

②发生承租人可控范围内的重大事件或变化，且影响承租人是否合理确定将行使购买选择权的，承租人应当对其是否合理确定将行使购买选择权进行重新评估。评估结果发生变化的，承租人应根据新的评估结果重新确定租赁付款额。

在上述两种情形下，承租人在计算变动后租赁付款额的现值时，应当采用剩余租赁期间的租赁内含利率作为折现率；无法确定剩余租赁期间的租赁内含利率的，应当采用重估日的承租人增量借款利率作为折现率。

2. 使用权资产的后续计量

1）基本原则

在租赁期开始日后，承租人应当采用成本模式对使用权资产进行后续计量，即以成本减累计折旧及累计减值损失计量使用权资产。

承租人按照《企业会计准则第 21 号——租赁》有关规定重新计量租赁负债的，应当相应调整使用权资产的账面价值。

2）使用权资产的折旧

承租人应当参照《企业会计准则第 4 号——固定资产》有关折旧规定，自租赁期开始日起对使用权资产计提折旧。

计提折旧的时间：通常应该自租赁开始的当月计提折旧，当月计提有困难，为便于实务操作，企业可选择下月计提折旧，但应对同类使用权资产采取相同的折旧政策。

计提折旧的政策：同种使用权资产应采用相同的折旧政策。计提的折旧金额应根据使用权资产的用途，计入相关资产的成本或者当期损益。

折旧方法的选择：结合与使用权资产有关的经济利益的预期实现方式作出决定。通常情况下，承租人采用直线法对使用权资产计提折旧，其他折旧方法更能反映使用权资产有关经济利益预期实现方式的，应采用其他折旧方法。

折旧年限的确定，应遵循以下原则：承租人能合理确定租赁期结束时获取租赁资产所有权的，折旧年限为租赁资产剩余使用寿命；不能合理确定租赁期结束时获取租赁资产所有权的，折旧年限应选择租赁期与租赁资产剩余使用寿命两者孰短的期间。

3）使用权资产的减值

在租赁期开始日后，承租人应当按照《企业会计准则第8号——资产减值》的规定，确定使用权资产是否发生减值，并对已识别的减值损失进行会计处理。按应减记的金额，借记"资产减值损失"科目，贷记"使用权资产减值准备"科目。使用权资产减值准备一旦计提，不得转回。承租人应当按照扣除减值损失之后的使用权资产的账面价值，进行后续折旧。

例 12-6 沿用例 12-3，承租人甲公司对租赁的办公楼采用直线法计提折旧，折旧费及财务费用在每月末计提，请问在 2024 年 12 月 31 日，甲公司的使用权资产及租赁负债的账面价值是多少？2024 年计提的折旧额与财务费用分别是多少？

（1）计算使用权资产每年度计提的折旧金额 = 420 391/10 = 42 039.1（元/年）。

截至 2024 年 12 月 31 日，

甲公司使用权资产累计折旧金额 = 42 039.1 × 5 = 210 195.50（元）

期末使用权资产的账面价值 = 420 391 - 210 195.5 = 210 195.5（元）

（2）列表计算每期计提的利息费用及租赁负债的账面价值（表12-1）。

表 12-1 租赁利息测算　　　　　　　　　　　　　　单位：元

租赁年度	时间	租赁负债年初金额（1）	利息（5%）（2）	租赁付款额（3）	租赁负债年末金额（4）=（1）+（2）-（3）
第1年	2020年12月31日	355 391.00	17 769.55	50 000.00	323 160.55
第2年	2021年12月31日	323 160.55	16 158.03	50 000.00	289 318.58
第3年	2022年12月31日	289 318.58	14 465.93	50 000.00	253 784.51
第4年	2023年12月31日	253 784.51	12 689.23	50 000.00	216 473.73
第5年	2024年12月31日	216 473.73	10 823.69	50 000.00	177 297.42
第6年	2025年12月31日	177 297.42	8 864.87	50 000.00	136 162.29
第7年	2026年12月31日	136 162.29	6 808.11	50 000.00	92 970.40
第8年	2027年12月31日	92 970.40	4 648.52	50 000.00	47 618.92
第9年	2028年12月31日	47 618.92	2 381.08	50 000.00	0.00

注：为计算方便，一些尾数做相应调整。

截至 2024 年 12 月 31 日，

甲公司的租赁负债账面价值 = 177 297.42 元

（3）2024 年当期计提的折旧额为 42 039.1 元；当期确认的租赁利息费用 = 10 823.69 元。

会计处理如下。

（1）2024 年当期计提使用权资产折旧。

借：主营业务成本/制造费用/管理费用/销售费用/研发支出等　　　　42 039.1

　　　　贷：使用权资产累计折旧　　　　　　　　　　　　　　　　　42 039.1
（2）计提租赁负债的利息费用。
借：财务费用——利息费用　　　　　　　　　　　　　　　　　10 823.69
　　　　贷：租赁负债——未确认融资费用　　　　　　　　　　　　10 823.69
（3）2024年实际支付租金时。
借：租赁负债——租赁付款额　　　　　　　　　　　　　　　　　50 000
　　　　贷：银行存款　　　　　　　　　　　　　　　　　　　　　50 000

3. 租赁变更的会计处理

租赁变更，是指原合同条款之外的租赁范围、租赁对价、租赁期限的变更，包括增加或终止一项或多项租赁资产的使用权，延长或缩短合同规定的租赁期等。租赁变更生效日，是指双方就租赁变更达成一致的日期。

1）租赁变更作为一项单独租赁处理

租赁发生变更且同时符合下列条件的，承租人应当将该租赁变更作为一项单独租赁进行会计处理。

（1）该租赁变更通过增加一项或多项租赁资产的使用权而扩大了租赁范围。

（2）增加的对价与租赁范围扩大部分的单独价格按该合同情况调整后的金额相当。

该类型的租赁变更，无须对原租赁的会计处理进行任何调整，只需单独确认与新租赁相关的使用权资产和租赁负债。

2）租赁变更未作为一项单独租赁进行会计处理

租赁变更未作为一项单独租赁进行会计处理的，在租赁变更生效日，承租人应当按照租赁分拆的规定对变更后合同的对价进行分摊，按照有关租赁期的规定重新确定变更后的租赁期，并按照变更后租赁付款额和修订后的折现率计算的现值重新计量租赁负债。

在计算变更后租赁付款额的现值时，承租人应当采用剩余租赁期间的租赁内含利率作为修订后的折现率；无法确定剩余租赁期间的租赁内含利率的，应当采用租赁变更生效日的承租人增量借款利率作为修订后的折现率。

（1）租赁变更导致租赁范围缩小或租赁期缩短的，承租人应当相应调减使用权资产的账面价值，并将部分终止或完全终止租赁的相关利得或损失计入当期损益。

（2）其他租赁变更导致租赁负债重新计量的，承租人应当相应调整使用权资产的账面价值。

4. 短期租赁与低价值资产租赁

对于短期租赁和低价值资产租赁，承租人可以选择不确认使用权资产和租赁负债。作出该选择的，承租人应当将短期租赁和低价值资产租赁的租赁付款额，在租赁期内各个期间按照直线法或其他系统合理的方法计入相关资产成本或当期损益。其他系统合理的方法能够更好地反映承租人的受益模式的，承租人应当采用该方法。

1）短期租赁

短期租赁是指在租赁期开始日，租赁期不超过12个月的租赁。包含购买选择权的租赁不属于短期租赁。

对于短期租赁，承租人可以按照租赁资产的类别作出采用简化会计处理的选择。如果承租人对某类租赁资产作出了简化会计处理的选择，未来该类资产下所有的短期租赁都应采用简化会计处理。某类租赁资产是指企业运营中具有类似性质和用途的一组租赁资产。按照简化会计处理的短期租赁发生租赁变更或其他原因导致租赁期发生变化的，承租人应当将其视为一项新租赁，重新按照上述原则判断该项新租赁是否可以选择简化会计处理。

2）低价值资产租赁

低价值资产租赁是指单项租赁资产为全新资产时价值较低的租赁。

低价值资产租赁的判定仅与资产的绝对价值有关，不受承租人规模、性质或其他情况影响，也不考虑该资产对于承租人或相关租赁交易的重要性。常见的低价值资产包括平板电脑、普通办公家具、电话等小型资产。

同时，只有承租人能够从单独使用该低价值资产或将其与承租人易于获得的其他资源一起使用中获利，且该项资产与其他租赁资产没有高度依赖或高度关联关系时，才能对该资产租赁进行简化会计处理。承租人转租或预期转租租赁资产的，不能将原租赁按照低价值资产租赁进行简化会计处理。

（五）承租人的列报

1. 财务报表中的列示

承租人应当在资产负债表中单独列示使用权资产和租赁负债。其中，租赁负债通常分为非流动负债和一年内到期的非流动负债列示。

在利润表中，承租人应当分别列示租赁负债的利息费用与使用权资产的折旧费用。租赁负债的利息费用在财务费用项目中列示。

在现金流量表中，偿还租赁负债本金和利息所支付的现金应当计入筹资活动现金流出；支付的按会计准则简化处理的短期租赁付款额和低价值资产租赁付款额以及未纳入租赁负债计量的可变租赁付款额应当计入经营活动现金流出；支付的未纳入租赁负债计量的可变租赁付款额，应当计入经营活动现金流出。

2. 承租人应当在附注中披露与租赁有关的信息

（1）各类使用权资产的期初余额、本期增加额、期末余额以及累计折旧额和减值金额。

（2）租赁负债的利息费用。

（3）承租人按照《企业会计准则第21号——租赁》有关规定对短期租赁和低价值资产租赁进行简化处理的，应当披露这一事实，并且，应当披露计入当期损益的短期租赁费用和低价值资产租赁费用。其中，短期租赁费用无须包含租赁期在1个月以内的租赁相关费用，低价值资产租赁费用不应包含已包括在上述短期租赁费用中的低价值资产短期租赁费用。若承租人在报告期末承诺的短期租赁组合与上述披露的短期租赁费用所对应的短期租赁组合不同，则承租人应当披露简化处理的短期租赁的租赁承诺金额。

（4）未纳入租赁负债计量的可变租赁付款额。

（5）转租使用权资产取得的收入。
（6）与租赁相关的总现金流出。
（7）售后租回交易产生的相关损益。
（8）其他按照《企业会计准则第 37 号——金融工具列报》规定应当披露的有关租赁负债的信息。

3. 承租人应当根据理解财务报表的需要，披露有关租赁活动的其他定性和定量信息

此类信息包括以下内容。
（1）租赁活动的性质，如对租赁活动基本情况的描述。
（2）未纳入租赁负债计量的未来潜在现金流出。
（3）租赁导致的限制或承诺。
（4）售后租回交易：根据具体情况，承租人可能需要披露与售后租回有关的额外信息，以帮助财务报表使用者进行评估。例如，承租人进行售后租回交易的原因，以及此类交易的普遍性；各项售后租回交易的主要条款与条件；未纳入租赁负债计量的付款额；售后租回交易对当期现金流量的影响。
（5）其他相关信息。

4. 承租人无须重复披露已在财务报表其他部分列报或披露的信息

二、出租人的会计处理

（一）基本处理原则

出租人应当在租赁开始日将租赁分为融资租赁和经营租赁。

在租赁开始日后，出租人无须对租赁的分类进行重新评估，除非发生租赁变更。租赁资产预计使用寿命、预计余值等会计估计变更或发生承租人违约等情况的，出租人不对租赁的分类进行重新评估。

（二）相关概念

租赁收款额，是指出租人因让渡在租赁期内使用租赁资产的权利而应向承租人收取的款项，包括：承租人需支付的固定付款额及实质固定付款额，存在租赁激励的，扣除租赁激励相关金额；取决于指数或比率的可变租赁付款额，该款项在初始计量时根据租赁期开始日的指数或比率确定；购买选择权的行权价格，前提是合理确定承租人将行使该选择权；承租人行使终止租赁选择权需支付的款项，前提是租赁期反映出承租人将行使终止租赁选择权；由承租人、与承租人有关的一方以及有经济能力履行担保义务的独立第三方向出租人提供的担保余值。

租赁投资净额，是指未担保余值和租赁期开始日尚未收到的租赁收款额按照租赁内含利率折现的现值之和。

（三）融资租赁的会计处理

1. 初始计量

在租赁期开始日，出租人应当对融资租赁确认应收融资租赁款，并终止确认融资租赁资产。出租人对应收融资租赁款进行初始计量时，应当将租赁投资净额作为应收融资租赁款的入账价值。

出租人发生的初始直接费用包括在租赁投资净额中，也包括在应收融资租赁款的初始入账价值中。

2. 后续计量——租赁期内的会计处理

出租人应当按照固定的周期性利率计算并确认租赁期内各个期间的利息收入。出租人取得的未纳入租赁投资净额计量的可变租赁付款额应当在实际发生时计入当期损益。

出租人应当按照固定的周期性利率计算并确认租赁期内各个期间的利息收入。该周期性利率是指租赁内含利率，或者按照《企业会计准则第 21 号——租赁》规定所采用的修订后的折现率。

出租人应当按照《企业会计准则第 22 号——金融工具确认和计量》和《企业会计准则第 23 号——金融资产转移》的规定，对应收融资租赁款的终止确认和减值进行会计处理。出租人将应收融资租赁款或其所在的处置组划分为持有待售类别的，应当按照《企业会计准则第 42 号——持有待售的非流动资产、处置组和终止经营》的规定进行会计处理。

出租人至少应当于每年年度终了，对未担保余值进行复核。若预计未担保余值增加的，不做调整。有证据表明未担保余值已经减少的，应当重新计算租赁内含利率，将由此引起的租赁投资净额的减少计入当期损益；以后各期根据修正后的租赁投资净额和重新计算的租赁内含利率确认融资收入。租赁投资净额是尚未收到的租赁收款额的现值与未担保余值的现值之和。已确认损失的未担保余值得以恢复的，应当在原已确认的损失金额内转回，并重新计算租赁内含利率，以后各期根据修正后的租赁投资净额和重新计算的租赁利率确认融资收入。

3. 后续计量——租赁期届满时的处理

租赁期届满时，出租人可能存在以下三种情况。

（1）收回租赁资产。此时要根据收回的租赁资产是否存在担保余值和未担保余值，分情况处理。

①若存在担保余值，且不存在未担保余值，则出租人在收到承租人返还的租赁资产时，借记"融资租赁资产"科目，贷记"应收融资租赁款"科目。收回的租赁资产的价值低于担保余值时，向承租人收取的担保补偿计入当期损益（营业外收入）。

②若存在担保余值，同时存在未担保余值，则出租人在收到承租人返还的租赁资产时，除做①同会计分录外，还应贷记"未担保余值"等科目。

③若不存在担保余值，只存在未担保余值，则借记"融资租赁资产"科目，贷记"未担保余值"科目。

④若既不存在担保余值，也不存在未担保余值，此时出租人无须做会计处理，只需做相应的备查记录即可。

（2）优惠续租租赁资产。如果承租人行使优惠续租选择权，则出租人应视同该项租赁一直存在而做相应的会计处理。如果租赁期届满时承租人没有续租，承租人向出租人返还租赁资产时，其会计处理同收回租赁资产情况类似。

（3）留购租赁资产。租赁期届满时，承租人行使优惠购买选择权。此时，出租人按收到的承租人支付的购买价款，借记"银行存款"等科目，贷记"应收融资租赁款——租赁收款额"科目，如果还存在未担保余值，应借记"营业外支出——处置固定资产净损失"科目，贷记"未担保余值"科目。

例12-7 2018年12月15日，甲公司与乙租赁公司签订了一份机床生产线租赁合同。租赁合同的主要条款如下。

（1）租赁期开始日为2018年12月31日。

（2）租赁期：租赁期为3年，共36个月。

（3）固定租金支付：每年末支付租金300 000元，如果甲公司能够在每年末的最后一天及时付款，则给予减少租金20 000元的奖励。

（4）取决于指数或比率的可变租赁付款额：租赁期限内，如遇中国人民银行贷款基准利率调整，出租人将对租赁利率作出同方向、同幅度的调整。基准利率调整日之前，各期和调整日当期租金不变，从下一期租金开始按调整后的租金金额收取。

（5）租赁开始日租赁资产的公允价值：该机床在2018年12月31日的公允价值为800 000元，账面价值为700 000元。

（6）初始直接费用：签订租赁合同过程中乙公司发生可归属于租赁项目的手续费、佣金10 000元。

（7）取决于租赁资产绩效的可变租赁付款额：2021年和2022年两年，甲公司每年按该机床生产线所产生的年销售收入的5%向乙公司支付。

（8）租赁期届满时由甲公司担保的余值估计为110 000元。

（9）该机床生产线已经使用了2年，该机床生产线尚可使用的年限为4年。该机床生产线于2018年12月31日运抵甲公司，该生产线不需安装，当日投入使用，采用直线法计提折旧，于每月末确认融资费用并计提折旧。

（10）2021年12月31日，甲公司将该机床生产线归还给乙租赁公司。

乙公司租赁期开始日账务处理如下。

（1）在租赁开始日，乙公司应首先判断租赁类型。

由题意，该机床生产线的租赁期为3年，但其尚可使用年限为4年，因此可依据租赁期占租赁资产尚可使用寿命的大部分，合理推断该项租赁为融资租赁。

（2）确定租赁收款额。

承租人的固定租赁付款额应考虑扣除租赁激励后的金额。

租赁收款额 = 租金 × 期数 + 由承租人或与其有关的第三方担保的资产余值 =（300 000 - 20 000）× 3 + 110 000 = 950 000（元）

（3）确定租赁内含利率。

租赁内含利率是在租赁开始日，使租赁收款额的现值与未担保余值的现值之和等于租赁资产公允价值与出租人的初始直接费用之和的折现率。

因此有

280 000 ×（$P/A,r,3$）+ 110 000 ×（$P/F,r,3$）+ 0 = 800 000 + 10 000 = 810 000（元）

根据这一等式，运用插值法进行多次测试，来计算租赁内含利率。

当 $r = 7\%$ 时，

$280\,000 \times 2.624\,3 + 110\,000 \times 0.816\,3 = 734\,804 + 89\,793 = 824\,597 > 810\,000$（元）

当 $r = 8\%$ 时，

$280\,000 \times 2.577 + 110\,000 \times 0.793\,8 = 721\,560 + 87\,318 = 808\,878 < 810\,000$（元）

因此，$7\% < r < 8\%$，用插值法计算如下。

现值	利率
824 597	7%
810 000	r
808 878	8%

则（824 597 − 810 000）/（824 597 − 808 878）=（7% − r）/（7% − 8%）

计算得 $r = 7.926\,8\%$。

（4）确认应收融资租赁款的入账价值。

出租人对应收融资租赁款进行初始计量时，应当以租赁投资净额为应收融资租赁款的入账价值。租赁投资净额为未担保余值和租赁期开始日尚未收到的租赁收款额按照租赁内含利率折现的现值之和。

本例中无未担保余值，租赁收款额 = 280 000 × 3 + 110 000 = 950 000（元）

应收融资租赁款的入账价值 = 280 000 × ($P/A,r,3$) + 110 000 × ($P/F,r,3$) = 810 000（元）

（5）在租赁期内采用实际利率法分配未实现融资收益。

未实现的融资收益应当在租赁期内各个期间进行分配。出租人采用实际利率法分配未实现融资收益时，应当将租赁内含利率作为未实现融资收益的分配率。未实现融资收益分摊表如表 12-2 所示。

表 12-2　未实现融资收益分摊表　　　　　　　　　　　　单位：元

日　期	租金 （1）	确认的融资收益 （2）=（4）×7.926 8%	摊余成本减少额 （3）=（1）−（2）	应收融资租赁款期末摊余成本 （4）= 上一期（4）− 当期（3）*
2018 年 12 月 31 日				810 000
2019 年 12 月 31 日	280 000	64 207	215 793	594 207
2020 年 12 月 31 日	280 000	47 102	232 898	361 309
2021 年 12 月 31 日	280 000	28 691**	251 309	110 000
2022 年 12 月 31 日	110 000		110 000	
合　计	950 000	140 000	810 000	

注：*上一期末的（4）列数减去当期的（3）列数。

**做尾数调整 28 691 = 110 000 + 280 000 − 361 309。

（6）乙公司的有关会计处理。

① 2018 年 12 月 31 日，租赁期开始日会计分录为

借：应收融资租赁款——租赁收款额　　　　　　　　　　　　　　950 000
　　贷：银行存款　　　　　　　　　　　　　　　　　　　　　　　10 000
　　　　融资租赁资产　　　　　　　　　　　　　　　　　　　　　700 000
　　　　资产处置损益　　　　　　　　　　　　　　　　　　　　　100 000
　　　　应收融资租赁款——未实现融资收益　　　　　　　　　　　140 000

② 2019 年 12 月 31 日，收取第一期租金时会计分录为

借：银行存款	280 000	
贷：应收融资租赁款——租赁收款额		280 000
借：应收融资租赁款——未实现融资收益	64 207	
贷：租赁收入		64 207

③2020 年 12 月 31 日，收取第二期租金时会计分录为

借：银行存款	280 000	
贷：应收融资租赁款——租赁收款额		280 000
借：应收融资租赁款——未实现融资收益	47 102	
贷：租赁收入		47 102

④2021 年 12 月 31 日，收取第三期租金时会计分录为

借：银行存款	280 000	
贷：应收融资租赁款——租赁收款额		280 000
借：应收融资租赁款——未实现融资收益	28 691	
贷：租赁收入		28 691

⑤假设 2019 年与 2020 年，甲公司利用该机床生产线分别实现年销售收入 100 000 元与 150 000 元。请问乙公司在 2019 年及 2020 年应如何确认该部分租赁收入？

根据租赁合同，乙公司 2019 年和 2020 年应向甲公司收取的与销售收入挂钩的租金分别为 50 000 元和 75 000 元。

2019 年的会计处理。

借：银行存款/应收账款	50 000	
贷：租赁收入		50 000

2020 年的会计处理。

借：银行存款/应收账款	75 000	
贷：租赁收入		75 000

⑥2022 年 12 月 31 日，租赁期届满时的会计分录。

如果租赁资产的实际余值为 110 000 元，会计分录为

借：融资租赁资产	110 000	
贷：应收融资租赁款——租赁收款额		110 000

如果租赁资产的实际余值为 100 000 元，则会计分录为

借：融资租赁资产	100 000	
银行存款	10 000	
贷：应收融资租赁款——租赁收款额		110 000

（四）经营租赁的会计处理

（1）出租人应当按资产的性质，将用作经营租赁的资产包括在资产负债表中的相关项目内。对于经营租赁的租金，出租人应当在租赁期内各个期间按照直线法确认为当期损益；其他方法更为系统合理的，也可以采用其他方法。

（2）出租人提供免租期的，整个租赁期内，按直线法或其他合理的方法进行分配，免租期内应当确认租金收入。出租人提供免租期的情况下，应将租金总额在整个租赁期内，而不是在租赁期扣除免租期后的期间按直线法或其他合理的方法进行分摊，免租期

内应确认租金费用。

出租人承担了承租人某些费用的，出租人应将该费用自租金收入总额中扣除，按扣除后的租金收入余额在租赁期内进行分配。

（3）出租人发生的与经营租赁有关的初始直接费用应当资本化，在租赁期内按照与租金收入确认相同的基础进行分摊，分期计入当期损益。

（4）出租人取得的与经营租赁有关的未计入租赁收款额的可变租赁付款额，应当在实际发生时计入当期损益。

（5）对于经营租赁资产中的固定资产，出租人应当采用类似资产的折旧政策计提折旧；对于其他经营租赁资产，应当根据该资产适用的企业会计准则，采用系统合理的方法进行摊销。出租人应当按照《企业会计准则第8号——资产减值》的规定，确定经营租赁资产是否发生减值，并进行相应会计处理。

（6）经营租赁发生变更的，出租人应自变更生效日开始，将其作为一项新的租赁进行会计处理，将与变更前租赁有关的预收或应收租赁收款额视为新租赁的收款额。

例12-8 2018年12月31日，丙公司向丁公司租入办公设备一套，租期为3年。设备价值为1 000 000元，预计使用年限10年。租赁合同规定：租赁开始日为租赁物运抵丙公司生产车间之日（即2019年1月1日），丙公司向丁公司一次性预付租金150 000元；2019年12月31日，支付租金150 000元；2020年12月31日，支付租金200 000元；2021年12月31日，支付租金250 000元；租赁期届满后丁公司收回设备，3年租金总额为750 000元。

丁公司的有关会计分录如下。

（1）2019年1月1日，丙公司预付租金150 000元时丁公司会计分录为

借：银行存款　　　　　　　　　　　　　　　　　　　　　150 000
　　贷：应收账款　　　　　　　　　　　　　　　　　　　　　150 000

（2）2019年12月31日，丙公司支付租金150 000元时丁公司会计分录为

借：银行存款　　　　　　　　　　　　　　　　　　　　　150 000
　　应收账款　　　　　　　　　　　　　　　　　　　　　　100 000
　　贷：租赁收入　　　　　　　　　　　　　　　　　　　　　250 000

（3）2020年12月31日，丙公司支付租金200 000元时丁公司会计分录为

借：银行存款　　　　　　　　　　　　　　　　　　　　　200 000
　　应收账款　　　　　　　　　　　　　　　　　　　　　　 50 000
　　贷：租赁收入　　　　　　　　　　　　　　　　　　　　　250 000

（4）2021年12月31日，丙公司支付租金250 000元时丁公司会计分录为

借：银行存款　　　　　　　　　　　　　　　　　　　　　250 000
　　贷：租赁收入　　　　　　　　　　　　　　　　　　　　　250 000

（五）特殊租赁业务的会计处理

1. 转租赁

转租情况下，原租赁合同和转租赁合同通常都是单独协商的，交易对手也是不同的企业，如图12-2所示。《企业会计准则第21号——租赁》要求转租出租人对原租赁合

同和转租赁合同分别根据承租人和出租人会计处理要求，进行会计处理。

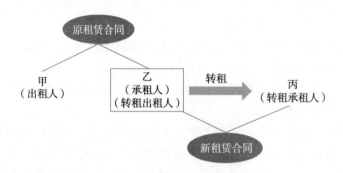

图 12-2　转租交易活动示意

承租人在对转租赁进行分类时，转租出租人应基于原租赁中产生的使用权资产，而不是租赁资产（如作为租赁对象的不动产或设备）进行分类。原租赁资产不归转租出租人所有，原租赁资产也未计入其资产负债表。因此，转租出租人应基于其控制的资产（即使用权资产）进行会计处理。

原租赁为短期租赁，且转租出租人作为承租人已按照《企业会计准则第 21 号——租赁》采用简化会计处理方法的，应将转租赁分类为经营租赁。

2. 生产商或经销商出租人的融资租赁会计处理

生产商或经销商通常为客户提供购买或租赁其产品或商品的选择。如果生产商或经销商出租其产品或商品构成融资租赁，则该交易产生的损益应相当于按照考虑适用的交易量或商业折扣后的正常售价直接销售标的资产所产生的损益。构成融资租赁的，生产商或经销商出租人在租赁期开始日应当按照租赁资产公允价值与租赁收款额按市场利率折现的现值两者孰低确认收入，并按照租赁资产账面价值扣除未担保余值的现值后的余额结转销售成本，收入和销售成本的差额作为销售损益。

由于取得融资租赁所发生的成本主要与生产商或经销商赚取的销售利得相关，生产商或经销商出租人应当在租赁期开始日将其计入损益。与其他融资租赁出租人不同，生产商或经销商出租人取得融资租赁所发生的成本不属于初始直接费用，不计入租赁投资净额。

借：应收融资租赁款——租赁收款额
　　贷：主营业务收入（租赁资产公允价值与租赁收款额按市场利率折现现值两者孰低）
　　　　应收融资租赁款——未实现融资收益
借：主营业务成本　　　　（租赁资产账面价值－未担保余值的现值）
　　应收融资租赁款
　　贷：库存商品
借：销售费用　　　　　　（融资租赁所发生的成本）
　　贷：银行存款

3. 售后租回交易

承租人和出租人应当按照《企业会计准则第 14 号——收入》的规定，评估确定售后租回交易中的资产转让是否属于销售。

售后租回交易中的资产转让属于销售的，承租人应当按原资产账面价值中与租回获得的使用权有关的部分，计量售后租回所形成的使用权资产，并仅就转让至出租人的权利确认相关利得或损失；出租人应当根据其他适用的企业会计准则对资产购买进行会计处理，并根据《企业会计准则第 21 号——租赁》对资产出租进行会计处理。

如果销售对价的公允价值与资产的公允价值不同，或者出租人未按市场价格收取租金，则企业应当将销售对价低于市场价格的款项作为预付租金进行会计处理，将高于市场价格的款项作为出租人向承租人提供的额外融资进行会计处理；同时，承租人按照公允价值调整相关销售利得或损失，出租人按市场价格调整租金收入。

在进行上述调整时，企业应当基于以下两者中更易于确定的项目：销售对价的公允价值与资产公允价值之间的差额、租赁合同中付款额的现值与按租赁市价计算的付款额现值之间的差额。

售后租回交易中的资产转让不属于销售的，承租人应当继续确认被转让资产，同时确认一项与转让收入等额的金融负债，并按照《企业会计准则第 22 号——金融工具确认和计量》的规定对该金融负债进行会计处理；出租人不确认被转让资产，但应当确认一项与转让收入等额的金融资产，并按照《企业会计准则第 22 号——金融工具确认和计量》的规定对该金融资产进行会计处理。

（六）出租人的列报

出租人应当根据资产的性质，在资产负债表中列示经营租赁资产。

1. 融资租赁的列报要求：出租人应当在附注中披露与融资租赁有关的信息

（1）销售损益、租赁投资净额的融资收益以及与未纳入租赁投资净额的可变租赁付款额相关的收入。

（2）资产负债表日后连续五个会计年度每年将收到的未折现租赁收款额，以及剩余年度将收到的未折现租赁收款额总额。

（3）未折现租赁收款额与租赁投资净额的调节表。

2. 经营租赁的列报要求：出租人应当在附注中披露与经营租赁有关的信息

（1）租赁收入，并单独披露与未计入租赁收款额的可变租赁付款额相关的收入。

（2）将经营租赁固定资产与出租人持有自用的固定资产分开，并按经营租赁固定资产的类别提供《企业会计准则第 4 号——固定资产》要求披露的信息。

（3）资产负债表日后连续五个会计年度每年将收到的未折现租赁收款额，以及剩余年度将收到的未折现租赁收款额总额。

3. 出租人应当根据理解财务报表的需要，披露有关租赁活动的其他定性和定量信息

此类信息包括：

(1) 租赁活动的性质，如对租赁活动基本情况的描述。
(2) 对其在租赁资产中保留的权利进行风险管理的情况。
(3) 其他相关信息。

4. 转租赁的列报

原租赁以及转租同一标的资产形成的资产和负债所产生的风险敞口不同于由于单一租赁应收款净额或租赁负债所产生的风险敞口，因此，企业不得以净额为基础对转租赁进行列报。除非满足《企业会计准则第 37 号——金融工具列报》（2017）关于金融资产负债抵销的规定，转租出租人不得抵销由于原租赁以及转租同一租赁资产而形成的资产和负债，以及与原租赁以及转租同一租赁资产相关的租赁收益和租赁费用。

第三节 租赁相关会计准则的演进

一、租赁相关会计准则的演进简介

租赁合同能否为企业带来可确认的资产与负债一直是充满争议的问题，第二次世界大战后世界租赁规模迅速发展，投资者与监管部门急需新的会计准则以规范租赁业务的会计处理。1976 年，美国财务会计准则委员会（FASB）出台了第 13 号财务会计准则公告（SFAS No.13）《租赁会计》，规定将租赁划分为融资租赁与经营租赁，出租人与承租人均对融资租赁确认相关资产与负债，对经营租赁不确认资产与负债。国际会计准则理事会（IASB）的前身国际会计准则委员会（IASC）于 1982 年发布了 IAS 17，采纳了 SFAS No.13 中对租赁的分类与会计处理方式。

SFAS No.13 与 IAS 17 的发布统一了租赁业务的会计处理标准，对当时快速成长的租赁市场与相应的金融市场产生积极影响，但随着租赁业务的发展，这种会计处理方式引发了企业利用经营租赁进行表外融资和企业间会计信息可比性差的问题。IASB 与 FASB 进行长期调研与征询社会意见，2016 年 1 月 13 日，IASB 正式颁布了 IFRS 16，取代旧准则 IAS 17，对企业租赁业务的会计处理予以规范。

2010 年，我国财政部发布了《中国企业会计准则与国际财务报告准则持续趋同路线图》，强调中国的会计准则在当前已有的趋同基础上，未来要与国际财务报告准则持续趋同。财政部 2006 年发布的《企业会计准则第 21 号——租赁》（CAS 21）在会计处理上与国际准则 IAS 17 相近。2018 年 12 月 13 日，财政部公布了《企业会计准则第 21 号——租赁》修订稿，在相关会计处理上与 IFRS 16 基本保持一致。

二、国际会计准则 IAS 17 对租赁业务的规定

（一）融资租赁中承租人的业务处理

（1）IAS 17 认为，承租人应以租赁开始时租赁资产公允价值的金额与最低租赁付款额的现值中的较低者，在其资产负债表上将融资租赁同时等额确认为资产和负债。在计算最低租赁付款的现值时，如租赁内含利率能够确定，则将其作为折现率，否则应采用承租人借款的利率。并且 IAS 17 还强调，交易和其他事项应按其实质和财务本质，

而不是仅按法律形式进行。就融资租赁而言,租赁协议的法律形式是承租人可能没有获得租赁资产的法定所有权,而其实质和财务本质是承租人以承担支付大致等于租赁资产的公允价值和有关融资费用的责任,换取在租赁资产大部分经济年限内获得使用租赁资产的经济利益。如果这种租赁交易不反映在承租人的资产负债表中,则企业的资产和负债都将被低估,因而会歪曲财务比率。因此,恰当的做法是,将一项融资租赁确认为一项资产和一项支付未来租赁付款的负债。在租赁开始时,资产和未来租赁付款负债应以相同的金额在资产负债表中予以确认。

(2)租赁活动经常发生初始直接费用(例如,为租赁协议进行谈判并对租赁协议进行公证)。确认为可直接归属于承租人为融资租赁所进行的活动的费用,应确认为租赁资产金额的一部分。

(3)租赁付款额应按比例分别计入融资费用、减少尚未结算的负债。融资费用应分摊于租赁期的各个期间,以使各期的负债余额形成一个固定的期间利率。实务中,在将融资费用分摊到租赁期的各个期间时,为简化计算,有时可以采用某些近似的计算方法。

(4)融资租赁在每一个会计期间产生租赁资产的折旧费以及融资费用。对租赁资产的折旧政策应采用与自有应折旧资产一致的折旧政策。确认的折旧费用应按《国际会计准则第 4 号——折旧会计》和《国际会计准则第 16 号——固定资产》规定的基础计算确定。如不能合理确定承租人在租赁期满后是否将取得资产的所有权,则资产应在租赁期和使用年限两者孰短的期限内计提完折旧。

(5)租赁资产的应计折旧额,应在与承租人对自有应计折旧资产所采用的折旧政策相一致的基础上,在预计使用期限内系统地分摊到每个会计期间。如可以合理确定承租人在租赁期满时将获得资产的所有权,则预计使用期限就是该资产的使用年限;否则,资产应在租赁期或其使用年限两者孰短的期限内进行折旧。

(6)资产的当期折旧费与融资费用之和很少与该期应付租赁款相等,因此,简单地把应付租赁款确认为利润表中的一项费用是不恰当的。相应地,租赁开始日后,租赁资产与相关负债的金额不太可能相等。

(7)为确定一项租赁资产是否已减值,也就是说,何时才能认定从该资产上将获得的预期未来经济利益小于其账面金额,企业应运用有关资产减值的国际会计准则进行判定。

由以上可知,国际会计准则的相关规定与我国会计准则的某些部分类似,事实上,我国会计准则是随着国际会计准则的发展而发展的,并且根据我国的国情不断更新与变化。

(二)经营租赁中承租人的业务处理

(1)在经营租赁下,与租赁资产所有权有关的风险和报酬并没有实质上转移给承租人,承租人不需要承担租赁资产的相关主要风险,只需在租赁期内的各个期间,对经营租赁的租金,按照直线法计入相关资产成本或当期损益即可;如果其他方法更为系统、合理,也可以采用其他方法。

(2)要注意的是,某些情况下,出租人可能对经营租赁提供激励措施,如免租期、承担承租人某些费用等。在出租人提供免租期的情况下,应将租金总额在整个租赁期内,而不是在租赁期扣除免租期后的期间内按直线法或其他合理的方法进行分摊,免租期内应确认租金费用;在出租人承担承租人的某些费用的情况下,应该将该费用从租金总额中扣除,并将租金余额在租赁期内进行分摊。

(3)承租人发生的初始直接费用,应当计入当期损益。

(4)或有租金应当在实际发生时计入当期损益。

(三)融资租赁中出租人的业务处理

(1)出租人应在其资产负债表内确认已用于融资租赁的资产,并以相当于租赁投资净额将其列作应收款。租赁投资净额,是指租赁投资总额减去未实现融资收益后的余额。租赁投资总额,指从出租人的角度看,融资租赁中最低租赁付款与属于出租人的未经担保的残值之和。经担保残值指:①就承租人而言,由承租人或承租人关联方担保的那一部分残值(担保的金额是无论如何也应支付的最大金额);②就出租人而言,由出租人或由与出租人无关但在财务上能够履行担保义务的第三方担保的那一部分残值。未经担保的残值,指出租人能否将其变现无法保证,或只由出租人关联方给予担保的那一部分租赁资产残值。

(2)未实现融资收益,指以下两者的差额:①从出租人的角度看,融资租赁中最低租赁付款与属于出租人的未经担保的残值之和;②用租赁内含利率对上述①折现后的现值。

(3)在融资租赁中,与所有权有关的所有风险和报酬,实质上已被出租人转移。因此,出租人应将应收租赁款视为对其投资以及服务的补偿和回报,作为本金回收和财务收益处理。

(4)出租人应按系统而合理的基础将财务收益分摊于租赁期。收益的分摊应基于反映出租人在融资租赁中未收回投资净额上所产生的固定期间回报率的方式。与会计期间有关但不包括服务成本的租赁付款,应冲减租赁投资总额,既减少本金,也减少未实现财务收益。

(5)对用于计算出租人租赁投资总额的预计未经担保的残值,应定期审核。如预计未经担保的残值在减少,则应修正租赁期内的收益分摊方式,已入账金额的减少应立即确认。

(6)出租人在洽谈和安排租赁时,通常会发生佣金和律师费等初始直接费用。对融资租赁,这些初始直接费用是为取得财务收益而发生的,因而可立即确认为费用或在租赁期与该收益配比。后一种处理方法可以是,在这些初始直接费用发生时将其确认为一项费用,并将未实现财务收益中相当于初始直接费用的金额在同一期间确认为收益。

(7)制造商或经销商出租人应按企业在现销时通常所遵循的政策,将销售利润或亏损计当期收益。如人为地引用低利率,则销售利润应限于采用商业利率时所能得到的利润。初始直接费用应于租赁开始时确认为利润表中的一项费用。

(8)制造商或经销商常常提供顾客购买或者租赁一项资产的选择权。制造商或经销商出租人的融资租赁资产会产生两种收益:①相当于按扣除所有适用的数量折扣或商业折扣的正常售价现销出租资产所形成的利润或亏损;②租赁期间的财务收益。另外,国际会计准则 IAS 17 还对制造商或经销商出租人进行了规定，认为制造商或经销商出租人在融资租赁期开始时记录的销售收入，应为该资产的公允价值；如按商业利率计算的、应归出租人的最低租赁付款的现值比该资产公允价值小，则为该现值。在租赁期开始时确认的销售成本，等于租赁资产的成本（如成本不同于账面金额时，则为账面金额）减去未经担保的残值的现值后的余额。销售收入与销售成本间的差额，即为销售利润，这部分利润应按企业遵循的销售政策予以确认。为了吸引顾客，制造商或经销商出租人有时会人为地用低利率报价。使用这种低利率，将使交易形成的总收益中的超额部分在销售时就被确认。如人为地引用低利率，销售利润应限于采用商业利率时所能得到的利润。

（9）初始直接费用通常在租赁期开始时确认为一项费用，因为它们主要与制造商或经销商赚取销售利润有关。

（四）经营租赁中出租人的业务处理

（1）出租人应按资产的性质，在其资产负债表上列示经营租赁资产。经营租赁形成的财务收益应按直线法在租赁期内确认为收益；如另外的系统方法更能代表从租赁资产获取的利益减少的时间形态，则为例外。

（2）赚取租赁收益时发生的费用（包括折旧费）应确认为费用。租赁收益（不包括提供保险和维护等服务的收入）应在租赁期内按直线法确认，即使收入的实际收取方式不是这样。如其他系统方法更能代表从租赁资产获取的利益减少的时间形态，则为例外。

（3）为赚取经营租赁的租金收入而特别发生的初始直接费用可以递延，并按租金收益的确认比例，在整个租赁期内加以分摊；也可以在费用发生的当期确认为费用。

（4）租赁资产的折旧，应采用与出租人的类似资产通常所采用的折旧政策相一致的政策；折旧费应按《国际会计准则第 4 号——折旧会计》和《国际会计准则第 16 号——固定资产》规定的基础计算。为确定一项租赁资产是否已减值，也就是说，何时才能认定从该资产上将获得的预期未来经济利益小于其账面金额，企业应运用有关资产减值的国际会计准则进行判定。

（5）制造商或经销商出租人在经营租赁时并不确认销售利润，因为这不能等同于销售。

（五）售后租回的业务处理

售后租回交易，是指卖主将一项资产出售后又将这项资产租赁回来。租赁付款和售价通常是相互关联的，因为它们是以一揽子方式进行谈判的。售后租回交易的会计处理依所涉及的租赁类型而定。如售后租回交易形成一项融资租赁，销售收入超过账面金额的部分，不应立即在卖主兼出租人的财务报表中确认为收益，而是将其递延并分摊于整个租赁期。如售后租回交易形成一项经营租赁，而且交易明显是按公允价值达成的，则利润或损失应立即予以确认。如售价低于公允价值，则利润或损失应立即予以确认；若损失将由低于市价的未来租赁付款补偿，则应将其递延，并按租赁付款比例分摊于预计的资产使用期限内。如售价高于公允价值，其高出公允价值的部分应予递延，并在预计的资产使用期限内摊销。

三、国际租赁会计准则 IAS 17 修订的原因

(一) 与财务会计概念框架矛盾,导致会计信息可比性差

企业通过签订合同租入资产,实质上是获得了使用资产的权利,租赁资产受承租企业控制并预期能为企业带来经济利益,标的资产实质上符合财务会计概念框架中资产的定义;同时,合同产生了企业未来按期支付租金的义务,这样的义务也符合负债的定义。但 IAS 17 人为地将租赁分为两种模式,并采用不同的计量方式,只有融资租赁才确认相关的资产与负债。这种分类方法一定程度上无法反映交易事项的经济实质,这使得不同企业中经济实质上相近的租赁业务因为租赁类型划分与计量方式的不同,在会计处理上出现重大差异,导致在航空业、零售业等大规模租入固定资产的行业中,不同公司的财务报表可比性较差。

(二) 低估企业资产负债水平,鼓励表外融资

对于经营租赁业务,IAS 17 仅要求在财务报表附注中披露相关租赁合同,列示未来所需支付的租金且不必对这一金额进行折现。因此,企业没有在财务报表中完全列示其所控制的可用于经营的资产,以及其无法避免的,未来需要支付的租金这一项负债。目前采用经营租赁的企业都一定程度上低估了自身资产与负债水平,并低估了企业的财务杠杆水平。根据 IASB 与 FASB 的联合研究统计,因为当前 IAS 17 对经营租赁的会计处理方式,北美上市公司的长期负债平均被低估了约 22%,这一数字在欧洲为 26%,在亚太地区为 32%,在拉美地区为 45%,在非洲与中东地区为 27%。IASB 于 2014 年统计了已在金融危机中倒闭的 5 家大型零售企业的经营租赁状况,发现其未折现的经营租赁承诺均远远高于财务报表中列报的负债,如表 12-3 所示。

表 12-3　5 家零售企业经营租赁承诺与列报负债情况　　　　单位:百万美元

企业名称	未折现经营租赁承诺	列报负债	未折现经营租赁承诺/列报负债
电路城公司(Circuit City)	4 567	50	9 134%
鲍德斯(Borders)	2 796	379	738%
沃尔沃斯(Woolworths)	2 432	147	1 654%
HMV 唱片公司	1 016	115	883%
克林顿贺卡公司(Clinton Cards)	6 52	58	1 124%

对于资深的投资者与分析师而言,企业拥有较大规模的经营租赁合同意味着它们必须以企业财务报表附注中披露的信息为基础,运用数学统计分析技术来评估该企业的表外资产与负债,并自行对企业的财务报表进行调整。这一过程费时费力,造成了社会资源的浪费,而根据所能获得的信息不同与选择的分析方法不同,得到的预估数字也有很大的差异,例如,实务中常用的一种估计方法为将年度租赁支出乘 8 得到的数字作为企业的总租赁负债(折现后的融资租赁负债与经营租赁负债之和),将年度租赁支出乘 1/3 得到的数字作为调整后的租赁负债利息费用,这样的估计显然是很粗糙的,不同企业的这一数字与其真实数据会有不同程度的差异。而对水平较低的,未根据租赁业务对

企业财务报表进行调整的投资者和分析师来说，这些企业的资产负债表、利润表、现金流量表都不完全准确，它们对企业的财务状况与运营能力可能产生错误的认识，进而可能导致其作出错误的投资判断与分析意见。

经营租赁表外融资租赁的特性使得企业管理人员往往为了缓解企业自身财务数据压力，而非满足经营管理需求来进行租赁模式的选择。实务中企业倾向于选择经营租赁以降低自身财务杠杆水平和提高资本回报率，美化财务指标，从而有利于企业融资、投资等活动。

（三）实务处理复杂

根据 IAS 17，当企业签订租赁合同后，财务人员需要研究合同条款，参照会计准则判断租赁性质，在对租赁合同进行分类后方可进行不同的会计处理。由于现行租赁会计准则没有给出严格的区分标准，租赁模式分类界定标准模糊，对租赁进行分类这一工作很大程度上依赖于财务人员的经验与主观判断。因此，IAS 17 将租赁分类的会计处理方法在实务中费时费力并易引起争议。

四、国际财务报告准则 IFRS 16 对租赁业务的规定

（一）明确租赁的判定标准

IFRS 16 明确提出租赁资产和接受服务的区分标准，确保承租人不会因为接受服务而高估账面资产。IFRS 16 规定要判断一项经济活动为租赁，其必须符合以下条件。

（1）合同中必须有特定、可辨认的资产，承租人有权利使用该项资产获得实质上的经济利益，承租人使用该资产的权利是事先约定的，且不受出租人的影响而改变。

（2）出租人无权在租赁期内替换该特定的、可辨认的资产，但为保障承租人使用而对该资产进行维修时进行的临时替换除外。

（3）承租人在租赁期内有自主权决定如何使用该项资产，以及自由选定使用该资产的目的。

IFRS 16 将租赁的定义调整为："在一定期间让渡一项标的资产的使用权以获取对价的合同或合同的一部分。"其规定客户"能够控制该项资产，并同时获得相关的利益和权益要素"。IFRS 16 基于是否存在有客户控制的特定资产来区分租赁合同与服务合同，而为了确认一项合同是否为租赁或者包含一个租赁业务，需要通过以下五个步骤。

（1）判断该合同中是否含有"一项特定的资产"，如果没有可辨认的资产，则该合同是一项服务合同；如果有，则进入下一判断步骤。

（2）判断合同中的顾客是否能够在合同规定的期间获得合同标的资产所带来的经济利益，如果不能获得经济利益，则该合同是一项服务合同；如果能，则进入下一判断步骤。

（3）判断在资产的使用期限内合同中哪一方可以决定标的资产的使用方式与目的，如果决定权在资产提供方，则该合同是一项服务合同；如果决定权在客户，则进入下一判断步骤。

（4）判断在标的资产的使用期限内客户是否有权运行和使用该资产，如果没有权限，则该合同是一项服务合同；如果有权限，则进入下一判断步骤。

（5）判断该合同是否已经事先确定了标的资产的使用方式和目的，如果没有事先确定，则该合同是一项服务合同；如果事先确定了，则确认该合同客户对标的资产有控制权。

（二）承租人的会计处理变化

IFRS 16 最主要的变动是规定承租人不再区分经营租赁和融资租赁，相比较 IAS 17 以"所有权相关的风险与报酬"来判断租赁类型，新准则引入"使用权资产"这一概念，要求承租人对所有一年期以上的非低值租赁业务确认相关的使用权资产与租赁负债。经过这样的处理，过去的经营租赁不再是被"费用化"，而是被"资本化"，进入企业的资产负债表。

承租人的会计处理如下。

（1）确认和初始计量。在租赁期开始日，承租人对租赁确认租赁负债和使用权资产。租赁负债应当按照租赁期开始日尚未支付的租赁付款额的现值进行计量。计算租赁付款额的现值时，承租人应当采用租赁内含利率作为折现率；无法确定内含利率的，应当采用承租人增量借款利率作为折现率。使用权资产按照成本进行初始计量，成本包括：租赁负债的初始计量金额，在租赁期开始日或之前支付的租赁付款额，承租人发生的初始直接费用，承租人拆卸及移除租赁资产、复原租赁资产所在场地或将租赁资产恢复至租赁条款约定状态预计将发生的成本。

（2）后续计量。在租赁期内，承租人应当按照与自有固定资产一致的方式对使用权资产计提折旧；判定使用权资产是否发生减值，并对已识别的减值损失进行会计处理；采用实际利率法对租赁负债进行摊销，计算租赁期内各个期间的利息，将其计入当期损益。

（3）短期租赁和低价值资产租赁。IFRS 16 给出了一些豁免条件，允许企业将不重大的租赁业务费用化，包括短期租赁与低价值资产租赁。短期租赁指租赁期在 12 个月以内的租赁业务，由于租赁期短于一年，即使将标的资产使用权资本化，也会在期末全额折旧转化为费用。低价值资产租赁指标的资产的公允价值低于 5 000 美元的租赁业务，比如办公室内的个人电脑、打印设备等，因为价值小，选择不同会计处理方式不会对财务报表产生显著影响，而低价值租赁物通常数量较多，严格按照 IFRS 16 进行处理会加重会计人员的负担。对于上述两种租赁，为了实务操作简便，允许企业将其租赁付款额在租赁期各个期间按照系统合理的方法计入相关资产成本或当期损益。

在表外信息披露方面，IFRS 16 提出了更高的要求。IFRS 16 没有像 IAS 17 一样罗列披露项目的清单，而是提出原则性的目标，"信息披露在于使租赁双方将表内外信息结合，以有利于会计信息使用者评估租赁业务对于企业的财务状况、经营成果和现金流量的影响"，并且要求企业提供达到上述目标的相应信息。整体而言，IFRS 16 对于信息披露的要求更为全面。

五、中国会计准则 CAS 21 与国际会计准则 IFRS 16 的差异

修订后的 CAS 21 与新的国际租赁会计准则 IFRS 16 在会计处理上基本保持一致，

少数细节上有一定差异，重要的差异如下。

（1）适用范围不同。IFRS 16 认为土地和建筑物的租赁适用于租赁准则，CAS 21 规定租赁准则不涉及土地使用权相关的租赁协议，土地的使用权属于"可辨认的无形资产"，应参考无形资产准则进行会计处理。

（2）披露要求不同。IFRS 16 相比 CAS 21 有着更多和更为严格的披露要求。由于租赁业务的复杂性，许多信息难以在财务报表中直观展示。信息的披露应当遵循收益大于成本原则，即提供相关会计信息的成本应当低于相关决策者的收益。我国的租赁市场仍不够成熟，在会计人员的培训上与国际水平仍有一定差距，提供披露信息的成本相对较高，因此在披露要求方面与国际准则还有一定差异。

本章小结

《企业会计准则第 21 号——租赁》（2018 年）将租赁定义为"在一定期间内，出租人将资产的使用权让与承租人以获取对价的合同"，并进一步说明如果合同中一方让渡了在一定期间内控制一项或多项已识别资产使用的权利以换取对价，则该合同为租赁或者包含租赁。主体应当在合同初始就对合同进行评估，确定该合同是否一项租赁或者包含一项租赁。

承租人采用单一的会计处理模型，对短期租赁和低价值资产租赁以外的其他所有租赁均确认使用权资产和租赁负债，并分别计提折旧和利息费用。对于短期租赁和低价值资产租赁可以选择不确认使用权资产和租赁负债，而是将短期租赁和低价值资产租赁的租赁付款额，在租赁期内各个期间按照直线法或其他系统合理的方法计入相关资产成本或当期损益。

初始确认时，使用权资产应当按照成本进行计量，该成本包括：①租赁负债的初始计量金额；②在租赁期开始日或之前支付的租赁付款额，存在租赁激励的，扣除已享受的租赁激励相关金额；③承租人发生的初始直接费用；④承租人为拆卸及移除租赁资产、复原租赁资产所在场地或将租赁资产恢复至租赁条款约定状态预计发生的成本。租赁负债应当按照租赁期开始日尚未支付的租赁付款额的现值进行初始计量。

初始确认后，承租人应以成本减累计折旧及累计减值损失计量使用权资产。采用实际利率法以摊余成本计量租赁负债。

对于租赁期开始日后选择权重估或合同变更等情形下的会计处理，准则规定发生承租人可控范围内的重大事件或变化，且影响承租人是否合理确定将行使相应选择权的，承租人应当对其是否合理确定将行使续租选择权、购买选择权或不行使终止租赁选择权进行重新评估。

出租人采用经营租赁与融资租赁的双重会计处理模型，强调依据交易的实质而非合同的形式区分经营租赁和融资租赁。并要求出租人披露相关租赁收入及未折现租赁收款额等信息。

思考题

1. 什么是租赁？租赁有哪几类？

2. 融资租赁和经营租赁的区别是什么？
3. 什么是租赁开始日？什么是租赁日？
4. 什么是担保余值？什么是未担保余值？
5. 什么是最低租赁付款额和最低租赁收款额？它们之间有什么关系？
6. 什么是租赁内含利率？怎么确认租赁内含利率？
7. 融资租赁中出租人的会计处理是怎样的？承租人的呢？
8. 经营租赁中出租人和承租人的会计处理又是怎样的？
9. 出租人和承租人发生的相关直接费用怎么处理？这样处理是否存在疑问？
10. 售后租回是什么？相关业务怎么处理？
11. IAS 17 有何弊端？IFRS 16 是如何解决这些弊端的？

练习题

1. 2019 年 12 月 31 日，A 公司向 B 公司出租办公设备一台，租期为 3 年，设备价值 200 万元，预计使用年限 10 年。租赁合同规定，租赁期开始日（2020 年 1 月 1 日）A 公司向 B 公司预收租金 30 万元，第 1 年末收取租金 20 万元，第 2 年末收取租金 20 万元，第 3 年末收取租金 30 万元。租赁期满，A 公司收回设备。A 公司为此项出租业务支付初始直接费用 1 万元。

要求：编制 A 公司资产租赁各年的会计分录。

2. 甲股份有限公司（以下简称"甲公司"）于 2019 年 1 月 1 日从乙租赁公司（以下简称"乙公司"）租入一台全新设备，用于行政管理。租赁合同的主要条款如下。

（1）租赁起租日：2019 年 1 月 1 日。

（2）租赁期限：2019 年 1 月 1 日至 2020 年 12 月 31 日。甲公司应在租赁期满后将设备归还给乙公司。

（3）租金总额：240 万元。

（4）租金支付方式：起租日预付租金 160 万元，2019 年末支付租金 40 万元，租赁期满时支付租金 40 万元。 起租日该设备在乙公司的账面价值为 1 000 万元，公允价值为 1 000 万元。该设备预计使用年限为 10 年。甲公司在 2019 年 1 月 1 日的资产总额为 2 400 万元。甲公司按期支付租金，并在每年末确认与租金有关的费用。乙公司在每年末确认与租金有关的收入。同期银行贷款年利率为 6%。假定不考虑在租赁过程中发生的其他相关税费。

要求：

（1）判断此项租赁的类型，并简要说明理由。

（2）编制甲公司与租金支付和确认租金费用有关的会计分录。

（3）编制乙公司与租金收取和确认租金收入有关的会计分录。

3. 2019 年 12 月 1 日，甲公司向乙公司租赁大型生产设备一台，租赁期开始日为 2019 年 12 月 31 日，租赁期为 2 年，甲公司自 2020 年起每年末支付租金 3 000 万元，租赁期满时，此大型设备估计余值为 620 万元，其中甲公司的母公司担保余值 300 万元，未担保余值 320 万元。该设备为全新生产设备，在 2019 年 12 月 31 日的公允价值为 6 200

万元。预计使用年限为 3 年。甲公司于 2019 年 12 月 31 日将该设备运回并于当日投入使用。合同规定的利率为 6%，租赁期满时，甲公司将该设备归还给乙公司。甲公司所发生的初始直接费用为 232.8 万元，以银行存款予以支付。该设备于 2019 年 12 月 31 日交付使用，承租人甲公司采用年限平均法计提折旧。

要求：

（1）判断租赁类型。

（2）确定承租人租入该项设备的入账价值，并编制租入时的相关会计分录。

（3）编制承租人 2020 年 12 月 31 日和 2021 年 12 月 31 日有关的会计分录。

练习题参考答案

（计算结果保留两位小数）

教师服务

感谢您选用清华大学出版社的教材！为了更好地服务教学，我们为授课教师提供本书的教学辅助资源，以及本学科重点教材信息。请您扫码获取。

》 教辅获取

本书教辅资源，授课教师扫码获取

》 样书赠送

会计学类重点教材，教师扫码获取样书

 清华大学出版社

E-mail: tupfuwu@163.com
电话：010-83470332 / 83470142
地址：北京市海淀区双清路学研大厦 B 座 509

网址：https://www.tup.com.cn/
传真：8610-83470107
邮编：100084